社会化媒体中在线负面口碑处理的管理方法及应用

蔡淑琴　袁　乾　蒋士淼
崔晓兰　秦志勇　王　旸　著

科学出版社
北　京

内 容 简 介

在具有弱关系、低黏性的社会化媒体中存储的用户产生内容数量巨大，但其内容碎片化、非结构化等大数据特征加大了企业处理在线负面口碑的难度。此外，企业过度参与可能导致被怀疑而丧失自身公信力。因此，如何帮助企业快速且有效地处理在线负面口碑，如何深度有效地开发用户产生内容资源成为学术界、产业界关注的新热点。

本书根据客户关系管理、价值共创、信息资源管理等理论，以社会化媒体平台的用户产生内容为源，从价值共创、资源、平台的综合视角，研究了企业在线负面口碑处理的价值共创管理模式、用户参与企业在线负面口碑处理的动机、在线评论有用性的影响因素、在线负面口碑处理的信息资源管理方法、在线负面口碑资源的识别及匹配方法、在线负面口碑处理专家推荐和处理方法、在线投诉处理的知识推荐方法及系统、在线抱怨自动处理的推荐方法及系统。

本书可作为管理科学与工程、计算机应用等专业研究生的教材，也可作为从事大数据研究与应用人员的参考资料。

图书在版编目（CIP）数据

社会化媒体中在线负面口碑处理的管理方法及应用/蔡淑琴等著. —北京：科学出版社，2020.3

ISBN 978-7-03-060330-2

Ⅰ.①社… Ⅱ.①蔡… Ⅲ.①企业管理-顾客满意度-危机管理-研究 Ⅳ.①F273.2

中国版本图书馆 CIP 数据核字（2018）第 298808 号

责任编辑：孙露露 / 责任校对：王万红
责任印制：吕春珉 / 封面设计：东方人华平面设计部

科 学 出 版 社 出版
北京东黄城根北街 16 号
邮政编码：100717
http://www.sciencep.com

三河市骏杰印刷有限公司 印刷
科学出版社发行 各地新华书店经销

*

2020 年 3 月第 一 版 开本：787×1092 1/16
2020 年 3 月第一次印刷 印张：20 1/2
字数：493 000
定价：159.00 元
（如有印装质量问题，我社负责调换〈骏杰〉）
销售部电话 010-62136230 编辑部电话 010-62138978-2010

前　　言

随着 Web 2.0 技术的不断发展与深入应用，社会化媒体（social media，SM）的传播效应在时间、空间、效率上已确立了显著优势，以惊人的速度渗透到社会的各个方面，成为用户产生内容（user generated content，UGC）这类人数据的重要来源之一。社会化媒体因海量 UGC 聚集而成为越来越多企业客户表达抱怨、负面口碑的重要平台。在线负面口碑（online negative word-of-mouth，ONWOM）具有破坏力强、拒绝解释等特点，会给企业造成资产价值等方面的巨大损失。社会化媒体存储的 UGC 具有数量巨大且内容碎片化、非结构化等大数据特征，加大了企业处理难度。此外，ONWOM 处理中，企业过度参与可能会导致被怀疑而丧失自身公信力。同时，社会化媒体的同质化、低黏性使得其面临激烈的市场竞争。因此，社会化媒体如何深度开发与利用 UGC 大数据为其用户提供高价值的增值服务，如何有效地处理社会化媒体中的 ONWOM，成为社会化媒体客户关系管理、信息资源管理中急需解决的新问题。

本书针对社会化媒体中企业 ONWOM 处理问题，根据价值共创、客户关系管理、信息资源管理、超图理论等，以社会化媒体的 UGC 为源，从价值共创、资源、平台的综合视角，重点研究企业 ONWOM 处理的价值共创管理模式、服务资源以及获取的模式/方法、在线评论有用性、ONWOM 处理的知识和专家推荐、UGC 资源管理系统、ONWOM 自动处理及原型系统等主要内容，为在社会化媒体中处理企业 ONWOM 的资源问题建立相应的理论基础，在客户关系管理、信息资源管理的理论与方法方面有实质性的突破。

本书的研究工作得到国家自然科学基金项目"移动社会化媒体中基于价值共创的企业负面口碑处理资源的管理方法及系统研究"（编号：71371081）、高等学校博士学科点专项科研基金"基于价值共创的在线负面口碑处理知识推荐的研究"（编号：20130142110044）的支持。

本书是作者以及企业商务智能工程研究所全体成员长期科研、系统开发实践以及教学实践的经验总结和理论升华，并参考和引用了不少国内外文献资料，吸取了国内外同行的研究成果和有关文献精华，他们的丰硕成果为本书撰写提供了重要的学术思想源泉，在此对相关文献的作者深表谢意。

在研究过程中，与作者合作的企业和相关人员也给予了大量的、无私的支持和帮助，在此表示感谢。石双元、邹新文、周鹏、曾异、李翠平、王文龙、王艺兴、钟雨露、王伟、余曼、冯进展、张心泽、张嘉妮等也为本书的编写做出了贡献，何炜晗为本书进行了终稿的校正工作。在此一并表示感谢。

由于作者水平的局限，书中难免存在疏漏之处，敬请广大读者批评指正。

目　录

第1章　概述 ………………………………………………………………………… 1

1.1　问题的背景 …………………………………………………………………… 1

1.2　国内外相关研究 ……………………………………………………………… 3

　　1.2.1　社会化媒体 …………………………………………………………… 3

　　1.2.2　用户产生内容相关研究 ……………………………………………… 4

　　1.2.3　价值共创相关研究 …………………………………………………… 4

　　1.2.4　用户参与在线负面口碑处理相关研究 ……………………………… 6

　　1.2.5　信息资源的加工与价值推荐的相关研究 …………………………… 7

　　1.2.6　超图理论的相关研究 ………………………………………………… 9

　　1.2.7　现有研究的不足以及实际需求 ……………………………………… 10

1.3　本书的主要内容 ……………………………………………………………… 11

1.4　本书的特色与创新工作 ……………………………………………………… 12

　　1.4.1　本书的特色 …………………………………………………………… 12

　　1.4.2　创新之处 ……………………………………………………………… 12

第2章　基于价值共创的在线负面口碑处理及资源 ………………………… 14

2.1　问题的提出 …………………………………………………………………… 14

2.2　社会化媒体中在线负面口碑及其特征 ……………………………………… 14

　　2.2.1　社会化媒体中的在线负面口碑 ……………………………………… 14

　　2.2.2　社会化媒体中在线负面口碑的特征 ………………………………… 15

2.3　在线负面口碑处理的需求与解决途径 ……………………………………… 16

　　2.3.1　在线负面口碑处理的需求 …………………………………………… 16

　　2.3.2　在线负面口碑解决途径 ……………………………………………… 17

2.4　在线负面口碑处理的价值共创模型 ………………………………………… 18

　　2.4.1　社会化媒体中在线负面口碑处理的价值共创 ……………………… 18

　　2.4.2　在线负面口碑处理的核心主体 ……………………………………… 19

　　2.4.3　在线负面口碑处理的发布者、服务者、企业价值共创模型 ……… 21

2.5　在线负面口碑处理的价值共创实现机理 …………………………………… 22

　　2.5.1　整体视角的价值共创模型实现机理 ………………………………… 22

　　2.5.2　单主体视角的价值共创模型实现机理 ……………………………… 24

2.6　社会化媒体中在线负面口碑处理的UGC资源 …………………………… 27

　　2.6.1　社会化媒体处理在线负面口碑的UGC资源界定 ………………… 27

　　2.6.2　面向在线负面口碑处理的UGC的构成 …………………………… 28

　　2.6.3　在线负面口碑处理的UGC资源的特征 …………………………… 29

　　2.6.4　在线负面口碑处理的信息资源一般模型 …………………………… 30

2.7　基于 UGC 资源的在线负面口碑处理框架 ··············30

第3章　社会化媒体用户参与企业在线负面口碑处理的动机 ·······32

3.1　问题的提出 ·······32

3.2　用户参与处理企业在线负面口碑动机模型 ·······33

　　3.2.1　用户参与处理企业在线负面口碑意愿的影响模型和理论假设 ·······33

　　3.2.2　用户参与处理企业在线负面口碑行为动机的测度 ·······36

　　3.2.3　测量项目的效度和信度评价 ·······38

3.3　用户参与处理企业在线负面口碑问卷质量评估 ·······42

　　3.3.1　参与问卷调查的人口特征统计 ·······42

　　3.3.2　样本数据质量评估 ·······43

　　3.3.3　模型中各变量与用户参与意愿的线性相关性分析 ·······45

3.4　模型假设检验与结论 ·······45

　　3.4.1　测量变量的多元线性回归分析 ·······45

　　3.4.2　研究结果与分析 ·······49

　　3.4.3　实验结果分析 ·······51

第4章　面向在线负面口碑处理的在线评论有用性的影响因素 ·······52

4.1　问题的提出 ·······52

4.2　面向处理在线负面口碑的在线评论有用性 ·······53

　　4.2.1　在线评论资源有用性定义及特征 ·······53

　　4.2.2　有用的在线评论在负面口碑处理中的作用 ·······54

4.3　在线评论有用性的影响因素模型 ·······55

　　4.3.1　在线评论有用性影响因素模型 ·······55

　　4.3.2　在线评论有用性影响因素假设 ·······56

　　4.3.3　在线评论有用性影响指标计算 ·······59

4.4　模型验证实验与分析 ·······62

　　4.4.1　实验数据来源 ·······62

　　4.4.2　实验数据收集和测量 ·······63

　　4.4.3　数据分析 ·······66

　　4.4.4　实验结果分析 ·······68

4.5　基于在线评论的资源识别的建议 ·······69

第5章　面向在线负面口碑的信息资源管理方法 ·······71

5.1　问题的提出 ·······71

5.2　面向在线负面口碑的信息资源共创管理支持框架 ·······72

　　5.2.1　共创策略 ·······72

　　5.2.2　物理和逻辑映射模型 ·······73

　　5.2.3　个性化推荐模型 ·······74

5.3　面向在线负面口碑传播模型的价值共创策略 ·······75

　　5.3.1　在线负面口碑传播界定 ·······75

　　　5.3.2　基于价值共创的负面口碑传播响应模型 ·································· 77

　　　5.3.3　仿真实验 ··· 79

　　　5.3.4　实验结果分析 ··· 85

　5.4　基于序化加工的信息资源物理映射 ·· 87

　　　5.4.1　信息资源物理映射问题分析 ·· 87

　　　5.4.2　信息资源物理映射模型和形式化模型 ······································ 89

　　　5.4.3　信息资源序化方法 ·· 92

　　　5.4.4　实例分析 ··· 94

　5.5　面向消费者评论的信息资源逻辑映射 ·· 96

　　　5.5.1　信息资源逻辑映射问题分析 ·· 96

　　　5.5.2　理论背景和假设 ··· 97

　　　5.5.3　实验过程 ··· 99

　　　5.5.4　实验结果分析 ·· 102

　5.6　基于信息传播理论的协同过滤推荐模型 ······································· 108

　　　5.6.1　面向社会化媒体的个性化推荐问题 ·· 108

　　　5.6.2　面向社会化媒体的协同过滤推荐框架 ······································ 110

　　　5.6.3　用户偏好建模 ·· 114

　　　5.6.4　基于信息传播理论的个性化推荐模型 ······································ 115

　　　5.6.5　实验结果分析 ·· 116

第6章　在线负面口碑处理资源的识别与匹配方法 ···································· 122

　6.1　问题的提出 ··· 122

　6.2　面向在线负面口碑处理的资源管理系统框架和特征集 ···························· 123

　　　6.2.1　概念界定 ·· 123

　　　6.2.2　面向 ONWOM 处理的资源管理系统的假设与框架 ·························· 124

　　　6.2.3　框架的可行性分析 ··· 126

　　　6.2.4　识别和匹配的特征集 ··· 127

　6.3　UGC 中激励极性和情感极性及其度量 ··· 128

　　　6.3.1　激励极性及其度量 ··· 128

　　　6.3.2　情感极性及其度量 ··· 131

　6.4　面向 ONWOM 处理的资源管理系统的实现 ···································· 136

　　　6.4.1　支持向量机的适用性分析 ··· 136

　　　6.4.2　系统主要功能 ·· 137

　　　6.4.3　系统性能评估指标 ··· 139

第7章　基于专家资源识别的在线负面口碑处理 ······································ 141

　7.1　问题的提出 ··· 141

　7.2　在线负面口碑处理的专家资源及其识别指标分析 ································ 141

　　　7.2.1　在线负面口碑处理的专家资源分析 ·· 141

　　　7.2.2　在线负面口碑处理的专家资源识别指标 ···································· 144

　7.3　基于专家资源的在线负面口碑处理模式及工作机理 ····························· 145

7.3.1 基于专家资源的在线负面口碑处理的系统结构 ············ 145
7.3.2 基于专家资源的在线负面口碑处理的工作机制 ············ 145
7.3.3 实验与结果分析 ·· 146
7.4 在线负面口碑处理的专家资源识别框架与指标计算模型 ········· 150
7.4.1 专家资源的识别框架 ·· 150
7.4.2 专家资源识别指标的计算模型 ································ 151
7.5 实验与结果分析 ··· 154
7.5.1 数据收集与预处理 ·· 154
7.5.2 实验设计和评价指标 ·· 156
7.5.3 实验结果分析 ··· 157

第8章 在线负面口碑处理的专家推荐方法 ···························· 158
8.1 问题的提出 ··· 158
8.2 在线负面口碑处理的价值共创模型和专家推荐框架 ·············· 158
8.2.1 基于价值共创的在线负面口碑处理专家推荐框架 ········· 158
8.2.2 在线负面口碑影响力预测 ····································· 159
8.2.3 专家识别 ·· 160
8.2.4 专家推荐 ·· 161
8.3 基于回归树与衰减函数的在线负面口碑影响力预测模型 ········· 161
8.3.1 概念界定与假设 ··· 161
8.3.2 在线负面口碑特征及影响力预测模型 ······················ 162
8.3.3 在线负面口碑影响力预测的实验 ···························· 166
8.3.4 在线负面口碑处理策略 ······································· 169
8.4 在线负面口碑处理的专家识别方法 ······························· 171
8.4.1 概念界定与假设 ··· 171
8.4.2 在线负面口碑处理的专家识别资源映射框架 ··············· 172
8.4.3 在线负面口碑处理的专家识别资源映射方法 ··············· 176
8.4.4 在线负面口碑处理的专家识别资源映射实验 ··············· 183
8.5 在线负面口碑处理的动态专家推荐方法 ·························· 186
8.5.1 概念界定与假设 ··· 186
8.5.2 在线负面口碑处理的动态专家推荐方法 ···················· 188
8.5.3 实验与结果分析 ··· 197

第9章 面向社会化媒体在线投诉处理的知识推荐及系统 ············· 204
9.1 问题的提出 ··· 204
9.2 基于价值共创的在线投诉处理模式 ······························· 205
9.2.1 主体价值共创动机的资源空间 ······························ 205
9.2.2 基于价值共创的在线投诉处理模式 ························· 208
9.2.3 实验与结果分析 ··· 212
9.3 基于模式匹配的在线投诉案例相似度计算 ························ 217
9.3.1 定义与假设 ·· 217

9.3.2　投诉案例相似度计算方法 …………………………………………… 218

9.3.3　实验与结果分析 ……………………………………………………… 224

9.4　基于人工神经网络的投诉句识别模型 ……………………………………… 226

9.4.1　定义与假设 …………………………………………………………… 226

9.4.2　投诉句识别方法 ……………………………………………………… 228

9.4.3　实验与结果分析 ……………………………………………………… 231

9.5　基于耐用品在线客户评论的客户细分分析方法 …………………………… 235

9.5.1　定义与假设 …………………………………………………………… 235

9.5.2　客户偏好建模方法 …………………………………………………… 236

9.5.3　客户细分分析方法 …………………………………………………… 238

9.5.4　实验与结果分析 ……………………………………………………… 239

9.6　在线投诉处理知识推荐系统 ………………………………………………… 244

9.6.1　应用背景与需求分析 ………………………………………………… 244

9.6.2　数据流与信息处理 …………………………………………………… 246

9.6.3　系统结构与功能 ……………………………………………………… 252

第 10 章　基于相似度的在线抱怨的自动处理及原型系统 ………………………… 255

10.1　问题的提出 ………………………………………………………………… 255

10.2　社会化媒体中在线抱怨自动处理框架 …………………………………… 256

10.2.1　社会化媒体中在线抱怨自动处理的多主体互动模式 …………… 256

10.2.2　在线抱怨自动处理总体框架 ……………………………………… 258

10.2.3　在线抱怨自动处理的关键方法 …………………………………… 259

10.3　在线抱怨问题的识别方法 ………………………………………………… 260

10.3.1　在线抱怨识别的问题 ……………………………………………… 260

10.3.2　在线抱怨的组成要素与识别框架 ………………………………… 261

10.3.3　在线抱怨目标短语的识别 ………………………………………… 262

10.3.4　触发核心词的识别 ………………………………………………… 262

10.3.5　抱怨问题路径的抽取 ……………………………………………… 264

10.3.6　实验与结果分析 …………………………………………………… 268

10.4　复合相似度的计算方法 …………………………………………………… 271

10.4.1　复合相似度的问题 ………………………………………………… 271

10.4.2　复合相似度计算表示 ……………………………………………… 272

10.4.3　权重赋值 …………………………………………………………… 272

10.4.4　局部相似度计算方法选取 ………………………………………… 274

10.4.5　复合相似度计算构建算法 ………………………………………… 275

10.4.6　理论证明和实验结果 ……………………………………………… 276

10.5　在线抱怨案例的检索方法 ………………………………………………… 281

10.5.1　在线抱怨案例检索的问题 ………………………………………… 281

10.5.2　在线抱怨案例相似度计算方法 …………………………………… 281

10.5.3　基于相似度的在线抱怨案例检索算法 …………………………… 287

  10.5.4 实验与结果分析 ·· 289
10.6 面向在线抱怨自动处理的推荐原型系统 ································ 293
  10.6.1 系统需求分析 ··· 293
  10.6.2 系统总体结构设计 ··· 294
  10.6.3 原型系统的构建 ·· 298

参考文献 ·· 302

第 1 章

概　述

1.1　问题的背景

随着 Web 2.0 技术的广泛应用，社会化媒体以其"共享、利他"的优势成为互联网中的重要平台，成为人们日常生活、工作中离不开的平台。对于社会化媒体来说，它通过为用户提供上传、下载、搜索、分享等相关信息的基本服务功能，成为有效解决人们"信息不完备、信息不对称"的重要渠道；凭借用户基数大、信息传播快、互动功能强等特点，它成为网上内容传播的重要力量。据中国互联网络信息中心（CNNIC）发布的第 41 次《中国互联网络发展状况统计报告》统计，2015 年仅社交网站整体用户覆盖率即达 62%，截至 2017 年 12 月，我国网民规模达 7.72 亿，普及率达到 55.8%，超过全球平均水平（51.7%）4.1 个百分点，超过亚洲平均水平（46.7%）9.1 个百分点。全年共计新增网民 4074 万人，增长率为 5.6%，我国网民规模继续保持平稳增长。据 eMarketer 发布的 2015 年《中国用户媒体使用情况调查报告》统计，2015 年中国用户在所有媒体上每天总用时为 6 小时零 8 分。腾讯发布《2015 年微信平台数据研究报告》，截至 2015 年 12 月 31 日的全年综合业绩显示，微信和 WeChat 合并月活跃账号数达到 6.97 亿，25% 的微信用户每天打开微信超过 30 次，55.2% 的微信用户每天打开微信超过 10 次。微博发布的 2015 年第四季度及全年财报显示，截至第四季度末，微博月活跃用户达到 2.36 亿，同比增长 34%，日活跃用户达到 1.06 亿，同比增长 32%。由此可见，以微信、微博为代表的社会化媒体已成为人们生活的重要组成部分。

社会化媒体在为用户提供信息的基本服务功能的同时，收集了大量的 UGC，为企业提供了口碑营销、广告定向、热点发现等服务。但是作为平台，它缺乏与企业客户服务深度结合的资源服务，仍然面临服务功能同质化、用户黏性低的严峻问题。由于社会化媒体具有弱关系、低黏性，UGC 具有数量巨大且内容碎片化、非结构化等大数据特征，如何深度开发与利用 UGC 资源，提高用户黏性，最终提高盈利，是社会化媒体急需解决的问题。

社会化媒体积累的 UGC 中有大量关于企业、产品或服务的评论、口碑内容，这些内容有正面的，也有负面的。2009 年，加拿大一名音乐人为表达对美国联合航空公司弄坏私人物品的不满，将自己创作的歌曲《美联航弄坏吉他》上传至互联网，10 天内获得 400 万点击量，让美联航股价下跌了 10%，蒸发了约 1.8 亿美元的市值，它产生的巨大影响力让美国联合航空公司不得不低头认错。2013 年，国内一条不足 140 字的微博：×××和××× 颗粒，已经被充分证明了对儿童的肝肾毒性，一岁内禁服，六岁内慎服。但是为什么媒体还在播出他们的广告，药店也可以无阻碍购买，各位大 V 帮忙转发吧，让媒体撤除这种残害儿童的广告吧！并@了几位名人，使得"一条不足 140 字的微博+1200 多粉丝=上市公司 10 亿元市值蒸发+名人道歉+社会恐慌+药监局被迫回应"这样一个不等式在"失控"的微博传播中成为现实。ONWOM 具有破坏力强（Kotler，2011）、拒绝解释（Thomas et al.，2012）等特点，有可能会给企业带来巨大的品牌形象损失。

如何有效处理 ONWOM 这一新课题，对企业具有重要意义。在处理 ONWOM 的过程中，企业过度参与并不能收到良好的预期效果。因为用户的负面情绪已经产生，企业过度解释，从用户的角度看会越辩越黑。因此，吸引社会化媒体中的其他用户参与企业负面口碑处理可能会产生更好的效果。

信息已成为与金钱、情感同等重要的负面口碑处理的资源，有效的信息资源管理方法是 ONWOM 处理的关键。在社会化媒体中，针对 ONWOM 问题，以 UGC 为源的信息资源管理具有典型的三边市场特征，要求信息资源管理过程要满足抱怨者、信息提供者和企业三方的价值需求。价值共创理论鼓励资源共享以实现价值共享（Vargo et al.，2008a），从而实现"三赢"，即实现面向抱怨者、信息提供者和企业三者的价值共创过程。实现该过程的关键是向抱怨者实施信息补偿，抑制负面口碑在社会化媒体中快速扩散。从企业需求来看，价值共创策略的实施时间点显著影响对负面口碑传播的遏制作用，是社会化媒体面向企业的信息资源服务的关键；从抱怨者的需求来看，海量信息资源构成价值共创的数据环境，信息资源含有大量信息提供者（其中包括消费者）发布的对于产品的使用经验和观点，蕴含了极大价值，通过向抱怨者推荐所需信息资源，可以解决他们遭遇的产品失败等问题，从而满足其需求；从信息提供者的视角来看，其发布关于产品的使用经验和知识，是希望被关注和应用的，通过信息资源管理将其发表的内容应用到具体情境，可以增加信息提供者的社会资本，满足其共创需求。因此，基于信息资源管理视角，社会化媒体提供以负面口碑为目标的信息资源服务，实现多方的价值共创具有极大的理论和实践意义。

然而，信息过载、无序化和价值稀疏化阻碍了社会化媒体信息资源价值网的实现。限于计算能力，从高速产生和传播的、海量的 UGC 大数据中获取解决 ONWOM 的资源非常困难，难以判断 UGC 作为信息资源的价值，并成为进一步在社会化媒体中展开针对负面口碑的消费者服务的瓶颈，实现个性化乃至个人化信息资源服务的若干关键问题尚未深入研究，更遑论在社会化媒体中实现向抱怨者的个性化内容推荐过程。

Max（1995）在其所著的《信息空间》一书中提出："随着生产的非物资化（即创造的每价值单位的能量含量逐渐减少，其信息含量逐渐增加），我们正在走向一个这样的经济系统。在这个经济系统里，经济学家已不再能继续将信息看作仅仅是对经济交换的外部支持，它必须越来越作为交易的主要焦点"，"创造和分享新信息构成现代国家竞争优势的核心"。

本书针对社会化媒体中企业 ONWOM 处理问题，依据价值共创、客户关系管理、信息资源管理等理论，以社会化媒体的广义 UGC 为源，从价值共创、资源、平台的综合视角，重点研究企业 ONWOM 处理的价值共创管理模式、服务资源及获取与存储模式/方法、在线评论有用性、ONWOM 处理的知识和专家推荐以及资源管理系统等主要内容，为在社会化媒体中处理企业 ONWOM 资源及其客户关系管理、信息资源开发与利用等提供可资借鉴的理论和方法，为 UGC 提供信息资源管理理论、方法和技术支持，具有一定的理论和实践指导意义。

本书基于社会化媒体中企业 ONWOM 处理问题所研究的 UGC 资源管理模型、方法、框架等成果，对企业信息资源管理领域、信息产品/信息服务设计的研究与实践也具有一定的理论和实践指导意义。

1.2　国内外相关研究

1.2.1　社会化媒体

社会化媒体是允许网民进行信息创造、共享和交换的平台，其平均了话语权，改变了组织、社区和个体之间的信息传播模式（Kietzmann et al.，2011），对消费者和企业产生了极大的影响。社会化媒体是 Web 2.0 和 UGC 的组合，Web 2.0 解决了终端用户的内容写作技术障碍，UGC 则是普通网民在社会化媒体中产生的内容，而其核心要素是社会网络关系（Java，2008）。今天，随着移动设备功能的日益强大，众多社会化媒体应用程序实现了移动化。据 Sorathia 等（2009）分析，越来越多的互联网连接和移动设备的普及，使社会网络迁移到无论何时、无论何地都具有可获得性的移动社会化媒体上。

企业已意识到参与到社会化媒体中的重要性，Fischer 等（2011）指出在企业和消费者之间的高交互行为能够有效导致消费者转移现象，对客户关系管理提出了新的要求；Yuan 等（2014）从资源管理视角设计了面向社会化媒体的资源映射框架，提出了基于资源共享策略的企业-消费者价值共创策略，从而实现社会化媒体信息资源的价值利用过程。Aral 等（2013）综述了社会化媒体的研究框架，提出社会化媒体涉及个人、企业及其自身三层次结构，指出在设计、策略、管理和价值 4 个方面的研究空间。

社会化媒体改变了大众的社交及日常生活。微博、微信等社会化媒体自兴盛以来，在社会舆论形成、引爆和导向方面扮演了重要角色。在电子商务领域，Jussila 等（2014）研究了芬兰 B2B 电子商务企业的社会化媒体使用状况，其中企业内部使用社会化媒体进行沟通的占 28.8%，关联企业间使用社会化媒体进行沟通的占 12.8%。Karjaluoto 等（2015）研究了 B2B 企业利用社会化媒体工具影响内容产生的机制，市场工作需仔细考虑异质用户的角色和行为，企业可通过社会化媒体给自身带来利益。

在企业营销领域，Peters 等（2013）提出基于刺激、组织和响应的结构框架表达社会化媒体与企业组织作用过程，强调信息交互和媒体用户异质性对组织营销的影响。Fischer 等（2011）认为社会化媒体为企业和用户提供了更多的交流机会，这种高交互性会导致消费者转移。Paniagua 等（2014）指出企业在社会化媒体上发布产品和服务信息可以增加信息曝光量，从而实现与潜在客户更广泛的沟通。

在信息管理领域，Razmerita 等（2014）研究了社会化媒体在支持个人和组织知识管理方面的特点，根据对个人和组织的交互和控制程度将社会化媒体分为 4 类，指出通过某些媒体工具可以提高知识交互度和知识丰富度。Bourhis 等（2010）认为虚拟社区成功的管理实践有 3 个方面，包括持续进行建立知识共享文化的活动、为虚拟社区实践提供足够的资源和监督社区领导以解决出现的各种问题。

1.2.2 用户产生内容相关研究

1. UGC 的内涵

UGC 作为一种新兴的信息资源，自 2005 年提出之后被广泛接受。但在 UGC 的内涵与形式研究方面，至今学术界的定义并没有完全统一。经济合作与发展组织在其报告中指出 UGC 的 3 个特征，包括：是在互联网上公开发表的内容；发表用户付出一定创新性的努力；内容的创造流程或方法是非专业的（Vickery et al.，2007）。UGC 是社会化媒体的重要组成要素（Java，2008），是虚拟经济的重要组成部分，其价值已经超过专业编辑信息的价值（Rishika et al.，2013）。赵宇翔等（2012）通过分析 UGC 的研究进展，进而对 UGC 的概念进行了解释，指出了 UGC 中所具有的不同维度的组成模式，指出通过不同层面以及视角能够较为完善地对 UGC 进行分析。

UGC 的形式根据所处的社会化媒体环境的不同也有较大差异，并且新形式的 UGC 还在不断出现，朱庆华（2014）将 UGC 分为 5 种类型，包括娱乐型、商业型、社交型、兴趣型和舆论型。Ransbotham 等（2012）指出 UGC 不只有个人用户创造的形式，社会化媒体中也包含由多人协同创造的 UGC。姜进章（2012）将 UGC 分为 3 个不同的粒度，包括单个用户产生的内容、根据一定逻辑将多个内容集成的内容和按一定要求用多个独立内容组成的集合。

2. UGC 的加工与应用

UGC 的加工过程是从管理和技术的视角出发研究 UGC 在社会化媒体中的加工方法，是有效利用 UGC 的关键。Lakshmanan 等（2010）以博客作为研究对象，研究了 UGC 的可视化、有用性识别、结构化和非结构化内容的整合等方法，实现面向 UGC 的聚类、矩阵划分和排序过程。Decker 等（2010）针对企业产品研究和改进需求，采用以抽取消费者偏好为目标的 UGC 加工方法，实现了消费者偏好抽取过程。Galitsky 等（2009）在对 UGC 所包含的问题归类过程中，使用基于标注图的分析方法得到了更为准确的结果，快速找出 UGC 所包含的问题，能够更为有效地利用信息。Esparza 等（2012）针对微博的实时性、非结构化特征，提出了基于协同过滤技术的知识推荐系统，以挖掘其中富含的用户观点、兴趣以及评论内容。华中科技大学蔡淑琴等以在线产品族设计为目标，基于公理设计理论，提出 Z 型 UGC 映射模型，实现相关加工过程，他们进一步以点评网站为研究对象，结合市场营销的 RFM 理论以及社会网络结构关系，采用神经网络方法识别意见领袖（蔡淑琴等，2011；蔡淑琴等，2013）。

1.2.3 价值共创相关研究

1. 价值共创的内涵

价值共创是近年来市场营销和客户关系管理领域新兴的理论，强调企业和消费者之间的信息交互并一同进行产品设计、产品生产等工作，企业和消费者的交易过程是双方价值的交换过程（Woodruff，1997），实现价值的转移和创造，以解决消费者需求和企业产品设计之间的差异，满足双方的价值需求，实现双方的共同价值。诸如 Threadless、Lego、Dell 等企业与客户展开的基于价值共创的创新、生产过程是价值共创的典型案例（Di et al., 2009）。Ramire（1999）提出价值共同生产的概念，并明确了企业和消费者在价值创造过程中的关系和角色。在价值共同生产中，企业和消费者都是价值的创造者，而价值的产生也是双方互动的结果。

共创价值是指双方通过合作等方式获得价值，现有研究从产品主导逻辑向服务主导逻辑发展（Vargo et al., 2004）。价值的产生过程是复杂的，大致分为企业创造过程、消费者创造过程以及共创过程，参与共创的主体能通过开发其交易对象资源或影响交易对象决策行为而获取更多的价值（Payne et al., 2008）。共创过程中的角色是主体位置和实践行为的融合，是价值形成过程的关键因素，不同位置的资源决定其网络特征以及和其他节点的交互行为，并带来不同价值（Akaka et al., 2011）。

2. 价值共创的策略

价值共创是共创主体通过贡献自身资源进行共创活动从而实现自身价值的过程（Vargo et al., 2008a）。Edvardsson 等（2011）从社会建设理论出发理解价值共创和服务交换，认为价值应该被理解为社会环境中的价值，价值是一种社会建设，价值共创是由社会力量塑造、在社会结构中再生产，并且对参与各方可以是不对称的。不同于传统服务模式，价值共创允许各主体通过信息交互参与价值创造活动，实现各自不同价值（Payne et al., 2008），其关键是共同生产、信息共享、资源共享和共同学习（McColl-Kennedy et al., 2012）。基于信息交换的价值共创行为可以帮助企业构建面向消费者的个性化服务体系（Roggeveen et al., 2012），将企业、一线员工、抱怨客户作为参与抱怨管理中价值共创的三方，以信息为实现价值共创的关键要素，通过挖掘三方资源、协调三方需求实现面向抱怨回复的价值共创目标（Edvardsson et al., 2012）。Payne 等（2005）在 Zablah 等（2004）研究的基础上，进一步强调交互行为的重要性，提出了基于交互价值的共创框架，认为资源整合的关键在于交互过程。

价值共创的核心是资源的整合，Edvardsson 等（2012）使用概念和案例研究方法将资源整合和价值共创融入服务系统，整合企业、一线员工和抱怨客户三方资源，提高了企业服务恢复能力。

3. 价值共创的应用

价值共创理论认为，价值创造边界是模糊的，包括企业与个人在内的经济体通过配置自身资源、对外提供服务实现自身价值（Vargo et al., 2008a）。共创价值通常在企业和客户交互中发生（Grönroos, 2011）。

社会化媒体工具作为价值共创交互的平台具有广阔的前景（Sawhney et al., 2005）。社会化媒体可以允许企业以相对海报、电视等传统途径和市场工具更低的运营成本来吸引用户参与价值共创（Martini et al., 2012）。社会化媒体具有更广泛的受众，能够吸引更多的用户参与到共同设计和共同开发中以共同实现个人价值（Piller et al., 2012）。社会化媒体工具被用作客户参与交互共创过程、展示共创成果以及从其他用户获得成果反馈和改进的有效工具，甚至被用来帮助多个客户共同设计产品和服务（Blazek et al.，2012）。企业应当设计和利用交互平台、相关工具资源和激励措施来鼓励客户参与到创造活动中，并帮助共创过程中的企业-客户和客户-客户之间进行交互（Piller et al.，2012）。

1.2.4 用户参与在线负面口碑处理相关研究

1. 在线负面口碑

口碑始于 Arndt 在 1967 年对消费者交互与产品传播的关系研究，是消费者关于品牌、组织或服务的信息交互过程。口碑能减少普遍存在于买方和卖方之间的信息不对称现象。网络社区的归属感、利他倾向、个人荣誉感以及个人情绪宣泄促进了消费者发布在线口碑（Cheung et al.，2012）。满意的消费者发布正面口碑，不满意的消费者发布负面口碑（Anderson，1998）。

ONWOM 是消费者通过社会化媒体渠道，针对特定产品、服务、品牌或企业发表的含有负面情绪的口碑信息（Libai et al.，2010），具有破坏力强（Kotler，2011）、拒绝解释（Thomas et al.，2012）等特点。Baloglu 等（2010）指出 ONWOM 是用户通过社会化媒体表达的抱怨内容，是抱怨的主要表达形式之一。Mittal 等（2008）针对负面口碑生成动机，分析社会网络结构中的信息控制和关联强弱，得出处于高信息控制状态的消费者以及弱连接的消费者更倾向于在服务或产品失败之后发布负面口碑。

2. 用户参与动机相关研究

很多学者对社会化媒体中用户的参与动机进行过研究。Dholakia 等（2004）研究指出虚拟社区用户参与意愿受 5 个个人层面的动机变量和两个群体层面的动机变量的影响，5 个个人层面的动机变量分别为意向价值、自我发现、保持个体间联系、社会扩展和娱乐价值；两个群体层面的动机变量为群体规范和社会认同。

Wang 等（2004）研究旅游虚拟社区中用户的参与动机，提出一种"参与和贡献动机模型"。Lee 等（2008）从心理-社会层面和技术层面来研究消费者参与在线讨论社区与别的用户进行知识分享活动的行为动机，提出一个消费者参与在线社区讨论的行为动机理论模型。

Nambisan 等（2009）研究了消费者自愿参与产品虚拟社区环境，与企业一起进行价值共创的原因，认为用户会受到相关激励效应的影响。杨冠淳等（2009）认为用户持续参与虚拟社区活动的动机主要来自 3 个方面，即效用性、娱乐性和归属感；而虚拟社区的技术设计和管理设计能够影响这 3 个方面。相对于外部刺激因素，参与率和参与结果的质量更多地依赖于参与者的内部动机（Bruggen et al.，2011）。从 Katz 的使用与满足理论出发，客户参与行为激发自认知价值、情感价值、个人整合需求和社会整合需求（Katz et al.，1974）。如果参与价值共创不能满足相应的需求，参与性将被极大地削弱（Nambisan et al.，2009）。

3. 在线评论有用性相关研究

在线评论是个人在企业网站上或者第三方网络平台上发表的关于产品的评论，而有用的在线评论则是指用户产生的能促进消费者做出购买决策的产品评论（郝媛媛等，2010）。

Mudambi 等（2010）通过文本分析技术描述 UGC 特征，并引入产品特征（搜索性产品和体验性产品）和评分极性特征，采用计量经济学模型分析评论有用的关键影响因素，发现越长的 UGC 有用性越高，但会受到产品特征的调节。Ngo-Ye 等（2014）将评论者的引入和 UGC 文本特征结合起来，构建 RFM+BOW 模型，实现对评论有用性的预测。Yin 等（2014）利用情感词库识别不同类别的情感词，发现 UGC 中包含的不同类型的情感词对其有用性感知能够产生巨大的影响，基于对焦虑和愤怒的情感词抽取，发现焦虑的情感词能够提供更多的评论有用性。

Ghose 等（2011）基于自然语言处理技术，分析 UGC 的评论撰写特征，抽取 UGC 的可读性、拼写错误和评论者特征，并发现这些特征对评论有用性存在显著影响。Lee 等（2014）使用神经网络的方法预测评论的有用性并提高了结果准确性。郝清民等（2014）探究了评论者的特征、评论长度、评论情感、产品类型对有用性的影响，发现评论者排名和历史发表数量能够通过评论长度和评论情感间接影响评论有用性，产品类型对评论有用性也具有调节作用。Cao 等（2011）用数据挖掘技术分析了评论的语法特征，结果表明语法特征比其他特征对评论有用性的影响更大；有单一的正面或负面观点的评论比含有两种观点或者中性的评论更有用。严建援等（2012）从评论深度、评论表达的客观性和完整性以及评论对产品描述的丰富性和完整性等方面研究了评论有用性的影响因素，表明这些方面对评论有用性都有正面影响。彭岚等（2011）的研究从传播说服理论的维度证明了评论等级、评论长度、好评率和评论者使用互联网经验能够显著影响评论有用性，同时商品类型对评论有用性具有调节作用。

1.2.5　信息资源的加工与价值推荐的相关研究

1. 信息资源的加工

随着信息技术的发展和应用，大量学者从企业管理需求角度提出对企业内外的信息资源管理方法。构建信息资源管理链能实现组织目标，帮助企业快速获取竞争优势（Burk et al.，1988；Peteraf，1993）。在社会化媒体环境中，学者日益重视其信息资源管理问题（McAfee et al.，2012），认为社会化媒体中富含对消费和购买决策有用的信息，更重要的是其中包含了大量的产品知识、使用经验和消费者偏好。

在经济管理领域，信息资源管理的研究起源于霍顿对企业信息资源的研究（Burk et al.，1988）。霍顿等指出信息资源管理是基于信息生命周期特征的管理活动，实现对信息资源的规划、指导、预算、决策、审计和评估的过程，一般始于信息需求，并经过信息生产、采集、传递、处理、存储和利用等多个过程。武汉大学马费成团队从信息生命周期特征出发，指出信息资源的管理过程需要遵循信息资源的本质规律，解决信息价值的老化问题，通过对于图书情报这一类信息资源的梳理，从价值视角分析了信息资源管理的核心问题（马费成等，2010a），并进一步从管理视角指出信息的生命周期管理是信息资源管理的关键（马费成等，2010b）。

大数据时代数据日益重要，数据科学已经成为重要的研究领域，信息资源的管理将以数据为核心而开展，通过构建数据仓库、商务智能实现对复杂商业活动的支持（冯芷艳等，

2013）。蔡淑琴等（2016）针对用户产生内容的碎片化、非结构化、无序化和去中心化等特征所带来的"信息过载"和"信息迷失"，提出 UGC 序化、中性化加工思想，研究和设计了以在线点评、微博等社会化媒体 UGC 为对象的序化与中性化加工模型和方法。

2. 推荐系统

推荐系统成为一个独立的研究领域开始于 20 世纪 90 年代中期，其发展起源于一个简单的现象，即个人做决策时通常依赖他人的建议（Resnick et al.，1994）。Resnick 等（1997）指出推荐系统是网站给客户提供信息和建议，以帮助客户完成购买决策的过程，这些客户通常缺乏个人经验或能力来对网站提供的大量候选推荐项目进行有效评估。例如，亚马逊通过在线书店为每个客户提供个性化的图书推荐服务（Linden et al.，2003）。Burke（2007）认为推荐系统是为用户提供可能感兴趣项目的建议的工具和技术。推荐系统提供的建议可能涉及不同类型的决策过程，比如不同的推荐项目形式，可能是新闻、图书、音乐、服饰等，也可能是抽象的信息和知识。Adomavicius 等（2005）认为推荐系统的作用是管理信息过载，实现方式是通过自动化方法收集信息，并根据个人兴趣对信息进行处理。

1）基于内容的推荐

基于内容的推荐方法的核心思想是给客户推荐与其过去选用的项目相似的项目。此类方法大多用来推荐包含文本信息的项目，如文档、网站和新闻（Balabanović et al.，1997），Esparza 等（2011）将用户在网络中实时表达的个性化短文本信息（如意见、评论、个人观点）看作推荐系统的数据源，以 Blippr 网站为实例背景，通过利用网站上的评论数据对推荐项目和用户进行建模，实验证明此类数据可作为推荐系统的一类重要数据来源。基于内容的推荐还可用来推荐除文本以外的其他信息，Smyth 等（2000）针对数字电视系统中频道和节目数过多致使用户无法有效选择的信息过载问题，通过建立个性化电视节目服务网站来自动识别用户个人偏好，并提供个人电视推荐指南，以此为用户提供高质量的个性化服务。Schafer 等（2001）分析了推荐系统对电子商务销售的影响，从 3 个方面使销量得到增长，包括将浏览者变为购买者、增加交叉销售和提高忠诚度。Chelcea 等（2004）使用移动情境下的推荐系统研究出行信息检索问题，提前帮助用户选择出行方式、进行日程安排、选择路线和制订行程时间，并在出行中进行互动指导、提供道路可视化和目的地规划。

2）协同过滤推荐

基于用户的协同过滤推荐的核心思想是为用户推荐与其有相似偏好的用户喜欢的项目。已经有大量成功的此类推荐系统，Goldberg 等（1992）建立的 Tapestry 邮件系统使用了协同过滤方法，通过鼓励用户对文档进行标注来协助过滤，以提高后续用户的效率。Konstan 等（1997）针对 Usenet 新闻组建立了基于协同过滤的 GroupLens 项目，方便用户得到更感兴趣的新闻。Terveen 等（1997）建立的基于协同过滤的 PHOAKS 系统能够自动识别、标记和重新分发从 Usenet 新闻组挖掘的网络资源。

Sicilia 等（2010）认为学习资源的推荐与信息资源或产品购买的推荐问题不同，他们通过使用基于用户的协同推荐方法，在 MERLOT 数据上进行实验，以检验算法在此类数据库中的推荐效果，并分析推荐项目与数据库其他元素的关系。Jäschke 等（2007）针对标签推荐问题，使用基于用户的协同推荐和基于图的推荐两种方法在真实数据集上进行检验，结果表明这些个性化方法比非个性化方法效果好，基于图的推荐方法表现最佳。Zhao 等（2010）针对协同过滤算法计算复杂度高的，在基于 Hadoop 的云计算平台上实现了基于用户的协同过滤算法，提高了协同过滤算法的可扩展性，实验结果显示通过两条基础规则对用户进行划分就可实现线性加速。Hu 等（2010）将人格特征融入推荐系统中，构建了基于个性的音乐推荐系统原型，并用技术接受模型探索用户对此类系统的感知水平。Jia 等（2015）以旅游行业为背景，利用基于用户的协同推荐算法首先对游客建模并计算游客间相似度，然后向游客推荐相似游客的历史游览景点。

3）专家推荐

与一般推荐系统推荐产品不同，专家推荐系统是根据需求推荐专家用户。Reichling 等（2005）指出专家推荐系统是为了满足用户在特定场景的需求，通过找到相应的专家以帮助用户解决相关问题的推荐系统。Liu 等（2005）认为问答社区中的专家是回答过相似问题的用户，将用户看作历史文档集，通过计算问题与文档之间的相似度找到最相关的用户，将该问题推荐给此专家进行回答。Chen 等（2008）指出问答社区中依靠用户反馈的答案排序并不高效，而基于用户间链接分析的方法在很多情况下并不准确，文章提出一种基于用户声誉的结构分析方法，并验证了方法的有效性。Kao 等（2010）在问答社区环境中，针对分类问题提出一种综合考虑用户关系信息、用户声誉和权威的混合方法进行专家推荐，并验证了方法的有效性。Zhou 等（2012）认为针对链接类方法忽略了提问者和回答者之间的主题相似度、用户专业知识和用户声誉，他们提出一个基于 PageRank 算法的主题敏感概率模型，综合考虑了用户间的链接结构信息和主题相似度信息，并实验验证了模型的有效性。Balog 等（2007）使用不同的文本数据源将标识、关联和搜索专家整合到一个专家推荐的生成概率框架中，并用两种搜索策略验证了框架的灵活性。Yang 等（2015）提出在学术研究社区中，除了个人之间的网络关系，还需考虑研究者所在机构之间的连接强度信息对专家推荐的作用，通过整合研究关联信息、个人社交网络信息给专家建立多层次的人物画像，并验证了方法的有效性。

1.2.6 超图理论的相关研究

超图理论是图理论的扩展，在不断发展的过程中，已经逐渐在各个领域中展现出强大的适应能力。

孙连英（2002）通过利用超图模型进行数据挖掘，发现了超图理论可以有效地找出复杂数据的内在结构，提升数据挖掘的效率。吴颖敏（2009）将超图理论应用到机遇发现的过程，提出了机遇发现的超图模型，并定义了机遇的不同组成结构。蔺源（2011）分析了互联网用户行为，发现这种信息资源的匹配过程可以利用超图理论进行完善，通过构建超图模型，从而实现了高效的资源发现和资源匹配过程。楼巍（2013）在对高维数据挖掘技术的分析过程中，提出构建超图模型降低数据属性维度的方法，研究发现有向超图能够提升关联规则的数据挖掘效率。Novelli 等（2001）在对关系型数据库的数据挖掘分析过程中，利用超图理论定义了一种最小依赖函数，有利于信息的发现。Lin 等（2005）通过研究语义文档聚类，提出一种基于组合拓扑的结构，这种结构主要是利用超图模型进行扩展，进而实现潜在语义文档的获取。He 等（2005）在研究分类数据聚类的过程中，提出一种基于超图模型的聚类算法进而有助于实现高效率的疾病预防与控制。Stankovski 等（2008）设计了一种数据挖掘系统，该系统主要利用超图理论作为数据挖掘算法，具有较强的灵活性、可扩展性和可伸缩性。

1.2.7 现有研究的不足以及实际需求

国内外已有研究成果为本书研究的开展奠定了一定的理论基础，但仍有以下不足之处。

（1）在研究视角上，现有对互联网的相关研究多限于单一视角，如技术视角的搜索优化、推荐、LBS 研究，实证视角的网民行为、技术采纳等研究，应用视角的热点追踪、网络舆情、点评、情感分析等研究；对企业 ONWOM 处理与管理的相关研究，多限于企业视角，而缺乏从社会化媒体入手的信息资源相关研究，缺乏以普通网民和企业为中心的信息需求研究。基于资源管理、价值共创等与社会化媒体、ONWOM 以及 UGC 等特征相结合的综合视角，才能有效地解决社会化媒体中企业 ONWOM 处理问题。

（2）在研究对象上，现有研究中多将对负面情感 UGC 的处理作为相应企业的内部工作，忽视了 UGC 中包含的处理负面口碑等问题的信息和知识，少有从资源与企业客户关系管理深度结合的视角研究 UGC 的资源获取与使用方法，利用 UGC 中的资源拓展传统企业资源的外延实现负面口碑处理。传统信息资源管理的研究多以结构化、有序数据为研究对象，而在社会化媒体中，信息资源的无序化已经成为常态；社会化媒体的信息资源更多需要考虑多方参与者的需求，而传统信息资源管理理论缺乏对该方面的考虑。

（3）在研究思想上，由于社会化媒体具有社会性、广义 UGC 具有大数据特征、ONWOM 传播快，依据传统的限于"企业-用户"两方的负面口碑处理模式，企业依靠自有服务资源有效处理 ONWOM 问题存在困难，少有研究涉及企业如何在多方参与模式下利用社会化媒体中的 UGC 以及网民资源（第三方）在社会化媒体（第四方）中处理 ONWOM 问题。因此，需要研究社会化媒体中网民（包括 UGC）、抱怨者（企业客户）、企业三方，在社会化媒体（第四方）中有效处理 ONWOM 价值共创的基础管理。此外，既有研究更多关注传统环境下的价值共创理论和企业策略，而社会化媒体提供了新的市场环境，消费者涌现出新的行为特征，需要进一步探索社会化媒体环境中 UGC 以及价值共创行为和策略；然后，现有研究多关注与实际产品交易产生的价值，而在社会化媒体中，更多是信息作为载体传播价值，口碑的传播和产品采纳行为分离，因此需要进一步研究负面口碑带来的价值共创需求和共创策略。

（4）在研究方法上，社会化媒体（第四方）为企业提供 ONWOM 处理价值共创平台，是社会化媒体的客户关系管理的自动化，涉及管理、方法与系统。在社会化媒体中，除了少数显性消费者评分外，更多的是基于消费者行为和文本评论而得到的隐性偏好数据；如何识别并推荐系统中具有相应能力结构（如知识解决方案和情感抚慰能力）的专家，如何整合 UGC 和社会化网络结构识别与匹配社会化媒体中 ONWOM 处理资源以实现多方参与的 ONWOM 自动化处理，需要综合多种研究方法，而现有的单一研究方法难以解决。

因此，社会化媒体中企业基于价值共创、利用社会化媒体的广义 UGC 资源来处理 ONWOM，作为一类新的理论与实际问题，相关研究尚处于关注、认识和探索阶段。运用客户关系管理、服务管理理论和方法以及抱怨管理方法，难以解决该类问题，亟须进行系统、深入的探索，以补充和完善相关理论，为实际操作提供理论支持。

1.3　本书的主要内容

本书由 10 章组成，内容简介如下。

第 1 章以两个影响比较大的 ONWOM 实例为引子，针对社会化媒体的低黏性，提出设计基于 UGC 的增值服务问题；对国内外社会化媒体、用户产生内容、价值共创、ONWOM 和信息资源管理等相关研究进行总结与分析，提出本书要解决的问题。

第 2 章定义社会化媒体中 ONWOM 及其特征，分析 ONWOM 处理的需求与解决途径，建立 ONWOM 处理的价值共创模型，并对 ONWOM 处理的价值共创实现机理以及 ONWOM 处理的 UGC 资源和框架进行研究。

第 3 章分析社会化媒体中用户参与价值共创、参与处理企业 ONWOM 的基于信息、社会资本和情感三方面的具体行为动机，构建用户参与处理企业 ONWOM 动机模型，建立模型的理论假设，进行问卷调查分析并验证。

第 4 章界定在线评论资源有用性及特征，分析有用的在线评论在负面口碑处理中的作用，建立包含情感特征、在线评论形式特征和在线评论文本特征的在线评论有用性影响因素模型，并选取中关村在线手机频道数据进行模型验证实验与分析。

第 5 章研究社会化媒体中面向 ONWOM 的信息资源管理方法。首先建立面向 ONWOM 的信息资源共创管理支持框架。其次对面向 ONWOM 传播模型的价值共创策略进行分析，并用仿真实验进行验证。此外，对序化加工的信息资源物理映射问题进行分析，并对面向消费者评论的信息资源逻辑映射问题进行分析。最后建立基于信息传播理论的协同过滤推荐模型。

第 6 章研究面向 ONWOM 处理的资源管理系统框架和特征集，并对 UGC 中激励极性和情感极性进行度量，完成面向 ONWOM 处理的资源管理系统的实现。

第 7 章界定 ONWOM 处理的专家资源，并对专家资源影响因素进行分析，确定 ONWOM 处理的专家资源识别指标；建立基于专家资源的 ONWOM 处理模式及工作机理；研究面向 ONWOM 处理的专家资源识别框架与指标计算模型，并进行实验与分析。

第 8 章针对社会化媒体中 ONWOM 处理问题，利用数据挖掘、机器学习、信息检索等技术，提出 ONWOM 处理的价值共创模型和专家推荐框架，针对框架构建 ONWOM 影响力预测模型、提出专家识别方法和动态专家推荐方法，并实验验证方法和模型的有效性。

第 9 章设计基于价值共创的在线投诉处理模式，并针对新旧案例的匹配方法设计问题、提出改进的记忆网模型，以记忆网为基础进行案例表示。针对在线投诉的投诉问题识别，提出基于人工神经网络的投诉句识别模型，识别文本在线投诉中的投诉句。针对基于耐用品 OCR 数据执行客户细分分析的问题，提出基于属性-提及对的客户建模方法，并设计了基于耐用品 OCR 数据的客户细分分析方法；基于 Social CRM 定义和基本架构，对在线投诉处理知识推荐系统进行分析与设计。

第 10 章基于相似度方法，综合探讨在线抱怨处理、在线抱怨问题抽取、相似度计算等研究存在的不足，采用机器学习、句法分析、数据挖掘、信息检索和抽取、本体和案例推理等技术，对基于价值共创的在线抱怨自动处理框架、在线抱怨问题识别、复合相似度计算和在线抱怨案例检索方法等进行研究，并设计社会化媒体面向在线抱怨自动处理的推荐原型系统。

1.4 本书的特色与创新工作

1.4.1 本书的特色

本书的特色主要体现在如下几个方面：

（1）基于价值共创的社会化媒体中 ONWOM 处理管理模式。本书不是单一地从技术、数据挖掘等方面研究社会化媒体中广义 UGC 的开发、企业 ONWOM 处理的问题。本书根据企业 ONWOM 处理的需求、广义 UGC 的特点、社会化媒体的用户黏性低等，将价值共创理论、信息资源管理、客户关系管理与 ONWOM 处理相结合，研究社会化媒体中 ONWOM 处理价值共创的管理支持框架、用户参与动机、处理资源识别与匹配、知识和专家推荐以及处理方法和系统设计，为社会化媒体中处理企业 ONWOM 的资源管理方法及系统提供坚实的管理基础。

（2）价值共创理论应用的拓展。本书的研究针对社会化媒体的社会性，将价值共创理论在传统企业-客户两方活动中的应用，拓展为企业、服务者和发布者（分别记为：E、SP、SC）三方共同参与企业 ONWOM 处理的价值共创活动，建立面向 ONWOM 处理的社会化媒体信息资源管理支持框架，并对面向 ONWOM 传播模型的价值共创策略进行分析，用仿真实验进行验证，为价值共创在社会化媒体乃至互联网中的应用提供基础性研究成果。

（3）凸显服务者的外部资源特征。本书重点凸显服务者的外部资源特征，研究社会化媒体中企业 ONWOM 处理中企业、服务者、发布者三方共同参与的价值共创，对序化加工的信息资源物理映射问题进行分析，并对面向消费者评论的信息资源逻辑映射问题进行分析，建立基于信息传播理论的协同过滤推荐模型。本书研究的 ONWOM 自动处理推荐方法、专家推荐方法、知识推荐系统等内容是信息资源管理研究在互联网领域的拓展，也为研究社会化媒体的广义 UGC 资源开发与管理提供新的思路。

（4）系统性。社会化媒体中基于价值共创处理企业 ONWOM 涉及管理、信息技术、信息系统等多个学科。本书以价值共创理论为指导，结合相关理论，研究社会化媒体中以广义 UGC 为资源的企业 ONWOM 处理的管理基础、方法、推荐系统，为社会化媒体中企业 ONWOM 处理外部资源的理论研究与实现提供系统性支持。

1.4.2 创新之处

本书的创新之处主要体现在如下几个方面。

（1）将传统"企业-用户"两方的负面口碑处理模式，拓展到以在线抱怨的网民为服务对象、社会化媒体中具有某专业领域专家水平的网民为外部服务主体资源、社会化媒体中被抱怨的企业为内部服务主体资源、社会化媒体中广义 UGC 为信息资源的三方共同参与的企业 ONWOM 处理模式，构建 ONWOM 处理的信息资源共创管理支持框架，以解决基于价值共创的社会化媒体中企业 ONWOM 处理的管理基础问题。

（2）基于价值共创，建立核心动机资源三维空间中信息状态、情感状态、社会资本状态的共创价值度量模型，以解决社会化媒体中基于价值共创的企业 ONWOM 处理时如何有效提升用户的分享和参与意愿的资源管理基础问题。

（3）从资源视角定义社会化媒体中 ONWOM 及其特征，界定面向 ONWOM 的社会化媒体中广义 UGC 的资源要素、结构，分析 ONWOM 处理的需求，对 ONWOM 处理的方法和资源进行研究。研究 ONWOM 处理的资源管理系统框架和特征集，设计面向 UGC 无序特征的信息资源物理映射模型，并对在线评论有用性影响因素进行探究，完成 ONWOM 处理的资源管理系统的实现。本书面向 ONWOM 处理，研究在线评论有用性的影响因素，不仅解决了 ONWOM 资源识别问题，还适用于所有社会化媒体中在线评论有用性的评估。

（4）本书利用数据挖掘、机器学习、信息检索等技术，提出 ONWOM 处理专家推荐模型、ONWOM 自动处理的推荐原型系统、ONWOM 处理知识推荐系统，并实验验证了方法和模型的有效性，可为社会化媒体环境下的 ONWOM 处理提供新思路，为企业提高资源配置效率、增强客户关系管理水平提供决策支持。

第 2 章

基于价值共创的在线负面口碑处理及资源

2.1 问题的提出

社会化媒体为 UGC 的传播提供了新的平台,为在线抱怨、在线投诉等 ONWOM 的扩散提供了新的渠道,也同时为低成本收集、存储网民知识和网民专家信息的大数据提供了信息系统。如何充分而有效地开发和利用积累的 UGC 类大数据,为其用户或相关主体提供增值服务,以解决低黏性问题是社会化媒体急需解决的问题。那么,社会化媒体如何利用其自身的特色,研究与设计处理 ONWOM 的增值服务亦值得深思。

社会化媒体要利用 UGC 来处理 ONWOM,需要相应的管理基础、资源基础,因此本章的主要内容如下。

(1)对社会化媒体中的 ONWOM 进行界定,并分析其特征,研究互联网上 ONWOM 处理的需求和途径。

(2)提出与建立社会化媒体中处理 ONWOM 的管理理论模型,即价值共创模型以及实现机理。

(3)从信息资源视角,以处理 ONWOM 为增值服务对象,提出 UGC 是社会化媒体提供增值服务的重要信息资源的观点;研究 ONWOM 处理的 UGC 资源的特征以及 UGC 资源的一般表达模型。

2.2 社会化媒体中在线负面口碑及其特征

2.2.1 社会化媒体中的在线负面口碑

定义 2.1 本书涉及的社会化媒体是基于 Web 2.0 的思维和技术而产生的一种互联网应用,是为网民提供 Web 2.0 服务的互联网企业或联盟,社会化媒体为用户提供将用户自己产生的内容上传、下载、交流等的服务功能,具有快速而广泛的传播效应。

本书涉及的社会化媒体是属于市场型的,它是一个平台,为网民提供基础服务功能和增值服务功能。

用户参与是社会化媒体的重要特征。社会化媒体通过提供基本的免费功能,激励用户在平台上发布内容、获取信息、建立关系。因此,社会化媒体不仅建立了庞大的用户群,还存储了海量 UGC。社会化媒体包括购物网站、BBS 论坛、企业官方社区网站、视频网站、问答社区等,积累了形式众多的 UGC,如用户发表的文本、图片、视频以及用户个人信息等,是直接可以获取并加以运用的。社会化媒体中具有产生资源能力的用户,需要被识别发现,他们能够提供更多的增值服务功能,但这需要进行一定的刺激和影响才能发挥作用。

由于学术界对 UGC 的定义并未统一，为使本书研究标准一致，对 UGC 作以下界定。

定义 2.2　用户产生内容（UGC）：早期 UGC 也称为用户创造内容，或者微内容。本书涉及的 UGC 界定为在社会化媒体中采用 Web 2.0 技术、由用户产生的全部内容，是内容、个体、行为、关系的集合，有多种表现形式。

客户抱怨行为是在消费企业产品或服务过程中感知不满意引发的一系列行动或非行动的多重反应。社会化媒体中的用户抱怨通过转发、点评或@等多种途径生成一个话题，向企业、第三方机构或组织和用户同时传递其对企业产品或服务的不满，是一类主要的 UGC，即在线抱怨。互联网为在线抱怨的产生、传播或扩散提供了环境。

在线负面口碑（ONWOM）则是指客户通过社会化媒体渠道表达的在线抱怨内容（Libai et al.，2010）。

社会化媒体中的在线抱怨虽然在内容上与传统抱怨大体一致，都以企业产品或服务失败体验为主，但在表现方式上区别于传统抱怨口口相传的方式，在线抱怨可以通过文字、图片和视频等多种形式表现。本书以文字表现的 ONWOM 为主要研究对象。ONWOM 定义如下。

定义 2.3　ONWOM 是网民（客户）以负面情绪，针对遭遇的消费失败，在社会化媒体中对产品、服务、品牌或企业公开发表的、对消费过程中的遭遇进行描述的包含负面情感信息的 UGC。发布 ONWOM 的网民是负面口碑发布者。

在本书中，在线抱怨、在线投诉等均视为 ONWOM 的不同表述。

由定义可以看出，ONWOM 中包含了以下内容。

（1）抱怨者是对消费过程不满的客户，即解决 ONWOM 针对的对象。

（2）ONWOM 中有抱怨问题描述，即产品品牌、产品特征或者服务某一方面或多个方面的描述。

（3）ONWOM 包含一定能够被网民感知到的负面情感。

当遭遇产品或服务问题时，企业客户的抱怨行为有以下 3 种。

（1）向包括亲朋好友在内的人际关系圈传播负面口碑。

（2）直接向企业投诉。

（3）转向第三方机构或组织投诉。

本书研究的 ONWOM 是抱怨者以获得解决方案或解释、发泄不满情绪、发展社会关系为目的，在社会化媒体中公开发布的关于购买产品或服务过程中产生的不满或问题。

2.2.2　社会化媒体中在线负面口碑的特征

在传统条件下，客户的不满主要通过向企业或者一线员工申诉以及线下口碑传播，因此传统的线下负面口碑产生成本高、企业反馈时间长、传播范围受限。与传统的负面口碑依靠线下传播不同，ONWOM 依靠网络传播，在社会化媒体中具有快速传播、高破坏能力等特征。网络发布的便捷性和开放性使社会化媒体中的 ONWOM 有以下特征。

（1）产生较容易。网络言语的自由和个人意见发布的低成本和匿名性使得 ONWOM 容易产生。一方面，抱怨者不用面对企业或者去实体店，只需要动动鼠标和键盘就能表达不满；另一方面，抱怨者不用承担过多的责任，更乐意发表评论。

（2）产生快。互联网及移动智能终端的普及，使得个人发表意见的成本极低，并且网络的匿名性带来的安全感鼓励了网民发言，激发了公众发表意见的表达意愿，使得 ONWOM

频繁产生。

（3）时效性强。网络的连通性使得 ONWOM 一旦发布很容易被其他用户看到，如果引起其他网民的共鸣也很容易快速产生病毒式传播，产生的后果很快彰显。而网络的开放性使得 ONWOM 是公开的，企业和平台很容易获取负面口碑从而快速对负面口碑做出反应。

（4）传播快。网络的开放性、连通性使得 ONWOM 很容易浏览、转发，造成病毒式传播。

（5）负面效应大。由于产生快、传播快，ONWOM 容易在短时间内扩散开来，并且由于很多 ONWOM 的发布者对企业缺乏信任，对企业的干预持排斥态度，因此企业无法主动有效地解决 ONWOM，造成了较大的负面影响。

（6）影响较大。ONWOM 很容易产生病毒式的跨平台传播，一旦大量传播，企业往往措手不及，从而产生较大影响。而一些产生较大影响的负面口碑来源于起初看似微不足道的小事。比如使美联航股价下跌 10%，损失 1.8 亿美元是因为它在运输时损坏了一位音乐人的吉他而没有赔偿，该音乐人为表达不满所创作的歌曲 10 天内获得 400 万点击量。

（7）非结构化。因为 ONWOM 用自然语言表达，其中包含了大量文字和符号，形式也多样化，大部分为半结构化和非结构化数据，难以直接用系统处理，所以自动解决 ONWOM 较困难。在处理时必须抽取其共性，将非结构化数据转变为结构化数据。

（8）拒绝解释（Dellarocas，2006）。网络的匿名性使得发布 ONWOM 的抱怨者不用承担过多的责任，因而负面口碑情绪表达得更加真实也更加强烈。在负面口碑处理中，抱怨者对企业有不信任的心态，对企业的理由和处理方法往往持有排斥态度。企业过度参与可能导致被怀疑而丧失自身公信力。抱怨者不接受企业的反馈可能导致更强烈的负面口碑。

2.3 在线负面口碑处理的需求与解决途径

2.3.1 在线负面口碑处理的需求

针对客户抱怨处理，杨学成等（2009）认为企业广泛采用的传统服务补救措施主要分三类：物质补偿，包括现金、赠品、优惠券或小礼物等实物赔偿；精神补偿，包括道歉和缓和负面情感等人际沟通；响应速度，包括客户抱怨后的企业反应速度和采取补救措施的速度，归因即对服务失败的原因进行因果解释和归纳。但是关于客户发布在线抱怨的动机研究中发现，寻求遭遇产品或服务问题的解决是客户发布在线抱怨主要原因之一（Hennig-Thurau，2004），因为在线抱怨能够引起企业的关注并获取及时的抱怨处理。

客户与他人分享这些消费体验有很多原因。第一，可能是为自己而发表 ONWOM。例如，引起对他们不满原因的关注，以获得解决方案（Thøgersen et al.，2009）或作为一种发泄负面情绪的途径，减少焦虑感（Nyer，1997；Richins，1984）。第二，可能为避免他人遭受类似的打击而去披露自己的不利经验（Litvin et al.，2008；Parra-López et al.，2011）。后者通常可在在线社区中观察到，用户通过分享和讨论产品或服务来发展与他人的社会关系。特别是当客户自己能获得有用的支持和建议时，这将激励他们向他人提供有用的帮助（Brown et al.，2007）。第三，客户可以通过公开他们关于某个糟糕的经验的想法，以达到激励企业改进其做法的目的。

研究表明，在线抱怨者能够得到针对其抱怨的满意答复时，其重复购买比例能够有显著的提高（黄兴，2013）。对于解决抱怨问题，常见的方法有对抱怨问题进行解释，提供解决方案，道歉、赔偿等一系列措施。在进行 ONWOM 处理时，最常见的是为抱怨者提供解决方案，针对负面口碑中指出的某种问题提出具体的解决方式、方法，该方法主要是信息维度上弥补抱怨者的缺失。同时，人们在遭受不愉快的经历而产生的不满情绪无法自我疏解时，会通过公布自身情绪、经历，得到他人认同或安慰而有所舒缓。

定义 2.4　社会化媒体中 ONWOM 处理是社会化媒体为满足在线抱怨者寻求有效的知识解决方案和/或情感抚慰两方面需求的过程。

ONWOM 中常常包含以下两类信息。

（1）情感信息。用以表达对产品、服务、品牌或企业的不满的信息，凸显遭遇的损失以及希望得到的补偿，该部分常通过情感和金钱来补偿。

（2）产品或服务信息。描述了产品特性以及因为产品知识不足而导致的消费失败的过程。

在社会化媒体中，针对第二类负面口碑，因消费者发布的信息具有更强的可信度，抱怨者更容易接受来自其他消费者的信息，基于信息资源实现负面口碑处理的关键是有效的信息补偿，实现以 UGC 为资源的产品知识和信息的推荐，满足消费者的信息需求。

ONWOM 作为一种典型的 UGC，具有数据量大、传播速度快等特点，如果企业未能及时有效处理会造成客户购买意愿降低、企业声誉受损等严重后果。

企业在处理社会化媒体中 ONWOM 时会遇到以下两方面问题。

（1）现有研究大多基于"企业-用户"两方参与的 ONWOM 处理模式，但由于网络中 ONWOM 数量庞大、传播速度快，单纯依靠企业的有限资源，很多 ONWOM 无法得到及时处理。

（2）在 ONWOM 处理中，客户不喜欢企业直接参与，企业的直接介入可能导致更强烈的 ONWOM（Thomas et al.，2012），企业的过度参与可能引起客户怀疑而丧失公信力（Dellarocas, 2006）。

2.3.2　在线负面口碑解决途径

现有研究提出 ONWOM 的产生者往往有两种需求，即心理上的弥补和安慰、解决问题或者获得赔偿（黄兴，2013）。由于赔偿往往需要线下行为的参与，所以本书处理 ONWOM 限定为满足抱怨者寻求情感方案和解决方案的两种途径。

情感是指人对客观事物所持有的态度体验（Reeve，2014）。Day 的研究认为，抱怨源自于客户在购买或消费过程中产生不满，既不能通过心理调适而自我平息不满，也不能很快忘记这段经历（黄兴，2013）。社会化媒体的抱怨者之所以选择将不满情绪公布，是希望获得其他客户认同，得到线下难以获得的其他客户共鸣和企业重视，平息不满并尽可能得到补偿。研究表明，70%的在线抱怨者会重复购买企业的产品或服务，如果得到满意的回应，重复购买比例能够达到 95%以上（黄兴，2013），说明大部分抱怨者其实只是为了发泄情绪，如果能够舒缓情绪，客户满意度也会显著提升。

从情感方面解决 ONWOM 时，主要是与抱怨者建立情感联系，使解决方案中的情感（包括道歉诚意、方案措辞及回复文本中情感强度）能够被抱怨者认同，使其感觉获得了重视和尊重，提升了在社交群体中的整体地位。若以在线论坛中的在线评论作为缓解抱怨者情绪的资源，则评论中的情感必须是真诚的，有合适的强度，包含的情感能够获得抱怨者认可。这样在解决问题的同时抱怨者负面情感更容易获得补偿。

抱怨者往往将错误归因于企业或者产品本身，负面口碑往往也是对产品中的某种问题提出的。因此在解决 ONWOM 时，企业除了要有谦恭的态度外，更重要的是要对 ONWOM 问题提出解决方案。

在解决 ONWOM 问题时，现有的一种解决方案是将 ONWOM 问题进行分类，按照类别构建不同细化程度的解决方案，根据不同产品构建问题层级分类。当抱怨问题出现时，识别出抱怨问题类别，提出对应的解决方案。比如说手机抱怨相关问题，可以将抱怨问题按产品品牌划分，不同品牌下可以分为产品质量问题和服务问题等；质量问题再细分为硬件和软件等。甚至可以将三级分类进行更为细致的划分，针对每一类问题构建解决问题的方案，这些方案包括回答抱怨问题、解释、补偿等。

2.4   在线负面口碑处理的价值共创模型

2.4.1   社会化媒体中在线负面口碑处理的价值共创

价值共创是多方共同创造价值的过程，与传统的企业单独参与价值创造的观点相比，价值创造主体的变化使对价值创造方式的认知发生变化。

企业单独创造价值是以产品主导逻辑为基础（Vargo et al.，2004），此逻辑下企业通过整合自身资源进行价值创造，生产的产品或服务是价值的载体，产品或服务的交换实现价值，而客户只在消费产品或服务过程中消耗价值，此时客户不参与价值创造。在多方参与价值创造的价值共创模式下，企业意识到客户是一种重要资源，于是不断开放原来封闭的价值创造系统，客户为了满足自身价值诉求也逐步加入价值创造过程中，通过与企业的互动合作，对价值创造过程产生影响（Sheth et al.，2000），形成多方参与的价值共创过程。

互动不仅是价值共创的驱动力，还是整个价值网络的价值和经验的生成器（Ballantyne et al.，2006）。价值共创主体之间的互动是价值共创的基本实现方式，共创价值形成于价值共创各方之间的异质性互动（Prahalad et al.，2004）。共创主体通过互动可以加入其他主体的价值创造过程，对其他主体提供支持，并从中获得收益。企业在互动中可以更准确地理解客户的需求偏好，以修正企业的生产经营方式。同时，客户也可以在价值创造中融入个性化资源，以获得更好的消费体验。价值共创中的互动形式是多样的，不同主体之间有不同的互动方式，不同互动方式可能包括不同的互动环节，共创主体间的高质量互动能提高共创价值。

价值共创主体之间的互动是对等的，不是单纯的企业取悦消费者的手段，也不仅仅是客户帮助企业创造价值的过程，而是企业和客户以对等身份参与到价值创造过程中，通过持续互动共同面对各方遇到的问题，为自己创造价值并支持对方价值创造。

价值从根本上来源于特定情境下资源的整合和应用，价值共创主体间通过互惠互利的资源整合和服务交换关系，提高了适应性和生存能力（Vargo et al.，2008a），促进实现共创价值。传统的以供应商为导向的企业资源观大多缺乏客户导向的资源利用视角，而价值共创的参与主体都是资源整合者，主体通常评估自身所具备的和潜在的资源来确定自己有什么以及自己能做什么（Gummesson et al.，2010a），主体间则借助互动为资源提供传输通道，以实现资源整合。资源整合不是一个单向的从客户到企业的过程（Vargo，2008b），而是共创主体在对等环境中多对多的多向整合过程（Gummesson，2008）。价值共创过程的核心机制是共创主体依据他们的期望、需求和能力对资源进行整合（Mele，2009），企业进行价值共创的潜力不仅取决于自身的核心竞争力和独特资源，还取决于企业将资源与其他主体匹配以促使整个共创网络成功的能力（Gummesson et al.，2010a）。

2.4.2　在线负面口碑处理的核心主体

作为负面口碑的一种新的表现形式，ONWOM 因为互联网赋予了其新特征，将对企业造成更大的负面影响。在传统负面口碑处理过程中，企业和抱怨者是主要参与者。但是与 ONWOM 发布及其处理有关系的利益相关者远远不止企业和抱怨者。因此，在社会化媒体中处理 ONWOM 过程中，企业不能采用以往只关心自身的利益的负面口碑处理方式，而要对社会化媒体中的 ONWOM 处理的利益相关者及其需求和参与途径进行分析，要综合平衡各个利益相关者的利益要求，以多方利益相关者的需求为导向探索 ONWOM 处理的新模式以实现多方利益。

根据 Freeman（2010）对利益相关者的定义可知，与企业 ONWOM 处理的行为和后果具有利益关系的群体或个人包括抱怨者、企业、网民、社会化媒体、合作企业、竞争企业和其他顾客等。可根据对 ONWOM 处理的影响及被影响程度，界定社会化媒体中与 ONWOM 处理利益相关的核心主体。

本书假设：社会化媒体希望通过提高 ONWOM 处理速度和通过为抱怨者所遭遇的失败体验提供问题解决相关信息实现 ONWOM 处理。对于社会化媒体来说，ONWOM 处理涉及多方主体利益，具有典型的多边市场特征，是一个价值共创过程。因此，需要以多方的价值需求为导向，实现多方价值共创。

定义 2.5　社会化媒体中 ONWOM 处理的主体：在基于价值共创的 ONWOM 处理背景下，将与 ONWOM 处理相关的各方称为共创主体或简称主体。

（1）发布主体（即 ONWOM 处理服务的顾客对象，service customer，SC），是在社会化媒体中发布 ONWOM 的用户，即抱怨者（或投诉者）。他们一般遭遇了产品或服务的消费失败，期望得到一定的补偿。基于信息管理视角和本书对 ONWOM 的界定，抱怨者在信息资源管理过程中的需求是对产品的使用经验和对应产品知识的需求。价值共创理论提出通过合理地向抱怨者提供产品使用经验或产品信息，满足其信息需求，可以促使他们获取对应的产品价值，减少其抱怨行为。

抱怨者是 ONWOM 的直接产生者，也是企业产品或服务失败的体验者。集双重角色于一身的抱怨者虽然不是 ONWOM 处理的发起者，却是 ONWOM 处理活动发起的源头。因此，抱怨者与 ONWOM 处理活动具有强相关性，并在 ONWOM 处理中起重要作用。虽然因为失败消费遭遇而存在对企业不满和抵触情绪，但为了保证自身利益，继续享受正常的产品或服务体验，抱怨者希望自己的抱怨能够吸引企业的关注，并以积极的方式参与到 ONWOM 处理活动中，获取问题解决的方案或建议。ONWOM 处理始于抱怨者以 ONWOM 的形式发出自己的 ONWOM 处理需求，终于抱怨者根据相关信息解决当前遭遇的问题并实现正常产品或服务体验，而 ONWOM 处理成功与否则由抱怨者根据需求满足情况最终评价。

（2）企业主体（即企业，enterprise，E），是抱怨对象。抱怨者发表 ONWOM 并传播的行为，给企业的盈利和品牌形象等都带来了不可估量的损失。因此，企业希望能够通过 ONWOM 问题的处理，维护客户的忠诚度，提高客户保留率，维护品牌形象。企业受困于

ONWOM 传播的影响，其价值需求是解决消费者的抱怨行为。在抑制 ONWOM 传播过程的传统视角下，企业大量投入人力、物力以提高服务能力，如购买服务专家和服务技术（Ray et al.，2005）。但价值的创造过程受限于传统的价值共创情境，难以解决社会化媒体中的问题。企业虽意识到与客户交互的重要性，但 ONWOM 情境下企业过度参与会招致反感，可能导致更强烈的 ONWOM（Dellarocas，2006），因而，需要寻找合适的 ONWOM 解决方案（陶晓波等，2013）。因此，企业愿意为解决 ONWOM 投入相应的成本及资源。

虽然企业始终以确保企业利益最大化的同时为客户提供更好的服务为宗旨，但是一方面，由于 ONWOM 传播速度更快、受众面积更广而给企业造成更大、更持久的负面影响，另一方面，由于 ONWOM 不及时、不适当的处理而激发客户抱怨情绪，会显著降低客户的忠诚度及其再次购买的概率。因此，企业进行 ONWOM 处理的需求十分迫切且必要。

（3）服务主体（即服务提供者，或简称服务者，Service Provider，SP）。在社会化媒体中有这样的用户，他们是企业的客户，是具有一定经验和知识的网民；或者在社会化媒体中拥有 UGC 资源或有某方面的能力（如具有产品或服务的专业知识），能够解决 ONWOM 问题。他们在社会化媒体中发表或传播对产品的评论，是 UGC 信息资源的贡献者，是 ONWOM 处理的信息资源拥有者。服务者即专家用户，他们具有某种专业知识，能得到抱怨者的信任，不为抱怨者所抗拒。专家用户出于提高自身荣誉、提高专业水平和兴趣、维护领袖地位，或者获取更高的社会资本等多种因素考虑，进行知识共享，对抱怨者提供解决 ONWOM 的服务。

对于服务者来说，自我实现和利他是其加入社会化媒体的重要动机，其价值需求是追求自我实现，获取更高的社会资本。他们可以产生、传播大量消费者评论、经验和态度等信息，这些信息包含了大量的消费者偏好和情感倾向（Thelwall et al.，2011）。

（4）社会化媒体的用户（即用户，User，U）：他们在社会化媒体中参与相关活动，如产生/发布、浏览、转发 UGC 等。在社会化媒体中处理 ONWOM，他们可能是 SC，也可能是 SP。

本书相关章节会研究社会化媒体中在线评论这类 UGC。与在线评论相关的用户分为两类：一类为已有消费行为且撰写在线评论的用户（记为 WUser）；另一类为需要阅读在线评论的用户（记为 RUser）。

（5）社会化媒体主体（SM）。作为 ONWOM 的载体，社会化媒体为其用户提供了信息自由撰写和传播的新途径。社会化媒体的大量涌现激发了网络用户产生内容的积极性，进而引发平台用户数量及用户使用频率迅猛增长。但是随着时间推移，海量用户产生内容造成了网络内容过载，社会化媒体的用户增速缓慢，用户黏性降低。用户黏性是衡量社会化媒体价值的重要指标，用户黏性越高平台价值也越高；反之亦然。社会化媒体的生存和持久发展强烈依赖于维系高用户黏性。不断自我突破，新增社会化媒体功能，以及对平台内容持续优化，满足用户的多元化需求是持续保持高用户黏性的重要途径。社会化媒体通过增加 ONWOM 处理的响应功能（Hennig-Thurau et al.，2004），有效管理 ONWOM 问题解决的相关内容，是提高社会化媒体价值和维系其高用户黏性的一种有效方式。

在社会化媒体中基于价值共创的 ONWOM 处理的企业、服务者、发布者以及社会化媒体都是某种资源拥有者。根据 ONWOM 处理的要求，社会化媒体可以提供 ONWOM 处理增值服务的多个多边市场，以提高其黏性。例如，以满足发布者、服务者、企业者三方（SC、SP、E）主体的价值需求的多边市场；以满足发布者、社会化媒体、企业三方（SC、SM、E）主体的价值需求的多边市场。

本书在本章及第 3~9 章以发布者、服务者、企业三方（SC、SP、E）为主体的价值共创的基础上，研究社会化媒体的 ONWOM 自动处理的相关问题，这是本书的重点；第 10 章在以发布者、社会化媒体、企业三方（SC、SM、E）为主体的价值共创的基础上，研究社会化媒体的 ONWOM 自动处理的相关问题。

2.4.3　在线负面口碑处理的发布者、服务者、企业价值共创模型

本节只研究 ONWOM 处理的发布者、服务者、企业三方（SC、SP、E）市场中的价值共创模型。

价值共创是将客户的产品知识、需求应用到产品设计和生产中，实现多方价值需求满足的过程，核心是资源共享、信息交互和价值交换的过程（Ray et al.，2005）。价值是指对主体参与价值共创的目标和需求，是良好的共创过程的关键驱动（Vargo et al.，2004；Vargo et al.，2008a）。然而，传统的价值共创过程更多集中于处理共创双方的情况，而社会化媒体的信息资源管理是一个三方（SC、SP、E）市场，需要考虑发布者、服务者和企业的价值需求。只有满足三方（SC、SP、E）的价值需求，才能有效地实现 ONWOM 处理的价值共创过程。因此，社会化媒体通过设计合理的 UGC 信息资源管理模式，为 ONWOM 处理提供增值服务。

发布者是 UGC 信息资源的需求者，需要获取产品知识来有效解决其遇到的消费失败。对于发布者而言，其共创的关键是如何针对发布者的个性化需求，结合信息检索技术，实现产品知识的个性化推荐过程。

企业的价值需求是减少 ONWOM 对企业造成的负面影响和经济损失。在价值共创过程中，企业是共创过程的驱动者，社会化媒体为企业提供对应的信息资源管理服务促使价值共创过程的产生。企业关心信息资源管理的实施过程是怎样影响负面口碑的传播过程的，它是否能有效遏制信息的传播。

服务者作为社会化媒体的用户，是 UGC 信息资源的提供者，其价值需求是满足其自我实现和利他的需求，提高其在社会网络中的社会资本，获取更高的认同和话语权。满足他们需求的共创关键是设计对其发布的信息资源的有效加工过程以及价值识别方法，从而实现抽取相关信息资源，并应用于 ONWOM 处理。

ONWOM 处理的价值共创过程需要满足三方（SC、SP、E）主体的需求。基于价值共创理论，本书将 ONWOM 的处理过程定义如下。

定义 2.6　在社会化媒体中，基于价值共创的 ONWOM 处理是以满足三方（SC、SP、E）价值共创主体的价值需求为核心的信息资源管理、开发和利用的过程。

设：$V(*)$ 表示对应主体的价值需求，则面向 ONWOM 处理的价值共创过程表示为：$VF \rightarrow (V(SC)，V(SP)，V(E))$，如图 2-1 所示。

由图 2-1 可知，发布者发布的 ONWOM 是价值共创过程的开始，而企业作为 ONWOM 处理的需求者，通过向社会化媒体购买相关服务，以驱动价值共创的展开。服务者是共创信息资源的提供者，基于服务者的信息资源向发布者推送对应的产品知识。价值共创的难点和核心是对服务者的 UGC 信息资源的加工过程。

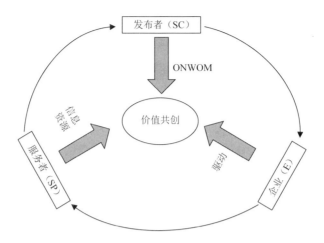

图 2-1　以 SC、SP、E 为核心主体的价值共创

2.5　在线负面口碑处理的价值共创实现机理

ONWOM 处理的价值共创过程中各主体间通过交互刺激资源整合，匹配资源供给和资源需求，实现价值创造，在实现自身价值的同时支持其他主体价值实现。

2.5.1　整体视角的价值共创模型实现机理

根据 Gummesson 等（2010b）的观点，将 ONWOM 处理的价值共创过程分为两个阶段：第一阶段是主体间的互动；第二阶段是主体间的资源整合。其中，互动过程是共创主体相互评估的过程，共创主体间通过对话、资源传输和学习评估各主体共创价值的能力，互动为资源整合创造了前提条件。资源整合是共创主体根据价值需求进行资源匹配以实现共创价值的过程，并基于此提出社会化媒体中 ONWOM 处理的价值共创模型，如图 2-2 所示。

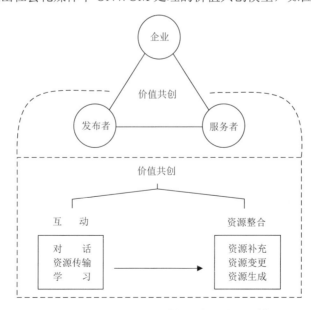

图 2-2　ONWOM 处理的整体视角价值共创模型

图 2-2 中上方三角部分表示由三方（SC、SP、E）主体构成的社会化媒体中 ONWOM 处理的价值共创系统，其中圆圈表示共创主体，圆圈间连线代表共创主体之间的关系。下方虚线长方形是从互动和资源整合两个阶段解释的价值共创过程，实线方框分别给出了互动和资源整合的组成部分，横向向右箭头表示互动为实现资源整合提供了条件。

如图 2-2 中三角区域所示，本书构建由三方（SC、SP、E）参与的价值共创系统进行 ONWOM 处理。传统价值共创主要涉及企业和客户两方，价值共创中企业和客户通过直接交互实现资源整合，满足双方价值需求。但在 ONWOM 处理中，由于社会化媒体中 ONWOM 数量多、产生速度快，并且企业面临资源有限、不易直接处理等困难，仅由企业和客户参与难以有效解决问题。

那么，本书所提出的由三方（SC、SP、E）主体参与的价值共创能否有效克服上述问题呢？

三方（SC、SP、E）主体中的服务方来自社会化媒体中的大量用户，他们拥有的海量资源能极大改善企业资源短缺的窘境，并且同样作为网民，ONWOM 发布者更愿意接受服务方提供的帮助，而不像面对企业帮助时那样有自发的抵触情绪（Thomas et al.，2012），这就解决了企业不易直接处理的问题。社会化媒体中已经存在大量服务者资源，只需进行必要的前期准备就可建立起针对 ONWOM 处理的快速反应机制，能有效应对 ONWOM 产生速度快的问题。服务者有能力进行 ONWOM 处理，即服务者拥有进行 ONWOM 处理的资源，这为满足企业和发布者的价值需求提供了资源保证。同时，当服务者参与 ONWOM 处理时，不仅得到社会资本，提高了自身价值，还获得了知识和乐趣等其他收益，即服务者的价值需求也得到了满足。

图 2-2 中虚线框部分将价值共创过程表示为互动和资源整合两阶段，下面分别对这两个阶段进行分析。

互动是价值共创的驱动力。在 ONWOM 处理中，互动驱动着三方（SC、SP、E）主体共同参与价值创造。按照 Gummesson 等（2010b）对互动的理解，互动能够在共创主体间建立对话，实现资源传输和激发系统学习。

在价值共创中，企业借助服务者与发布者建立了间接的对话机制，通过对话企业能及时了解发布者的消费情况、个人状态、相关诉求和其他情境信息，为准备后续 ONWOM 处理所需资源提供指导。发布者利用对话机制不仅能发表消费体验、表达个人诉求，还能在 ONWOM 处理后提供反馈。服务者通过对话可以掌握发布者的个性化需求和企业的支持力度，以此评估自身资源和参与意愿。对话不只是为了实现共创主体间的交换信息，更重要的作用在于各方知识和资源的融合可以创造新的知识和资源，企业在 ONWOM 处理后能获得消费者更大的忠诚度，提高了品牌价值和企业声誉，而发布者情绪则从原来的负面转为正面，不仅自身得到愉悦，还会将正面口碑向其他网民传播。

资源传输是价值共创主体交换、分享和使用资源的基础，主体在资源交换时可以获得交换价值，在使用资源实现价值目标时可以获得使用价值，主体在知识、情感和认知方面的经验提高是经验价值的实现。在 ONWOM 处理中，企业是价值共创的驱动方，虽然发布者和服务者间的互动显示出资源在双方间的直接传递，但企业在背后充当了控制者角色，资源传输的方向和形式都以最有利于实现共创价值的方式进行，如对特定 ONWOM 选择合适的服务者进行处理，以避免由随机选择引起的低处理成功率。同时，除了主体已经拥有的资源，在价值共创过程中生成的知识、经验等资源也在不同主体间传输，并在不断交互中转化为价值，如 ONWOM 处理成功后，发布者的正面情绪和处理经验会通过不同方式不断向服务者和其他用户传输扩散，使共创价值不断放大。

学习过程是共创主体在交互中不断提高的过程，共创主体通过学习不但可以减少互动成本、提高互动效率，还可以在主体间形成更一致的思维和行为模式，以更好地实现各方价值目标。ONWOM 处理中，企业可以从多次互动中学习到发布者发表 ONWOM 的一般规律，并根据发布者个人属性推断其个性化需求，据此可以提供更好的个性化服务。服务者可以在互动中学习到更好的服务方式，不仅能提高服务效率，还能改善自身服务体验。发布者在多次互动中可以学到更好的表达方式，使企业和服务者理解问题更准确，以减少交互次数、降低交互成本、提高服务成功概率。

在 ONWOM 处理的价值共创过程中，本章从主体资源变化角度将资源整合分为 3 种形式，包括资源补充、资源变更和资源生成。

参与价值共创的单个主体拥有的资源有限，或者说单个主体拥有的资源对实现价值共创是不够的，共创主体应该在价值共创过程中利用其他主体资源对自身资源进行补充，以提高自身资源量，并产生新资源。具体到 ONWOM 处理的价值共创过程，发布者有消费失败的资源，但却没有解决方法的资源，而服务者有解决问题的知识资源，却没有对应的问题来利用这些知识。通过资源补充，就可以根据各主体的资源需求进行资源配置，使单个主体的资源量增加。

不同共创主体的资源是不同的，这种不同不仅源于资源内涵的不同，还可能因为资源形成于价值共创前的不同情境，导致同类资源适用于不同情境，因此，在进行价值共创时，需要选择最适合当前情境的资源对不适宜资源进行替换变更。在价值共创过程中，服务者对 ONWOM 处理需要考虑发布者的个人情境，然而服务者对发布者个人情境的理解通常随着互动不断深入，此时服务者掌握的前期情境信息会被变更为后期掌握的信息，以期在更准确的情境下进行服务，提高价值共创成功率。

资源整合不是简单的资源交换，此过程不仅包括共创主体间的资源补充和资源变更，还包括生成新资源的情况。在成功的 ONWOM 处理中，企业会获得新的成功案例知识，积累新的 ONWOM 处理经验，服务者会积累更多的服务经验，而发布者也掌握了更多解决问题的技能，这些都是新生成的资源，利用这些资源可以帮助价值共创系统进化得更完善。

上面是从整体视角对社会化媒体中 ONWOM 处理的价值共创建立模型，然而各共创主体从自身视角出发对此共创过程的理解却不尽相同，为更清晰地理解各主体在价值共创过程中的资源投入和价值产出，下面分别从单主体视角对价值共创过程建立模型。

2.5.2 单主体视角的价值共创模型实现机理

价值共创通过主体之间互动进行资源整合，以实现主体自身价值目标并支持其他主体创造价值，但主体参与价值共创可能是有意识的，也可能是无意识的，因此，主体在创造价值过程中通常从自身视角出发去评估投入资源和价值收益。本节分别从企业、服务者和发布者视角出发，探讨 ONWOM 处理中各主体对价值共创过程的理解。

1. 企业视角的价值共创模型实现机理

企业是 ONWOM 处理中价值共创过程的驱动者。在价值共创过程中，企业与服务者、发布者进行显性或隐性互动，通过协调三方资源实现 ONWOM 处理，最终带来塑造品牌、增强消费者黏性等价值收益（Fang，2008）。企业视角的价值共创过程是以企业为主体的资源投入和价值生成过程，因此企业视角的价值共创模型如图 2-3 所示。

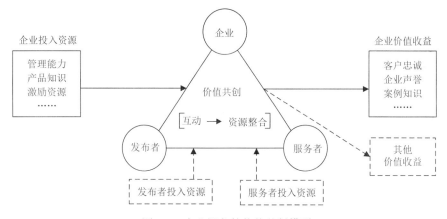

图 2-3 企业视角的价值共创模型

图 2-3 中间三角部分是 ONWOM 处理的价值共创系统，包括企业、服务者和发布者三方主体，价值共创过程通过互动和资源整合实现。指向共创系统的方框表示资源输入，其中左侧实线框表示企业投入资源，下方虚线框表示其他主体投入资源。从共创系统向外的箭头指向价值收益，其中右侧实线框表示企业价值收益，右侧虚线框表示除企业价值收益之外的其他价值收益。

在投入资源部分，企业作为价值共创驱动方，需投入管理和控制能力；为协助服务者达成发布者价值诉求，还需贡献产品或服务知识和 ONWOM 处理历史知识；在 ONWOM 处理成功后，还要为服务者提供社区等级等社会资本进行激励，以及其能力范围内的其他相关资源。

在价值收益方面，ONWOM 成功处理后，企业避免了更大范围的 ONWOM 传播，提高了客户忠诚度，提升了企业声誉和品牌价值，还可能得到更多的正面口碑，同时还可得到成功处理 ONWOM 的相关知识。

2. 服务者视角的价值共创模型实现机理

服务者是 ONWOM 的直接处理方，愿意贡献自己的知识、时间、情感等资源来帮助他人，并从中得到相应的回报。下面从服务者在 ONWOM 处理中的投入资源和价值收益出发，建立服务者视角的价值共创模型，如图 2-4 所示。

图 2-4 中间三角部分是 ONWOM 处理的价值共创系统，包括三方（SC、SP、E）主体，价值共创过程通过互动和资源整合实现。指向共创系统的方框表示资源输入，其中左侧实线框表示服务者投入资源，下方虚线框表示其他主体投入资源。从共创系统向外的箭头指向价值收益，其中右侧实线框表示服务者价值收益，右侧虚线框表示除服务者收益之外的其他价值收益。

在投入资源方面，服务者针对发布者发表的 ONWOM，提供具体问题的知识解决方案，并且服务者长期积累的经验也可以为发布者提供处理类似问题的思路。

同时，服务者的情感也会对发布者产生影响，进而影响 ONWOM 处理效果，还可能包含其他资源，此处不一一列举。

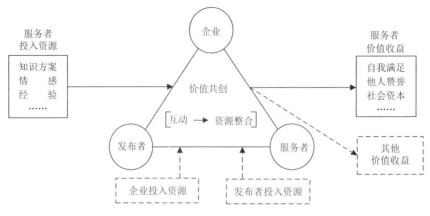

图 2-4　服务者视角的价值共创模型

在价值收益方面，ONWOM 成功处理后，服务者能从成功中得到自我满足，还能从发布者得到赞誉，企业为此也会提供相应的专家等级提升等社会资本。同时，在主体间的互动中，服务者也获得了处理问题和沟通等方面的额外经验。

3. 发布者视角的价值共创模型实现机理

发布者通过 ONWOM 表达自己对企业产品或服务的不满以及期望得到的补偿。发布者可能是以隐性的方式参与价值共创，即在 ONWOM 处理过程中，发布者单纯是为了解决自身遇到的问题，而对自己所在的价值共创系统并没有清晰的认识。下面从发布者在 ONWOM 处理中的投入资源和价值收益出发，建立发布者视角的价值共创模型，如图 2-5 所示。

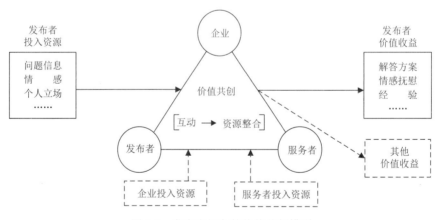

图 2-5　发布者视角的价值共创模型

图 2-5 中间三角部分是 ONWOM 处理的价值共创系统，包括三方（SC、SP、E）主体，价值共创过程通过互动和资源整合实现。指向共创系统的方框表示资源输入，其中左侧实线框表示发布者投入资源，下方虚线框表示其他主体投入资源。从共创系统向外的箭头指向价值收益，其中右侧实线框表示发布者价值收益，右侧虚线框表示除发布者价值收益之外的其他价值收益。

在投入资源方面，发布者不仅通过 ONWOM 描述了消费失败问题，还表达了自己的负面情绪。同时，发布者发表 ONWOM 的行为也表达了自己想解决问题的立场，为接下来的服务提供了对话的可能。

　　在价值收益方面，ONWOM 成功处理后，发布者得到了自己问题的解决方案，原来的负面情感也得到平复。同时，在与其他主体进行交互的过程中，发布者处理问题的经验得到增长，自身能力得到提升，还可能建立起新的用户联系，扩大自身网络关系。

2.6　社会化媒体中在线负面口碑处理的 UGC 资源

2.6.1　社会化媒体处理在线负面口碑的 UGC 资源界定

　　信息资源管理理论视信息为等同于物资、资本、人力等的另一重大经济资源，用以提高企业生产能力（Marchand et al.，1988）。企业投入大量人力、物力和财力构建信息系统，以提高企业对消费者的服务能力（Ray et al.，2005）。广义上而言，企业的信息资源是和企业信息活动相关的、以信息为核心的元素，包括信息技术、信息处理设备等，狭义的信息资源则关注信息内容本身以及所实施的管理办法。然而，社会化媒体带来的新特征使得基于传统视角的信息资源的定义无法用于社会化媒体中负面口碑处理情景。

　　海量 UGC 能有效度量消费者偏好以及实现有效信息推送过程，一方面满足消费者的信息需求，另一方面满足企业市场营销策略需求。因抱怨者需要更好地使用或消费产品，其需要的信息资源应是针对产品或品牌的特定属性的评论信息，描述了产品使用过程，包含了丰富的产品使用经验和产品知识。

　　以 UGC 为核心的信息资源服务已经成为社会化媒体运营方最重要的盈利方式（Aral et al.，2013）。在社会化媒体中存在的，包含有关企业产品、品牌知识的任何要素都是信息资源，如 UGC、社会网络关系。信息资源管理是在价值共创的指导下实现以信息资源为核心的负面口碑处理过程。本书不考虑企业内部和客户个人的信息资源，聚焦于社会化媒体中的信息资源，即由普通网民创造的，其生产、分享、传播和感知过程具有自组织特征的信息资源。

　　实践中，UGC 因无序、价值稀疏等特征，加工过程复杂，成为社会化媒体中的信息资源管理最重要的难题。为有别于传统信息资源，本书将主要关注以 UGC 为源信息资源的管理方法，对于社会网络关系则根据具体应用需要进行引入，但并不深入分析。因此，基于价值共创的 ONWOM 处理的信息资源界定如下。

　　定义 2.7　在社会化媒体中，ONWOM 处理所需要的信息资源（IR，information resource）是描述企业产品、服务、品牌或企业自身特征的一组 UGC 的集合，有 IR={UGC$_i$}，并且要求对 UGC 的描述中包含有针对特定产品、服务、品牌或企业的关键词，如名词、属性等信息。

　　价值共创理论将信息资源分为显性资源和隐性资源。显性资源是对信息资源和客户两者进行描述的资源，是实现共创过程的基础。隐性资源是在对信息资源的形式化表达的基础上，利用特定算法识别出来的，应用于特定目标的信息资源，隐藏于海量的价值稀疏的信息中且具有较高的信息价值。在社会化媒体中处理 ONWOM 的 UGC 资源中，其显性资源就是用户注册信息以及其表现出的各种行为，如抱怨、点赞、转发等，隐性资源就是需要通过显性资源的挖掘得到的资源。

　　图 2-6 所示的资源是以文本形式存在的 UGC。该类资源实质是个人在网上发表的主观性意见，是用户发表在论坛平台的评论，是一种典型的 UGC，以文本形式表现。它可以作

为 ONWOM 处理的资源，处理手机无法开机相关抱怨。该资源既包含了显性资源，也包含了隐性资源。显性资源是该用户发表的评论，包含了 ONWOM 处理需要的信息；隐性资源是评论者本身，从图 2-6 中可以看出该用户擅长的领域是手机数码，可以成为该领域 ONWOM 处理的"专家"。

supermustang[编辑专家]
2012-03-14 16:03

擅长领域：手机数码
赞同此回答的人：同憶~‖彳/主昔 janeyuan001

楼主你好，开不了机的问题比较多，这里给楼主提供几个解决方法，楼主对照自己 iPhone 的问题，对号入座。
1. 比如死机了按什么都不起作用，这个时候楼主可以按住上方的电源键和下方的 home 键 10 秒钟左右，手机会自动重启的。
2. 楼主说的死机是不是所谓的"白苹果"，就是开机的时候会卡在那个白色苹果界面不动，如果是这个问题楼主可以使用 91 助手修复。
如果楼主还不会的话请点击这里："白苹果"修复教程。
3. 如果楼主的手机是完全开不了机的话，建议楼主试试看能不能连接到 iTunes 上，如果能连接的话那恢复一下就可以了，如果不行则只能送修了。

图 2-6 ONWOM 处理资源示例

2.6.2 面向在线负面口碑处理的 UGC 的构成

社会化媒体的核心要素是 UGC 和社会网络关系。UGC 通过社会化网络关系快速向外扩散，形成社会化媒体中多元化的信息生态圈。UGC 以非结构化的信息为主，如社会化媒体用户发表的文本信息、图片、视频及其个人信息等。因此，为有效利用其来处理 ONWOM，需要对其进行结构化处理。采用 Web 2.0 技术，对 UGC 进行标签化处理。

针对 ONWOM 处理这一特定背景，对社会化媒体中信息资源的要素（UGC 和社会网络关系）形式化描述如下。

UGC 是由网民针对特定产品或服务发布的文本内容，其中包含了使用经验和产品知识。经标签化后，任一 UGC 都可以被形式化为特定属性的集合，有

$$UGC_i = \{UGC_{i1}, UGC_{i2}, \cdots, UGC_{ij}\}$$

其中：UGC_{ij} 是第 j 个属性，每个属性集都有特定取值空间，即 $\{UGC_{ij,k}\}, k \in K$。

鉴于 UGC 出现环境的复杂性，采用文本分析技术，获取以关键词作为属性集合，构成属性集，采用空间向量模型（Ngo-Ye 和 Sinha，2014）以描述 UGC。于是对 UGC 的定义可以转化为 $UGC_i = \{<KW_1, KV_{i,1}>, <KW_2, KV_{i,2}>, \cdots, <KW_n, KV_{i,n}>\}$，$KW = \{KW_i\}$ 是关键词的集合，$KV_{i,j}$ 描述了 UGC_i 和关键词 KW_j 之间的关系，即关键词在 UGC 中出现次数和对应权重。

社会网络关系（**SN**）是客户之间构建的关系集合，是 UGC 的传播渠道，有

$$\mathbf{SN} = \mathbf{U} \times \mathbf{U}$$

其中：**U** 是客户集合，**SN** 中的矩阵元素取值范围为{0,1}，0 表示不存在关系，而 1 表示存在关系。

2.6.3　在线负面口碑处理的 UGC 资源的特征

基于价值共创的面向 ONWOM 处理的信息资源有着显著不同于传统信息资源的特征。

1. 企业外部性

传统信息资源管理假定信息资源在企业内部，企业绝对控制信息资源的管理过程，以提高生产效率和客户满意等为目标，实现信息资源的存储、加工和使用过程。然而，本章所研究的信息资源广泛存在于社会化媒体，即企业外部，其生产、存储、分享和传播呈现出复杂系统的自组织特征，企业对相关信息的控制减弱，信息资源的管理权从企业向社会化媒体转移，显著异于传统信息资源。信息的企业外部性特征使得企业难以介入信息资源的管理过程，强硬介入可能适得其反，这就要求社会化媒体提供面向企业的信息服务，如针对 ONWOM 实行信息资源管理，在满足抱怨者信息需求的情况下也满足企业的信息需求。

2. 生命周期特征

信息价值具有生命周期特征，是时序变化的（马费成等，2010b），信息在产生并迅速达到价值高峰后，价值快速流失。在社会化媒体中，信息产生和分享速度极快，信息的生命周期特征更为明显，信息价值在短时间内迅速流失，快速完成信息资源的生命周期，如图 2-7 所示。信息的生命周期特征要求信息资源管理过程能快速获取并将最新的信息资源应用到具体情境中，识别具有高价值的信息资源。

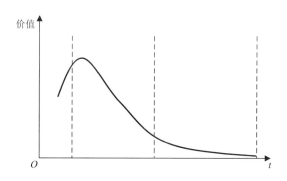

图 2-7　信息资源的生命周期

3. 无序化特征

传统信息资源存储于企业信息系统，常基于数据库 E-R 结构描述企业产品信息。企业信息系统内的信息是有序的，便于信息的快速检索和深入加工。然而，在社会化媒体中，信息资源产生于用户的自组织行为，其内容是无序的，其中包括大量非规范化用语，使之难以应用于传统的信息资源管理方法，对其内容的存储、加工及应用都带来巨大的问题。信息资源的无序化特征主要体现在非结构化、碎片化和去中心化 3 个层面，这就要求社会化媒体能更有效地解决信息资源的无序化问题。

4. 价值稀疏性

价值稀疏性是指单一 UGC 是微价值的。社会化媒体作为信息资源的拥有者难以控制 UGC 的内容和质量，大量 UGC 短且包含较少的信息，UGC 的价值极低，导致了价值稀疏特征。价值稀疏性要求社会化媒体能有效识别海量内容的信息价值，通过聚合高价值信息来降低价值稀疏性，提高信息资源管理的效率。

5. 网络外部性

社会化媒体的信息资源具有显著的网络外部性特征。虽然单一 UGC 是微价值的，但是多条 UGC 作为信息资源的价值超过了每条 UGC 的价值之和，单条 UGC 的价值因为其他 UGC 的存在而更高，产生了显著的网络外部性特征（Katz et al.，1994；Zhang et al.，2012）。网络外部性要求社会化媒体在信息资源管理的过程中将高价值的信息资源聚合，以获得更好的网络外部性。

2.6.4 在线负面口碑处理的信息资源一般模型

基于对信息资源的界定，面向 ONWOM 处理的信息资源管理是对 IR 中 UGC 的加工过程，实现 UGC 有序化和价值判定。设 $Value_i$ 是 UGC 的价值，表达 UGC_i 包含的信息量和带来的诊断性，即

$$Value_i = F(UGC_i)$$

其中：$F(\cdot)$ 是从属性集 $\{UGC_{ij}\}$ 向其价值 $Value_i$ 的映射函数。

在识别这类资源时必须考虑文本的相关特征。现有的意见挖掘技术中将意见分为三元素模型、四元素模型或五元素模型（施寒潇，2013），元素代表着意见中包含的基本特征，其中最常见的是四元素和五元素意见模型。

四元素模型（Kim et al.，2004a）中意见包含了持有者、主题、陈述和情感这 4 个元素。四元素虽然能够标识意见的特征和不同，但是在处理 ONWOM 时，资源中情感不同会产生比较重要的影响，所以在四元素的基础上进行了更为细致的五元素模型划分（施寒潇，2013），即包含了持有者、主题、陈述、情感强度和情感极性这 5 个元素。持有者是资源的发布者，即社会化媒体中 UGC 的参与者，他们除了产生 ONWOM 处理资源外，更重要的是一部分参与者可能对某一行业或者某一产品非常了解，成为这一领域 ONWOM 的处理"专家"，是隐性资源；主题是资源中关于解决抱怨的对象，包括企业、产品、产品某一特征、服务等；描述是具体的解决方案；情感强度是资源中的情感的强度，如果资源中包含的情感强度正好合适就能够在一定程度上缓解抱怨者的不满；情感极性包含了正面、中性和负面这三类，是发布者在发布意见时包含的情感极性。

这 5 个元素并不一定是 ONWOM 解决必需的资源，甚至不同特征之间可以替代或者互补，因为资源是为解决抱怨者的问题而存在的，因此只要能被抱怨者所感知到，在其情感舒缓上或者解决抱怨问题中起到作用，就可以成为资源。

2.7 基于 UGC 资源的在线负面口碑处理框架

基于价值共创，社会化媒体可以提供基于 UGC 资源的 ONWOM 处理的增值服务，其

框架如图 2-8 所示。

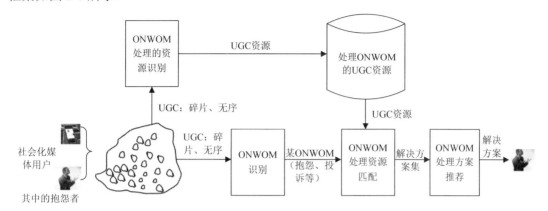

图 2-8　基于 UGC 资源的 ONWOM 处理框架

该增值服务主要任务有四部分：从 UGC 中识别出具有解决某领域 ONWOM 问题能力的知识以形成资源库、识别 ONWOM、匹配处理 ONWOM 的资源以形成方案集、推荐合适的方案给 ONWOM 抱怨者。该框架的运行机理如下。

（1）当社会化媒体积累了一定规模的 UGC 后，通过"ONWOM 处理的资源识别"模块，根据某领域 ONWOM 处理的要求，从 UGC 中识别出可用于处理该领域 ONWOM 的知识，还包括专家、案例，存储在资源库中。

（2）通过"ONWOM 识别"模块，社会化媒体实时、自动地从 UGC 中识别出发生的某 ONWOM（如在线抱怨、在线投诉等）。

（3）根据识别的 ONWOM，通过"ONWOM 处理资源匹配"模块，实时、自动地从资源库中匹配出解决 ONWOM 的方案集（包括专家、案例）。

（4）通过"ONWOM 处理方案推荐"模块，实时、自动地将合适的方案推荐给 ONWOM 的抱怨者或投诉者，以期解决他或她的问题。

该增值服务实现的瓶颈是如何从碎片化的、无序的 UGC 大数据中识别出解决某领域 ONWOM 的知识，如何从资源库中匹配解决某 ONWOM 的知识。

第 3 章

社会化媒体用户参与企业在线负面口碑处理的动机

3.1 问题的提出

社会化媒体用户（本书简称用户）产生内容不仅包括用户在平台的行为信息，同时还包括大量的评论内容和专业知识，因此它们积累了海量的 UGC。例如，国内著名的点评类网站——大众点评网就积累了各类用户发表的针对不同产品的购买、使用评论，这些评论内容对指导别的用户进行选购、处理 ONWOM 等具有重要意义。除了这些以提供评论服务为主的专业点评网站外，在微博、论坛等社会化媒体中同样积累着各种针对不同公司、不同产品或服务的评论内容。

在社会化媒体中，不仅有大量的产品/服务评论内容，即 UGC，同时还有许多相关产品/服务的专业知识以及掌握这些知识的用户，这些知识中的有些部分对回答、处理各种 ONWOM 具有重要作用。社会化媒体是否能够按照价值共创模型，将所积累的 UGC 以及用户转化成资源，来处理企业遇到的 ONWOM 问题？其中关键瓶颈之一是社会化媒体用户是否愿意作为价值共创的服务者，以及参与社会化媒体处理 ONWOM 的行为动机是什么。

行为动机决定人们的行为意愿，它指行为主体为实现一定的目标所表现出来的主观愿望和意图。探究用户参与价值共创所包含的个人目标内涵，对有效激发其参与热情至关重要。因此，需要掌握用户在与企业进行价值共创活动中所获得的个人收益以及这些收益的分类和各类指标的影响权重。只有做到这些，企业和社会化媒体才能有针对性地制订出切实可行的计划方案，以实现对用户资源的有效利用。因此，本章旨在研究社会化媒体中用户参与企业价值共创，参与处理 ONWOM 问题的行为动机，为社会化媒体制订激励方案提供指导，对企业 ONWOM 处理具有重要的理论意义。

本章主要内容如下：

（1）分析社会化媒体中用户参与价值共创、参与处理企业 ONWOM 的基于信息、社会资本和情感三方面的具体行为动机，同时根据分析结果提出研究模型。

（2）在确定研究模型的基础上，提出相关假设并进行调查问卷设计；问卷设计完成后，收集样本数据，对问卷进行效度与信度分析，根据分析结果完善、优化问卷。

（3）根据设计问卷收集调查数据，对问卷数据进行人口特征分析，进行问卷数据的信度和效度检验，同时进行数据的相关性分析，对问卷数据做相关回归分析。

（4）根据分析结果进行研究模型假设检验，为社会化媒体提出相应的管理建议。

3.2　用户参与处理企业在线负面口碑动机模型

3.2.1　用户参与处理企业在线负面口碑意愿的影响模型和理论假设

1. 用户动机对处理企业 ONWOM 意愿的影响模型

本章研究基于价值共创的用户参与处理企业 ONWOM 的行为动机，因此所研究模型中的因变量是"用户参与处理企业 ONWOM"这一行为结果；自变量即为这一"行为动机"的具体内容，即用户基于参与价值共创，自愿参与企业处理 ONWOM 受多方面动机因素的影响。

在查询大量文献的基础上，结合当前互联网和社会化媒体发展现状，本章从 3 个维度来分析用户帮助企业处理 ONWOM 的影响因子。这 3 个维度分别为信息维度、社会资本维度和情感维度。信息维度包括寻找/提供建议、控制产品/服务质量、重视产品/服务建议/评估、满足他人需求四部分内容；社会资本维度包括信任、认同、关系建立和加强荣誉 4 个方面；情感维度由娱乐、希望提供情感支持组成。本章研究模型如图 3-1 所示。

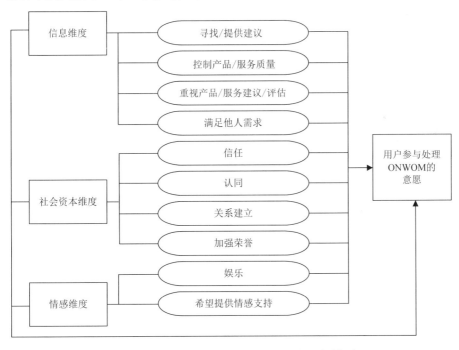

图 3-1　用户参与处理企业 ONWOM 的动机模型

2. 用户动机对处理 ONWOM 意愿影响模型的理论假设

用户经历消费失败后在社会化媒体中发布企业产品或服务的负面评论信息，这一行为受多种因素的影响。Lee 等（2007）通过研究发现自我效能和社交期望影响消费者发布在线口碑。Jiang 等（2010）分析了一个在线旅游评论社区的相关信息，从态度理论的角度研究消费者遭遇不好的消费体验后，发表 ONWOM 是否会平息其不满情绪。Lee 等（2010）

发现网络的发展催生了很多抱怨类网站的出现，许多不满和沮丧的消费者在上面可以很容易地发表自己对所消费的产品或服务的不满。Jae Hong 等（2012）认为消费者发布的在线观点、经验和产品推荐信息已经成为别的消费者做出购买决定的重要信息来源。Kaiser 等（2011）应用信息抽取、文本挖掘和社交网络分析方法研究企业 ONWOM 预警系统，取得了很好的结果。Jumin 等（2008）从比例和质量的角度来对 ONWOM 进行信息处理，研究 ONWOM 如何影响消费者对产品的态度，最后发现负面评论的比例越大，高收入消费者越注重评论内容的质量；相反，低收入消费者对评论内容的质量不太敏感。

用户参与社会化媒体处理 ONWOM 的积极性受多种因素影响。在知识、信息共享方面，Xu 等（2012）将虚拟社区用户自发进行不求回报的知识分享行为定义成一种"公民行为"，并研究了成员对进行这种"公民行为"的态度和意愿。Zhu 等（2008）认为在虚拟社区中，信任、自我效能感和个人结果期望对用户进行知识共享的行为具有显著影响。Rui 等（2012）对 Twitter 里的 521 个活跃用户在 282 天里从事的活动进行监测，并对监测结果进行时间序列分析和用户行为面板数据分析，结果表明用户对关注度的寻求是他们为 Twitter 社会化媒体贡献内容的主要动机。Barnes 等（2011）对用户持续访问 Twitter 的行为进行了研究，发现用户持续使用的意愿主要由感知有用性、满意度和习惯决定。王娟（2010）认为用户使用微博的动机主要有记录、信息性、公开表达、便捷性、娱乐消遣、习惯与陪伴、社会交往等。其中，前 3 种动机最为强烈。本章旨在研究社会化媒体这一特定虚拟社区环境下，用户自愿贡献相关知识，与企业进行价值共创，帮助企业处理 ONWOM 的行为动机，在他人研究的基础上总结出用户参与处理 ONWOM 主要受信息、社会资本和情感三方面因素的影响。

根据前面的研究模型，在查询相关文献的基础上提出相关研究假设。

1）信息相关动机影响用户在社会化媒体中参与处理企业 ONWOM

孔少华（2013）认为用户的参与习惯决定用户的信息分享行为，长期的参与正向影响用户的信息分享热情。Lu 等（2011）为了研究社会化媒体中影响用户行为的相关因素，从北京的四所大学中调查研究了 302 个样本数据。发现社区里信息的真实性越高，用户越容易信任社区，并且越会觉得社区对自己有用。而这两方面因素正向影响大家的持续参与热情。在 Kim 等（2005）看来，使用虚拟社区服务可以被视为一种社会行为或一种受社会因素影响的行为。Ajzen（1991）认为外部主观规范（为了避免产生不满意的使用经验，对知识渊博的人的信息观点产生依赖的一种认知社交压力）能够加强用户的使用意图。Nambisan 等（2009）认为获知信息，增强对虚拟客户环境（virtual customer environment，VCE）的了解是用户积极参与的重要原因。Wang 等（2004）通过研究发现寻求/提供建议、控制产品质量以及获取旅游信息等信息维度的因素会显著影响虚拟旅游社区中用户的参与行为。

基于上述分析可知，在社会化媒体中信息相关因素影响用户与企业进行价值共创，帮助企业处理 ONWOM。据此，本章提出以下假设，即 H3.1、H3.2、H3.3 和 H3.4。

H3.1：寻找/提供建议正向影响用户参与处理企业 ONWOM。

H3.2：控制产品/服务质量正向影响用户参与处理企业 ONWOM。

H3.3：重视产品/服务建议/评估正向影响用户参与处理企业 ONWOM。

H3.4：满足他人需求正向影响用户参与处理企业 ONWOM。

2）社会资本相关动机影响用户在社会化媒体中参与处理企业 ONWOM

Nahapiet 等（1998）认为社会资本包括结构维度、关系维度和认知维度 3 个维度。Wang 等（2004）从参与利益和贡献动机两方面来研究虚拟旅游社区中用户的参与行为，探究归属感、信任、认同、关系建立、表达身份、增加自尊和加强荣誉这些社会资本类因素的影响作用。Rafaeli 等（2007）通过研究发现，在问答社区中驱动用户参与的因素除了经济诱因外，还有社交诱因。Nam 等（2009）运用电话访问的方式，识别出在问答社区中用户参与意愿受自我实现和积分奖励两种因素的影响。Nambisan 等（2009）研究用户参与产品虚拟社区环境，与企业一起进行价值共创的行为动机，结果表明社会综合效益作用巨大。杨冠淳等（2009）分析了用户感知效用性和归属感怎样促进社区用户黏性，结果表明归属感是影响用户持续参与的主要动机之一。周涛等（2008）认为社会资本能促进社会化媒体中用户之间的知识和信息共享行为。他们发现信任和认同因素对用户参与行为的影响很显著。

基于以上分析可知，用户参与价值共创，处理企业 ONWOM 受社会资本的影响。结合参与处理企业 ONWOM 这一具体情境，本章认为用户参与行为具体受信任、认同、关系建立和加强荣誉四个方面的影响。据此，提出以下研究假设，即 H3.5、H3.6、H3.7 和 H3.8。

H3.5：信任正向影响用户参与处理企业 ONWOM。

H3.6：认同正向影响用户参与处理企业 ONWOM。

H3.7：关系建立正向影响用户参与处理企业 ONWOM。

H3.8：加强荣誉正向影响用户参与处理企业 ONWOM。

3）情感相关动机影响用户在社会化媒体中参与处理企业 ONWOM

赵欣等（2012）认为相较于认知判断这种短期性质的逻辑，信息系统持续使用更为遵从长期性质的情感规律。Beaudry 等（2010）将情感划分为成就、挑战、损失和威慑 4 种类型，并验证了情感因素驱动用户使用和持续使用 IT 系统。Westbrook（1987）在研究消费者对企业产品/服务的情感反应时将情感分为正面情感和负面情感，正面情感包括快乐和兴趣等。Lakhani 等（2003）认为人们在参与在线社区的过程中可以获得乐趣，他们将这种愉悦的感觉体验视为一种内在奖励。Wang 等（2004）通过研究发现消遣、趣味、享受和娱乐影响用户对虚拟旅游社区的参与。

综上可知，社会化媒体中用户参与处理企业 ONWOM 受情感因素的影响。据此，提出研究假设 H3.9 和 H3.10。

H3.9：娱乐正向影响用户参与处理企业 ONWOM。

H3.10：希望提供情感支持正向影响用户参与处理企业 ONWOM。

3. 用户参与处理企业 ONWOM 动机模型各变量定义

根据研究模型描述，用户参与企业价值共创、处理企业 ONWOM 受信息、社会资本和情感 3 个方面因素的影响。其中，信息因素包括寻找/提供建议、控制产品/服务质量、重视产品/服务建议/评估和满足他人需求 4 个方面；社会资本包括信任、认同、关系建立和加强荣誉 4 项内容；情感因素分为娱乐和希望提供情感支持两部分。在相关文献资料的帮助下，各变量的定义如表 3-1 所示。

表3-1 研究模型变量定义

层面	名称	定义	来源
信息	寻找/提供建议	为他人提供解决问题的意见和建议，寻求未来获得被帮助者或其他人意见和建议的可能性	Wang 等（2004）
	控制产品/服务质量	分享信息帮助用户更好地体验产品/服务质量，督促企业注重提高产品/服务质量	Wang 等（2004）
	重视产品/服务建议/评估	分享信息为企业提供相关产品/服务的改进意见，帮助用户对相关产品/服务做出更为客观的评价	Nambisan 等（2009）
	满足他人需求	分享信息满足用户发泄负面情感以及解决问题的需求，满足企业寻求 ONWOM 处理的需求，满足社会化媒体活跃性需求	Wang 等（2004）
社会资本	信任	对社会化媒体的信任，对企业的信任	Zhou 等（2008）
	认同	对社会化媒体及其能够提供帮助的认同	Wang 等（2004）
	关系建立	建立加强与其他用户、企业的关系，加强和社会化媒体间的关系	Wang 等（2004）
	加强荣誉	因帮助别人而产生荣誉感	Oded 等（2010）
情感	娱乐	参与活动体验到快乐的感觉	Dholakia 等（2004）
	希望提供情感支持	希望向抱怨者提供情感支持，帮助其摆脱负面情感	Nambisan 等（2009）

3.2.2 用户参与处理企业在线负面口碑行为动机的测度

1. 用户参与处理企业 ONWOM 行为动机的量表设计

根据研究模型中测度变量的定义，结合社会化媒体特性和用户参与企业价值共创、处理企业 ONWOM 这一具体情境，从信息、社会资本、情感 3 个层面来设计本研究的问卷量表。因为发布 ONWOM 信息的抱怨者是和服务者在同一社会化媒体中的用户，所以在量表中将抱怨者称为"用户"。

1）用户参与价值共创、处理企业 ONWOM 信息层面量表设计

信息层面的因素包括寻找/提供建议、控制产品/服务质量、重视产品/服务建议/评估、满足他人需求。设计问卷时，根据对这 4 个部分的充分考虑，分对象、分层次设计相关提问项，结果如表 3-2 所示。

表3-2 信息层面量表设计

分类	量表设计
寻找/提供建议	A1 我愿意在社会化媒体中提供帮助信息，因为我希望给用户提供处理问题的建议
	A2 我愿意在社会化媒体中提供帮助信息，因为我相信自己遇到问题时，平台也能够提供建议
控制产品/服务质量	A3 我希望在我提供信息的帮助下，用户可以更好地体验产品/服务质量
	A4 我是企业的忠实消费者，我相信提供帮助信息，帮助企业消除 ONWOM 的不良影响，可以督促企业更加注重提高产品/服务质量
重视产品/服务建议/评估	A5 我希望帮助企业处理 ONWOM，向它们提供相关产品/服务的改进意见
	A6 我希望提供企业产品/服务相关信息，帮助用户更加客观、公正地评价相关产品/服务
满足他人需求	A7 我希望抚慰用户，满足其发泄不满的需求
	A8 我希望回答用户提出的相关问题，满足其解决问题的需求
	A9 我希望帮助企业处理 ONWOM，满足企业希望维持良好形象的需求
	A10 我希望在社会化媒体中提供信息，满足平台运营商维持平台活跃性的需求

2）用户参与价值共创、处理企业 ONWOM 社会资本层面量表设计

在社会化媒体中，用户较少获得实物奖励，在资本利得方面主要受社会资本因素激励。社会资本关乎用户社会声望和心理优势的提升，对个人地位和生活质量的提高具有很大帮助。对某些用户来讲，积极参与社会化媒体活动，进行知识分享，是一种谋求社会资本积累的有效手段。因此，社会资本利益是用户参与处理企业 ONWOM 的又一重要原动力。在社会化媒体中，将社会资本利得分为信任、认同、关系建立和加强荣誉 4 个部分，各部分的量表设计如表 3-3 所示。

表3-3 社会资本层面量表设计

分类	量表设计
信任	B1 社会化媒体成员言行一致，其他用户信任我提供的帮助
	B2 我信任社会化媒体，相信它可以提供帮助，解决问题
	B3 我信任企业，相信产生 ONWOM 不是因为它的产品/服务有质量问题
认同	B4 我认同社会化媒体，相信它有帮助企业消除 ONWOM 不良影响的能力
	B5 提供帮助后，我认同社会化媒体给予我的利益，如经验值/积分等
	B6 用户认同我提供的帮助
关系建立	B7 帮助企业消除 ONWOM 不良影响，有利于加强我和平台的关系
	B8 帮助企业消除 ONWOM 不良影响，有利于巩固和增强我在社会化媒体中已有的社交关系
	B9 帮助企业消除 ONWOM 不良影响，有利于我在社会化媒体中和别的用户建立新的社交关系
	B10 帮助企业消除 ONWOM 不良影响，有利于建立我和企业的关系
	B11 帮助企业消除 ONWOM 不良影响，有利于加强我和企业的关系
加强荣誉	B12 在社会化媒体中帮助别的用户，可以使我产生荣誉感

3）用户参与价值共创、处理企业 ONWOM 情感层面量表设计

由于对企业产品/服务的失败使用经历，消费者产生不满，在社会化媒体中发布抱怨信息，对企业产生 ONWOM。在帮助消除企业 ONWOM 影响的过程中，安抚抱怨者的不满情绪至关重要。因此，用户帮助企业处理 ONWOM 这一行为会受到情感因素的影响。综合考虑，情感层面因素主要是娱乐和希望提供情感支持，其量表设计如表 3-4 所示。

表3-4 情感层面量表设计

分类	量表设计
娱乐	C1 在社会化媒体中帮助别的用户，使我度过了轻松而愉快的时光
	C2 我因为解决问题、产生想法而感到很高兴
希望提供情感支持	C3 提供帮助可以安抚用户，可以使其感受到情感上的支持
	C4 解决问题后，用户由怒转喜

4）用户参与价值共创、处理企业 ONWOM 意愿的量表设计

此部分用来测量用户参与价值共创、处理企业 ONWOM 意愿的强烈程度，即对研究中因变量的测量。其量表设计如表 3-5 所示。

表3-5　用户参与价值共创、处理企业ONWOM意愿量表设计

分类	量表设计
用户帮助处理企业 ONWOM意愿	D1 我希望帮助企业消除负面评论不良影响的意愿非常强烈
	D2 我很想将自己掌握的有关企业产品/服务的知识传授给别的消费者
	D3 我希望帮助别的消费者，使他们能够更好地对企业产品/服务进行消费

2. 调查对象选择

为了检验问卷设计是否合理，在正式研究之前进行了问卷的预调查。通过 QQ、邮箱等方式随机发放问卷链接，邀请调查对象进行回答。最终收集到 39 份答卷，剔除无效答卷，有效答卷为 36 份。对这 36 份答卷进行数据整体分析，根据结果修改问卷，然后再进行正式的调查。

3.2.3　测量项目的效度和信度评价

在做正式的调查之前需要测量项目的有效性。测量项目有效性的方法主要有效度检验和信度检验。根据效度检验和信度检验结果，判断问卷相关题项的合理性和准确性，这是前测分析的主要目的。

测量效度是指实际测量值反映试图测量特征的程度，其评价指标主要有两个，即内容效度（content validity）和结构效度（construct validity）。内容效度指每个测量项目的设置是否具有代表性和综合性，其有效程度取决于测量项目产生的实际背景。本问卷题项的设置是在查阅大量文献的基础上提出的，同时在前测过程中听取了许多有相关调查经验的人的意见，因此，问卷具有较高的内容效度。结构效度是指测试或者问卷中的问题（测量项目）与被研究的理论概念之间的一致性程度。主要检验办法有两种，即 KMO 样本测度和Bartlett 球形检验。KMO 系数是所有变量的简单相关系数的平方和与这些变量之间的偏相关系数的平方和之差。KMO 越接近于 1，则越适合于做因子分析；KMO 过小，则不适合做因子分析。数据是否适合于做因子分析，一般判断标准如下：KMO 在 0.9 以上，非常适合；0.8~0.9，很适合；0.7~0.8，适合；0.6~0.7，不太适合；0.5~0.6，很勉强；0.5 以下，不适合（陈蓓蕾，2008）。Bartlett 球形检验以相关系数矩阵为基础，其零假设为相关系数矩阵的单位矩阵。用常规的假设检验判断相关系数矩阵是不是显著异于 0。如果对应的相伴概率值小于指定的显著水平 α 时，拒绝零假设，适合进行主成分分析。

信度（reliability）即可靠性，它是指采用同样的方法对同一对象重复测量时所得结果的一致性程度。信度指标多以相关系数表示，大致可分为 3 类，即稳定系数（跨时间的一致性）、等值系数（跨形式的一致性）和内在一致性系数（跨项目的一致性）。信度分析的方法主要有重测信度法、复本信度法、折半信度法和 α 信度系数法 4 种。Cronbach's α 系数法适合定距尺度的测试量表（如 Likert 量表）。本章采用的是 Likert 5 点量表，因此，在做信度分析时适合用 Cronbach's α 系数法。

1. 样本数据的效度分析

前测数据收集整理完成后，使用数据分析专业软件工具 SPSS 19.0 分析因素负荷量，因素提取方法采用主成分分析法，旋转法使用具有 Kaiser 标准化的正交旋转。模型有 10

个测量变量以及 26 个测量项目，分为信息层面自变量、社会资本层面自变量和情感层面自变量 3 个部分。

调查问卷 KMO 和 Bartlett 的球形检验结果如表 3-6 所示。

表3-6　调查问卷效度分析结果

变量层面	KMO	Bartlett 的球形检验		
		近似卡方	df	Sig.
信息	0.723	155.501	45	0.000
社会资本	0.706	243.284	66	0.000
情感	0.707	49.157	6	0.000

由结果可知，信息、社会资本和情感层面变量的 KMO 值都大于 0.7，Bartlett 球形检验显著，根据前述规则可知，样本数据适合做进一步的因子分析。信息和社会资本层面变量的因子分析结果如表 3-7～表 3-9 所示。

要确定一个问卷题项是有效的，则需在进行因子分析时，它在各成分中的系数有且仅有一个不小于 0.5。根据这一规则可知，问卷中的有些题项是无效的，分析结果如下：

（1）"信息"层面中"满足他人需求"的第 1 个题项"A7"在成分 1、成分 2 中的系数大于 0.5，因此应该删除。

（2）"信息"层面中"满足他人需求"的第 4 个题项"A10"在成分 1、成分 3 中的系数大于 0.5，因此应该删除。

（3）"社会资本"层面中"信任"和"认同"的第 3 个题项"B3"和"B6"的分析结果分别为没有大于 0.5 的系数和在成分 1、成分 3 两个因子中的系数大于 0.5。因此，这两个题项需要删除。

信息、社会资本和情感 3 个层面问卷题项的效度分析结果汇总如表 3-6 所示。

在 SPSS 19.0 中经过"因子分析"，信息层面聚合为 3 个因子，两个因子有效，其中第 1 个有效因子包含 6 个题项，第 2 个有效因子包含两个题项。分析结果如表 3-7 所示。

表3-7　信息层面变量因子分析结果

题项	成分		
	1	2	3
A8	0.842	−0.063	−0.164
A1	0.795	−0.268	0.217
A9	0.756	−0.375	−0.172
A2	0.717	0.159	−0.239
A3	0.641	0.183	−0.554
A4	0.631	−0.158	0.442
A5	0.057	0.872	0.262
A6	0.216	0.851	0.193
A7	0.567	0.533	−0.109
A10	0.537	−0.219	0.649

经过"因子分析",社会资本层面聚合为 3 个因子,两个因子有效,其中第 1 个有效因子包含 6 个题项,第 2 个有效因子包含 4 个题项。分析结果如表3-8所示。

表3-8 社会资本层面变量因子分析结果

题项	成分		
	1	2	3
B8	0.819	-0.275	-0.321
B10	0.789	-0.447	0.049
B11	0.730	-0.333	0.209
B7	0.729	-0.433	0.269
B9	0.713	-0.160	-0.510
B12	0.638	0.303	-0.276
B4	0.169	0.743	0.251
B5	0.428	0.696	0.236
B2	0.442	0.619	-0.342
B1	0.367	0.612	-0.227
B3	0.487	0.252	0.438
B6	0.579	0.024	0.508

经过"因子分析",情感层面聚合为一个有效因子,包含 4 个题项。分析结果如表 3-9 所示。

表3-9 情感层面变量因子分析结果

题项	成分
	1
C2	0.905
C1	0.786
C3	0.742
C4	0.741

综上,根据表 3-7,信息层面的因子变为两个,分别包含题项 A8、A1、A9、A2、A3、A4 和题项 A5、A6。根据题项相关描述,将这两个因子总结为"产品/服务质量信息"和"产品/服务建议/评估"。根据表 3-8,社会资本层面的因子变为两个,分别包含题项 B8、B10、B11、B7、B9、B12 和题项 B4、B5、B2、B1。根据题项描述,将这两个因子总结为"社交相关利益"和"信任及认同"。根据表 3-9,情感层面的因子变为一个,包含题项 C2、C1、C3 和 C4。根据题项描述,将这一因子总结为"互动双方情感体验"。修改后信息层面变量包含两个因子,各因子题项数量分别为 6 和 2;社会资本层面变量包含两个因子,它们包含的题项数目分别为 6 和 4。情感层面包括 1 个因子 4 个题项。

信息层面各问卷题项经修改、完善后结果如表 3-10 所示。

表3-10　信息层面量表设计

分类	量表设计
产品/服务质量信息	A8 我愿意在社会化媒体中帮助别的用户，因为提供帮助信息能满足用户解决问题的需要
	A1 我愿意在社会化媒体中帮助别的用户，因为提供帮助信息能给用户提供处理问题的建议、帮助
	A9 我愿意在社会化媒体中帮助别的用户，因为提供帮助信息能够帮助企业消除 ONWOM 的不良影响，能够满足它们维持良好品牌形象的需要
	A2 我愿意在社会化媒体中帮助别的用户，因为自己遇到问题时，平台同样能够提供建议、帮助信息
	A3 我愿意在社会化媒体中帮助别的用户，因为提供帮助信息可以帮助用户更好地体验产品/服务质量
	A4 我愿意在社会化媒体中帮助别的用户，因为提供帮助信息可以给企业提供提高产品/服务质量的建议
产品/服务建议/评估	A5 我愿意在社会化媒体中帮助别的用户，因为提供帮助信息有利于提供产品/服务的改进意见，促进它们的更新换代
	A6 我愿意在社会化媒体中帮助别的用户，因为提供帮助信息有利于用户更加客观、公正地评价企业的产品/服务

　　经修改，社会资本层面共包含 10 个题项，其中"社交相关利益"因子包含 6 个题项，"信任及认同"因子包含 4 个题项。各题项具体内容如表 3-11 所示。

表3-11　社会资本层面量表设计

分类	量表设计
社交相关利益	B8 我愿意在社会化媒体中帮助别的用户，因为可以巩固和加强我在平台上已有的社交关系
	B10 我愿意在社会化媒体中帮助别的用户，因为可以帮助我建立和企业之间的关系
	B11 我愿意在社会化媒体中帮助别的用户，因为提供帮助信息能够帮助企业消除 ONWOM 的不良影响，可以帮助我加强和企业之间的关系
	B7 我愿意在社会化媒体中帮助别的用户，因为这样可以加强我和平台之间的关系
	B9 我愿意在社会化媒体中帮助别的用户，因为这样可以帮助我在平台上建立新的社交关系
	B12 我愿意在社会化媒体中帮助别的用户，因为这使我产生了荣誉感
信任及认同	B4 我愿意在社会化媒体中帮助别的用户，因为我认同利用平台这种解决问题的方式
	B5 我愿意在社会化媒体中帮助别的用户，因为我觉得自己提供的帮助有用，用户很认同
	B2 我愿意在社会化媒体中帮助别的用户，因为我相信平台，认为它本质上具有提供帮助、解决问题的能力
	B1 我愿意在社会化媒体中帮助别的用户，因为我提供的帮助信息是真实的，别的用户相信我提供的帮助信息

　　经修改，情感层面包含"互动双方情感体验"这 1 个因子和 4 个题项，各题项具体内容如表 3-12 所示。

表3-12　情感层面量表设计

分类	量表设计
互动双方情感体验	C2 我因为解决问题、产生想法而感到很高兴
	C1 在社会化媒体中帮助别的用户，我度过了轻松而愉快的时间
	C3 提供帮助可以安抚用户，使其感受到情感上的支持
	C4 解决问题后，用户由怒转喜

2. 样本数据的信度分析

信度是指对同一事物进行重复测量时所得结果的一致性程度，它反映了测量工具的稳定性、可靠性和被测特征的真实程度。一般情况下，测量数据的内部一致性可以用来表示该测验信度的高低。使用 SPSS 统计软件时，可以通过分析数据的 Cronbach's α 系数值来衡量量表问卷的信度。通常情况下，Cronbach's α 系数的值大于 0 小于 1。当它的值在 0.8～0.9 之间时，说明问卷的信度非常好；在 0.7～0.8 之间次之；如果系数低于 0.6，则问卷的内部信度不足。在这一规则的约定下，运用 SPSS 19.0 对前测数据进行分析。得出研究模型里信息、社会资本和情感层面变量的 Cronbach's α 系数如表 3-13 所示。结果表明，信息和社会资本的 Cronbach's α 系数都达到了 0.8 以上，情感的 Cronbach's α 系数接近 0.8，说明问卷具有较高的内部一致性，信度较好。

表3-13　调查问卷信度分析结果

变量	Cronbach's α 系数	基于标准化项的 Cronbach's α 系数	项数
信息	0.801	0.801	10
社会资本	0.825	0.830	12
情感	0.798	0.805	4
用户帮助处理意愿	0.894	0.897	3

3. 问卷前测小结

为了检验设计的研究模型和问卷的有效性和可信度，利用前测分析的方式来检验问卷题项。根据对这 36 份有效问卷数据的统计分析，研究模型中信息层面变量的 4 个因子聚类为两个，总的题项由原来的 10 个减少到 8 个；社会资本层面的 4 个变量同样聚类为两个，总题项由原来的 12 个减少到 10 个；情感层面的因子数变为一个，题项数维持原来的 4 个没有改变。

3.3　用户参与处理企业在线负面口碑问卷质量评估

3.3.1　参与问卷调查的人口特征统计

经前测分析后，本问卷共包含 25 个题项。Gorsuch（1983）认为，题项与受试者的比例最好为 1∶5。因此，在线上和线下分别发放了 170 份问卷，总共收回 128 份有效问卷。问卷数据的人口特征统计结果如表 3-14 所示。

表3-14　数据人口特征统计表

项目	取值	频次	所占比例/%
性别	男	53	41.4
	女	75	58.6
年龄段	18～25 岁	113	88.3
	25～40 岁	15	11.7

续表

项目	取值	频次	所占比例/%
受教育程度	大学本科	98	76.5
	硕士研究生	18	14.1
	博士研究生	12	9.4
从事职业	管理人员	2	1.6
	技术/研发人员	4	3.1
	全日制学生	117	91.3
	专业人士	2	1.6
	销售人员	1	0.8
	其他	2	1.6

从表 3-14 中可以看出，受调查者的年龄段集中在 18～25 岁和 25～40 岁两个区间里，被调查者的受教育程度都在大学本科或以上，以全日制学生为主。之所以收集到的数据具有这样的人口统计特征，主要原因如下：

（1）根据《第 32 次中国互联网络发展状况统计报告》，在网民年龄结构中，年龄在 20～39 岁的网民人数最多，占所有网民中的大部分，比例达到 55.6%；在网民职业结构中，学生占比最高，达到 26.8%。

（2）根据《2012 年中国网民社交网站应用研究报告》，对于社交网络的使用，20～39 岁用户占大部分，在所有用户中占比达到 56.8%。同时，43.3% 的 30～39 岁用户和 41.6% 的 20～29 岁用户会在社交网站上和好友分享好的品牌、产品和商家，两者的比例排名分列第一、第二位。由此可见，与其他年龄段相比，年龄在 20～39 岁的社交网站用户更喜欢参与社交网站的信息分享行为。

（3）社会化媒体属于新概念、新技术，接触和频繁使用者主要是 18～40 岁的年轻群体；全日制学生充满活力，好奇心重，与繁忙的上班族相比，他们拥有更多的自由时间，具有频繁使用社会化媒体的机会和可能性；被调查者从事职业主要为全日制学生与调查者年龄段集中在 18～25 岁和 25～40 岁这个结果是相符的。

基于上述 3 点，获得的研究数据具有合理性。

3.3.2 样本数据质量评估

1. 样本数据效度分析

正式调查数据收集完成后，为了检验问卷的准确性、有效性，再次对数据进行效度和信度分析。问卷数据的效度分析从信息、社会资本和情感 3 个层面分别进行，如表 3-15 所示。首先计算 KMO 指标，检验变量间的相关关系；然后计算 Bartlett 球形检验结果，分析各题项间的独立性。KMO 一般应大于 0.7，才可证明题项间具有一定的相关性，可以用来衡量共同的变量。Bartlett 球形检验必须拒绝原假设，才能做因子分析。由于在前测分析中情感层面的变量合称为一个因子，所以无须再做因子分析。信息和社会资本层面变量的效度分析结果如表 3-16 和表 3-17 所示。

根据分析结果可知，信息、社会资本和情感的 KMO 指数都超过了 0.7，Bartlett 球形检验显著，样本数据适合做进一步因子分析。信息层面因子分析表明样本数据可抽取两个成分，各成分包含题项与前测分析结果相同，成分 1 可解释变量的 42.644%，成分 2 可解释变量的 21.145%，两者一起可解释变量的 63.789%，抽取两个成分的效果较好。社会资本层面的样本数据同样可以抽取两个成分，各成分包含的题项与问卷前测分析结果相同，成分 1 可解释变量的37.195%，成分 2 可解释变量的24.330%，两者一起可解释变量的61.525%，因子分析效果较好。

表3-15 调查问卷效度分析结果

变量	KMO	Bartlett 球形检验		
		近似卡方	df	Sig.
信息	0.789	362.848	28	0.000
社会资本	0.748	594.510	45	0.000
情感	0.719	226.495	6	0.000

表3-16 信息层面变量因子分析结果

题项	成分	
	1	2
A1	0.804	−0.230
A2	0.787	−0.282
A8	0.724	−0.403
A3	0.692	0.107
A4	0.678	0.255
A9	0.642	−0.211
A5	0.386	0.813
A6	0.348	0.785

表3-17 社会资本层面变量因子分析结果

题项	成分	
	1	2
B10	0.794	−0.185
B11	0.764	−0.289
B8	0.745	−0.277
B9	0.686	−0.376
B7	0.655	−0.530
B12	0.623	0.157
B1	0.372	0.718
B5	0.395	0.696
B2	0.448	0.678
B4	0.410	0.576

2. 样本数据信度分析

效度检验合格后，对样本数据进行信度分析。信息、社会资本和情感 3 个层面变量的信度分析采用 Cronbach's α 系数分析法，如 Cronbach's α 系数值超过 0.7，则认为问卷信度好。为了准确地求出各层面变量的 Cronbach's α 系数值，将问卷数据导入 SPSS 19.0 后进行分析，得出信息、社会资本和情感 3 个层面的信度分析结果如表 3-18 所示。

表3-18　样本数据信度分析结果

变量	Cronbach's α 系数	基于标准化项的 Cronbach's α 系数	项数
信息	0.791	0.792	8
社会资本	0.810	0.808	10
情感	0.845	0.847	4
用户帮助处理意愿	0.793	0.791	3

3.3.3　模型中各变量与用户参与意愿的线性相关性分析

线性相关关系一般用相关系数 r 来描述。r 值的计算方法有 3 种，即 Pearson 相关系数、Spearman 相关系数和 Kendall 相关系数，其中 Spearman 相关系数和 Kendall 相关系数适用于离散变量的线性相关性分析，Pearson 相关系数适用于呈正态分布的连续变量的线性相关性分析。由于测量变量为连续变量，且其样本数据经检验呈正态分布，因此使用 Pearson 相关系数分析方法，分析结果如表 3-19 所示。

表3-19　测量变量与用户参与意愿间的相关性分析结果

变量	用户参与处理企业 ONWOM 的意愿	
	Pearson 相关系数	显著性（双侧）指标
产品/服务质量信息	0.492**	0.000
产品/服务建议/评估	0.045	0.613
社交相关利益	0.408**	0.000
信任及认同	0.340**	0.000
互动双方情感体验	0.128	0.149

** 在 0.01 水平（双侧）上显著相关。

由结果可知，产品/服务质量信息、社交相关利益和信任及认同与用户参与处理企业 ONWOM 意愿之间都具有显著的正相关关系；产品/服务建议/评估与用户参与处理企业 ONWOM 意愿之间无显著正相关关系；互动双方情感体验与用户参与处理企业 ONWOM 意愿之间没有显著的正相关关系。

3.4　模型假设检验与结论

3.4.1　测量变量的多元线性回归分析

模型中的测量变量主要是信息、社会资本和情感。获得这 3 个层面的样本数据后，可分别求出它们和因变量用户帮助企业处理 ONWOM 意愿之间的线性回归关系，得出相互间的因果回归函数。

1. 信息与用户参与处理企业 ONWOM 意愿的回归分析

根据 3.3.3 节可知，在信息层面聚合的"产品/服务质量信息"和"产品/服务建议/评估"两个因子中，"产品/服务建议/评估"与用户参与处理企业 ONWOM 意愿无显著相关关系。在使用 SPSS 19.0 进行分析时，采用"进入"的方法，进行变量产品/服务质量信息与被解释变量用户参与处理企业 ONWOM 意愿的线性回归分析，结果如表 3-20 和表 3-21 所示。

表3-20 信息与用户参与处理企业ONWOM意愿回归分析的模型汇总

模型	R	R^2	调整 R^2	标准估计误差	更改统计量				
					R^2 更改	F 更改	df_1	df_2	Sig.更改
1	0.492a	0.242	0.236	1.881	0.242	40.249	1	126	0.000

注：a. 预测变量：（常量），产品/服务质量信息。

表3-21 信息与用户参与处理企业ONWOM意愿回归分析模型系数

模型		非标准化系数		标准系数	t	Sig.	共线性统计量	
		B	标准误差				容差	VIF
1	（常量）	4.004	1.039		3.855	0.000		
	产品/服务质量信息	0.286	0.045	0.492	6.344	0.000	1.000	1.000

由表 3-20 和表 3-21 可看出，产品/服务质量信息的 t 检验的显著性小于 0.05，说明其与因变量间有着显著的正相关关系。经过调整，R^2 统计量为 0.236，则产品/服务质量信息可以解释"用户参与处理企业 ONWOM 意愿"23.6%的变异量，回归分析拟合度可以接受。综上，此回归结果可接受。

根据分析结果，设用户参与处理企业 ONWOM 意愿为 y，产品/服务质量信息变量为 x_1，得出以下回归方程，即

$$y=0.286 x_1 \tag{3-1}$$

根据方程式（3-1）可知，产品/服务质量信息变量 x_1 的系数值为 0.286，大于 0，它与用户参与企业价值共创来帮助企业处理 ONWOM 呈正相关关系。根据前面分析可知，产品/服务质量信息由研究模型中的 3 个因子（控制产品/服务质量、寻找/提供建议和满足他人需求）聚合而成，所以假设 H3.1、H3.2 和 H3.4 成立。

产品/服务建议/评估与用户参与处理企业 ONWOM 意愿无显著相关关系，所以假设 H3.3 不成立。

2. 社会资本与用户参与处理企业 ONWOM 意愿的回归分析

社会资本包含两个子变量，分别为社交相关利益和信任及认同。在 SPSS 19.0 中采用子变量"逐步"进入的方法进行线性回归分析，分析结果如表 3-22 和表 3-23 所示。

表3-22　社会资本与用户参与处理企业ONWOM意愿回归分析的模型汇总

模型	R	R^2	调整 R^2	标准估计误差	更改统计量				
					R^2 更改	F 更改	df_1	df_2	Sig.更改
1	0.439a	0.193	0.187	1.983	0.193	30.135	1	126	0.000
2	0.530b	0.281	0.270	1.879	0.088	15.367	1	125	0.001

注：a. 预测变量：（常量），社交相关利益。
　　b. 预测变量：（常量），社交相关利益，信任及认同。

表3-23　社会资本与用户参与处理企业ONWOM意愿回归分析模型系数

模型		非标准化系数		标准系数	t	Sig.	共线性统计量	
		B	标准误差				容差	VIF
1	（常量）	5.348	0.977		5.473	0.000		
	社交相关利益	0.251	0.046	0.439	5.490	0.000	1.000	1.000
2	（常量）	2.039	1.253		1.628	0.106		
	社交相关利益	0.219	0.044	0.382	4.950	0.000	0.964	1.037
	信任及认同	0.273	0.070	0.303	3.920	0.000	0.964	1.037

由表 3-22 和表 3-23 可知，模型调整后 R^2 值为 0.270，说明两个自变量可解释因变量的 27.0%，模型拟合度可接受；社交相关利益和信任及认同两个自变量 t 检验显著性为 0.000，小于 0.05，说明这两个变量和因变量间有正相关关系，可以纳入线性回归分析；VIF 大约等于 1，则两个变量间不存在多重共线性问题。综上可知，此回归分析结果可接受。

设因变量用户参与处理企业 ONWOM 意愿为 y，自变量社交相关利益为 x_3，自变量信任及认同为 x_4，则可得回归方程式（3-2），即

$$y=0.219\,x_3+0.273\,x_4 \tag{3-2}$$

由方程式（3-2）可知，社交相关利益、信任及认同与用户参与处理企业 ONWOM 意愿存在正相关关系。社交相关利益变量 x_3 的系数值为 0.219，大于 0，根据前面分析可知，它由研究模型中的两个因子关系建立和加强荣誉聚合而成，所以假设 H3.7 和 H3.8 成立；同时信任及认同变量 x_4 的系数值为 0.273，它由模型中信任和认同两个因子聚合而成，所以假设 H3.5 和 H3.6 成立。

3. 情感与用户参与处理企业 ONWOM 意愿的回归分析

情感层面包含一个变量——互动双方情感体验。对于此自变量，在 SPSS 19.0 中使用"进入"的方法进行线性回归分析，其和因变量用户参与处理企业 ONWOM 意愿的回归分析结果如表 3-24 和表 3-25 所示。

表3-24　情感与用户参与处理企业ONWOM意愿回归分析的模型汇总

模型	R	R^2	调整 R^2	标准估计误差	更改统计量				
					R^2 更改	F 更改	df_1	df_2	Sig.更改
1	0.100a	0.010	0.002	2.196	0.010	1.266	1	126	0.263

注：a. 预测变量：（常量），互动双方情感体验。

表3-25 情感与用户参与处理企业ONWOM意愿回归分析模型系数

模型		非标准化系数		标准系数	t	Sig.	共线性统计量	
		B	标准误差				容差	VIF
1	（常量）	9.805	0.755		12.993	0.000		
	互动双方情感体验	0.067	0.060	0.100	1.125	0.263	1.000	1.000

由表 3-24 和表 3-25 可知，互动双方情感体验 t 检验显著小于 0.05，可以进行线性回归分析，R^2 为 0.002，说明自变量只能解释因变量 0.2%的，变异量拟合度较差，此回归结果不能接受。

根据分析结果，设用户参与处理企业 ONWOM 意愿为 y，变量互动双方情感体验为 x_5，可得回归方程式（3-3），即

$$y=0.067x_5 \tag{3-3}$$

由方程式（3-3）可知，互动双方情感体验变量 x_5 的系数值为 0.067，大于 0。但由于此回归结果的拟合效果较差，拟合结果不能被接受，因此，互动双方情感体验与用户参与处理企业 ONWOM 意愿间不存在明显的正相关关系。根据前面的分析可知，互动双方情感体验由研究模型中的两个因子（娱乐和希望）提供情感支持聚合而成，所以假设 H3.9 和 H3.10 不成立。

4. 信息、社会资本和情感与用户参与处理企业 ONWOM 意愿的回归分析

综合信息、社会资本和情感三方面因素考虑，分析它们对因变量的共同作用结果。在 SPSS 19.0 中，使用"逐步"的方法进行线性回归分析，分析结果如表 3-26 和表 3-27 所示。

由表 3-26 和表 3-27 可知，社交相关利益、产品/服务质量信息和信任及认同对"用户参与处理企业 ONWOM 意愿"的解释力为 37.5%，模型拟合度可接受。VIF 近似等于 1，所以变量间不存在多重共线性问题。

表3-26 信息、社会资本和情感各因素与用户参与处理企业ONWOM意愿回归分析的模型汇总

模型	R	R^2	调整 R^2	标准估计误差	更改统计量				
					R^2 更改	F 更改	df_1	df_2	Sig. 更改
1	0.508a	0.259	0.253	1.901	0.259	43.933	1	126	0.000
2	0.599b	0.358	0.358	1.775	0.100	19.475	1	125	0.000
3	0.624c	0.389	0.375	1.739	0.031	6.258	1	124	0.014

注：a. 预测变量：（常量），产品/服务质量信息。
b. 预测变量：（常量），产品/服务质量信息，社交相关利益。
c. 预测变量：（常量），产品/服务质量信息，社交相关利益，信任及认同。

表3-27 信息、社会资本和情感各因素与用户参与处理企业ONWOM意愿回归分析模型系数

模型		非标准化系数		标准系数	t	Sig.	共线性统计量	
		B	标准误差				容差	VIF
3	（常量）	−0.434	1.274		−0.341	0.734		
	产品/服务质量信息	0.214	0.046	0.360	4.682	0.000	0.834	1.200
	社交相关利益	0.177	0.042	0.309	4.217	0.000	0.920	1.087
	信任及认同	0.170	0.068	0.189	2.502	0.000	0.864	1.157

设用户参与处理企业 ONWOM 意愿为 y，产品/服务质量信息为 x_6，社交相关利益为 x_7，信任及认同为 x_8，系数经过标准化后可得线性回归方程

$$y=0.214x_6+0.177x_7+0.170x_8 \tag{3-4}$$

由总回归方程式（3-4）可知，产品/服务质量信息、社交相关利益、信任及认同正向作用于因变量。对用户参与处理企业 ONWOM 意愿有最大正向影响的因素是产品/服务质量信息，有最小正向影响的因素是信任及认同。

得出各因素和因变量之间的线性相关结果后，开始分析信息、社会资本和情感 3 个层面因素对用户参与处理企业 ONWOM 意愿的影响情况。从方程式（3-3）可知，情感对用户参与处理企业 ONWOM 意愿无显著影响，因此只分析信息和社会资本的影响。分析结果如表 3-28 和表 3-29 所示。

表3-28　信息、社会资本与用户参与处理企业ONWOM意愿回归分析的模型汇总

模型	R	R^2	调整 R^2	标准估计误差	更改统计量				
					R^2 更改	F 更改	df_1	df_2	Sig.更改
1	0.528a	0.279	0.274	1.874	0.279	48.811	1	126	0.000
2	0.596b	0.355	0.345	1.780	0.076	14.660	1	125	0.000

注：a. 预测变量：（常量），社会资本。
　　b. 预测变量：（常量），社会资本，信息。

表3-29　信息、社会资本与用户参与处理企业ONWOM意愿回归分析模型系数

模型		非标准化系数		标准系数	t	Sig.	共线性统计量	
		B	标准误差				容差	VIF
2	（常量）	−0.649	1.375		−0.472	0.638		
	社会资本	0.187	0.035	0.419	5.411	0.000	0.862	1.159
	信息	0.151	0.039	0.296	3.829	0.000	0.862	1.100

由表 3-28 和表 3-29 知，信息和社会资本对用户参与处理企业 ONWOM 意愿的解释力为 34.5%，模型拟合度可以接受，VIF 近似等于 1，所以变量间不存在多重共线性问题。因此，上述线性回归分析结果可以接受。

设用户帮助企业处理 ONWOM 意愿为 y，社会资本层面为 x_{11}，信息层面为 x_{12}，系数经过标准化后，可得以下线性回归方程，即

$$y=0.187x_{11}+0.151x_{12} \tag{3-5}$$

由方程式（3-5）可知，社会资本层面变量对用户参与处理企业 ONWOM 意愿的影响作用最大。

3.4.2　研究结果与分析

1. 模型假设检验结果汇总

根据以上分析，可知本章提出的模型中的相关影响因子与用户参与处理企业 ONWOM 意愿之间皆有正的相关关系，10 个研究假设 7 个成立，3 个不成立。研究假设结果汇总如表 3-30 所示。

表3-30 研究假设结果汇总

假设	内容	结论
H3.1	寻找/提供建议正向影响用户参与处理企业 ONWOM 意愿	成立
H3.2	控制产品/服务质量正向影响用户参与处理企业 ONWOM 意愿	成立
H3.3	重视产品建议/评估正向影响用户参与处理企业 ONWOM 意愿	不成立
H3.4	满足他人需求正向影响用户参与处理企业 ONWOM 意愿	成立
H3.5	信任正向影响用户参与处理企业 ONWOM 意愿	成立
H3.6	认同正向影响用户参与处理企业 ONWOM 意愿	成立
H3.7	关系建立正向影响用户参与处理企业 ONWOM 意愿	成立
H3.8	加强荣誉正向影响用户参与处理企业 ONWOM 意愿	成立
H3.9	娱乐正向影响用户参与处理企业 ONWOM 意愿	不成立
H3.10	希望提供情感支持正向影响用户参与处理企业 ONWOM 意愿	不成立

2. 结果分析

随着社会化媒体的不断发展，自媒体形式的口碑信息越来越普遍。而社会化媒体本身又具有易获得、传播快和影响广等特性。如果经历失败消费体验的顾客利用平台发布企业的负面口碑信息，将可能对企业造成巨大的经济损失。因此，在尽可能压缩成本的情况下，如何能够更有效地处理 ONWOM，帮助企业挽回形象，对很多公司来说都至关重要。本章从独立于抱怨者和受损企业的第三方用户的角度出发，研究企业负面口碑的处理办法。要动员其他拥有信息、知识资源的用户参与处理企业 ONWOM，就必须研究他们这样做的行为动机。因此，本章采用实证研究的方法，通过采集相关数据，分析用户参与处理企业 ONWOM 的行为动机。经过一系列相关性研究得出以下结论。

（1）用户参与处理企业 ONWOM 意愿主要受社会资本和信息两方面的影响，两者共同作用。

（2）正向影响用户参与处理企业 ONWOM 意愿的社会资本和信息因子中，信息层面的影响因子主要是"产品/服务质量信息"，"产品/服务建议/评估"的影响作用很小；社会资本层面的影响因子主要包括"社交相关利益"和"信任及认同"，其中"社交相关利益"影响作用较大，"信任及认同"影响作用较小。

（3）根据原始研究模型和问卷前测分析结果可知，在本书中信息层面"寻找/提供建议"、"控制产品/服务质量"和"满足他人需求"测量结果间具有一致性，可聚类为一个共同作用因子，即"产品/服务质量信息"；社会资本层面"信任"和"认同"测量结果间具有一致性，可聚类为一个影响因子，即"信任及认同"；"关系建立"和"加强荣誉"测量结果间具有一致性，可聚类为一个影响因子，即"社交相关利益"；情感层面中"娱乐"和"希望提供情感支持"可聚类为一个影响因子，即"互动双方情感体验"。

（4）社会资本和信息两者对用户参与处理企业 ONWOM 意愿的影响程度不同，其中社会资本的影响程度较大，信息次之。

（5）信息层面中产品/服务质量信息和产品/服务建议/评估、社会资本层面中社交相关利益和信任及认同这 4 个因素对用户参与处理企业 ONWOM 意愿的影响程度也不同，其中产品/服务质量信息影响程度最大，社交相关利益影响程度次之，信任及认同影响程度最弱，产品/服务建议/评估无显著影响。

3.4.3　实验结果分析

综上可知，本章通过研究证明了用户参与处理企业 ONWOM 意愿主要受社会资本和信息的正向影响。本章实证研究对社会化媒体设计、提供并实施基于价值共创的 ONWOM 处理增值服务提出以下几点实施建议。

（1）社会化媒体可以开发多种奖励措施鼓励用户分享信息。

目前，奖励用户登录签到、分享发布信息的措施主要是积分、等级奖励等，为了更好地刺激用户参与，可以开发出如升级为 VIP、发布精品内容推送置顶和推送"粉丝"等做法来满足用户的诉求。将用户升级为 VIP、推送其发布的精品内容置顶这两项措施不仅可以增强用户对平台的归属感，同时还可以满足他们表达身份、增加荣誉和加强自尊的需求；给用户推送"粉丝"可以满足用户期望和别的用户建立关系的社交需要，另外，"粉丝"数的增加还有利于用户平台归属感的增强。因此，根据本章得出的研究结果，社会化媒体运营商可以有针对性地制订相关激励措施，奖励愿意参与平台活动的用户，这样可以大大提高平台的活跃度以及用户的黏性。

（2）社会化媒体可以优化平台设计，使平台信息得到更好的展示、利用。

根据本章的研究结果可以看出，用户愿意参与平台活动受信息方面因素的激励。因此，平台运营商如果能够使平台信息得到有效分类、展示，甚至做到利用数据挖掘向目标用户准确推送有用信息，就可以充分满足用户的信息需求，从而吸引他们更频繁、更深入地参与平台活动。

（3）除了社会化媒体可以采取相关措施增强用户黏性外，企业同样可以制订有针对性的措施激励用户参与企业价值共创。

综上所述，用户对企业的归属感、希望与企业加强联系以及渴望从企业获取利益的想法影响其参与处理企业 ONWOM 的意愿。因此，企业可以据此提出措施发掘曾帮助过企业或有帮助企业能力的用户，有目的性地向其发送活动信息、优惠券或抽奖券等奖励，从而使其产生更强烈的帮助企业的想法。

第 4 章

面向在线负面口碑处理的在线评论有用性的影响因素

4.1　问题的提出

大量负面案例的出现彰显出企业快速、准确地解决 ONWOM 的必要性，但是目前企业 ONWOM 的解决大多依靠人工，成本巨大且效率低下，不仅不能解决抱怨者的诉求，反而可能引起消费者反感，最终事与愿违，带来二次损失。如果能够依靠信息系统自动识别 ONWOM 中抱怨的问题，将解决问题的资源或者相关"专家"推荐给抱怨者，就能够快速解决抱怨问题，并向抱怨者传递一种重视问题的态度，从情感上给他抚慰，最终化解 ONWOM 带来的负面影响。

ONWOM 的解决依靠资源库的构建，社会化媒体所积累的 UGC（如一些平台上的在线评论）包含大量有价值的信息，可以成为 ONWOM 处理的资源。在线评论数量的海量性增长和形式的多样性变化，导致只有少部分高质量、对抱怨者有用的在线评论可以成为处理 ONWOM 的资源，如何识别出有用的在线评论资源意义重大。

现有的社会化媒体依靠用户参与有用性投票识别出高质量的有用评论资源。该方法存在较大弊端，依靠用户的主动参与需要较长时间（Zhang et al.，2010），时效性也大打折扣。更重要的是，平台的这种措施主要是为了消除大量数据带来的信息过载（Lee et al.，2014），帮助用户更好地做出购物决策，并未帮助企业识别 ONWOM 处理资源，也不能处理 ONWOM 以避免更大经济损失。就有用性投票本身来说，它也仅仅是一个形式，里面包含的可用资源并没有被挖掘出来。

本章基于用户心理学、数据挖掘等学科领域，采用实证研究方法，以 ONWOM 为背景，研究在线评论有用性的影响因素，旨在为在社会化媒体中识别 ONWOM 处理资源提供理论指导。

已有许多学者对在线评论有用性进行了相关研究，大部分的研究是对在线评论的文本进行加工，包括在线评论有用性的识别和分类，较少从企业实际诉求出发。本章从 ONWOM 处理资源角度出发，研究在线评论有用性，为社会化媒体构建 ONWOM 处理资源库提供参考。

为了主动、准确地识别出能够处理 ONWOM 的高质量的有用在线评论资源，本章从 ONWOM 处理的情感维度和信息维度出发，通过在线评论的情感特征和文本特征构建有用的在线评论资源识别模型，并用实证方法验证该模型。

本章的主要内容如下。

（1）从解决 ONWOM 处理的情感和信息维度，研究解决 ONWOM 的资源需求、资源特征，进一步延伸至在线评论中对应的特征，分析有用的在线评论在 ONWOM 解决中的价值。

（2）从情感维度和文本特征维度出发，构建在线评论有用性的影响因素模型，并根据文本特征的不同粒度构建两个模型，分别分析各因素对评论有用性的影响；提出模型中各个指标测量的方法。

（3）对所构建的模型进行实验验证。以中关村在线手机频道论坛的评论为数据源，验证各个因素对在线评论有用性的影响。

4.2　面向处理在线负面口碑的在线评论有用性

4.2.1　在线评论资源有用性定义及特征

在线评论是一种典型的 UGC，包含了大量有价值的信息，可以作为处理 ONWOM 的资源。从形式上看，在线评论本身是一种文本形式的 UGC，包含了 ONWOM 处理两个维度的信息，同时也可以作为显性和隐性的资源；从文本特征看，其包含了前文中提到的处理 ONWOM 的资源五元素特征。

在线评论有多种表现形式，狭义的理解一般是指消费者在消费过程中发表在购物网站上（如淘宝、京东等）的关于产品或消费体验的评论。而广义的在线评论是社会化媒体（如微博、论坛、社区、购物网站等）用户发表的关于产品、产品某一特征或者服务的个人看法。由于狭义的在线评论来源单一且包含的有用信息少，所以本章研究的在线评论是广义的在线评论。基于在线评论使用者不同，将用户分为 WUser 和 RUser。

在线评论来源广泛、数量巨大、质量良莠不齐，并不是所有的在线评论都可以作为 ONWOM 处理的资源。过多的在线评论反而带来信息过载、信息冗余等负面作用，给 ONWOM 解决带来干扰（Lee et al.，2014）。从评论文本特征上来看，只有包含了资源必须具备的五元素特征的在线评论才可能成为资源。

但是五元素特征只是资源的必要条件而非充分条件。资源必须依托于能否解决 ONWOM，即能否使抱怨者觉得自己发出的 ONWOM 问题得到了解决或者情绪得到了舒缓。抱怨者对于资源的需求在于对在线评论中产品使用经验和产品知识的认同，而这种认同是相对主观的。所以对于不同 ONWOM，资源的定义也不一样，在满足资源文本特征的基础上，必须要能够增加抱怨者对于评论中信息的感知，使其信息被抱怨者认为有用。

在现有的研究和应用实践中，常常以"在线评论有用性"作为 RUser 对在线评论感知力度的衡量标准。在线评论的有用性则是指评论中信息给 RUser 带来的诊断性（Forman，2008；Liu et al.，2007）。

据此，本章定义在线评论及有用的在线评论如下。

定义 4.1　在线评论是 WUser 在社会化媒体中发表的关于产品、产品某一特征或服务的个人看法，是广义的在线评论。有用的在线评论是指包含可被 RUser 诊断的关于产品或服务信息及可被感知的情感，且能够引起 RUser 赞同的在线评论，是处理 ONWOM 的资源。

在线评论有用性带来的诊断性是 RUser 主观感受的外显表示，作为评论质量的筛选标准被很多社会化媒体利用。社会化媒体往往设置"该评论是否有用"选项作为评论有用性的现实判断方法，很多社会化媒体默认被更多用户选择的有用的在线评论价值更大。

被认为有用的在线评论，往往包含了以下主要特征：

（1）引起 RUser 情感共鸣。情感是在线评论的重要组成部分，包含情感的在线评论比不包含情感的在线评论传播更快，更可能被更多用户阅读到从而对其行为产生影响（蔡晓珍等，2014）。不同评论者在发表评论时投入的情感不同，并且在不同时期发表评论所包含的情感也会不同，情感的差别最终体现在评论内容中。RUser 在判断评论有用性时依靠主观感受即对评论的情感回应，而评论中的情感本身很大程度上会影响 RUser 判断。这种影响在 ONWOM 解决中表现在能够接受处理资源的推送，认为资源中的信息能够解决自己的抱怨，其外显表现即自觉消除 ONWOM，重新恢复对产品或服务的信任，维持品牌忠诚度。

（2）包含可诊断的信息。仅仅包含情感的在线评论也不能被认为有用，只会被 RUser 认为无病呻吟。有用的在线评论必然包含一定的可诊断的信息，信息可诊断性包括信息错误率、信息可读性及信息量等。对于有用的在线评论来说，可以包含信息发布者相关信息、产品相关描述等，这些信息是处理 ONWOM 问题的关键。

4.2.2　有用的在线评论在负面口碑处理中的作用

抱怨者在发表 ONWOM 时，有 3 个方面的需求，即寻求物质补偿、寻求问题解决办法和发泄情绪。寻求物质补偿一般是某产品 ONWOM 发布者的目的，需要卖家或者生产厂家的介入，最终通过线下完成。在线评论资源能够解决后面两个问题，这也是前文中提到的 ONWOM 处理资源需要解决的两个问题。社会化媒体中有用性较高的在线评论可以作为 ONWOM 解决的潜在资源，主要基于以下几点：

（1）根据五元素模型。有用的在线评论包含 ONWOM 处理资源的五元素。在线评论是针对某一产品或者服务发表的个人看法，对于能够被 RUser 感知到有用的评论，必然包含了可感知的信息和被认同的情感，包括评论对象、对象的特征描述、评论的情感特征。一方面，相对于一般的在线评论，有用的在线评论中包含的可用信息更多，在对产品或者产品属性描述时更客观、详细；另一方面，有用的在线评论是被 RUser 认同的，其包含的情感特征也更加合适。

（2）有用的在线评论本身包含大量 ONWOM 解决信息。在线评论包含的信息主要有两种，一种是 WUser 的个人信息，包括 WUser 在平台的等级、活跃度、受关注度、粉丝数量等信息。通过这些信息可以挖掘出平台中的意见领袖和行业专家，这些 WUser 是 ONWOM 解决的重要推力，在 ONWOM 无法通过系统干预解决时，可以通过共赢的方式让其成为 ONWOM 解决的 WUser。这些资源在专业化的行业论坛（汽车之家等）、问答社区（知乎等）、社交媒体平台（豆瓣、微博等）广泛存在，也已经有被利用的趋势，比如说知乎中的问题可以推荐某人回答，被推荐的人往往是回答该问题的"专家"。另一种是评论本身的信息，这些信息可能包含了某一产品的某些问题的解决方案，如果将这些有用的信息识别出来，在相同 ONWOM 产生时就能快速解决问题。比如，在微博发布一条关于 iPhone 的评论，如图 4-1 所示。

该评论包含了 iPhone 手机尺寸的评论，也许并不是最科学的解释，但是比较有说服力，在其他平台出现 iPhone 5s 尺寸太小的抱怨时可以成为解决抱怨的资源。而通过发表评论用户的等级（大 V）、该微博评论数、转发数和点赞数等就可以识别出该用户对手机尺寸设计等相关领域了解较多，是潜在的解决 ONWOM 的"专家"。

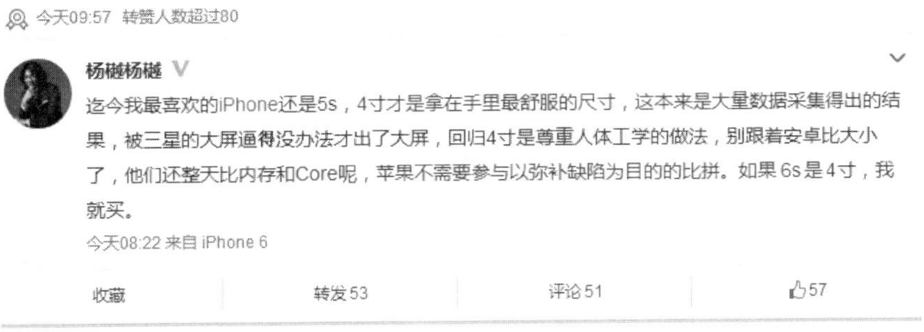

图 4-1 在线评论示例

（3）有用的在线评论更容易获得抱怨者认可。抱怨者对于企业的相关措施和说法往往不够信任，相对来说，来自第三方的用户的评论更容易获得信任。无论在线评论是否被认为有用，可能都包含一定解决问题的信息，但是并不是所有包含这些信息的在线评论都能被抱怨者接受，已经被认为有用的评论包含的信息更有价值，更容易被大众接受，有用性投票越多的在线评论的影响力越大。

4.3 在线评论有用性的影响因素模型

4.3.1 在线评论有用性影响因素模型

有用的在线评论可以作为 ONWOM 处理的潜在资源，在识别这些在线评论时可以基于资源的五元素特征（持有者、主题、陈述、情感强度和情感极性）考虑。五元素特征是 ONWOM 解决中问题解决和情感舒解这两个方面必不可少的，同时也是可能影响评论有用性的因素。五元素特征又可以被分为情感特征和内容特征，所以在考虑影响评论有用性的因素时主要考虑这两个方面。

在考虑情感特征时，不同产品评论中虽然包含的产品信息不同，但情感表达方式相同，差异主要体现在情感极性（正负性）上和情感强度上，这也是 ONWOM 处理资源中包含的两个因素。情感极性和强度对评论有用性的影响是相关研究考虑的重点（Sen et al.，2007）。现有的网站也将评论分为正面评论和负面评论，并以不同的星级表示极性和强度。而评论中情感极性和强度是缓解抱怨者负面情感的关键点，所以将这两个指标纳入模型中考虑。

在考虑评论内容特征时即考虑了资源的陈述这一因素，已有关于评论有用性的研究主要从形式特征和文本特征两个方面考虑（Lee，2015），这两个方面对评论中的可诊断信息量都有影响。

在线评论的形式特征包括评论长度、评论发布时间、评论者信息、评论回应数、评论中包含的图片等。评论形式特征各个方面对评论有用性的影响在多个相关研究中都有所涉及。在评论形式特征中，评论发布时间和评论回应数与本章以 ONWOM 处理的信息和情感角度为出发点识别有用的评论这一目的无关，所以本章主要考虑评论长度、评论者信息和评论中包含的图片这 3 个指标，这 3 个指标是五元素模型中评论对象和陈述的直接或间接反映。

评论文本特征是评论文字本身含有的信息，包括评论中产品品牌描述、产品特征描述、评论对象描述、评论的客观性描述等，是陈述的直接反映，其中评论对象描述对应于抱怨对象，产品特征描述对应于 ONWOM 的描述，这两者是 ONWOM 解决资源的关键因素，它们与评论情感极性和情感强度一起代表了评论客观性。所以，本章只考虑品牌特征和产品特征这两种特征描述。

评论中产品特征的描述是一个较大的指标，有用 ONWOM 问题往往是针对某一具体问题的，在现有的 ONWOM 处理中也将抱怨问题进行分类，识别出具体的抱怨问题。在有用性相关研究中，将评论中涉及产品的词汇进行分类。在线评论产品特征分为产品服务描述、产品功能描述和外观形态描述这 3 个二级指标。

如图 4-2 所示为在线评论的有用性影响因素模型。

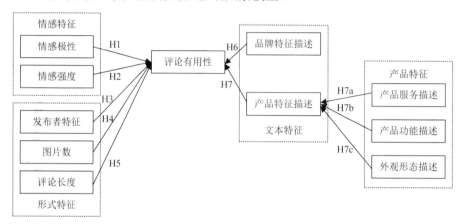

图 4-2　在线评论的有用性影响因素模型

4.3.2　在线评论有用性影响因素假设

1. 在线评论情感特征

情感是在线评论中很重要的一个方面，包含情感的在线评论比不包含情感的在线评论更容易被 RUser 感受到且传播更快。但是并不是越正面的评论越能够引起 RUser 共鸣，RUser 对评论的认同来源于评论中情感的表达是否与自己的心理情感预期匹配，RUser 的心理情感预期包括了情感极性和情感强度。

情感极性的不同对 RUser 感受到的评论有用性有很大影响，情感极性是 WUser 对评论的态度。大部分研究将评论划分为正面评论、中立评论和负面评论，情感极性对评论有用性的影响在不同研究中有不同结果。Mudambi 等（2010）的研究发现对于经验型商品，中性评价更有用。该研究中，评论极性只是作为一个因素考虑，对于评论极性的测量也是依靠评论得分衡量。Cao 等（2011）的研究表明，负面评论比正面评论更准确，所以对 RUser 影响更大，但并不是越负面的评论越有用。Sen 等（2007）的研究结果却表明正面评论比负面评论更有用。郝媛媛等（2010）将情感正负性作为研究评论有用性的一个指标，用实证方法得出评论中正面情感以及正负情感混杂对评论有用性有正面影响的结论。

本章认为在 ONWOM 的解决中，正面的情感往往更能说服 RUser，缓解抱怨者的负面情感，尤其是在网络社区中，包含负面情感的回答往往被认为是"愤青"或"键盘侠"的无意义评论，所以正面情感比负面情感更能引起阅读者关注，缓解抱怨者负面情绪，因此，提出假设 H4.1。

H4.1：情感极性与评论有用性正相关。

情感的不同强度对评论有用性也会产生不同影响，已有研究专门针对该方面进行，Raghunathan 等（1999）用实证方法论证了焦虑和伤心这两种情感对个人策略有不同影响。基于此，Yin 等（2014）将评论中的情感细分，通过实验法和实证研究这两种方法研究焦虑和愤怒这两种不同强度的负面情绪对评论有用性的影响，结果表明含有焦虑情绪的评论比含有愤怒情绪的评论更有用。Korfiatis 等（2012）认为极端正面或者极端负面的评论可能被认为没有用，因为该评论与产品其他评论无法达到一致性。

太过强烈的情感会被认为太过主观，是 WUser 主观情感的宣泄，掩盖了评论中可能被接受的可诊断信息，降低 RUser 对评论有用性的感知。具体来说，产品评论中太过强烈的正面情感往往是该产品的忠实用户和发烧友产生的，RUser 会认为 WUser 隐瞒了产品中不好的一方面或者对产品太喜欢从而忽略了不好的方面。在网络水军大量存在的情况下，RUser 也可能认为包含强烈正面情感的评论出自网络水军，在网络社区中的回答并不是为了解决问题，而是给产品或者企业"洗白"。而负面情感程度过高，往往表达了评论者强烈的不满。这样的评论容易被认为带有强烈的个人主观情感，过分夸大了个人的不满情绪，或者将产品的某一方面缺点扩大了，相对来说缺乏客观性。弱情感的在线评论是 WUser 的客观回答，包含更多有用信息，在网络社区中，情感强度弱的回答显得更加客观，更容易被接受，所以更有用。为此提出假设 H4.2。

H4.2：情感强度与评论有用性负相关。

2. 在线评论形式特征

WUser 特征主要是指 WUser 的专业性（Liu，2008）。在不同类型的在线评论中，尤其是在用户高度参与的社会化媒体中，WUser 如果对产品相关知识更加了解，就能够在评论中展现更有价值的信息，能够提供解决问题的要点信息，并且在评论时更加客观，评论更容易被 RUser 感知为有用。另一方面，专业的 WUser 往往对评论的行业和产品有更加深厚的兴趣，在参与时也更加活跃，更容易为平台积累人气，RUser 会潜意识地认为该 WUser 发表的评论更加可靠，增加其对评论有用性的感知。

现有研究也表明，WUser 相关特征对评论有用性有影响。Forman 等（2008）探究了评论者个人真实信息这一特征对有用性的影响，通过实证发现个人信息披露对评论有用性有显著正面影响，同时还发现个人信息如地理位置的披露不仅有利于用户判断产品质量，还能增加产品销量。Liu 等（2008）将 WUser 的专业性纳入评论有用性模型考虑，证实了 WUser 的专业性对评论有用性有正面影响。郝清民等（2014）验证了 WUser 的排名和历史发表数量通过评论长度和评论情感间接影响评论有用性。类似地，彭岚等（2011）从传播说服理论的维度证明了 WUser 使用互联网经验显著影响评论有用性。

因此，提出假设 H4.3。

H4.3：WUser 特征对评论有用性有正面影响。

评论中除了包含文本信息外，还可能包含图片，很多图片是评论内容的补充。相对于文本内容而言，图片更直观，对 RUser 有更大冲击力，所以 RUser 更喜欢看图片。评论中包含图片对 RUser 有用性感知更有用。

因此，提出假设 H4.4。

H4.4：评论包含的图片对评论有用性有正面影响。

文本长度是一个很重要的特征。文本长度代表了文本信息量和 WUser 情感投入程度。评论越长，包含的信息越多，可诊断的信息也越多，情感表达及产品特征描述都更为详尽（Mudambi et al.，2010）。另外，评论越长，很大程度上表明 WUser 对相关产品越有兴趣或者该产品对评论者产生的影响越大，在评论中情感表达更真实，评论更容易被感知到。现有关于评论有用性的研究表明评论越长有用性越高，如严建援等（2012）的研究、Mudambi 等（2010）的研究。

因此，提出假设 H4.5。

H4.5：评论长度对评论有用性有正面影响。

3. 在线评论文本特征

评论文本特征是评论本身具有的特征。评论中的品牌特征和产品特征描述也是评论文本特征，是客观的描述信息，两者是 ONWOM 解决中很重要的一个方面，是评论对象和问题的反映。反映了评论中信息的主观性，包含越多产品特征描述的评论越客观，包含可解决 ONWOM 的信息也越多。现有研究表明，评论的主观性对评论有用性有很大影响。Cao 等（2011）的研究发现评论中语法特征比其他特征对有用性投票影响大，评论既包括主观描述又包括客观描述时更有用。

基于此，提出假设 H4.6 和假设 H4.7。

H4.6：评论品牌特征描述对评论有用性有正面影响。

H4.7：评论产品特征描述对评论有用性有正面影响。

本章的研究模型中，将评论产品特征划分为产品服务、产品功能、外观形态这 3 个不同维度的二级指标，关于这几个指标的描述量越多，评论中包含的可诊断信息也越多。Zhang 等（2010）认为评论有用性是评论关键特征有用性之和，所以这 3 个指标对评论有用性都有作用。

参考已有的研究，提出假设 H4.7a、H4.7b 和 H4.7c。

H4.7a：评论中产品服务描述对评论有用性有正面影响。

H4.7b：评论中产品功能描述对评论有用性有正面影响。

H4.7c：评论中产品外观形态描述对评论有用性有正面影响。

基于以上假设，本章依据产品特征描述的分类构建了两个模型，如式（4-1）和式（4-2），其中式（4-2）是在式（4-1）的基础上对评论中产品特征描述进行了更为细致的分类，以此来探讨产品特征描述二级指标对评论有用性的影响。

$$
\begin{aligned}
\text{Usefulness}_{(1)} = {} & \beta_1 \text{Polarity} + \beta_2 \text{Intensity} + \lambda_1 \text{Publisher} + \lambda_2 \text{Picture} \\
& + \gamma_1 \text{Length} + \gamma_2 \text{Brand} + \gamma_3 \text{Product} + \varepsilon_1
\end{aligned} \tag{4-1}
$$

$$
\begin{aligned}
\text{Usefulness}_{(2)} = {} & \beta_1' \text{Polarity} + \beta_2' \text{Intensity} + \lambda_1' \text{Publisher} + \lambda_2' \text{Picture} \\
& + \gamma_1' \text{Length} + \gamma_2' \text{Brand} + \pi_1' \text{Service} + \pi_2' \text{Function} \\
& + \pi_3' \text{Appearance} + \varepsilon_2
\end{aligned} \tag{4-2}
$$

各指标的解释如表 4-1 所示。

表4-1 模型各指标解释

类型	变量	解释
有用性特征	评论有用性（Usefulness）	在线评论的有用性投票
评论情感特征	情感强度（Intensity）	评论中包含的情感强度权重值
	情感极性（Polarity）	评论中包含的情感极性
评论形式特征	WUser 特征（Publisher）	WUser 等级
	评论图片数（Picture）	评论中包含的图片数
	评论长度（Length）	评论长度
评论文本特征	品牌特征描述（Brand）	评论中产品品牌信息权重值
	产品特征描述（Product）	评论中产品特征信息权重值
产品特征描述	产品服务描述（Service）	评论中产品服务特征信息权重值
	产品功能描述（Function）	评论中产品功能特征信息权重值
	产品外观形态描述（Appearance）	评论中产品外观形态信息权重值

4.3.3 在线评论有用性影响指标计算

各个影响因素的计算方法影响了结果的准确性，各个影响因素中评论文本特征和情感特征的计算尤为重要，其计算过程如图 4-3 所示。

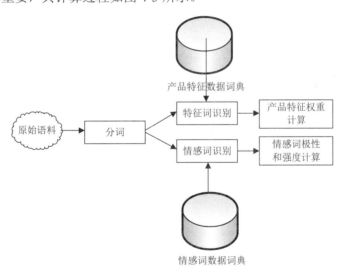

图 4-3 变量计算过程

1. 在线评论形式特征指标计算

WUser 特征受很多因素影响，为了衡量评论的专业性，许多依靠用户参与的社会化媒体平台会以 WUser 等级来确定其参与程度，同时鼓励用户的参与。WUser 等级往往表明了用户的使用时间、活跃度、发表评论数、被赞数，是 WUser 专业性的综合反映，已有相关研究，如 Liu 等（2008）、郝清民等（2014）的研究都以 WUser 等级衡量 WUser 特征。本章也用该指标衡量评论发布者特征。

由于社会化媒体平台对于 WUser 在评论中包含图片的数量有限制，且发表图片的用户较少，在计算图片指标时可以直接通过采集数据获得，且准确率较高，所以本章直接以图片数量衡量评论图片这一指标。

在评论长度的测量中，现有针对评论有用性的研究都采用评论包含的总字符数表示评论长度，如 Mudambi 等（2010）在 MIS Quarterly 上发表的文章、Ghose 等（2011）的研究及闫强等（2013）的研究等。这些研究表明，评论长度对用户有用性感知有较大影响，越长的评论包含的可诊断信息也越多，而评论长度即评论字符数量。所以本章也以该方式计算评论长度。

2. 在线评论文本特征计算

在本章中，在线评论的文本特征权重依靠识别，是在识别出评论中的手机品牌词汇等特征词汇研究中常用的方法，如 Zhang 等（2010）、严建援等（2012）、郝媛媛（2010）的研究等。识别出评论中特征词汇是识别评论对象和问题的关键点，是构造 ONWOM 解决资源库的基础，为解决 ONWOM 问题提供了理论指导。基于本章研究的目的，识别评论文本的产品品牌特征和产品相关特征是判断这些特征对抱怨者影响力，即对评论有用性影响的基础。

在评论文本特征的识别中，借鉴空间向量模型来计算文本特征权重（何建民等，2010）。空间向量模型是将所有文档看成一组空间向量 $\boldsymbol{D}$，每个文档 d 表示成为一个实例特征向量 $V(d) = \{t_1, t_2, \cdots, t_v\}$，其中每个文档 d_i 的每个词 t_j 都有一个权重 w_{ij}，如果特征词 t_j 不在文档 d_i 中，则该特征词权重为 0，这样每个文档 d 都有对应的特征权重向量，即 $w_j = \{w_{1j}, w_{2j}, \cdots, w_{vj}\}$。

每个特征词的权重计算方法有很多，其中 TFIDF 为较常用的方法（何建民等，2010）。TFIDF 算法的原理是计算每个特征词在该文档中出现的频率，频率越高，权重越大。具体公式为

$$\mathrm{TFIDF}(t_i, d_j) = \mathrm{TF}(t_i, d_j)\lg\frac{|\boldsymbol{D}|}{|\mathrm{DF}(t_i)|} \tag{4-3}$$

其中：t_i 是特征词；d_j 是包含有 t_i 的文本；$\mathrm{TF}(t_i, d_j)$ 是 d_j 中包含的 t_i 的个数，$|\boldsymbol{D}|$ 是全部文档数，而 $|\mathrm{DF}(t_i)|$ 是包含的文档数，根据该公式计算出的 $\mathrm{TFIDF}(t_i, d_j)$ 即某个特征词的初步权重。

由于本章并不过分关注某一个特征词权重，而是关注产品某方面属性的全部特征词权重，所以在计算时将同一个指标下所有的特征词当作一个词汇计算权重，$\mathrm{TFIDF}(t_i, d_j)$ 即表示某一类产品属性的权重。

用该方法识别文本特征时需要依靠构建的行业词典识别特征词，研究的产品特征词汇根据产品不同有很大差别。参照蔡晓珍等（2014）的研究成果以及相关产品论坛和网站上的划分，本章构建了品牌特征词词典和产品词典。

3. 在线评论情感特征计算

现有网站多采取星级评价来判断评论正负极性，一般是一星到五星 5 个星级，星级越高越倾向于正面，五星和一星的评论极性最强（Mudambi et al.，2010）。研究中也多以在线评论星级作为情感极性和强度的代表变量纳入模型考虑。但是，在线评论情感强度与星级

并不直接对等，文本分析和语义计算方面的研究在评论中情感计算方面已比较成熟，评论情感可脱离星级评分，采用更科学的计算方法。本章采用郑丽娟等（2014）、施寒潇（2013）的研究来计算情感强度和极性。

语义分析法是现有研究中对情感分类常用的一种方法。对评论的语义分析中，词频统计法是常用方法。该方法有两种具体做法。一种是通过计算情感词与基准正负情感词的相似度识别情感词的极性和强度，一般将度量值定于±1 之间，当度量值高于某阈值时该情感词为褒义；反之则为贬义。再通过文本中词汇的语义倾向值求平均值以判断文本的语义倾向（朱嫣岚等，2006），结果以正负性表示文本情感极性，正数为正面情感，负数为负面情感，以绝对值大小表示情感强度，绝对值越大则强度越大。该方法多被文本分析和信息检索领域的研究应用，这些研究主要目的往往在于探寻更精确的情感强度计算方法，如 Kim 等（2004）、Ku 等（2006）及朱嫣岚等（2006）、郑丽娟等（2014）的研究。

词频统计法的第二种计算方法是不用计算情感词的强度，而是直接利用情感词典中已有的情感词强度计算文本情感倾向和强度。这种方法多见于情感强度应用的相关研究，这些研究并不关注具体每个情感词的强度计算方法，而是利用已有的研究成果计算文本情感强度，将情感强度加以利用。例如，Pennebaker 等（2001）的研究构建了可使用的语言查询和词频统计系统（LIWC），被很多其他研究使用；Yin 等（2014）关于评论有用性的研究也是利用该方法计算文本情感强度。

由于本章并不解决如何计算每个特征词的情感强度，而是依靠已有的研究成果对评论情感做了极性和强度两个方面划分，故本章基于语义分析采用第二种计算方法计算评论中的情感强度。

本章中构建的情感词典将情感极性和强度划分为 11 个等级，即-1、-3、-5、-7、-9、0、1、3、5、7、9 这 11 个值，正负代表情感极性，绝对值代表情感强度。

本章中评论文本计算方式如下。

情感词的极性和强度为 $I_i=\{-9,-7,-5,-3,-1,0,1,3,5,7,9\}$；每个情感强度对应情感词典 C 的一个子集 C_j，C_j 包含 m 个独立的情感词，即 $C_j=\{c_1,c_2,c_3,c_4,\cdots,c_m\}$；每个评论包含有 n 个情感词 E_k，$E_k=\{E_1,E_2,E_3,E_4,\cdots,E_n\}$，若 E_k 是包含于其中的某个情感词，则该情感词强度为情感词典中情感词的强度集。评论 w 的情感强度为

$$V(w) = \sum_{k=1}^{n} E_k$$

将评论中所有的情感词强度之和相加求平均值，即为该评论情感强度。

4. 情感词典构建

依赖情感词典计算情感强度的方法中很重要的一个方面是情感词典的构建。相关研究已经比较成熟，一些研究已经构建了比较完整的情感词典，并被其他研究应用。目前在中文领域使用比较多的情感词典包括知网的情感词典、台湾大学自然语言处理实验室中文情感词典（NTUSD）、大连理工大学的徐琳宏等人构建的情感本体。

知网构建的情感词典中包含了大量中文和英文情感词汇，但是情感词汇只进行了正负极性划分，并未计算情感词的强度，而本章需要借助情感词的强度计算文本情感强度值；NTUSD 中包含的褒义词数量远远少于贬义词数量，而在 ONWOM 解决中，正面情感的利用要远远多于负面情感。综合比较后，本章选取大连理工大学的徐琳宏等人构建的情感本

体（徐琳宏等，2008）作为本章情感基础词典。该本体将情感强度从低到高划分为1、3、5、7、9这5个等级强度值，共包含 27 466 个情感词，其中包括 11 229 个正面情感词。该情感本体对情感做了极性的划分，但并未以正负显示，为了计算整个文本的情感强度，本章将情感强度划分为-1、-3、-5、-7、-9、0、1、3、5、7、9 这 11 个等级，负数代表负面情感，正数代表正面情感。

许多研究在选取的情感词典上进行扩充，加入研究领域的其他一些情感词典中未包含的情感词汇，构建自己的情感词典。由于评论是相对口语化的文本，很多网络词汇和口语化的词汇在情感本体中并未涉及，为了提高准确性，本章依靠词频统计法，人工选取了评论中常出现的但未包含在情感本体中的口语化情感词汇和网络情感词汇，共80个，采用原情感本体中词汇情感强度计算方法识别出这些情感词的情感强度，共同构成了本章的情感词典。情感词典部分词汇如表4-2所示。

表4-2　本章情感词典部分词汇

情感极性	情感强度	情感词汇
负面情感	-9	奇丑无比、心胸狭隘、鱼龙混杂、气急败坏、效率很差……
	-7	痛苦、可恶、枯燥无味、令人生厌……
	-5	质量差、参差不齐、装蒜、没用、未成熟、耍态度……
	-3	不好、坏处、矫情、冗长、稀烂、火气、快快、无聊、忧郁……
	-1	惘然、不见经传、后果、堕落、每况愈下、名过其实、讽刺……
中立情感	0	合格、随意、强制性、缺点、大惊小怪、新意、道听途说……
正面情感	1	定心丸、精辟、才思、畅游、合意、发人深思、净化……
	3	分毫不差、华丽、贵重、灵敏、耐用、省力、舒适、直观……
	5	良好、好使、轻盈、实事求是、坚固耐用、光彩溢目、高端……
	7	好评、完美、有良心、精纯、好样儿的、绚丽多彩、雍容华贵……
	9	美好、完好如新、易如反掌、突破性、协调一致……

4.4　模型验证实验与分析

4.4.1　实验数据来源

1. 实验数据平台选择

在线评论是 WUser 对于产品或者服务的个人意见，现有的多种社会化媒体，如购物网站、论坛、社区等都允许用户发表在线评论。本章的研究基于 ONWOM 的解决，有用性影响因素的提出也是基于 ONWOM 解决的情感和信息维度，在实验数据选取中选择网络论坛这一平台上的在线评论作为数据基础。

在线论坛是用户基于兴趣，在虚拟空间共享知识、进行交流的平台（Schubert et al.，2000），它有以下特征：

（1）基于兴趣。在线论坛的参与形式很多，包括对产品进行评测，提供某个话题供用户讨论，基于某一产品进行提问寻找答案。用户分为三类，即话题提出者、回答者和浏览者，同一个用户可能在不同阶段和不同问题中扮演不同角色，甚至在同一时刻可以是不同角色。虽然现在一些论坛也会有盈利的考虑，但是其初衷是开放式非营利的平台，所以全部的知识资源依靠用户的参与，用户提供热点和资源。而用户之所以愿意参与，主要是基于兴趣，碰到感兴趣的话题或者问题，会有探寻与分享的欲望，即会主动参与。用户往往也只会参与自己感兴趣的社区或者感兴趣的讨论。而大部分问答社区的建立也是基于兴趣的，如汽车之家基于汽车行业，中关村在线基于电子产品，微博基于社会化新闻；不同论坛也会有明显的标签，如文艺、科技、互联网等。

（2）强调学习和知识分享。在线论坛中积累了大量的资源，这些资源包括文字资源及参与者这种隐形资源。在线论坛承担的一个很大责任就是促进学习和知识分享。这其中，越有价值的信息传播越快，也越受到关注，所以论坛也通过种种方式识别出优质信息，增加信息传播的深度和广度。网络技术的发展和人们对网络接受程度的增加会促使信息的分享和传播。

（3）话题有针对性。本章之所以采用在线论坛中的 UGC，一是因为论坛是基于话题的平台，相对于其他平台的离散性信息来说，问答社区中的信息更加有针对性和参考性。以手机相关话题为例，评论往往包含自己需要了解的对象和问题，而评论尤其是受到关注的有用评论中更有解决这些问题的资源，有用的信息也更多，所以信息更加集中。而其他一些平台中的在线评论很少是为了解决某一问题而存在，信息比较分散，所以在解决 ONWOM 资源的收集和处理中更麻烦。二是因为在前文中提到 ONWOM 的处理资源除了评论本身外，评论者也是很重要的资源。论坛基于兴趣的特征使其参与者中有很大一部分是对某一行业感兴趣的人，在采集"专家"资源时显然比其他平台中的一般参与者更加可靠，也更加方便。现有的很多论坛也会有"邀请回答""参与达人"等功能，也正是利用了这一点。论坛是个强兴趣关系的平台，里面聚集的用户很多都是相关话题的发烧友甚至专家，更容易产生意见领袖。同时，这些话题的评论又会成为其他用户的信息源和知识库，达到以一传十的目的，从而分享了知识。

2. 实验数据产品选择

现有研究将产品分为两类，即经验品和搜寻品（Mudambi et al.，2010）。经验品是只有自己体验后才可以知道好坏的商品，如护肤品、电影等。这类产品的体验带有强烈主观性，评论也多基于个人主观感受产生。而搜寻品是可以通过各种指标判断好坏的产品，手机就是典型的一种。相对来说，用户更容易从搜寻品的评论中获得有效信息，搜寻品的评论的影响力更大，所以本章数据选择搜寻品的评论。

另外，相对于数码相机、电脑这类搜寻品，手机用户基础更大，使用频率更高。这使得手机相关评论在问答社区中热度更大，参与者更多，相关的问题和回答更多。本章将产品特征描述分为产品服务、产品功能和产品外观形态这 3 个方面。相对于其他产品来说，在论坛中手机问题按照手机特征可以进行细致的分类，这 3 个特征更明显、更容易区分。

所以本章数据来源于网络论坛中手机产品相关话题的在线评论。

4.4.2　实验数据收集和测量

1. 样本收集

本章所选取的网站是中关村在线手机频道（http://ask.zol.com.cn/cell_phone/）。中关村在线是中国领先的 IT 信息与商务门户，旗下包括手机、电脑、数码相机、家电、游戏等多个大型频道。其手机频道包括评测、论坛、商城、新闻等多个板块。选择该平台的在线论坛是因为该平台是一个 IT 产品信息平台，所以大量用户都是 IT 产品"控"，相对更加专业化。

该平台中用户可以提出与手机相关的问题或者话题，其他用户可以参与，不同用户可以参与同一个问题。WUser 发表的内容可以被 RUser 看到、点赞或者评论。在发表的评论中也可以包含图片，图片在评论中显示。点击回答者头像可以看到回答者的具体情况，包括等级、积分、认领领域、该回答者的所有话题等信息，具体如图 4-4 和图 4-5 所示。

图 4-4　中关村在线手机频道在线评论示例

图 4-5　中关村在线手机频道用户情况示例

在选择数据抓取工具时，本章选取火车头采集器软件。该软件是一个网络爬虫软件，根据预先定义的规则，通过解析网页编码抓取数据，抓取的原始数据可存储于数据库中。根据本章模型假设，依靠火车头采集器可解析多级网页信息，采集评论相关信息和评论者信息。

在已解答的问题答案中，选取了从 2015 年 3 月 1 日到 2015 年 9 月 1 日这段时间的所有有关手机话题的评论。选取该时间段的评论是为了防止结果误差。发表时间短的评论阅读者没有足够的时间对该评论做出反应，而发表时间太长的评论会被淹没。

采集的数据中包含苹果、诺基亚、三星、索尼、华为、魅族及其他各种品牌手机，采集数据包括评论文本、评论中图片数量、评论被点赞的投票数、评论者等级信息。在数据库中对评论进行处理，计算每个评论的长度。该平台未采用有用性投票衡量评论有用性，但是使用是否对该评论点赞衡量阅读者对评论的认同度，本研究也以点赞的数量代表有用性投票数量。

去掉没有获得点赞投票的评论，共获得 2117 条有用数据。

2. 样本特征词汇词典构建

在 4.3.3 节中详细描述了产品特征值和情感强度计算以及情感词典的构建。计算方法和情感词典不管在哪种产品评论上都是可以通用的，但是产品特征词典基于产品不同有很大差别。

本章主要针对手机产品特征构建了产品特征词典，词典中特征词来源于已有的研究成果（蔡晓珍等，2014）和社区及其他网站，对手机产品的分类依靠人工构建。词典中部分词汇如表 4-3 所示。

表4-3　本研究产品部分特征词汇

一级特征	二级特征	特征词汇
品牌特征		华为、HUAWEI、honor、荣耀、3C、小米、红米、MI、苹果、果机、Apple、apple、iPhone、iphone、5S、5s、诺基亚、nokia、Nokia、NOKIA、酷派、Coolpad、魅族、MX、三星、Samsung、国产、畅玩版、智能机、老人机、备用机、国行、水货、联通版、电信版、移动版、合约机、定制机、裸机……
产品特征	产品服务	送货、发货、包装、快递、售后、物流、货到付款、返修、换机、原装、保修卡、服务人员、服务态度、验货、试机、配送、正品、自提、赠品、退货、发票、质保、联保、三包……
	产品功能	音乐功能、播放器、拍照、照相、视频、摄像头、夜景、商务功能、邮件、蓝牙、红外线、WIFI、wifi、网络浏览、上网、游戏、GPS、导航、语音、充电、指示灯、指纹识别、指纹解锁、关机、app、App、反应速度、运行速度、信号、待机、耗电、续航、通话、通话质量、外放、自带程序、音效、滑屏、散热、网络信号、音质、音量、系统升级、操作系统、色彩、音质、配置、分辨率、多点触摸、触屏、CPU、频率、网络、操作系统、IOS、系统、ROM、像素、处理器、root、显卡、电容屏、触摸屏、触控、键控、电池、电量……
	外观形态	外观、样式、材料、金属、塑料、铝合金、镁合金、机身大小、尺寸、体积、寸、字体、颜色、黑色、白色、银色、土豪金、金色、灰色、键盘、九宫格、全键盘、外壳、后盖、USB、插孔、卡口、卡槽、内存卡、原装、防尘塞、充电器、数据线、边框、支架、磨砂、快捷键、home 键、充电器、耳机、屏幕、屏、话筒……

由于评论中的文本较为口语化且书写风格不一样，没有固定的样式，所以在词典的构建中要考虑到这些因素，将一些同类的非官方常用词汇考虑进去，使得词典更为完善。比如描述苹果手机品牌时，有些评论中是"苹果"，有些是"iPhone"，有些是"apple"，字母

大小写也都不一样。在描述手机颜色时，如苹果手机的同一种颜色，有些习惯描述为"金色"，有些习惯描述为"土豪金"。

3. 样本描述

数据收集时统计了 WUser 等级、评论长度、每条评论包含的图片。同时，通过 Java 程序计算了各个评论的情感极性和强度以及评论文本中的各个特征包含的词汇。样本的统计信息如表 4-4 所示。

表4-4　样本描述

指标	极小值	极大值	均值	标准差
有用性投票（Usefulness）	1	603	4.54	18.552
情感极性（Polarity）	−1	1	0.37	0.260
情感强度（Intensity）	0	36	2.66	2.550
评论者等级（Publisher）	1	5	3.45	0.734
图片（Picture）	0	4	0.03	0.715
评论长度（Length）	0	2413	70.03	97.245
品牌特征（Brand）	0	2	0.04	0.206
产品特征（Product）	0	86	3.72	4.328
产品服务（Service）	0	8	0.22	0.588
产品功能（Function）	0	36	1.63	1.927
产品外观形态（Appearance）	0	10	0.47	0.853
有效的 N（列表状态）	2117			

4.4.3　数据分析

1. 相关性分析

为了确保结果的准确性，实验中先对各个变量的相关性做了验证，结果如表 4-5 所示。

表4-5　各变量相关性分析（Pearson 相关系数）

变量	Usefulness	Polarity	Intensity	Publisher	Picture	Length	Brand	Product
Usefulness	1							
Polarity	0.056**	1						
Intensity	−0.143**	0.246**	1					
Publisher	0.116**	0.263**	0.245**	1				
Picture	0.099**	−0.011	0.059**	0.018	1			
Length	0.256**	0.268**	0.218**	0.168**	0.168**	1		
Brand	0.064	0.322**	0.179**	0.523**	0.029	0.283**	1	
Product	0.077**	0.324**	0.222**	0.173**	0.052*	0.358**	0.110**	1

* 在 0.05 水平（双侧）上显著相关。

** 在 0.01 水平（双侧）上显著相关。

由表 4-5 可知,除了品牌特征与评论者等级相关性达到 0.5 以上外,其他变量相关性都在 0.358 以下,大部分相关性小于 0.2,并且各变量相关性都在 0.01 水平内显著,说明各个变量之间没有相关关系,可以纳入模型中考虑。各变量与评论有用性的相关性,除了品牌特征外,都很显著。由于模型 2 中产品服务、产品功能以及外观形态是模型 1 产品特征的二级指标,实验中也验证了这 3 个变量之间的相关关系,结果都是显著的,表明可以纳入考虑。

2. 回归分析

采用 SPSS 21 软件对构建的模型进行验证。为了确保结果的鲁棒性,本章进行了共线性诊断。模型中的方差膨胀因子(VIF)都小于 10,可以认为各变量之间没有很强的共线性(Netter et al.,2005),从而回归结果是鲁棒的。模型各个变量的系数如表 4-6 所示。两个模型的拟合优度 R^2 分别为 0.211 和 0.263(见表 4-6),根据评论有用性相关研究成果(Lee et al.,2014;Sen et al.,2007;Korfiatis et al.,2012),该拟合优度可以被接受。

表4-6　实验结果

变量	模型 1		模型 2	
	B(标准误差)	VIF	B(标准误差)	VIF
Polarity	0.312(0.065)***	3.495	0.426(0.103)***	3.014
Intensity	−0.221(0.101)**	3.289	−0.180(0.096)*	2.341
Publisher	0.151(0.133)***	3.580	0.139(0.353)***	1.139
Picture	0.054(0.018)***	6.443	0.049(0.015)***	9.668
Length	0.010(0.001)***	1.863	0.016(0.003)***	8.560
Brand	−0.059(1.435)	3.057	−0.184(0.298)	3.666
Product	0.292(0.115)**	2.979	—	—
Service	—	—	0.086(0.158)***	1.022
Function	—	—	0.132(0.102)***	3.887
Appearance	—	—	0.925(0.032)**	6.574
(常量)	1.420(0.197)***		0.908(0.264)***	
R^2	0.211		0.263	
Adjusted R^2	0.209		0.261	
F-statistic	80.694(P=0.000,df=7)		118.525(P=0.000,df=9)	

注:回归结果中因变量为 Usefulness;标准误差列举在系数后括号内。

* 显著性在 1%水平内。

** 显著性在 5%水平内。

*** 显著性在 10%水平内。

验证的两个模型都满足前提条件,情感对评论有用性的影响满足本章的预期。评论极性对有用性影响为正,由于研究中的情感极性有负面、中立和正面的,这就表明评论中正面的情感能够提高评论有用性,负面情感对评论有用性有负面作用,假设 H4.1 成立。评论的强度与评论有用性负相关,说明评论中太过强烈的情感降低了 RUser 的认知。

评论文本特征中除了品牌特征对评论有用性的影响不显著外,其他特征对有用性的影响都较为显著。其中,大部分产品特征对评论有正面影响,这也说明评论中的产品信息能够增加评论的有效信息,尤其是针对问题回答的评论,这样的评论能够提高 RUser 对产品信息的感知，最终影响评论有用性。

通过实验验证了提出的研究假设，结果如表 4-7 所示。

表4-7 研究假设结果

假设	是否成立	假设	是否成立
H4.1	成立	H4.6	不成立
H4.2	成立	H4.7	成立
H4.3	成立	H4.7a	成立
H4.4	成立	H4.7b	成立
H4.5	成立	H4.7c	成立

根据实验研究结果，本章在模型的基础上计算出各个指标的参数，确定了以下具体模型，即

$$\text{Usefulness}_{(1)} = 0.312\text{Polarity} - 0.221\text{Intensity} + 0.151\text{Publisher} + 0.054\text{Picture}$$
$$+ 0.010\text{Length} + 0.292\text{Product} + 1.420 \tag{4-4}$$

$$\text{Usefulness}_{(2)} = 0.426\text{Polarity} - 0.180\text{Intensity} + 0.139\text{Publisher} + 0.049\text{Picture}$$
$$+ 0.016\text{Length} + 0.086\text{Service} + 0.132\text{Function}$$
$$+ 0.925\text{Appearance} + 0.908 \tag{4-5}$$

4.4.4 实验结果分析

结果表明，情感极性和强度对评论有用性有显著影响，极性的系数分别达到 0.312 和 0.426，而情感强度的系数分别为-0.221 和-0.180，相较于其他因素来说影响较大，这也说明 RUser 对评论中的情感特征较为敏感。整体情感偏正面、强度弱一些的评论更有用，这样的评论更能够满足 ONWOM 解决的需要。实验结果与前文中提到的 ONWOM 解决的两个维度吻合。在解决 ONWOM 中，需要一定的正面情感来缓解抱怨者负面情绪，但并不是越正面的越有用，情感强度较弱的评论显得更客观，包含的可诊断信息更多，更能够引起其他消费者共鸣。适当的情感强度在 ONWOM 处理中更能满足抱怨者整体情感认知。

在结果中，评论的形式特征对评论有用性有正面影响（B>0）。这表明，信息量（评论长度）、以其他形式展现的信息（图片）都会对 RUser 感知产生正面影响，在 ONWOM 处理资源库构建时，也需要考虑到这些因素，如图片、视频这些非文本的信息资源。但是形式特征 3 个因素对评论有用性的影响都较小（系数都小于 0.160），尤其是评论长度的系数，只有 0.010 和 0.016，说明 RUser 对评论的形式特征感知敏感度不够高，他们更关注评论的情感特征和内容特征。

模型 1 证明了评论产品特性描述对评论有用性有显著影响（B=0.292），同时模型 2 也验证了产品 3 个不同的特征描述对评论有用性的影响类似（B>0），并且应该较大。评论的外观形态影响系数达到了 0.925，这是因为外观形态在产品中是一个很重要的方面，评论中常常涉及，RUser 也能够直观感受到。

在确定模型参数时，本章去掉了结果不显著的品牌特征，因为品牌特征对评论有用性有影响，不显著（Sig.=0.256）。不显著的原因，一方面是品牌特征词汇在评论中出现次数较少，往往以"它""本款产品"等词典没有包含的指代词替代，实验结果也验证了这一点，

评论中品牌特征词平均值只有 0.040，远小于其他特征词汇；另一方面是与原始数据的选取有关，本研究以论坛话题为研究数据源，话题问题中一般已经包含了品牌特征词，评论是基于社区中的话题产生的，因此评论中出现的品牌特征词汇较少。

4.5　基于在线评论的资源识别的建议

本章的研究结果为 ONWOM 处理资源识别模型的构建提供参考。在 ONWOM 处理资源的识别中，要考虑评论的情感特征和产品相关描述特征，这些特征更容易解决抱怨者问题和舒缓抱怨者情感。本章构建的模型可以成为手机产品 ONWOM 处理资源的识别模型。本章为识别其他产品 ONWOM 处理资源提供以下建议：

（1）识别解决 ONWOM 的资源时要重视在线评论的价值。一方面，在线评论是一种典型的 UGC，依靠用户在社会化媒体中的参与产生，来源广泛，比其他信息资源更容易获得；在数量和分类方面，各个不同产品都包含在线评论，可以有针对性地成为解决不同种类产品抱怨的资源。另一方面，评论中包含了关于产品的描述信息，这些信息在 ONWOM 解决中起到了重要作用，尤其是被 RUser 认为有用的评论，包含的信息往往得到了 RUser 认可。本章论证了有用性较高的在线评论在 ONWOM 处理中的作用，并构建模型验证了 ONWOM 处理的信息维度和情感维度的五元素特征在评论有用性上的作用是显著的。除了情感特征外，评论中关于手机产品的特征描述对评论有用性的影响为正，尤其是产品功能（$B=0.132$）和外观形态（$B=0.925$）这些生活中较容易受到关注的特征影响更加显著，所以在 ONWOM 处理中也起到了较大的作用。在企业处理不同产品相关 ONWOM 时，也需要重视评论中包含的信息价值，包括情感和信息这两个方面。在识别其他产品 ONWOM 处理资源时，也可以参照该模型构建其他产品特征分类和词典。

（2）ONWOM 处理资源识别时，特征分类较为重要。本章用两个模型验证了评论中一些不同级别的特征对评论有用性的影响。结果表明评论的产品特征描述对评论有用性有显著影响，模型 2 也验证了产品不同方面的特征描述对有用性同时产生正面影响。这表明评论中关于产品的描述越详细，越能获得消费者认同。在 ONWOM 的处理中，分类细化可以使得 ONWOM 的解决更具有针对性，而这源于处理资源识别的分类。本章研究的是手机产品特征分类，将手机特征划分为服务、功能和外观形态 3 种，该分类可以应用于其他产品中，但是其他产品需要自己特殊的特征，所以企业在识别 ONWOM 处理资源时要考虑全面，包括本章未考虑到的其他因素。本章模型 1 实验结果中，常量为 1.420，说明其他因素对资源的识别也有很大影响。在 ONWOM 处理中，可依靠产品特征的识别来判断抱怨问题的分类，从而确定处理办法，因此特征分类是准确处理 ONWOM 的关键。

（3）社会化媒体中的 WUser 是 ONWOM 处理的潜在服务者的重要资源。本章实验表明，WUser 的特性对评论有用性有显著影响（$B>0.100$）。WUser 等级越高，除了能够提供更准确的信息外，还能够更好地满足 RUser 的心理预期，他们会认为等级更高的人经验和能力更丰富和更强，发表的评论更能让人信服。所以在 ONWOM 处理中，要重视行业"专家"或者意见领袖的作用（蔡淑琴，2013）。作为消费者，他们更容易得到其他消费者的认同；作为信息产生者，他们更容易在低成本条件下产生有用的信息；作为积极参与的用户，他们也渴望在社会化媒体中获得认可，将他们纳入 ONWOM 解决资源的服务者之中会实现双赢。

（4）识别 ONWOM 处理资源时要重视资源的共享。社会化媒体虽然是一个开放的平台，但是目前条件下数据库还是相对封闭的，这些信息无法转移到其他数据库中，也无法被企业利用。在构建产品特征词典时，因为研究的产品或者行业不同有很大区别，本章仅仅构建了手机产品特征词典。在其他产品 ONWOM 解决时也需要通过词典识别抱怨问题。构建所有产品特征的分类需要很大成本，并且不同类型的社会化媒体拥有的资源也不同，如果能够实现资源共享就可极大提高资源利用率。

（5）社会化媒体要引导和鼓励用户正确地参与。本章的研究结果表明，一部分 UGC 可以成为 ONWOM 处理的资源。UGC 甚至可能包含更多的有价值的信息，在其他方面发挥很大的作用。UGC 依靠的是用户参与，社会化媒体通过引导，比如引导用户理性发言等使用户产生更多的有价值的评论，这样就能够创造更多 ONWOM 处理的资源，也可以提高用户的黏性。例如，通过鼓励，对用户参与给予积分奖励、鼓励用户发表长评论等措施，寻找有价值的信息和"专家"。

第 5 章

面向在线负面口碑的信息资源管理方法

5.1 问题的提出

价值共创理论鼓励资源共享、实现价值共享（Vargo et al., 2008a）。社会化媒体积累的海量 UGC 信息资源蕴含了平台用户经验和知识，具有极大的潜在价值，已成为与金钱与情感同等重要的 ONWOM 处理的资源，构成价值共创的信息资源基础。在社会化媒体中，针对 ONWOM 问题，基于价值共创原理，提供以 UGC 为资源的 ONWOM 处理服务具有典型的三边市场特征，实现"三赢"，即通过面向发布者、服务者和企业三者的价值共创过程，实现对企业的 ONWOM 的处理。实现该过程关键是向抱怨者实施信息补偿，抑制 ONWOM 在社会化媒体中快速扩散。

从企业需求来看，价值共创策略的实施时间点显著影响对 ONWOM 传播的遏制作用，是社会化媒体面向企业的信息资源服务的关键；从发布者的需求来看，向发布者及时推荐所需信息资源以解决他们遭遇的产品失败等问题，从而满足其需求；从服务者的视角来看，他们发布其产品经验和知识，是希望被关注和应用的，信息资源管理将其发表的内容应用到具体情境，提高服务者的社会资本，满足其共创需求。

对社会化媒体来说，要求信息资源管理过程要满足发布者、服务者和企业三方的价值需求。因此，有效的信息资源管理方法是 ONWOM 处理的关键。

然而，社会化媒体中 UGC 的海量、碎片形成的无序化、价值稀疏化，造成了信息过载，阻碍信息资源管理过程。限于计算能力，从高速、海量的 UGC 数据流中实时获取处理 ONWOM 的资源非常困难，难以判断 UGC 作为信息资源的价值，成为在社会化媒体中展开针对 ONWOM 处理，乃至其他服务增值的瓶颈。

针对高速、海量数据流和无序化与价值稀疏化的 UGC 内容特征，按信息价值链，社会化媒体的信息资源管理主要分为以下 3 个问题：

（1）解决信息资源的获取问题，以及信息资源的无序问题，将非结构化的信息资源转变为可以结构化存储的信息资源，构建以 UGC 为源的知识库。

（2）解决信息资源的价值稀疏性问题。基于二八原则（Chen et al., 1993），只有小部分 UGC 具有较多信息和较高价值，海量价值稀疏的 UGC 要求识别有用的信息资源，分析其价值的影响因素。

（3）解决信息资源的个性化推荐问题，实现信息资源的应用过程。

社会化媒体的核心要素是 UGC 和社会网络结构（Java, 2008），为个性化推荐带来了新的数据特征。然而，既有个性化推荐研究多关注用户的点评行为，社会化媒体情境下的个性化推荐研究鲜见，缺乏相关的理论和方法以支撑信息资源的应用过程。

因此，基于已有研究，以社会化媒体为研究背景，本章从信息资源管理理论、价值共创理论、设计科学、个性化推荐模型等理论和方法出发，对面向ONWOM处理的社会化媒体的UGC信息资源管理进行研究。

本章的主要内容如下。

（1）研究以满足多方需求，以信息资源为核心，以物理映射和逻辑映射模型为加工方法的信息资源共创管理支持框架。

（2）基于信息资源共创管理支持框架，研究基于用户感知和退出为参数的信息系统传播过程模型。

（3）研究加工输出结构的形式化表达模型、面向UGC无序特征的信息资源物理映射模型，以及基于关键词的结构化、去碎片化和中心化加工的形式化模型。

（4）针对UGC价值稀疏性问题，研究基于服务者使用时间和信息对比行为的评论有用性影响因素，设计UGC的信息资源逻辑映射。

（5）设计基于关键词的描述用户偏好向量空间模型以及基于信息传播模型的协同过滤推荐模型。

5.2　面向在线负面口碑的信息资源共创管理支持框架

价值共创策略定义了基于满足三方主体信息需求的共创目标，而信息资源的无序化、价值稀疏性等特征使得以资源为核心的共创过程难以有效实现。

社会化媒体积累的UGC信息资源分为显性资源和隐性资源。显性资源是对信息资源和用户两者进行描述的资源，是实现共创过程的基础；隐性资源是基于对信息资源的形式化表达，利用特定算法识别出来、应用于特定目标的信息资源，是隐藏于海量的价值稀疏的信息资源中具有较高信息价值的信息资源。针对海量、无序和价值稀疏化的UGC，从显性资源到隐性资源的映射过程是基于价值共创的关键。

图5-1所示为社会化媒体中信息资源管理框架，实现信息资源从UGC向显性资源和隐性资源的映射过程，共创策略分析、物理映射、逻辑映射和个性化推荐模型是其核心能力。

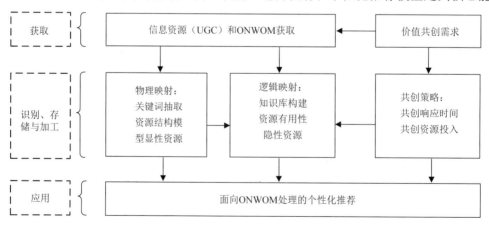

图 5-1　社会化媒体中信息资源管理框架

5.2.1　共创策略

价值共创的核心是多方主体的信息资源需求，共创策略主要从社会化媒体为企业提供的信息资源服务入手,研究共创资源投入和共创时间两个关键因素对价值共创的产出影响。

ONWOM 具有和正面口碑完全不同的特性。针对正面口碑的研究中,一般假定企业能主动控制口碑的产生和传播过程,构建以时间最大化产品影响力为目标的核心用户(或称为意见领袖)的识别模型(Kempe et al., 2003)。然而,ONWOM 的涌现过程是不可预测的,故而既有研究对企业能力的假设无法满足现实问题需求,企业能否及时驱动共创策略已经成为核心因素,因此,本章从共创时间点和企业资源投入视角进行研究。

设社会化媒体价值共创管理模式下共创响应时间点为 t,价值共创过程为发布者创造的价值为 VC,为服务者创造的价值为 VP,为企业创造的价值为 VE,而该三方在 ONWOM 处理情景下期望的价值是 EC、EP、EE。

基于对价值共创的基本假定可知,成功的共创过程是在所创造的价值超过三方期望价值的条件下,最大化所创造的价值之和,则共创策略可以表示为

$$\max \quad VP + VC + VE$$

$$\text{s.t.} \begin{cases} VP > EP \\ VC > EC \\ VE > EE \\ (VP, VC, VE) = F(t, IR) \end{cases} \quad (5\text{-}1)$$

其中:F 是共创函数,即共创实现过程,表示在特定共创响应时间点 t,社会化媒体的信息资源集合 IR,刻画了价值共创过程中服务者和发布者的行为变化模式,刻画了 VP、VC、VE 之间的相互平衡关系。

基于对三方价值需求的分析可知,一般而言,EC 较小,而 EP 和 EE 较大,这说明服务者作为信息资源提供者,其信息资源满足较为容易,可以假定只要使用了其信息资源,则 EP 就得到了满足。而就 ONWOM 处理来说,成功的共创过程带来较大的 VE,帮助企业规避 ONWOM 导致的巨大损失,故而本章针对共创策略的研究,分析共创过程成功的关键因素,并将研究重点关注在基于信息视角处理 ONWOM,最终实现三者的价值需求。

5.2.2　物理和逻辑映射模型

从资源视角,如何实现图 5-1 中以物理映射和逻辑映射为核心的加工方法,实现从信息资源到显性资源以及从显性资源到隐性资源的映射过程?

信息资源的物理映射是实现信息资源从 UGC 向显性资源的映射过程,解决信息资源的表达问题和信息资源的特征抽取方法,实现面向 ONWOM 服务的个性化信息资源服务目标。本章对显性资源分别从 UGC 和服务者两个层面做出以下定义,并给出物理映射过程。

1. UGC 层面

定义 5.1　$UGC_i = \{\langle KW_1, KV_1 \rangle, \langle KW_2, KV_2 \rangle, \cdots, \langle KW_n, KV_n \rangle\}$

对于任一 UGC_i,其由关键词组成,并对关键词的重要性进行度量,则 UGC 层面的物理映射是有效获取关键词,并测度其重要性,从文本化的服务者评论信息得到如定义 5-1 所示的信息资源。

2. 服务者层面

假设社会化媒体的服务者集为 US={U}。服务者可以表示其发表过内容的集合，有 U={UGC$_1$,UGC$_2$,···,UGC$_l$}，服务者 U_i 表示为属性的集合 U_i={U_{i1},U_{i2},···,U_{im}}，其中 U_{ii} 是服务者 U 的第 i 个属性，其取值范围为{I_1,I_2,···,I_k}。对于所有服务者，构成二维矩阵 $U×I$，该矩阵的每一行对应服务者的个性化特征，表征了服务者的偏好。在服务者层面，UGC 的物理映射就定义为 f_u: U->U'的过程。

信息资源的逻辑映射模型是高价值 UGC 的识别模型，实现从显性资源向隐性资源的映射过程，可以获取高价值的信息资源。现有的在社会化媒体中针对信息价值识别的研究采用多种复杂模型，抽取多种信息要素以描述信息资源的有用性。逻辑映射过程实现在解决负面口碑的要求下，构建产品对应知识库的条件，挖掘信息资源，度量 UGC 的价值。

以隐性资源为目标的逻辑映射过程是信息资源价值的判定过程，即

$$F:\ \{\langle KW_1,KV_1\rangle,\langle KW_2,KV_2\rangle,\cdots,\langle KW_n,KV_n\rangle\}\rightarrow Value_i$$

针对隐性资源，在物理映射得到的知识库的基础上，抽取品牌关键词，以服务者发表的评论为研究对象，以有用性作为信息资源的价值判断指标，研究信息资源价值的重要因素和信息资源的逻辑映射模型。

5.2.3 个性化推荐模型

个性化推荐是解决信息过载的重要方法（张富国，2012）。通过有效刻画发布者的信息需求，向发布者推荐其感兴趣的内容，从而实现基于价值共创信息服务的应用过程，解决发布者遭遇的 ONWOM。基于物理映射和逻辑映射模型，有效表达从 UGC 映射而来的显性资源和隐性资源，针对社会化媒体的网络结构特征，实现以关键词为核心的个性化推荐模型，并结合既有信息检索技术实现处理 ONWOM 的过程。

设社会化媒体中信息资源集为 IR，服务者集为 U，网络结构为 SN。

不同于针对电子商务背景下的个性化推荐模型的研究，社会网络结构作为社会化媒体的关键要素，为个性化推荐提供了新的数据，能够更有效地度量消费者的偏好，提高推荐效率。因此，在以个性化推荐作为面向 ONWOM 处理的价值共创信息资源管理中，引入社会网络结构 SN 作为信息资源，实现面向负面口碑的个性化推荐过程，因此，个性化推荐模型表示为

$$\arg\max\left\{\sum_{i,j}f\left(U_i,\mathrm{UGC}_j\right)\Big|\mathrm{Res}S=\langle\mathrm{IR},U,\mathrm{SN},K,\mathbf{KS},R,\mathrm{ps},\mathrm{ONWOM}\rangle\right\}\qquad（5\text{-}2）$$

其中：Res$S$ 是推荐结果，K 是关键词的集合，$\mathbf{KS}$ 是消费者关键词矩阵，即描述了消费者偏好；ps 是推荐方法所要求的其他输入参数，如推荐对象个数；f 是消费者和被推荐资源的匹配度函数。

基于既有对个性化推荐的定义以及式（5-2）可知，个性化推荐的目的在于最大化推荐结果的匹配程度。

5.3　面向在线负面口碑传播模型的价值共创策略

5.3.1　在线负面口碑传播界定

在社会化媒体中，UGC 和社会网络关系内容构建了信息传播环境，UGC 的传播是以用户之间的链接为渠道，因此，ONWOM 能迅速在社会化媒体中扩散，使市场中消费者感知到 ONWOM 的存在。信息在社会化媒体中的传播系统是复杂的，涉及多个信息传播主体和传播环境，伴随系统涌现现象。然而，信息传播是依赖于微观层面中消费者信息交换行为，也就是 UGC 通过网络节点，即消费者个体之间的交互行为而导致在复杂网络结构中的扩散过程（赵文兵等，2013）。因用户偏好和信息需求的多样性，用户的信息传播行为使得对用户具有帮助的 UGC 更容易在社会网络扩散。

目前，针对信息传播的研究集中于以下两个方面：

（1）基于自组织视角对信息传播的解释性研究，如韩少春等（2011）利用动态演化博弈理论研究信息传播的羊群效应，发现节点记忆、参与成本以及节点类型比例能影响羊群产生时间，而模拟结果又显示羊群效应的产生促进了信息在网络中的传播；夏承遗等（2010）研究网络拓扑结构对信息传播的影响，基于平均场理论，分析了网络拓扑结构条件下的疾病传播相关参数的临界值，发现传播临界值降低会加速信息爆发过程。Kaiser 等（2013）构建多智能体信息传播模拟系统，得出信息在社会化网络中传播的主要影响因素，包括邻居的影响、意见领袖的影响以及节点用户自身特性的影响。现有研究大都基于宏观视角描述，从系统动力学视角解释信息传播的规律，缺少对于节点微观交互对信息传播的研究。

（2）最大化信息影响力的研究，其目标是识别最具影响力的 k 个节点（亦称为意见领袖）。Kempe 等（2003）定义信息交互过程为一个单增超模函数，基于贪婪算法设计了以最大化信息传播为目的的最大影响力节点识别方法，保证其能力达到 $1\sim 1/e$ 的最优解效果。Haenlein 等（2013）将影响力定义为客户价值，为消费者的绝对价值和社交价值之和，采用模拟方法选取最大化企业收益的初始消费者集。既有研究都默认以正面口碑为研究对象，假设企业对信息传播路径有较强的控制能力，设计了最大化正面口碑影响的方法。据笔者所知，以最小化影响力为目标的研究较为鲜见，仅有 Kimura 等（2009）设计了以断开重要节点连接为策略的最小化影响力方法。

虽然既有研究结果在一定程度上能用于解释 ONWOM 的传播过程并预测其带来的可能影响，或帮助企业最大化其产品信息的影响，但却无法用于解释并预测针对 ONWOM 的价值共创策略可能带来的对 ONWOM 传播的影响。现有针对企业口碑传播的研究，仅有 Chen 等（2008）发现企业主动的、全局的信息策略能有效影响口碑传播，并与口碑产生协同作用，然而他们并未对信息策略效果进行预测。

既有针对价值共创策略的相关研究鲜见，而且缺乏针对 ONWOM 对共创策略效果的深入分析。从 ONWOM 信息传播过程出发，在界定 ONWOM 传播的基础上，刻画社会化媒体的网络节点之间信息交互模型，提出价值共创策略对服务者行为的影响；通过多智能体模拟，实现共创策略效果从微观到宏观的涌现过程，从而研究价值共创策略的效果。ONWOM 作为特殊的信息形式，其传播过程极为复杂且具有特殊性，具体如下。

（1）社会化媒体传播形式多样化。负面口碑具有更多样化的表达形式。发布者遭遇消费失败后，情绪表达和寻求帮助等需求驱使用户口碑以多样化形式在社会化媒体中传播，如文字、图片、音频、视频等。多样化的形式表达使得负面口碑更为生动，对用户的影响更强烈，使得信息传播更快。

（2）社会化媒体网络结构依赖性。传播形成的过程依赖于微观环境下的用户信息沟通过程；传播依赖于人与人之间的社会关联，故而在不存在社会网络关联的用户之间不存在信息传播行为。ONWOM 的传播依赖具体的网络结构特征，网络结构的度分布、网络密度和聚类特征都会对信息传播带来显著影响。Hosanagar 等（2010）针对视频分享网站的研究指出，信息更容易在社区内部传播，而社区外部的传播具有长尾效应。

（3）强影响性。一般而言，个体更容易受到负面情绪的影响（Baumeister et al.，2001），并更容易发生行为的改变。ONWOM 能在社会化媒体中获得更好的传播，并导致感知到 ONWOM 的用户行为发生显著的改变，这对企业的产品销售和股价等都会产生强烈的影响（Luo，2009），这就需要投入更多资源去实现处理 ONWOM 的价值共创策略。

（4）渐出效应。ONWOM 的传播在经过传播高峰之后，会在社会化媒体中消失，其影响力减弱，即其传播过程具有显著的渐出（wear-out）效应（Luo，2009）。渐出效应是因为用户的注意力是有限的，无法长时间关注同一事物，而海量用户感知到 ONWOM 的先后关系使得 ONWOM 在社会化媒体中持续传播下去，造成持续影响，从而导致 ONWOM 的退出过程缓慢。

（5）不可逆性。ONWOM 的传播不可逆性来源于发布者在遭遇消费失败或用户看到 ONWOM，其心理状态不可逆。不同于正面口碑，受到 ONWOM 影响的他们很难改变其心理状态，同时也极少回到未感知的心理状态，即 ONWOM 的传播过程具有不可逆特征。

（6）传播路径独立性。假设不存在恶意中伤竞争对手的情形，则企业一般不参与 ONWOM 的传播过程，故而 ONWOM 的传播只依赖于用户之间的信息交互行为。与此同时，用户之间的交互活动是独立的，故而 ONWOM 传播具有路径独立性。

在社会化媒体中，本章假设参与 ONWOM 传播的只有用户，不考虑企业作为信息传播者的作用。因此，本章将 ONWOM 传播界定如下。

定义 5.2　ONWOM 传播是在社会化媒体中，以社会网络结构 SN 为信息传播渠道，以社会化媒体的用户（简称用户）U 为参与主体，以用户之间的信息交互为传播方法的信息扩散时序过程，其数学表达式为

$$S_{t+1} = F(U, \mathrm{SN}, P, S_t) \tag{5-3}$$

其中：S_t 表示在 t 时刻 ONWOM 传播的状态；P 定义了用户之间的影响可能性。

式（5-3）显示信息传播具有时序特征。

根据对 ONWOM 传播的分析，为有效对 ONWOM 的传播进行模拟，对社会网络拓扑结构（SN）及 ONWOM 传播过程做以下假设。

（1）社会关系是无向的。A 是 B 的好友意味着 B 也是 A 的好友，网络邻接矩阵对称。

（2）网络结构是静态的，在仿真实验过程中并不产生新的边。虽然现实的网络结构是动态变化的，对于庞大且复杂的社会化网络拓扑结构，新增的少数边不显著影响 ONWOM 的传播。

（3）社会化网络节点状态具有无后效性。信息传播过程满足齐次马尔科夫假设，即用户当前时间点对 ONWOM 的感知取决于其所有网络好友在上一时间点对 ONWOM 的感知状态（Watts，2002），并且在每一时间点的观测具有独立性特征。

5.3.2　基于价值共创的负面口碑传播响应模型

基于对 ONWOM 传播的界定，价值共创理论指出，通过资源共享过程企业贡献资源以干预消费者对 ONWOM 的感知过程，从而改变式（5-3）中所描述的传播过程，实现对传播过程的干预，以期降低 ONWOM 的传播。因 ONWOM 对企业造成负面影响，故而价值共创的目标是最小化 ONWOM 在社会化网络中的传播范围，使之影响的消费者最少。

因此，基于已有消费者交互模型的基础上，描述 ONWOM 在社会化媒体中的传播过程，提出基于价值共创策略的 ONWOM 社会化网络传播模型，用以描述 ONWOM 传播过程，称为传播响应模型（diffusion and responding model，DR 模型），如图 5-2 所示。该模型分为两个部分：左侧用于描述 ONWOM 传播过程，右侧针对 ONWOM 传播过程提出价值共创策略。

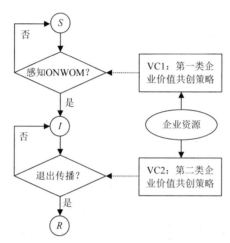

图 5-2　ONWOM 传播及价值共创策略模型

结合在疾病传播研究中提出的 SIR 模型（Beretta et al.，1995），本章将用户在 ONWOM 传播过程中的状态分为 3 类，即 ONWOM 未知状态（简称"状态 S"）、ONWOM 转发状态（简称"状态 I"）以及 ONWOM 免疫状态（简称"状态 R"）。处于状态 I 的用户因不满意以转发概率 P_2 在社会化网络发布或转发 ONWOM，以帮助其他用户规避风险；处于状态 S 的用户以感知概率 P_1 接收到 ONWOM 信息，进入状态 I 并转发该信息；最终，用户获得信息补偿，降低了产品质量的不确定性，从而以概率 P_3 退出状态 I，进入状态 R。

1. ONWOM 的传播模型

Granovetter（1978）指出个体好友对信息的感知存在达到一定比例后，个体才能感知到信息存在并采纳对应行为。Watts 等（1998）、Watts 等（2007）将之发展为线性阈值模型，假设当用户被 ONWOM 感染的好友比例超过感知阈值 α 时，用户感知 ONWOM 的存在，并转入状态 I，他们研究了信息在社区中的传播规律，发现信息影响力的传播更多依赖于信息感知阈值较低的个体数目。线性阈值模型因有效刻画了节点中心化网络的信息传播机制而被广泛应用于信息传播的模拟仿真研究。

设感知阈值 α 描述用户对 ONWOM 的感知敏感度。为了模拟的可操作性，不深究用户感知到 ONWOM 的心理转变过程，认定用户一感知到 ONWOM 即转变为状态 I。设用户转

入状态 I 的概率为 P_{1i}，有

$$P_{1i} = \begin{cases} 1, & \text{若 } \mathrm{nb}_i^I / \mathrm{nb}_i \geq \alpha_i \\ 0, & \text{若 } \mathrm{nb}_i^I / \mathrm{nb}_i < \alpha_i \end{cases} \tag{5-4}$$

其中：nb_i 表示用户 i 的好友数；nb_i^I 表示处于状态 I 的用户 i 的好友数，有 $\mathrm{nb}_i^I < \mathrm{nb}_i$。用户在情感、知识等方面的异质性导致感知阈值存在差异。

不失一般性，设用户的感知阈值 α 呈正态分布，即 $\alpha_i \sim N(\bar{\alpha}, \delta^2)$，其中 $\bar{\alpha}$ 是节点的平均感知阈值，δ 是感知阈值的标准差。

不同用户对 ONWOM 的感知是相互独立的，故有 $\mathrm{COV}(\alpha_i, \alpha_j) = 0$。

用户处于状态 I 时，感知损失使得用户按概率 P_2 转发分享 ONWOM。不失一般性，将 P_2 设定为固定值。负面情感、用户期望损失等因素驱动消费者参与 ONWOM 传播，但是用户无法持续保有兴趣从而进入状态 R 并退出 ONWOM 传播过程，该转化行为受到用户知识、情感宣泄以及补偿获取等多方面外界因素影响。定义参数 β 来描述上述多种因素的综合影响，有 $\beta \sim N(\bar{\beta}, \theta^2)$，$\bar{\beta}$ 是 β 的均值，θ 是 β 的标准差，并有 $\mathrm{COV}(\beta_i, \beta_j) = 0$。当 β 越大时，用户以更大概率进入状态 R。若 $\beta \geq 1$，用户得到期望补偿或情感释放，退出传播过程；若 $\beta \leq 0$，用户不退出传播；若 $0 < \beta < 1$，用户以概率 β 退出传播过程，故对于用户 i 在一次传播过程中有

$$P_{3i} = \begin{cases} 0, & \text{若 } \beta_i \leq 0 \\ \mathrm{Ber}(\beta_i), & \text{若 } 0 < \beta_i < 1 \\ 1, & \text{若 } \beta_i \geq 1 \end{cases} \tag{5-5}$$

其中：$\mathrm{Ber}(\beta_i)$ 表示一次在集合 $\{0, 1\}$ 中的随机抽样试验的结果，服从以 β_i 为参数的 0-1 分布。

前景理论指出消费者对损失比收益更为敏感（Kahneman et al.，1979），社会化媒体中的 ONWOM 比正面口碑更能影响用户决策行为（Baumeister et al.，2001），因此 ONWOM 传播过程具有更小的感知阈值和更小的转化概率。

用传播规模刻画 ONWOM 传播在社会化媒体中产生的潜在影响，即每一模拟时间步 t 中处于状态 I 和状态 R 的用户数目之和，记为 Scale，且有 Scale=$F(\mathrm{SN}, \alpha, P_2, \beta)$，Scale 的取值随着模拟时间步 t 改变，并用 Scale（T）表示传播过程结束时的 Scale 的取值，T 是模拟时间步的最大值。用 N（S）、N（I）、N（R）分别表示处于状态 S、状态 I 和状态 R 的用户数目，以刻画 ONWOM 传播过程，所以有

$$\text{Scale} = N（I）+ N（R）= N - N（S）$$

其中：N 是用户总数目。

2. 价值共创策略

ONWOM 在社会网络中快速传播，给企业带来损失。价值共创理论指出通过共创策略引导用户心理或行为状态，企业和服务者作为共创主体，基于信息共享和资源集成，实现共同价值，其核心在于资源投入对企业和服务者双方行为及收益的影响（Payne et al.，2008；Yuan et al.，2014）。因此，价值共创策略是指为了减少损失，社会化媒体基于企业投入的资源，改变 ONWOM 传播过程，以最小化 ONWOM 影响力（即传播规模 Scale）为目标的价值共创策略。

基于策略受众规模视角，价值共创策略可分为全局策略和局部策略。局部策略是针对

特定网络节点的响应策略，其优点是可有针对性地进行补偿，但需要市场中的信息来源能被有效控制这一强假设，该假设常用于正面口碑的情形。然而，负面口碑的产生具有不可预测性，社会化媒体难以限制负面口碑的信息源。

全局策略是针对市场中全体消费者的共创策略，利用社会化媒体传递企业产品信息，改变全体消费者对 ONWOM 的认知并进而改变其行为。鉴于 ONWOM 传播模型特征，本章将研究限定全局策略，假设价值共创是成功的，取得预期效果。何时感知到 ONWOM 的存在（即价值共创响应时间）以及投入多少共创资源都会影响共创效果。在无法穷尽潜在具体策略的情况下，结合用户状态改变和线性阈值模型对价值共创策略进行模拟更为可行。因此，针对 ONWOM 传播参数，研究两种价值共创策略，具体如图 5-2 右侧所示。

3. 价值共创策略

1）第一类价值共创策略（VC1）

VC1 是以提高用户对 ONWOM 的平均感知阈值为目标的价值共创行为，能降低处于状态 S 的消费者对 ONWOM 的感知，如通过广告投入提高用户对产品的正面认知；或通过社会化媒体删除相关信息，降低 ONWOM 信息量，具体为

$$VC1\begin{cases} \overline{\alpha}_{t'+1} = \overline{\alpha}_{t'} + \Delta\alpha, & \text{若}\,t'\text{时刻响应} \\ \overline{\alpha}_{t'+1} = \overline{\alpha}_{t'}, & \text{其他情况} \end{cases} \tag{5-6}$$

其中：t' 是价值共创策略执行的时间点，区别于模拟时间步 t；$\overline{\alpha}_t$ 是用户的平均感知阈值；$\Delta\alpha$ 是阈值增幅。

基于策略成功假定，有 $\Delta\alpha > 0$，并且 $\Delta\alpha$ 正比于价值共创中的资源投入。需要注意的是，VC1 提高了平均感知阈值 $\overline{\alpha}$，但对于单个消费者而言，无法保证感知阈值一定提高，这也符合用户行为的复杂性，无法期望对于每个用户都取得效果，部分用户会对价值共创策略响应行为反感而采取抵制行为，从而导致更强烈的 ONWOM（Thomas et al.，2012）。

2）第二类价值共创行为（VC2）

VC2 可以促进处于状态 I 的用户向状态 R 转化，提高处于状态 I 的用户的平均退出概率 $\overline{P_{3i}}$。企业通过资源投入降低用户的不满意度，展现企业的社会责任感，构建用户退出环境，改变影响用户退出行为的多种因素，即参数 β 的取值，具体如下：

$$VC2\begin{cases} \overline{\beta}_{t'+1} = \overline{\beta}_{t'} + \Delta\beta, & \text{若}\,t'\text{时刻响应} \\ \overline{\beta}_{t'+1} = \overline{\beta}_{t'}, & \text{其他情况} \end{cases} \tag{5-7}$$

其中：t' 是价值共创策略执行的时间点，区别于模拟时间步 t；$\overline{\beta}_t$ 是上文所述用户退出影响因素描述参数；$\Delta\beta$ 是改变幅度。

基于策略成功假定，有 $\Delta\beta > 0$，并且 $\Delta\beta$ 正比于价值共创资源投入。类似于 VC1，无法期望每个用户都满意其策略。

5.3.3　仿真实验

1. 实验环境、数据和初始化设置

本实验基于 MATLAB R2012b，构建 ONWOM 传播模拟仿真平台，并进行模拟实验。实验数据来自社交网站 delicious（http://del.ici.ous）的社会网络关系数据集（Cantador et al.，

2011）。经过预处理，数据集包括 1425 个用户，并获得无向网络 SN，其度分布为 $p(k)$，即度为 k 的消费者频率。如图 5-3 所示，社会网络结构满足无标度特征，并存在"幂头饱和"现象，符合 B-A 无标度网络特征，体现出社会网络关系网站的一般特征，基于此数据集的仿真实验结果具有代表性。

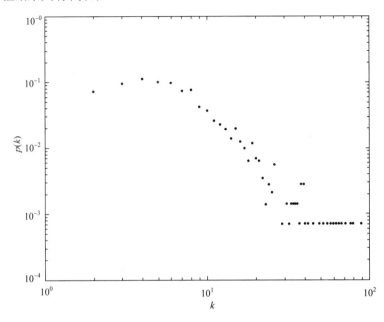

图 5-3　SN 的无标度特征

　　实验做以下初始设置：感知阈值 $\alpha \sim N(0.20, 0.15^2)$；转发概率 P_2=0.75；退出概率影响因素 $\beta \sim N(0.10, 0.05^2)$。在实验初始时，随机选取 1% 的用户遭遇产品或服务失败，进入状态 I。设定 ONWOM 传播最大模拟时间步 T=100；为了提高实验结果的可靠性，每次实验重复 200 次，采用每次实验传播规模的均值作为实验结果。在本章中，如无特殊说明，则表示采用相同的实验设置，不再赘述。

　　2. ONWOM 传播仿真实验

　　本实验验证 ONWOM 在社会化媒体中传播的一般规律，研究用户感知阈值 α，退出概率影响因素 β 以及用户异质性对 ONWOM 传播的影响，分析 ONWOM 在社会化媒体中的传播规律和内在机制。

　　1）基准传播过程模拟仿真

　　图 5-4 显示 ONWOM 在社会化媒体中迅速传播并覆盖绝大多数用户，其中图 5-4（a）是 3 种状态用户数目的变化情况，图 5-4（b）是用户数即节点数平均感知阈值随模拟时间步 t 的变化情况。图 5-4（a）显示 ONWOM 传播过程中，感知到 ONWOM 的用户数据呈 S 形曲线。ONWOM 在初期快速扩散，并迅速在社会化媒体中爆发，被大多数用户感知，但 ONWOM 退出传播过程较慢，其影响存在典型的渐出效应（Luo，2009）。

　　图 5-4（b）显示在 ONWOM 模拟仿真过程中，较容易感知 ONWOM 的用户率先进入状态 S，故而处于状态 S 的用户的平均感知阈值逐渐上升，所以在传播后期，处于状态 S 的用户都是具有较高感知阈值的用户，ONWOM 的快速传播依赖于低感知阈值的用户数目

（Watts et al.，2007）。同时，处于状态 I 和状态 R 的用户的平均阈值也随着传播过程而上升，并趋近于全部用户的平均阈值（$\bar{\alpha}=0.20$）。图 5-4 所示的模拟结果显示传播响应模型能有效描述实现情况，对 ONWOM 传播过程具有较强的解释能力。

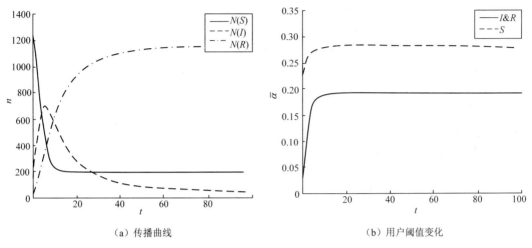

（a）传播曲线　　　　　　　　　　　（b）用户阈值变化

图 5-4　基准传播模型

2）感知阈值 α 对 ONWOM 传播的影响

图 5-5 显示了在不同 α 下，ONWOM 传播规模的时序动态仿真过程。实验取 $\bar{\alpha}=\{0.10,0.15,\cdots,0.30\}$ 并保持其他参数不变。实验结果显示感知阈值显著影响 ONWOM 传播规模。首先，Scale 和 α 呈显著非线性负相关关系。当感知阈值较大时（$\bar{\alpha}=0.25$ 或 0.30），消费者难以感知到 ONWOM，ONWOM 被限制在小范围内传播；当感知阈值较小时（$\bar{\alpha}=0.10$ 或 0.15），ONWOM 能迅速传播并扩散至几近全部消费者。

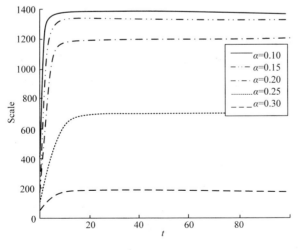

图 5-5　感知阈值 α 对传播的影响

其次，传播规模对感知阈值的取值较为敏感。当 $\bar{\alpha}$ 较大时，增加感知阈值（如对比 $\bar{\alpha}=0.25$ 或 0.30）会使传播规模迅速下降[下降近 74%，（706-187）/706≈0.74]，但当 $\bar{\alpha}$ 较小时，Scale 则不会随着 α（如对比 $\bar{\alpha}$=0.15 和 0.20）快速下降[仅下降不到 10%，（1336-1210）/1336≈ 9.4%]。

3）退出概率影响因素 β 对 ONWOM 传播的影响

图 5-6 显示了在不同退出概率影响因素 β 下，ONWOM 传播规模的时序动态仿真过程。实验选取退出概率影响因素 $\overline{\beta}=\{0.05,0.10,\cdots,0.25\}$，并保持其他参数不变。实验结果分为传播规模 Scale［见图 5-6（a）］和状态为 R 的用户数 $N(R)$［见图 5-7（b）］两个部分。实验结果显示 β 和 Scale、$N(R)$ 的关系较为复杂。

首先，图 5-6（a）显示 β 和 Scale 呈显著负相关关系。当退出可能性较小时（$\beta=0.05$），消费者更容易停留在状态 I。当退出概率较大时（$\beta=0.25$），消费者在内容消费后很快失去对 ONWOM 的兴趣。然后，对比图 5-6（a）中 β 取不同值时 Scale 的差值，显示 β 和 Scale 没有产生类似于和 α 的显著非线性关系。最后，图 5-6（b）显示 β 和 $N(R)$ 的关系较为复杂。当 $\beta \geqslant 0.10$ 时，两者呈显著负相关关系，然而当 $\beta \geqslant 0.10$ 时，$N(R)$ 不升反降，相当部分消费者停留在状态 I 中而未能退出 ONWOM 传播过程，产生长期的负面影响。

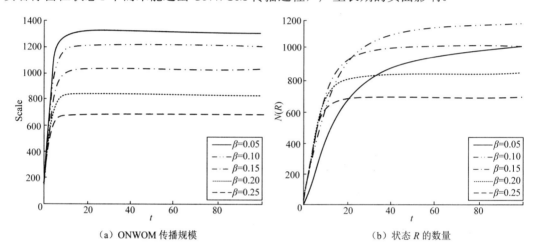

（a）ONWOM 传播规模　　　　　　　　　（b）状态 R 的数量

图 5-6　退出概率因素 β 对传播的影响

4）用户异质性对 ONWOM 传播的影响

图 5-7 显示用户异质性对 ONWOM 传播的影响。异质性是用户感知 ONWOM、退出 ONWOM 转发状态的差异程度。借鉴 Etzion 处理异质性的方式（Etzion，2013），使用传播阈值标准差 δ 和退出概率的标准差 θ 表征用户的异质性。

图 5-7（a）和（b）的实验取 $\delta=\{0.05,0.06,\cdots,0.25\}$，并保持其他参数不变，显示 δ 对 ONWOM 传播的影响，其中图 5-7（b）的横坐标是 δ，显示传播规模 Scale 随着 δ 取值的变化。图 5-7（c）和（d）中，取 $\theta=\{0.05,0.06,\cdots,0.25\}$，并保持其他参数不变，显示 θ 对 ONWOM 传播的影响，其中图 5-7（c）的纵坐标是 $N(R)$，即退出传播的用户数目；图 5-7（d）的横坐标是 θ 的取值，并显示了用户数目 n［Scale 和 $N(R)$］随着 θ 变化情况。

图 5-7 显示用户异质性显著影响 ONWOM 传播过程，且关系较为复杂。首先，图 5-7（a）和（b）显示 δ 和 Scale 存在非线性关系。当 δ 较小时，用户异质性较小，缺乏易感知 ONWOM 的消费者，ONWOM 在初期无法快速扩散，Scale 较小，而 ONWOM 在社会化媒体中的快速传播需要依赖相当部分的信息易感知用户（Watts et al.，2007）。从图 5-7（a）中也可看出 $\delta=0.05$ 时传播规模增加缓慢，需要较长时间进入稳定状态。当 $\delta>0.15$ 时，更强的异质性会抑制 ONWOM 的传播［见图 5-7（b）］。强异质性使得部分用户的信息感知阈值极大，信息感知困难。用户的异质性决定了用户的行为倾向分布情况，当用户的异质性较小时，

ONWOM 的传播因缺乏传播介质而被限制在小范围内传播（Watts et al.，2007），当用户异质性过大时，ONWOM 则难以覆盖到绝大多数用户。

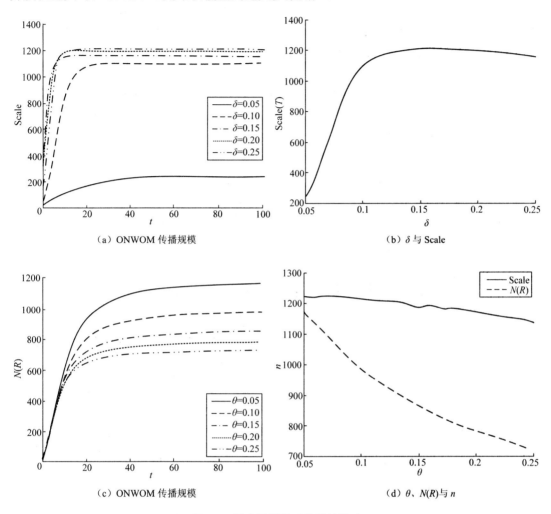

（a）ONWOM 传播规模　　　　　　　　　（b）δ 与 Scale

（c）ONWOM 传播规模　　　　　　　　　（d）θ、$N(R)$ 与 n

图 5-7　用户异质性对传播的影响

　　其次，图 5-7（c）和（d）显示 θ 和 Scale 存在显著负相关关系。θ 越大，用户的异质性越强，部分用户快速退出传播，而部分用户则保持状态 I，此时 $N(R)$ 越小，并从图 5-7（d）中看出更多用户停留在状态 I 中，持续而长久地传播 ONWOM。图 5-7（d）也显示 Scale 和 θ 呈现负相关关系，但斜率较小，说明用户退出传播的异质性对传播的影响较小。

　　3. 价值共创策略仿真实验

　　本实验研究传播响应模型中两种价值共创行为，即 VC1、VC2，以及价值共创策略响应时间 t 和共创资源投入两方面因素对 ONWOM 传播的影响。

　　1）VC1 对 ONWOM 的影响

　　图 5-8 显示执行 VC1 时，Scale 随着价值共创策略响应时间点 t' 和资源投入的变化过程。在保持其他参数不变的情况下，设定 $\alpha_0=0.20$，然后分别取 $\Delta\alpha=\{0.02,0.04,\cdots,0.10\}$ 表示不同

程度的资源投入，即 $\alpha_t=\{0.22,0.24,\cdots,0.30\}$。图 5-8 中的实线（$\alpha=0.20$）表示无作为情形，图 5-8（b）选取两个特殊情形（$t'=5$，$\alpha_t=0.28$ 和 $t'=10$，$\alpha_t=0.28$），并与无作为情形做对比。

实验结果显示策略响应时间点 t' 和资源投入 $\Delta\alpha$ 显著影响 ONWOM 传播。图 5-8（a）显示策略响应时间点 t' 和 Scale 呈非线性关系。在传播初期（$t'<5$），VC1 提高了平均感知阈值 $\bar{a}$，使得容易感知到 ONWOM 的用户数目减少，整体用户传播 ONWOM 的动机下降，价值共创策略会取得显著效果，Scale 得到显著抑制，ONWOM 难以扩散（Watts et al.，2007）。

在传播后期（$t'>5$），虽 VC1 使全体消费者的感知阈值降低，但此时处于状态 S 的消费者具有较高感知阈值，他们因价值共创策略而感知阈值下降，感知到 ONWOM 并转入状态 I，Scale 上升，ONWOM 被更多人感知，价值共创策略使情况恶化。

图 5-8（b）显示当 VC1 响应较晚时（$t'=10$），ONWOM 传播曲线存在显著的阶跃过程[$N(R)$、$N(I)$ 曲线向上阶跃，$N(S)$ 曲线向下阶跃]，传播恶化；而当 VC1 响应较早时（$t'=5$），ONWOM 传播曲线也存在显著的阶跃过程[$N(R)$、$N(I)$ 曲线向下阶跃，$N(S)$ 曲线向上阶跃]，传播被抑制。图 5-8（a）也显示价值共创投入资源越多（$\Delta\alpha$ 越大），Scale 越小。然而，若响应较晚，投入更多资源并不产生显著差异。

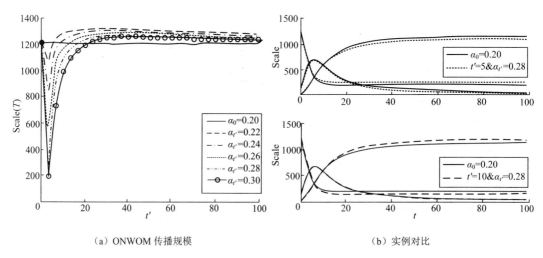

（a）ONWOM 传播规模　　　　　　　　　　（b）实例对比

图 5-8　价值共创策略 VC1 对传播的影响

2）VC2 对 ONWOM 的影响

图 5-9 显示 VC2 对 ONWOM 传播的影响。在其他参数不变的情况下，实验取 $\beta_0=0.1$，然后分别取 $\Delta\beta=\{0.04,0.08,\cdots,0.20\}$，即不同共创资源水平投入，即 $\beta_t=\{0.14,0.18,\cdots,0.30\}$，其中实线（$\beta=0.10$）表示无作为情形。图 5-9（b）显示两个特殊情形（$t'=5$，$\beta_{t'}=0.26$ 和 $t'=10$，$\beta_{t'}=0.26$），与无作为情形做对比。

实验结果显示，采用 VC2 时策略响应时间点 t' 和资源投入 $\Delta\beta$ 显著影响 ONWOM 传播。首先，图 5-9（a）显示价值共创策略响应时间点 t' 和 Scale 呈非线性关系。在传播初期（$t'<8$），VC2 促进处于状态 I 的用户退出 ONWOM 传播过程，Scale 减少，ONWOM 得到抑制，价值共创策略会取得正面效果。在传播后期（$t'>10$），虽然 VC2 促进用户向状态 R 转化，但是绝大多数用户已经处于状态 I，导致 Scale 趋近于无作为状态[图 5-9（a）中实线]，因此在传播后期 VC2 起不到效果，无法有效抑制 ONWOM 的传播。

图 5-9（b）显示，当 $t'=5$ 时传播曲线发生显著阶跃，$N(R)$ 迅速增加，同时 $N(I)$ 迅速减

少，传播速度减慢，ONWOM 传播被抑制。当 $t'=10$ 时，虽然传播曲线也发生阶跃，$N(R)$ 增加且 $N(I)$ 减少，传播速度减慢，但是传播持续时间更长，最后 $N(S)$、$N(I)$ 和 $N(R)$ 趋近于不执行共创策略的情形。同时，图 5-9（a）也显示共创资源投入越多，对 ONWOM 的抑制效果越好，但传播进入后期，多数用户已经感知到 ONWOM，投入资源不会显著抑制 ONWOM 的传播。

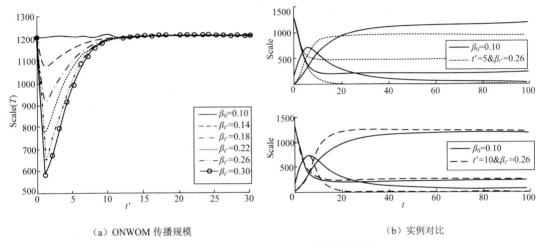

（a）ONWOM 传播规模　　　　　　　　　（b）实例对比

图 5-9　价值共创策略 VC2 对传播的影响

5.3.4　实验结果分析

1. 结果分析

ONWOM 在社会化媒体中快速传播，短时间内覆盖大量用户（见图 5-4），并存在渐出效应（Luo，2009），给企业带来极大负面作用。仿真实验显示传播过程和用户 ONWOM 感知、用户退出传播行为显著相关（图 5-5 和图 5-6）。α 和 β 都和 Scale 呈非线性负相关关系，并且 Scale 对 α 的取值非常敏感，同时用户异质性对 ONWOM 传播过程（图 5-7）的影响较为复杂。为规避 ONWOM 带来的损失，通过信息共享、道歉或赔偿等价值共创策略以抑制 ONWOM 传播。

然而，基于真实消费者网络数据的仿真结果显示越早实施价值共创策略，就越能抑制 ONWOM 的传播。若因决策缓慢，信息收集失败等而无法有效做出响应，或策略响应太晚，ONWOM 传播反而"恶化"，所投入资源并不一定获得期望收益（图 5-8 和图 5-9）。共创资源的边际效应在 ONWOM 传播初期最大。价值共创资源投入越多，ONWOM 传播被抑制越强，在传播后期，资源投入的边际效应趋近于 0。

仿真实验从实验参数变化的角度解释了 ONWOM 传播"恶化"的原因，还进一步从系统演化和用户行为两个视角解释了该现象。首先，从系统论视角出发，注册 ONWOM 传播过程是系统演化的过程，价值共创策略是传播系统的外部扰动。

在传播初期，系统没有进入平衡状态，系统的熵随着 ONWOM 传播持续下降，系统未进入稳定状态。此时，社会化媒体中实施价值共创策略对传播过程造成扰动，能达到预期目标，并且资源投入越多对 ONWOM 传播的限制越强。

在传播后期，ONWOM 在社会化媒体中充分传播，系统进入稳定状态，系统熵值达到最小值，系统中个体状态不再发生改变。社会化媒体中实施价值共创策略为传播系统提供了额外的信息，对稳态系统造成扰动，改变系统演化路径，熵值产生突发性向上阶跃，处于状态 S 的消费者脱离平衡状态并感知到 ONWOM，导致 ONWOM 传播进一步扩大。

然后，基于用户行为的分析也能给出对应解释。以 VC1 为例，用户之间的信息交互过程导致 ONWOM 感知，低感知阈值的用户会更有可能感知到 ONWOM 并进入状态 I[见图 5-4（b）]。早期采取价值共创策略，能影响更多易感知到 ONWOM 的用户，这些用户的平均感知阈值上升从而限制 ONWOM 的传播。若等到传播中后期，社会化媒体再实施价值共创策略，则剩下的用户具有较高感知阈值，他们可能因为价值共创策略的刺激而感知到 ONWOM 的存在，并进一步抵制企业或产品信息。针对 VC2 也能给出类似解释。在现实世界中，也出现了类似的情形，如关于达芬奇家居造假的负面新闻在微博上瞬间爆发，虽然企业采用召开记者招待会等方式向用户道歉并解释原因，但用户进一步在微博中传播，使得情况进一步恶化。

2. 实验结果的启示

ONWOM 传播和价值共创策略的仿真实验结果，对理论发展和管理实践具有一定启示。

1）在理论层面

（1）ONWOM 在社会化媒体中的传播依赖于低感知阈值的消费者数目，早期传播者和易感知的用户对传播过程产生巨大影响，具有强烈负面情感的信息会迅速在社会化媒体中爆发。

（2）ONWOM 的传播受到感知阈值、退出概率和用户异质性的影响，其中用户异质性的影响相当复杂，并不呈现简单线性关系。

（3）价值共创资源的投入能有效抑制 ONWOM 的传播，降低 ONWOM 传播规模，同时资源的边际效应在传播初期更大。

（4）不及时的价值共创策略可能会"恶化"ONWOM 传播而影响更多人。Chen 等（2008）基于优化建模的方法对企业策略和口碑的研究得出类似结论，他们指出当口碑信息较为充分时，企业提供更多专业产品信息可能并不一定能带来收益，甚至会损害相关利益。

2）在管理实践层面

首先，社会化媒体中，应慎重选择价值共创策略时间点，结合价值共创成本合理选择价值共创策略；其次，若传播进入中后期，企业应当慎重选择价值共创策略，同时考虑资源的投入数量，此时最优策略可能是消极策略，等待 ONWOM 的影响过去；最后，应能有效识别低感知阈值的消费者，通过影响这部分的用户来有效限制 ONWOM 的传播。

虽然针对 ONWOM 传播进行了模拟研究，但仍存在一些不足。首先，在传播过程中，并未考虑到产品特征对信息传播的影响，而不同产品会有不同的传播特征，比如用户会更关注体验性、价高和事关生命安全的产品；然后，在传播过程中，没有考虑到用户的注意力限制，通过线性阈值模型刻画用户感知过程是基于单一 ONWOM 展开的，在多信息传播情况下，用户注意力限制会使得 ONWOM 受到影响；最后，模拟传播以最小化传播规模为目标，而在具体情境中要以最大化收益为目标进行决策。

5.4　基于序化加工的信息资源物理映射

5.4.1　信息资源物理映射问题分析

物理映射的核心目标是解决 ONWOM 信息资源和用户需求的表达问题，实现 UGC 的结构化表达和有效组织方式，解决海量 UGC 的无序化问题。针对信息资源的无序化特征，将物理映射界定为面向 UGC 的序化加工过程，并分为结构化、去碎片化和中心化 3 个子过程，实现从 UGC 无序向 UGC 有序化表示，其输入是文本化 UGC，输出是结构化和中心化的关键词-权值对的 UGC 形式化结果。物理映射实现将 UGC 转化为以关键词为属性的形式化表示，并基于知识库抽取和产品相关的关键词。物理映射中，结构化和去碎片化不是面向应用的，而中心化是面向应用的。通过以品牌词进行中心化操作，实现以价值判断为中心的物理映射过程。

在分析 UGC 的无序化特征后，对序化问题进行界定，给出以序化加工为基础的物理映射的形式化模型，并给出对应加工框架。

1. UGC 信息资源无序化特征

UGC 的无序特征要求通过物理映射过程，将 UGC 等信息表示为用计算机系统能处理，并便于支撑进一步构建知识库的信息形式。无序主要体现在非结构化、碎片化和去中心化 3 个方面，这些特征使得 UGC 难以应用到具体需求环境，导致信息资源管理成为劣构问题，难以实现信息抽取、价值判断和个性化推荐等信息资源管理的重要应用的展开，具体如下。

1）非结构化

文本化导致了 UGC 的非结构化特征。非结构化数据显著不同于评分等结构化数据，既有研究指出结构化信息和非结构化信息对消费者行为具有不同的影响（Qiu et al.，2012）。非结构化信息使得从更细粒度上对信息资源的有效描述难以实现。既有研究多从信息资源整体或者文字书写层面对文本内容进行研究（Mudambi et al.，2010；Schindler et al.，2012），也有部分研究从关键词入手，基于联合分析模型研究特定关键词对信息资源价值的影响（Archak et al.，2011）。

UGC 的序化加工过程中，其非结构化特征是最大难题，必须实现对 UGC 的结构化表达过程，使之在更细粒度上成为计算机系统能够处理的对象，实现 UGC 的结构化存储对象。

2）碎片化

碎片化是指与传统专业编辑信息相比，UGC 更短、包含信息更少，本质在于 UGC 的信息碎片化和价值碎片化。UGC 的碎片化特征表现在两个方面。首先是 UGC 的数量碎片化，单一 UGC 的价值小，信息少，但是 UGC 价值体现出显著的网络外部性特征（Dou et al.，2013），大量碎片化内容的聚合过程凸显出信息的价值。然后是 UGC 的特征碎片化，创造过程的不可控性使得对 UGC 的形式化过程中遭遇特征碎片化，需要构建一个极大的空间向量来描述 UGC 的特征，导致计算机处理中的维数崩溃问题。碎片化特征带来信息需求者对信息感知的不确定性，这导致了信息需求者对信息抽取过程更为困难。对于计算机系统而言，对碎片化内容的存储和加工需要耗费大量的计算资源。

UGC 序化加工过程需要实现对 UGC 的整合和表达,实现对 UGC 的合理特征抽取和表达,以解决维度崩溃和 UGC 的特征碎片化问题;并进一步实现对 UGC 的聚合过程,以解决 UGC 的数量碎片问题。

3)去中心化

去中心化源于网民内容生产的自组织特征,即随时、随地针对任意话题进行内容生产活动,这导致信息资源难以有效组织,给 UGC 的存储和加工带来较大困难。去中心化的 UGC 因缺乏关联而难以产生共鸣,有损信息的网络外部性。去中心化问题和 UGC 的数量碎片化是相关的,去中心化使得信息的聚合效果较差,无中心的内容聚合使得大量无关的内容聚合在一起。社会化媒体常常通过网站结构来实现相似信息的聚合和管理。

针对去中心化加工要求实现 UGC 的聚合,解决去中心化特征导致的 UGC 无序特征,提高计算机对 UGC 的计算效率,并帮助社会化媒体网站进一步构建有针对性的产品信息库和知识库,实现无序化 UGC 的物理映射过程。

2. 序化加工的问题界定

针对网络内容序化加工的研究,最早始于 MIT 的 Resnick 等(1994)针对开源新闻网络的协同过滤推荐的相关研究,实现基于网络内容序化的信息需求者聚类序化过程。Netzer 等(2012)以品牌关键词为信息加工单元,采用自然语言处理技术抽取信息加工单元,得到序化操作元数据,通过挖掘元数据之间的共现(co-occurrence)关系,将在 UGC 中呈现的无序市场竞争关系转化为有序的市场结构信息。既有对 UGC 的序化研究大都选取关键词为信息处理单元,以实现研究特定目标。而少有从信息资源管理视角研究面向具体 ONWOM 的信息资源的序化理论和序化框架。

基于对 UGC 的无序特征,将序化加工界定为针对 UGC 的非结构化、碎片化和去中心化特征的加工系统过程,分析其加工系统的元素、结构和功能,实现从无序的信息到信息服务的显性资源的转变,对应图 5-1 所示资源管理框架中的物理映射过程。

3. 基于序化加工的物理映射形式化模型

基于对序化过程的分析,图 5-10 所示为设计的 UGC 序化加工过程,实现 UGC 的物理映射过程。基于无序化特征的分析,图 5-10 显示的序化过程分为结构化、聚合和中心化 3 个过程,分别解决 UGC 的非结构化、碎片化和去中心化问题。

在图 5-10 中,UGC 呈现非结构化、碎片化和去中心化特征,从中难以有效获取信息,只有通过对信息进行加工,理清信息之间的结构关系,经过结构化、聚合和中心化之后,形成以多主体为中心的组织方法,才能完成 UGC 作为信息资源的物理映射过程,为逻辑映射做准备。序化过程决定了后续的信息资源应用的范围和信息价值求解能力,其主要问题是实现对信息资源序化表示模型以及具体的序化方法。

关键词在文本处理中起到越来越重要的作用,关键词代表了非结构化内容的关键信息,是信息检索、个性化推荐、用户行为分析等研究重点。因此,本节将序化加工界定为以关键词为核心的资源表达模型,实现从 UGC 向显性信息资源的映射过程,即

$$f(\mathrm{UGC}_i) = \{\langle k_1, \mathrm{kv}_{i,1}\rangle, \langle k_2, \mathrm{kv}_{i,2}\rangle, \cdots, \langle k_n, \mathrm{kv}_{i,n}\rangle\} \tag{5-8}$$

式(5-8)表示对 UGC_i 的加工过程,得到对应的关键词 $\{k_1, k_2, \cdots, k_n\}$ 以及相关重要性取值 $\{\mathrm{kv}_1, \mathrm{kv}_2, \cdots, \mathrm{kv}_n\}$,$f$ 是从 UGC 到显性资源的映射函数,表示以自然语言处理技术为基础

的信息资源结构化加工方法。

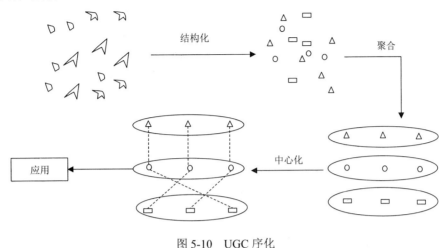

图 5-10　UGC 序化

5.4.2　信息资源物理映射模型和形式化模型

1. 物理映射框架

ONWOM 阐述了抱怨者遭遇的产品消费失败过程，其中包含其信息需求，有针对性抽取相关的信息资源对于满足抱怨者的信息需求非常重要。结合 5.4.1 节对无序 3 个特征和序化加工的描述，易知序化加工的 3 个层面是相互递进的，但过程极为复杂。从系统科学视角出发，遵循设计科学的七个指导方针（Hevner et al.，2004），设计面向 ONWOM 的社会化媒体的 UGC 序化框架，如图 5-11 所示，其中左侧是系统的输入，底部是系统的输出，虚线框内是 UGC 的序化过程。

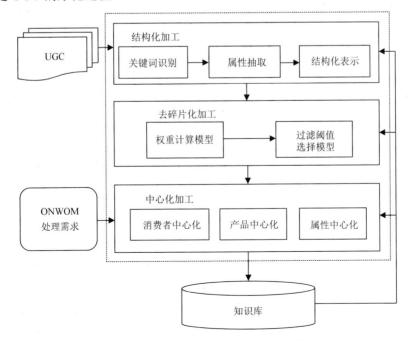

图 5-11　面向 UGC 的信息资源物理映射框架

（1）系统输入。序化过程的输入分为两个部分：其一是海量的信息资源，是序化加工的对象；其二是针对不同产品特征的 ONWOM 处理的需求。而序化加工的过程是针对系统输入，实现对解决 ONWOM 的相关信息资源的抽取、加工和应用过程。

（2）结构化加工。结构化加工解决 UGC 无序化中的非结构化特征，实现从非结构化文本数据向结构化矩阵的映射过程，即输入如定义 5.3 所示的非结构化 UGC 数据，其输出是如定义 5.4 所示的 UGC-关键词描述六元组。结构化加工分为 3 个步骤，即关键词识别、属性抽取和结构化表示。

（3）去碎片化加工。去碎片化加工解决碎片化的第二个问题，即基于关键词表示带来的属性碎片化问题。去碎片化加工通过关键特征抽取技术获得能够代表信息含义的核心关键词集，从而将 UGC-关键词矩阵极大缩小，提高计算效率，在一定程度上减少大量关键词带来的维数崩溃问题，从而进一步构建面向特定应用背景的产品知识库。

去碎片化的关键在于确定权重计算方法以及关键词过滤阈值，其输入是如定义 5.5 所示的 UGC-关键词六元组，输出是带权的 UGC-关键词矩阵，元素代表了该关键词对于对应 UGC 的代表能力，表征了 UGC 中的信息。

（4）中心化加工。中心化加工实现对 UGC 的聚合过程，即面向 ONWOM 的信息资源服务需求，实现多中心化的信息资源管理，其输入是经过去碎片化加工得到的矩阵，输出是得到原 UGC 集合的子集构成集合。

中心化的关键在于基于面向 ONWOM 的信息资源服务的需求而设定的中心进行内容的聚合，实际处理中会有大量的中心点可以选择，在本章的研究中，选择用户、产品和属性进行中心化加工的研究。

（5）知识库。知识库是序化加工的输出形式，基于中心化加工的结果，知识库存储了多主题下以 UGC 为源的信息资源结构，支撑信息资源服务框架下的逻辑映射过程以及后续 ONWOM 的解决过程。基于知识库，能进一步解决关键词合并、关键词词性判断、关键词属性识别等问题。假设知识库存在，并用于进行深入研究知识库的应用，而不必深入研究知识库的具体实现过程。

2. 关键词

基于前面对序化的定义，信息基本单元是序化的最小操作单元，实现对数据的结构化操作，选择合适的信息加工单元有助于序化实现从更细粒度上对 UGC 的分解和重组，实现 UGC 的物理映射过程。

基于社会化媒体特征和 ONWOM 处理的信息资源需求，关键词可用于表示 UGC 内容，从而实现对 UGC 内容在更细粒度的属性化表示。现有大量网站，如图片分享网站、博客网站和视频网站等，通过自定义标签实现对信息资源的分众分类管理，即人为选定关键词来实现对 UGC 中包含的信息的概括。同时，信息检索也是基于关键词实现对文档的描述，满足对处理 ONWOM 的信息资源检索需求。

基于关键词的组织方式能有效实现对 UGC 内容本身的描述，如谓词逻辑、语义网、本体等，都需要依赖以关键词为核心的表达方法，通过对关键词属性的更多表述，如词性、情感等，可以实现从更细粒度上对 UGC 的存储和加工以及进一步的信息资源管理过程。因此，选择关键词作为序化加工的基本信息加工单元，基于自然语言处理技术，从 UGC 中识别出关键词，构建以关键词为中心的知识库，可以实现以关键词为中心的信息资源管理。

定义 5.3　关键词是描述以 UGC 为源的信息资源的核心要素。设关键词集为 KW，有 $\text{KW}_i=\{\text{KP}_1, \text{KP}_2, \cdots, \text{KP}_N\}$，$\text{KP}_i$ 是关键词集的可能属性集，每一个属性 KP_i（$i=1, 2, \cdots, N$）都有一组可能的属性值 $\text{KP}_i=\{\text{KP}_{i,1}, \text{KP}_{i,2}, \cdots, \text{KP}_{i,n}\}$，任一取值都表示该信息资源对应的关键词的特征。

如式（5-8）所示，任一 UGC 都能表示关键词的集合。

3. 结构化模型

结构化加工将信息资源的核心关键词提取出来进行表示。本章从信息资源的结构化视角，提出以关键词为核心的 UGC 定义和结构化定义。

定义 5.4　UGC 是包含用户产品使用信息和经验的文本内容。每一条由用户发布的 UGC 定义为一条信息资源，基于不同网站的设定，每一条 UGC，由网站结构设计决定的描述信息资源的属性集 UGCP_i（$i=1,2,\cdots,M$）和文本内容组成。对于每一属性 UGCP_i，都有一组可选的属性取值 $\{\text{UGCP}_{i,1}, \text{UGCP}_{i,2}, \cdots, \text{UGCP}_{i,m}\}$。此处定义的信息资源的属性和其包含的文本内容无关。

定义 5.5　结构化模式定义了信息资源集和关键词集的对应关系，是解决信息资源非结构化的关键。结构化模式要求以矩阵的形式表示社会化媒体中的信息资源集合。对于信息资源集 UGC 和关键词集 KP，定义六元组 $\{\text{UGC, K, UGCP, KP, UK, UKP}\}$，其中 $\mathbf{UK} = \text{UGC} \times K$，表示信息资源和关键词之间的对应关系。

基于所定义的六元组，信息资源表示为以关键词为核心的矩阵，对于任一 UGC 都表示成矩阵 **UK** 中的一行，基于矩阵的表示方法可解决信息的非结构化问题。

4. 去碎片化模型

信息的碎片化使得用户难以对信息产生深刻的记忆和理解，涌现的大量关键词使用户难以判断信息资源的价值。关键词用于表征 UGC 中的信息，不同的关键词对不同的信息资源具有不同的价值，有效抽取产品关键词是自然语言处理的关键，如 Hu 等（2004a，2004b）引入频繁模式识别算法和剪枝算法来识别描述产品的关键词，但是其研究并未对关键词进行度量。

为有效解决信息碎片化问题，需要在定义 5.5 的基础上进一步设计关键词权重度量方法，故提出以下定义。

定义 5.6　关键词的权重表征了关键词在信息资源中的作用，定义参数 $\text{kv}_{i,j} \in \mathbf{R}^+$，表示关键词 i 在信息资源 j 中的权重。定义映射函数 F，有 $\mathbf{KV}=F(\mathbf{UK})$，$\mathbf{KV}$ 的元素为 $\text{kv}_{i,j}$，基于给出的权重关系，定义阈值 δ，即当权重小于阈值时，则认为关键词不提供对 UGC 的描述信息，将之从关键词集中提出，实现对关键词的过滤，所以有 $\mathbf{KV'}=G(\mathbf{KV})=G(F(\mathbf{UK}))$。

定义 5.6 对关键词权重的定义可以用于解决信息碎片化问题，使得信息资源的加工过程更为有效。

5. 中心化模型

去中心化导致难以实现信息聚类，而抑制了网络外部性。单一信息资源必然导致信息不完备性，多个信息资源会带来更为全面的信息，而中心化可以实现以主题为核心的信息资源管理过程。对中性化做出如下定义。

定义 5.7 中心化解决信息资源的去中心化问题。设中心化参数为 $C=\{C_1,C_2,\cdots,C_n\}$，其中每一中心有属性集 $\{CP_1,CP_2,\cdots,CP_k\}$ 进行描述。故中心化过程得到的信息资源可以表示为 $KVC = FC(\mathbf{KV}',C)$，有 $KVC \subset \rho(\mathbf{KV}')$，其中 $\rho(\cdot)$ 表示集合的幂集。

定义 5.7 显示中心化的结果是以 KV' 子集为元素构成的集合的子集，即中心化得到多个 KV' 的子集，因为中心化参数 C 在其属性集上有多个属性，针对每一个属性都能获得对应的信息资源子集。

5.4.3 信息资源序化方法

1. 结构化方法

结构化加工的关键技术包括关键词识别、属性抽取和结构化表示，大量机器学习方法应用其中，如随机平均场、马尔科夫链等。采用中国科学院的汉语词法分析系统 ICTCLAS 对非结构化 UGC 进行分词，通过既有词库和基于知识库抽取的关键词词库识别 UGC 中的关键词。

基于既有关键词库和知识库，进一步实现关键词的属性抽取，实现对关键词的词性等属性的标注工作，并基于知识库构建同义词列表、一义多词列表等辅助关键词识别，如将"雅九"转化为"第九代"+"雅阁"。

结构化表示是将抽取的关键词进行表示，引入向量空间模型（Salton et al.，1975）实现对 UGC 的属性表示，实现描述 UGC 的特征，构建定义 5.5 所示的六元组，其中矩阵 UK 的取值是关键词在 UGC 中出现的次数，所以 UKP 的取值范围是正整数。

2. 去碎片化方法

去碎片化的核心是获取对信息具有代表意义的特征集，解决科学计算过程中的维度崩溃问题。针对面向 ONWOM 的信息资源需求，借鉴信息检索领域对网页文档的处理办法，提出关键词过滤方法，分为两步。首先是度量关键词的权重，然后是设定阈值进行关键词过滤。

1）关键词权重度量

关键词权重度量的方法较多，如词频、逆向文档频率等，关键是体现其在知识库中的重要性。基于信息熵原理，分布不均匀的关键词带来的信息量最大，能充分代表一部分信息。同时，为了使得在信息推送过程中检索到的信息更为有效，关键词应该只在一部分 UGC 中出现，从而使得关键词具有更大的可代表性，故而，定义 5.5 中的权重计算函数可以表示为

$$
WK_j = \left(\sum_j \left[\frac{n_{i,j}}{\sum_k n_{k,j}} \times \log\left(\frac{n_{i,j}}{\sum_k n_{k,j}} \right) \right] \right)^{-1} \times \log\left(\frac{|D|}{1 + \{j : k_i \in UGC_j\}} \right) \tag{5-9}
$$

其中：WK_j 是计算得到的关键词权重。

式（5-9）右侧的第一部分是关键词的分布信息熵的倒数，$n_{i,j}$ 是关键词 i 在 UGC_j 中出现的次数，关键词分布越不均匀，信息熵越小，信息量越大；第二部分是逆向文档频率，D 是所有 UGC 构成的集合。

2）过滤阈值选择和关键词过滤

大量无信息价值的关键词给 UGC 信息的表达带来问题，关键词过滤模型通过设定阈值来实现对关键词的过滤。设定 ω 表示关键词权重的阈值，当关键词的权重高于阈值时，关键词被保留；当关键词的权重低于阈值时，关键词被过滤除去，移除关键词，实现定义 5.6 中的过滤函数 G，如式（5-10），即

$$kv_{i,j} = \begin{cases} 0 & \text{若}\,WK_j < \omega \\ kv_{i,j} & \text{若}\,WK_j \geqslant \omega \end{cases} \quad (5\text{-}10)$$

式（5-10）通过预设阈值，移除不能给 UGC 的信息结构表达带来更多信息的关键词，实现对关键词的过滤，降低 UGC-关键词矩阵中的维度，缓解科学计算中遇到的维度崩溃问题，提高算法效率。对于最优阈值的选择问题，常常结合具体的研究目标进行确定，为不失一般性，假设研究的目标是以最小化 E 为目标，则过滤阈值的选择可以通过式（5-11）进行，即

$$\arg\min_w \{E \mid G, \omega, *\} \quad (5\text{-}11)$$

其中：G 是过滤方法；ω 是过滤阈值；*代表后续中心化操作以及特定研究目标所需的函数和参数的集合。

利用机器学习的最优化方法，搜索最优的 ω，提高信息资源管理效率。

3. 中心化方法

设计科学指出，问题相关性是设计科学研究的重要指导原则，具体研究问题是设计技术解决方案的关键因素（Hevner et al., 2004）。中心化加工基于数据集开展，是实现信息资源和研究问题相关性的关键过程，其要求问题具有相关性。针对不同的研究目标，需要研究针对不同数据集的中心化方法，以满足具体研究的需求，如以评论文本撰写特征为中心的加工研究（Schindler et al., 2012）、以产品特征为中心的加工研究（Mudambi et al., 2010; Wei et al., 2010）。中心化关键技术也要依赖具体中心化目标，就本书介绍的 ONWOM 信息处理这一研究背景，提出以下 3 个方面的中心化关键技术。

1）用户偏好中心化

度量用户偏好是用户行为相关研究的关键问题，如个性化推荐、网络广告定向等。有效实现用户偏好中心化也是面向 ONWOM 信息资源管理的关键，以用户偏好为中心的加工结果使得社会化媒体能从更细粒度上掌握消费者偏好，有助于开展面向 ONWOM 的信息资源服务，更快满足消费者的信息需求。

自我决定理论指出消费者偏好是驱动消费者的信息生产行为的关键（Ryan et al., 2000）。用户偏好中心化分为抽取用户发布的信息资源以及度量消费者和关键词的偏爱程度两部分，其输入是经过去碎片化处理得到的 UGC-关键词矩阵，输出是对用户偏好构成的知识库。

为不失一般性，设用户集合是 U，信息资源的集合是 UGC，则用户和 UGC 的关系用 UUGC 表示，有 $UUGC \subset U \times UGC$，其中 UUGC 中的元素取值为$\{0,1\}$，1 表示用户发表了该 UGC，0 表示其他。对于用户 i 而言，抽取和用户 i 相关的 UGC 可以表示为

$$UGC(i) = \{UGC_k \mid UUGC_{i,k} = 1\} \quad (5\text{-}12)$$

基于抽取的以用户 i 为核心的内容集，关联去碎片化得到的 UGC-关键词矩阵 $\mathbf{KV'}$，将两者整合起来，得到如式 5-13 所示参数。

$$uk_{i,j} = CP\left(\sum_{k \in UGC(i)} kv_{k,j}, *\right) \quad (5\text{-}13)$$

其中：$\mathrm{uk}_{i,j}$ 是用户 i 对关键词 j 的偏好，构成用户-关键词偏好矩阵 $\boldsymbol{R}$，*是所需参数的集合；CP(*)是偏好度量模型，实现从输入数据到偏好的映射，需要满足映射单调性，即 $\sum\limits_{k\in\mathrm{UGC}(i_1)}\mathrm{kv}_{k,j}>\sum\limits_{k\in\mathrm{UGC}(i_2)}\mathrm{kv}_{k,j}$，则有 $\mathrm{uk}_{i_1,j}>\mathrm{uk}_{i_2,j}$，还满足 CP(0)=0。CP 的具体形式取决于具体的研究需求，如在 5.6.3 节中，采用对数离散化方法，将用户偏好离散化到{1,2,3,4,5}。

2）品牌中心化

品牌是重要的抱怨的对象，用户发布的 ONWOM 常常包含品牌信息。同时，UGC 中也常常包含对品牌的描述和评价，为发布者提供重要的产品使用经验，因此，构建以品牌为中心的知识库对于 ONWOM 处理具有极大的意义。品牌中心化依赖于识别品牌词，关键是对品牌词的变形词汇进行识别，如基于汽车专家的帮助，构建汽车品牌知识库，并发现对应的变形词，"小雅""雅九"是汽车品牌"雅阁"的变形，而"苹果""水果"常用于表示手机品牌"Apple"。

品牌中心化加工的输入是 UGC-关键词矩阵、品牌知识库中获得的品牌词库。品牌词集为 B，是关键词的子集，有 $B\subset K$。设品牌词 i 为 B_i，则识别出包含这一关键词的所有 UGC 集合，即

$$\mathrm{UGC}(B_i)=\left\{\mathrm{UGC}_k|\mathrm{kv}_{k,B_i}>1\right\} \tag{5-14}$$

其中：UGC（B_i）$\subset$UGC。抽取以品牌词为核心的 UGC 后，构建 UGC-品牌词矩阵 $\boldsymbol{UB}$，有 $\boldsymbol{UB}\subset\boldsymbol{UK}$，并对品牌词的权重进一步加工，即

$$\mathrm{ub}_{i,j}=\mathrm{CB}(\mathrm{kv}_{k,j},\boldsymbol{KV},*) \tag{5-15}$$

其中：$\mathrm{ub}_{i,j}$ 刻画品牌词在内容中的重要程度；CB(*)是中心化映射函数；*是参数，CB 函数形式取决于具体的研究需求。例如，利用式（5-15）计算品牌词密度，规避品牌词重要性测度有偏结果，实现有效测度。

3）属性中心化

用户在发布产品的使用经验信息时，必然要深入到对产品属性的描述，提供对产品使用细节的描述，既有研究通过对产品属性关键词的研究发现属性关键词显著影响 UGC 的有用性，并进一步影响用户购买行为（Archak et al.，2011）。UGC 中关于产品属性的信息包含对产品使用的关键信息，能用于解决 ONWOM。因此，属性中心化是社会化媒体中面向 ONWOM 的信息资源管理的关键。

面向属性的中心化过程需要依赖于专家构建属性词库，形成类似于领域本体库的产品属性知识库，如"分辨率""RAM""版本""制式"等是手机产品的关键词属性集。因属性中心化过程类似于品牌词中心化过程，故不再赘述。

5.4.4　实例分析

1. 数据来源

为验证所提出的物理映射模型，以个性化推荐为应用，验证针对无序化信息资源模型的有效性。本章以新浪微博（http://www.weibo.com）作为实验数据来源，选择"小米公司"为数据收集的种子，通过新浪微博开放 API 获取其两级关注用户数（即第一级关注用户为其关注的用户，第二级关注用户为第一级关注用户所关注的用户），截至 2012 年 10 月 12 日，该企业关注了 580 名用户，经过预处理过程，得到一级用户 487 名。针对每名一级用

户，抽取其最近 100 条微博，得到 47 488 条微博。

利用 ICTCLAS 作为分词的工具进行分词，并对结果进行预处理（剔除只被一个用户使用的关键词），包含 14 005 个关键词（去重后）。为验证提出模型的有效性，预处理得到的数据集分为训练数据集和测试数据集两个部分，通过随机抽取的方式获得测试数据集，其中测试数据集占 20%。

2. 预测及评价方法

采用平均绝对误差（MAE）来度量推荐效果的性能，如式（5-16），其中 r_k 是用户对关键词 k 评分的真实值，$\hat{r}_k$ 是基于协同过滤的信息推荐方法得到的用户对关键词 k 的评分预测值，n' 是被预测的关键词数集合。MAE 越小说明预测效果越好，所提出序化加工方法越有效。

$$\text{MAE} = \sum_{k=1}^{n'} \frac{|r_k - \hat{r}_k|}{n'} \tag{5-16}$$

3. 序化实验

首先实现面向关键词的非结构化内容的结构化处理，将过滤得到的关键词作为描述用户偏好的特征，全部关键词构成一个极为庞大的特征集，然后采取逆向文档频率（inverse document frequency，IDF）来过滤关键词，实现特征抽取的工作，设 α 是预先给定的过滤阈值，实现去碎片化，最后实现以用户偏好为中心的中心化过程，以获得的关键词集实现个性化推荐过程。

实验选取推荐的近邻集大小 $L=[10,20,\cdots,50]$。当 L 取不同值时，实验结果较为接近，为简洁起见，图 5-12 只给出 $L=10$ 和 $L=50$ 时的结果。其中，图 5-12（a）是对词频进行归一化处理后，使用协同过滤推荐模型得到的结果，图 5-12（b）是未经过归一化处理得到的结果。实验显示选择参数 IDF 过滤常用词，提高了推荐效率。该实例证明了所提出序化加工过程的有效性。

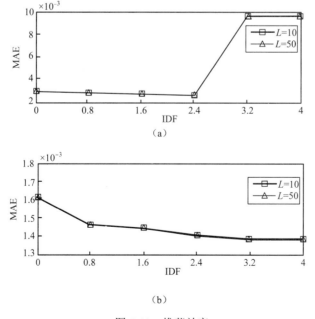

图 5-12　推荐效率

当参数 IDF 过滤阈值 α 越大时，常用关键词被过滤的概率越大，推荐过程较少受到常用词的影响；然而当过滤阈值 α 超过一定界限时，具有偏好表达能力的关键词也会被过滤，从而影响推荐效果。图 5-12（a）显示 IDF 最优过滤阈值是 2.4，可以得到最优的序化结构，图 5-12（b）显示 IDF 最优过滤阈值是 3.2。经过分析，认为经过归一化的结果更能反映实际情况，从而采用 IDF 过滤阈值 $\alpha=2.4$ 更合适，并且实验测试了不同 L 值的情况，α 最优值并不随着 L 值变化而变化，具有鲁棒性。

5.5　面向消费者评论的信息资源逻辑映射

5.5.1　信息资源逻辑映射问题分析

1. 逻辑映射的界定

虽然基于物理映射过程实现了对 UGC 的序化表示，解决了信息资源的无序问题，然而价值稀疏性依然是困扰信息资源应用的重要问题。如何从海量的序化表示的 UGC 中抽取高价值的信息资源成为 ONWOM 处理的关键问题。

针对 UGC 的价值稀疏特征，将逻辑映射定义为：对 UGC 物理映射得到序化信息资源，基于获得的知识库，抽取对 UGC 价值的描述特征，基于机器学习等方法，实现对 UGC 价值的判定，或探索影响信息价值的关键因素，逻辑映射可以形式化为：$F: \{\langle \mathrm{KW}_1, \mathrm{KV}_1 \rangle, \langle \mathrm{KW}_2, \mathrm{KV}_2 \rangle, \cdots, \langle \mathrm{KW}_n, \mathrm{KV}_n \rangle\} \rightarrow \mathrm{Value}_i$。

目前针对 UGC 的价值判定的研究，多以在线评论为研究对象，评论信息是客户对其消费产品或服务的综合评价，其中包含了客户的态度、观点和使用经验等信息，是一种典型的 UGC，吸引了大量学者的注意，并将 UGC 的价值界定为评论的有用性（helpfulness）（Mudambi et al.，2010）。

有用的 UGC 包含更多有利于 RUser 判断评论者的使用经验信息以及评论真实性的信息，能为 RUser 决策行为提供更多信息和诊断性，有效减少 RUser 在产品使用过程中的信息不确定性。本节在物理映射模型得到的以 UGC 为源的信息资源序化形式化模型的基础上，抽取品牌关键词，构建以品牌词为中心的知识库，以有用性作为价值代理变量，研究面向 UGC 的价值判定方法；在分析评论有用性的前提下，提出对应理论假设，并基于真实数据和逻辑映射回归研究信息资源的逻辑映射过程。

2. 评论有用性的问题分析

评论的有用性取决于 RUser 对评论中包含信息的感知过程，但该过程极为复杂。因评论创作过程的不可控性，评论的价值参差不齐，不同因素都将对评论有用性产生影响，所以逻辑映射过程极为复杂。与此同时，信息过载问题（Lankton 和 Speier et al.，2012）也会导致 RUser 无法有效获取信息资源。

为有效获得评论有用性，实现 UGC 的价值判定过程，社会化媒体或者电子商务网站会设计"投票"功能，如亚马逊允许 RUser 点击"这条评论对您有用吗"按钮，让 RUser 对其感知的有用评论进行投票，通过众包的方式实现评论有用性的度量过程。该方式实现价值判定，虽然技术层面简单易行，但费时、费力且不经济，评论的有用性需要经过一段时间，通过 RUser 的投票过程才能判断知晓，使得信息价值快速流失。

由 5.3 节可知，面向 ONWOM 处理的逻辑映射过程要求迅速响应，若不能快速抽取 UGC 价值，则无法将最新发布的评论信息用于 ONWOM 的处理过程，而最新发布的评论信息包含的价值更大。若能在评论发布之后，就快速判断评论的有用性，向 RUser 提供有用的评论信息，实现在评论生命周期初期就充分利用其价值，将更有助于解决 ONWOM。实现信息资源的逻辑映射具有极大的理论和实践意义。

现有研究假设 WUser 都投入大量精力来撰写评论信息，而实际并非如此。若 WUser 刚刚体验产品，则高涨的热情会驱使 WUser 投入大量精力来撰写评论，尤其对于以产品为中心的论坛更是如此。然而，若 WUser 已经长时间使用产品，则往往撰写评论的热情度不高，其撰写评论时可能更为马虎和敷衍。当 WUser 进行深度评论时，不同产品的对比行为是 WUser 投入精力的重要体现，而不客观的、大量的对比行为则使得 RUser 对评论产生怀疑，从而认为其有用性不高。

因此，基于实证研究方法，以论坛作为典型的社会化媒体应用，研究这两个因素对评论 UGC 有用性的影响，可以解决以 UGC 为源的信息资源的逻辑映射过程，为论坛提出有用性评论的识别方法，为快速获取有用性评论构建信息资源库、解决 ONWOM 提供依据。

5.5.2　理论背景和假设

1. 评论长度

评论长度是影响在线评论有用性的重要影响因素（Mudambi et al.，2010）。当 RUser 愿意阅读并对比不同用户的评论信息时，信息量成为 RUser 有用性感知的关键。评论的长短则成为信息量的重要表征，长评论使 RUser 从 UGC 中感知到更多的信息诊断性，即评论在减少信息不确定性上的能力。诊断性越高的评论在减少信息不确定性上的作用越强（Tversky et al.，1974）。

较之于短评论，长评论能描述更多产品使用过程中的细节，如 WUser 使用经验、使用方法、情感等，让 RUser 感知到更多的有用信息，增强 RUser 对信息的信心，如"这是一件枣红色的毛衣"就比"这是一件红色的毛衣"更为有用。RUser 面临多个可替代产品时，常常发生困惑，缺乏足够的理由来选择合适的产品，或因缺乏产品知识而无法使用产品。他们需要寻找更多信息来提高他们对产品功能和产品使用方法的认知程度，支撑他们做出合理的信息决策行为。

当 RUser 阅读长评论时，会从 UGC 中获得更多信息，并帮助他们减少产品使用过程中的信息不确定性，解决产品使用过程中遇到的问题，从而减少 ONWOM。因此，做出以下假设。

假设 H5.1　评论长度对评论有用性有正向作用。

2. 产品使用时间

评论的有效性并不仅仅决定于评论的长度，具有不同内容和相同长度的评论可能在不同的情境下有不同的有用性。消费者倾向于通过和其他消费者对比以实现交换使用经验和产品观点（Festinger，1954），使用经验能帮助消费者减少产品使用过程中的不确定性（Min et al.，2012）。经验交换过程有助于 WUser 更好地使用产品，提高对产品的满意度，并体现于 WUser 的 UGC 创作过程。

产品的使用时间和使用者的产品知识是正相关的（Raju et al.，1995）。具有更多使用经验的 WUser 有能力在评论中提供更多有用信息。然而，信息爆炸已成既定事实，注意力成为稀缺而极具价值的资源（Pashler，1994；Szymczak et al.，2014）。用户撰写评论时注意力会有效影响其评论质量，集中注意力撰写的评论更有逻辑性，会包含更多有效信息。

WUser 产品使用时间是影响 WUser 评论撰写时注意力资源投入的关键因素（Liu et al.，2008；Scholz et al.，2013）。如果 WUser 在产品消费行为发生之后马上撰写评论，使用过程带来的激情会促使 WUser 投入更多注意力来创作 UGC，消费者撰写评论过程会更为认真，会更乐于和其他用户分享其经验，从而产生更有用的评论信息。

如果 WUser 在产品消费行为发生之后很长时间未对产品进行详细评价，而是在网站的奖励制度下发表评论，可能因为时间间隔较长，个体使用经验模糊化使得评论信息不准确，有用性降低；或是 WUser 缺乏激情去分享其产品使用经验以及深入评论该产品，他们更可能为满足网站需求而较为简略和敷衍地对产品进行评价，从而使产品评价缺乏有用性。因此，做出以下假设。

假设 H5.2a　产品使用时间长度和评论有用性是负相关的；然而，评论长度和评论者的态度是高度关联的。

长评论的 WUser 在撰写过程中投入了大量注意力。当 WUser 投入更多注意力时，会更加努力回忆产品使用过程，从而在评论中描述大量的产品细节，使得评论更为真实和可信，评论质量更高。RUser 通过看到评论的长度来判断 WUser 撰写评论过程中的注意力集中程度。当评论较短时，RUser 感知评论者更多是敷衍的，评论不认真；而当评论较长时，RUser 感知评论者在评论过程中投入了更多的注意力，更多高质量信息被包含在评论中。因此，评论长度会对 RUser 产品使用时长产生调节作用，并做出以下假设。

假设 H5.2b　评论长度在产品使用时长与评论有用性的关系中起到中介作用。长评论使得产品使用时长对评论的负面作用较之于短评论更小。

3. 信息对比强度

网民在线搜寻信息行为的最重要目的是减少对产品质量的不确定性（Tversky et al.，1974）。在信息收集过程中，RUser 利用不同的信息处理策略来判断信息质量，并得到最后的判断，其中对比不同的产品是获得产品知识的一个较好途径。RUser 依赖于评论中的对比信息去对产品质量进行评价（Mantel et al.，1999）。Netzer 等（2012）通过挖掘在线评论中的品牌对比信息，分析不同品牌之间的市场竞争关系，并输出市场结构感知图。

对比行为提供大量的有价值信息，整合了 WUser 对不同产品的属性信息或个人态度的评价，反映出不同产品之间的差异。WUser 常在 UGC 创作过程中对比不同产品，表达他们的观点和建议（Dhar et al.，1999）。例如，对比三星 Galaxy S5 和 iPhone 6 能为智能手机的选购和使用提供有价值的信息，帮助 RUser 了解其需求并更好地使用智能手机。对比信息中的关于产品属性或者 WUser 态度的线索能够有效帮助 RUser 形成偏好和产品知识（Mantel et al.，1999）。

然而，对比信息量和评论长度直接相关，将两者放入同一分析模型会产生显著的共线性问题，使结果不可靠。因此，引入对比强度，即评论中对比信息的百分比。用对比信息占评论长度的比例来刻画对比强度，从而使对比强度和评论长度不再相关。

对比行为是复杂的智力活动，同时对比不同的产品或产品属性是非常困难的，WUser 需要提供足够的关于使用经验的信息并使得评论更为可信。对比多个产品的评论因缺乏足够的对产品的描述信息而缺乏有用性，尤其是对于具备一定产品使用经验或知识的消费者而言，浅层次地对比多个产品并不能为其提供有价值的信息。

更为严重的是，对比过多产品甚至可能被感知为不可信。RUser 可能重新审视 WUser 的可信度并质疑评论是由产品生产方故意发布或者其资助的评论者进行发布的，即由"水军"发布。若缺乏足够的产品使用经验，WUser 很难产生或伪造对比信息，所以，仅仅在评论中罗列或堆砌对比信息是不够的。如果假定评论长度是一致的，UGC 创作过程中高强度的对比评论信息会伤害评论的有用性。

假设 H5.3a　对比强度和评论有用性是负相关的。

与此同时，评论长度能增加消费者对于评论可信度的感知。评论长度越长，RUser 感知到的 WUser 投入精力越多，所以评论长度能降低对评论可信度的感知。同时，长评论为对比行为提供了更多的产品描述空间，更多的细节信息使得对比更为生动，更能吸引 RUser 的注意力。RUser 更易于从长评论中挖掘有价值的信息，如产品知识和评论者态度。

对于长评论而言，高强度的对比信息可能会认为是有用的，因为有足够的空间来容纳这些对比行为，同时"水军"也难以创造长评论信息。对于短评论，高强度的对比信息可能被感知为伪造的评论，因为缺乏足够的空间来生动地表达对比信息，信息的有用性较低。所以，在对比强度和评论长度之间存在复杂的交互关系。评论长度能够调节评论中的对比强度对评论有用性的影响，长评论可以减少对比强度和评论有用性之间的负面关系。

假设 H5.3b　评论长度能调节评论对比强度和评论有用性之间的相关关系。对于长评论而言，对比强度和评论有用性之间的负相关关系更小。

图 5-13 所示为评论有用性概念模型。

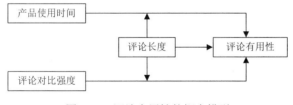

图 5-13　评论有用性的概念模型

5.5.3　实验过程

1. 数据来源

为有效验证图 5-13 所示的假设模型，选择汽车作为研究对象。汽车是典型的耐用品（Bagnoli et al.，1989；Waldman，2003），并且汽车的价值较高。汽车的购买可对客户的日常生活带来极大的影响，因此 RUser 在购买该类产品之前都较为保守，产品评论信息对汽车购买者具有极大的价值。RUser 需要大量专业产品知识，产品评论信息已支撑起其购买行为，RUser 希望能够通过合理的信息检索投入以减少信息不确定性和购买风险，实现价值最大化。

本实验数据为 2014 年 5 月从国内著名的垂直专业性网站汽车之家（http://www.autohome.cn）的"雅阁论坛"中获取。汽车之家成立于 2005 年 6 月，是国内著名垂直专业性网站，提供买车、卖车、养车等与汽车相关的全程服务，因其内容全面、专业、可信赖、高互动性，吸引了大量的消费者在其平台中进行 UGC 生产和消费行为。车主认证是汽车之家极具特色的产品，WUser 通过上传认证相片，并按照要求对车辆进行评价，就能得到身份认证，以示拥有该车辆。车主认证极大提高了网友的参与积极性，同时 WUser 发布的认证内容被当作对汽车的评论，形成"口碑"栏目，构成以汽车为中心的信息资源。汽车之家对每一条评论提供"有帮助"按钮，让用户自主点击，以对评论的有用性进行投票。

本实验收集了 2014 年 5 月 1 日之前的所有雅阁的口碑数据。因为最新发表的评论信息缺乏足够的时间以积累足够的 RUser 去点击按钮，从而其有用性的值是有偏的，所以剔除 2014 年 3 月 30 日之后发表的评论信息，以保证分析结果的可靠性。最后，数据集中包含 1008 条关于雅阁的评论信息，数据量足以支撑研究所需。

在获得数据后，笔者移除评论中的 HTML 字符，并通过分词和词性标注技术对非结构化的文本评论信息进行处理。为了有效支撑研究所需，笔者在汽车专家的帮助下，构建汽车产品知识库。在汽车产品知识库的帮助下，识别了与汽车相关的专有名词和品牌词汇。最后，就每条评论信息获得以下数据：

（1）评论者评论时间。

（2）评论者的车辆购买时间。

（3）评论中的字符总数。

（4）评论内容。

（5）评论中的品牌词数。

（6）评论阅读者点击"有帮助"的按钮次数。

2. 变量度量

基于所收集的汽车之家的数据，笔者构建了图 5-13 所示的实证模型的合适变量。模型中的因变量是有用性，是评论所获得的投票数。基于二八原则（Chen et al.，1993），只有小部分的评论是有用的。因此，笔者主观选择一个阈值，以决定评论有用与否。如果评论获得投票数大于等于 4，则断定该评论是有用的，即有用性为 1；如果评论的投票数小于 4，则该评论的有用性为 0，最后得到有用性为 1 和为 0 的评论的比例约为 1：4，符合二八原则。

模型中的解释变量是评论长度（length）、使用时间（usage）和对比强度（comstr）。评论长度借鉴 Mudambi 等（2010）学者的处理方法，采用评论中的字符数作为评论深度的代理变量。评论包含越多的字符，就包含越多的产品信息。使用时间是 WUser 在发表评论之前对产品的使用时间，本节用评论时间和购买时间之间的时间间隔进行测度，单位是月份数。

在 WUser 对比不同产品时，他们倾向于在表达中提及不同产品的品牌词汇。基于构建的知识库，本节识别出评论内容中所有的品牌词汇。通过基于物理映射模型得到的信息资源序化形式化模型，抽取信息资源中涉及的品牌信息，获取品牌词的数量和评论长度的比值来测量对比强度。

表 5-1 是对变量的统计特征的统计结果，表 5-2 分析解释变量之间的相关关系，结果显示变量之间不存在显著的自相关关系，将之用于计量经济分析是合适的，所得结果是可靠的。

表5-1　变量的统计特征

变量	最小值	均值	最大值	方差	数量
length	77.0	454.5	2036.0	99 349.74	1008
usage	0.1	25.03	118.0	779.05	1008
comstr	0	5.00×10^{-3}	3.91×10^{-2}	3.96×10^{-5}	1008
helpfulness	0	0.135	1	0.117	1008

表5-2　解释变量的自相关矩阵

自变量	因变量		
	评论长度	使用时间	对比强度
评论长度	1	—	—
使用时间	−0.094	1	—
对比强度	0.390	−0.065	1

3. 分析方法

基于数据集，采用逻辑回归（logistic regression）模型来检验所提出的假设。二元逻辑回归模型假定因变量取二元值，利用 logit 函数对因变量进行转换，常用于计量经济分析以及机器学习等领域中，实现因果关系分析、分类和预测等研究目标。因为主观地将消费者评论分为有用和无用评论，所以因变量的取值范围是{0,1}。基于对模型的设定，采用逻辑回归模型是合理的。

H5.1 假设有用性和评论长度是正相关的。长评论会提供更多的信息而具有更多的有用性。并且，因为评论长度不是正态分布的，本节对评论长度这一解释变量进行转换，在模型中使用评论长度的对数值来度量。基于相同原因，对使用时间采用相同的处理方法。

在逻辑回归模型中，在回归方程中使用 logit 函数作为连接函数。Logit 函数的表达式是 $\text{logit}(Y) = \ln(Y/(1-Y))$。Logit 函数保证了回归方程的输出在（0,1）之内。于是得到的最终回归模型如式（5-17）所示，即

$$\text{logit}(\text{helpfulness}) = \beta_0 + \beta_1 \ln(\text{length}) + \beta_2 \ln(\text{usage})$$
$$+ \beta_3 \text{comstr} + \beta_4 \ln(\text{usage}) \times \ln(\text{length})$$
$$+ \beta_5 \text{comstr} \times \ln(\text{length}) + \varepsilon \tag{5-17}$$

4. 模型评价方法

为验证逻辑回归模型的有效性，本节使用赤池信息量准则（Akaike information criterion，AIC）（Akaike，1974）、Nagelkerke R^2（Nagelkerke，1991）和 Hosmer-Lemeshow 拟合优度（Hosmer et al.，1980）对模型的效能进行验证。

AIC 是由日本学者赤池宏次提出的一种衡量统计模型拟合优良性的标准，是建立在信息熵的基础上的拟合优度判别方法，数学表达为

$$\text{AIC} = 2k - 2\ln(L) = 2k + n \times \ln\left(\frac{\text{RSS}}{n}\right) \tag{5-18}$$

其中：k 是参数的数量；L 是似然函数；n 为观察数量，在本模型中，$n=1008$；RSS 为剩余

平方和。

AIC 评价数据拟合的优良程度，它通过引入参数数量，在模型复杂度和数据拟合度之间做出拟合，避免过拟合问题。

AIC 实现在包含最少自由参数的模型下，对数据的最优解释。同时，大量研究也基于 AIC 来判定其拟合结果和进行模型选择，如 Cao 和 Duan 等（2011）在探索评论有用性的影响因子时，利用 AIC 作为评价指标，实现对有用性评论影响因素的选择，并获取解释模型。

Nagelkerke R^2 是针对二元逻辑回归模型的经过调整 R^2，用于评价回归模型对真实数据的拟合效果，表示自变量对因变量的解释力度。Nagelkerke R^2 的值越接近于 1，说明回归模型对因变量的解释能力越好。

Hosmer-Lemeshow 拟合优度检验（Hosmer-Lemeshow goodness of fit test，HL test）常用于二元逻辑回归的拟合优度检验，以判定回归模型的效能。HL 检验测试实际数据的观测值和拟合得到的预测值是否一致，其零假设是对拟合概率值进行分组，每个分组中拟合值与观测值应该具有相同的分布，是一致的。HL 检验利用 P 值作为判断标准，当 P 值小于一定值，如 0.05 时，则拒绝零假设，拟合模型是无效的，这和一般的拟合优度检验不同，所以，P 值越大，基于 HL 检验的结果显示回归模型越好。

5.5.4 实验结果分析

1. 实验结果

基于逻辑回归模型和来自汽车之家的数据，对所提出的假设进行验证，研究结果如表 5-3 所示，显示本章提出的假设得到了验证。

表5-3 实验结果

变量	模型 1	模型 2	模型 3
（常量）	−10.49***	−9.92***	−4.55**
ln(length)	1.41***	1.47***	0.59*
ln(usage)	—	−0.50***	−2.72***
comstr	—	−27.97	−816.55***
ln(usage)×ln(length)	—	—	0.35***
comstr×ln(length)	—	—	123.57***
AIC	713.01	609.71	580.34
Nagelkerke R^2	0.15	0.32	0.37
P value of HL test	0	0.32	0.91

* $P<0.05$。
** $P<0.01$。
*** $P<0.001$。

表 5-3 显示了实验中拟合的 3 个模型的结果。模型 3 是本节提出的模型。模型 1 只验证假设 H5.1，即评论长度和评论有用性的关系，即

$$\text{logit(helpfulness)} = \beta_0 + \beta_1 \ln(\text{length}) \tag{5-19}$$

模型 2 验证假设 5.1、假设 5.2a 和假设 5.2b 的结果，即不包含交互项的情况，即

$$logit(helpfulness) = \beta_0 + \beta_1 \ln(length) + \beta_2 \ln(usage) + \beta_3 comstr \qquad (5-20)$$

（1）假设 H5.1。

在对假设 H5.1 的验证过程中，3 个模型都显示评论长度对评论有用性显著正相关。在模型 1 和模型 2 中，$\ln(length)$ 的 P 值都小于 0.001；模型 3 中，$\ln(length)$ 的 P 值小于 0.05。实证结果显示该因素的影响是显著的，假设 H5.1 得到验证，评论长度和评论有用性正相关。基于信息资源管理理论（Burk et al., 1988），信息是 RUser 进行决策行为的关键，能帮助 RUser 有效获取产品知识和相关使用经验，能有效满足 RUser 解决产品购买决策的信息需求以及解决产品消费过程中遇到的问题。越长的评论中，越有可能包含有关产品的细节信息，评论者越有空间去描述产品使用经验和遇到的各种问题。评论的有用性和评论中包含的信息量是直接相关的。

（2）假设 H5.2（H5.2a 和 H5.2b）。

针对 H5.2 的验证中，模型 2 和模型 3 都显示产品使用时间和评论有用性存在显著的相关关系，同时模型 3 对 H5.2b 的验证中，显示评论长度对产品使用时间和评论有用性之间的关系存在显著的调节作用。对于 H5.2a，模型 2 和模型 3 中使用时间 $\ln(usage)$ 的 P 值小于 0.001，其影响显著，并且参数的取值都为负数，显示出产品使用时间和评论有用性呈显著的负相关关系，H5.2a 得到验证。对于 H5.2b，模型 3 中，使用时间 $\ln(usage)$ 和评论长度 $\ln(length)$ 之间的交互作用项 P 值（P-Value）小于 0.001，其影响显著，并且参数的取值为负，显示出评论长度具有显著的中介作用，能缓解产品使用时间和评论有用性的负向相关关系，H5.2b 得到验证。

在图 5-14 显示不同评论长度下，产品使用时间和评论有用性之间的关系。评论长度取不同值时，产品使用时间和评论有用性的斜率会发生显著变化。

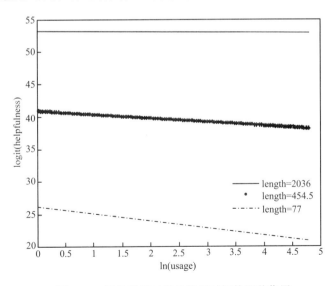

图 5-14　评论长度对产品使用时间的调节作用

基于真实数据的实证结果显示，产品使用时间显著负相关于评论有用性，其根本原因在于影响了 WUser 的信息产出过程，进而影响到 RUser 对评论中包含的信息的感知。汽车这一产品较为复杂，WUser 在购买之前会具有一定的产品知识，同时，购买汽车之后，尤

其是新车作为典型的搜索型产品，WUser 则能在短时间内快速获取消费经验，而无须大量时间的积累，尤其是对于每天都要使用的产品而言更是如此。

在数据过载的情况下，注意力是 WUser 的重要资源，影响其信息产出能力。产品体验活动给 WUser 带来满足感，从而影响其评论产品时的注意力投入。当 WUser 刚刚消费产品，心理的兴奋感驱动其分享产品使用经验，在撰写评论过程中投入的注意力更高，创作出来的评论更生动。产品使用时间短的 WUser 因写评论过程中投入更多，因此，RUser 可感知到其评论具有更高的有用性。

另外，人作为复杂的个体，其记忆感知并非是永久性的，若使用时间过长，则消费者对产品性能的感知远不如刚刚开始消费时真实，从而使产品使用经验模糊化，再对产品进行评论时给出的信息就有更大的不确定性特征，从而使评论有用性降低。

在模型 3 中，产品使用时间 ln(usage) 和评论长度 ln(length) 的交互项的参数和产品使用时间的参数的符号相反，即评论长度能缓解产品使用时间对评论有用性的负面作用。从数学表达层面看，产品使用时间和评论有用性的相关性可以用式（5-21）表示，即

$$\text{logit(helpfulness)}=[-2.72+0.35\ln(\text{length})]\times\ln(\text{usage}) \tag{5-21}$$

式（5-21）显示使用时间的系数是评论长度的函数，说明评论长度能显著影响两者间的相关关系。

经过分析认为，评论长度对 RUser 注意力投入存在影响，从而对产品使用时间与评论有用性的相关关系产生调节作用。评论撰写行为是典型的经验分享和自我展示行为，其分享的内容决定于 WUser 的投入程度。当 WUser 撰写长评论时，表明 WUser 更倾向于去进行经验分享，撰写过程更为认真。一般而言，撰写长评论的 WUser 的注意力投入更多，评论将包含更多的信息，具有更大的诊断性，这使得产品使用时长的作用减小。如果 WUser 只是给出较短的评论，说明 WUser 并未认真对待评论撰写事宜，更多是为了敷衍网站的基本要求，从而不能缓解产品使用时间对评论长度的负面作用。

（3）假设 H5.3（H5.3a 和 H5.3b）。

H5.3 验证 WUser 的对比行为对评论有用性的影响。在模型 2 中，显示评论的对比强度（comstr）和评论有用性的相关性并不显著。在模型 3 中，进一步考虑对比强度（comstr）和评论长度（ln(length)）的交互作用，在实证模型中，添加两者的交互项以考察其调节作用。模型 3 的实证结果显示对比强度的影响是显著的（$P<0.001$），其参数的取值为负数，即对比强度与评论有用性之间存在显著的负相关关系，H5.3a 得到了验证。

针对交互项的实证结果显示，评论长度对对比强度和评论有用性之间的相关关系也呈现出显著的调节作用（$P<0.001$），H5.3b 得到了验证。对比强度的系数和对比强度与评论长度交互项的系数的符号是相反的，说明长评论中对比强度对评论有用性的负面作用更小。

接下来在图 5-15 所示不同评论长度下，评论对比强度和评论有用性之间的关系。当评论长度取不同值时，产品对比强度和评论有用性的斜率发生显著变化。

基于真实数据的实证结果显示，评论对比强度显著负相关于评论有用性，其根本原因在于社会化媒体是以自组织为核心的内容管理方式，其内容可信度需要 RUser 自行判断，这是导致评论对比强度和评论有用性呈负相关性的主要原因。

对比行为是消费者进行自我认同和自我感知的重要行为方式（Festinger, 1954; Bearden et al., 1990）。信息对比行为体现出 WUser 对该系列产品的知识和经验，在社会化媒体中，评论中添加对比行为已成为常态。若评论的对比强度太高，会使对比行为缺乏足够描述、

对比内容枯燥、信息不生动，缺乏对 WUser 使用细节的判定。当 RUser 阅读到对比强度高的评论信息时，会感知到信息生产过程是粗糙的，评论信息的可信度值得怀疑，从而使得感知到的评论有用性下降。

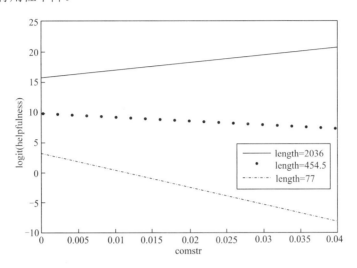

图 5-15　评论长度对评论对比强度的调节作用

从另一方面讲，因社会化媒体的开放性，大量企业为了在社会化媒体中有效实现产品推广、广告宣传等营销目标，会通过提供经济回报的方式，驱动部分用户大量发表产品相关信息，此类用户常被称为"水军"。水军往往缺乏具体的产品经验，生硬进行产品对比以提高对比强度，提供的信息难以具有可信度，RUser 的信息需求不会被感知，从而使评论有效性较低。基于来自真实世界的数据集的实证结果验证了 H5.3a，说明在一定的评论长度条件下，评论对比强度和评论的有用性呈负相关关系。

类似于产品使用时间，产品对比强度和评论有用性之间的相关关系受到评论长度的调节作用影响。在模型 3 中，评论对比强度（comstr）和评论长度（ln(length)）的交互项的参数和评论对比强度的参数的符号相反，即评论长度能缓解产品使用时间对评论有用性的负面作用。从数学表达层面上看，产品使用时间和评论有用性的相关性如下：

$$\text{logit(helpfulness)}=[-816.55+123.57\ln(\text{length})]\times\text{comstr} \tag{5-22}$$

式（5-22）显示，对比强度的系数是评论长度的函数，说明评论长度能显著调节两者之间的关系。评论长度是消费者进行信息共享的核心因素，其决定了评论中能够包含的信息量和带来的可能的诊断性（Mudambi et al., 2010）。评论中的对比强度是评论者对比行为，只有通过撰写大量文本来有效阐释整个对比过程，描写较为丰富的内容才更容易被感知为有用。对于短评论，大的评论对比强度使得评论内容干瘪，评论中的对比行为带来的有用性小；而对于长评论，大量的细节描述能有效支持评论的对比信息描述，从而使评论中包含的信息更为可靠，诊断性和有用性较强。

更为有趣的是，图 5-15 显示了不同的评论长度下，评论有用性随着评论对比强度变化的规律。图 5-15 显示当评论长度大于一定值后，对比强度和评论有用性之间相隔系数由负数变为正数，改变了对比强度和评论有用性之间的关联。评论长度为 WUser 提供了产品描述空间，当该空间超过一定阈值后，更多的对比信息会让 RUser 感知到评论者的专业性，同时使得评论信息更为可信，评论有用性更高。

（4）总体模型。

AIC 指标显示模型 3 的拟合优良程度最好，能有效控制数据的过拟合性，说明模型 3 更好。模型 2 与模型 1 相比，考虑了 WUser 的产品使用时间和评论对比强度，模型 2 的 AIC 值低于模型 1，说明考虑上述两个因素能有效提高模型的拟合程度，解释有用性的影响因子，提高对有用性的预测。模型 3 则进一步考虑评论长度对产品使用长度和评论对比强度的调节作用，结果显示引入两个交互项进一步降低了 AIC 值，使得模型更为可靠和有效。

Nagelkerke R^2 的检验结果显示出本节提出的模型 3 能带来自变量对因变量最强的解释能力，与模型 1 和模型 2 对比可知，模型 3 对来自汽车之家的真实数据的解释能力最好，显示在模型中的产品使用时间、评论对比强度以及交互项能有效解释信息资源的有用性，模型具有更好的解释能力。

HL 检验的结果也显示出模型 3 更好地解释真实数据中的评论有用性，体现出使用时间和对比行为以及评论长度对两者的调节作用，能有效提高对评论有用性的解释能力。

2. 实验结果分析

针对评论有用性，本节构建了图 5-1 所示面向消费者评论有用性感知度量模型，从评论长度、产品使用时间和评论对比强度 3 个方面探索影响评论有用性的影响因素，研究结果可对评论有用性提供理论和实践上的帮助，具体如下。

本节研究了评论长度作为调节变量，对 RUser 感知评论有用性影响的调节作用。本节提供了一个概念框架，以理解评论长度对评论有用性的作用。既有研究指出，评论长度作为评论深度的代理变量，因提供了更多的信息而对 RUser 的信息决策过程造成影响（Mudambi et al.，2010）。然而，信息长度并不等于信息深度，但是评论长度能够调节其他因素对评论有用性的影响。在本节对评论有用性的研究中，研究了评论长度其他因素对评论有用性的影响，研究结果表明评论长度不仅能直接对评论有用性产生影响，还存在调节作用，研究结果不同于既有对评论长度的研究。本节的研究结果加深了对评论有用性的理解。

本节研究了 WUser 的产品使用时间对评论有用性的影响。RUser 在阅读评论时，对于评论有用性的感知显著取决于评论阅读时获取的产品信息及知识。WUser 对产品的使用经验和知识与其产品使用时间相关，产品使用时间越长，WUser 具有越多的产品使用经验和知识。然而，不同于 Min 等（2012）的研究，实证结果发现产品使用时间越长，评论有用性越低，其原因在于 WUser 学习效用是递减的，使用时间越长，单位时间带来的产品经验越少，对于汽车这一特定产品而言更是如此。与此同时，WUser 分享产品使用经验的热情也随时间递减，评论撰写过程的注意力投入不足，双方面的相互作用使得产品使用时间和评论有用性呈负相关。WUser 撰写的评论长度体现出 WUser 撰写的注意力投入的程度，体现为评论长度对产品使用时间和评论有用性之间的负相关作用有调节作用。对产品使用时间的探索为 WUser 评论撰写行为和消费者评论有用性感知进行了一定的理论探索。

本节研究了 WUser 产品对比行为对评论有用性的影响，从理论层面提出对比强度和评论有用性呈负相关，同时评论长度能调节它们之间的负相关性，并且数据还显示（见图 5-15），当评论足够长时，评论对比强度和评论有用性从负相关变成正相关。对比行为是提供产品信息的有效手段，RUser 更容易获得产品经验及相关知识。然而，对比行为需要大量的信息作为支撑以实现信息获取，社会对比理论支持消费者对比行为，这是实现个人认知的重要因素（Festinger，1954；Bearden et al.，1990）。在对比强度太大时，缺乏对对比信息的充分描述而使得评论的可信度降低，从而降低了信息的有用性。而在合适的对比强度下，对评论行为的描述因生动而具有更高的有用性。本节的研究从理论层面得出评论对比强度对评论有用性的负面作用。类似于产品使用时间，本节也发现评论长度对评论对比强度和评论有用性之间存在的负相关关系存在调节作用，长评论使得信息更充分，降低了评论的不可信程度，甚至更长的评论使得两者的负相关关系变为正相关关系。

本节的研究结果也对企业实践提供了一定的启示：

（1）网站应该鼓励 WUser 发表较长的 UGC，并且详细描述其对产品的使用经验，让他们在 UGC 创作中提供更多的信息。同时，在对评论信息资源进行管理的过程中，网站应该尽可能优先呈现长评论信息，使 RUser 能够快速获取其所需的信息。

（2）鼓励 WUser 进行内容共享是网站信息资源管理功能的基础。亚马逊等网站常常在消费者产品购买完成较长时间之后，通过赠送积分等方式鼓励其分享产品使用经验。然而根据本节的研究结果，对于汽车或者类似的搜索型产品和耐用品，应该鼓励消费者在短时间内发表其产品使用经验。充分利用其产品体验带来的兴奋感，促使其投入大量注意力去进行内容分享行为，论坛或者电子商务网站在设置信息资源管理模式中，应当预防 WUser 因使用经验模糊和热情消退而贡献有用性低的 UGC 资源。

（3）论坛等社会化媒体在对 UGC 进行信息管理过程时，应当积极引导用户撰写发布的内容。对于信息撰写能力不足的 WUser，网站引导 WUser 关注于刻画产品功能，而不进行对比。对于具有撰写能力的 WUser，网站应该鼓励他们进行合理的产品功能对比行为，同时在对比过程中提供更详细的描述，从而提供可靠而真实的对比描述。

本节的研究结论也为信息资源管理中识别虚假 UGC 提供了一定的帮助。实验结果显示，超长的使用时间和过强的对比行为使得评论信息并不可信。通过识别非正常的对比行为和使用时间等相关因素，能有效帮助网站识别出非常有可能是企业恶意伪造的评论信息，保证 UGC 的可靠性，提高对信息资源管理的效率。

3. 进一步的研究方向

虽然本节的研究从计量经济视角，基于逻辑回归模型验证了消费者评论信息的关键影响因素，但是本节的研究存在以下不足，并为未来的研究提供了一定指引。

（1）本节的研究过程是以汽车为研究对象。汽车是典型的耐用品，有其独特的特征。同时，新汽车是典型的搜索型产品，而旧车是典型的经验型产品（Klein，1998），就本节使用的数据来看，其研究过程和实证结果更多地需要限制在具有搜索型和耐用特征的产品上。针对汽车这一特定产品数据的实证结果需要十分谨慎地向其他产品进行延伸，网站指定特定信息资源管理特征需要十分小心。未来的研究可以通过将本研究扩展到多个产品类别，引入产品特征（搜索型产品或经验型产品），分析对于不同产品类别来说用户使用时间和对比行为对评论有用性的影响。

（2）本节的研究平台是论坛一类的社会化媒体。因为高价值、购买过程复杂、配送复杂等原因，汽车作为高价值的产品，并未实现在亚马逊等电子商务平台的广泛销售行为，对于汽车购买评价等行为更多发生于垂直类论坛中。用户在电子商务平台网站和在垂直类论坛中的内容创造行为具有显著的区别。例如，在电子商务网站中，难以实现对特定产品评论信息的定制化评论，而在垂直类网站中，针对单一产品，其评论过程更为丰富，所以论坛中的评论信息会长于电子商务网站。基于论坛和电子商务网站的不同，本节的研究成果需要谨慎地应用在电子商务网站或者其他网站平台环境下，未来的研究可以在电子商务网站或者其他类型的网站上进行。

（3）本节的研究是基于文本挖掘技术实现对评论相关特征数据的抽取，缺乏对评论者及其情感的深入分析。虽然基于数据实验过程探讨了多种关键词，如名词、形容词、数量词等对评论有用性的影响，但得到的结果较为单薄。评论者在网站中的活跃性和社会资本也是影响评论有用性的较为重要的因素，在未来的研究中，应该进一步考虑评论者的特征，如积分、威望、等级等信息，并考虑评论者在评论中表达出的情绪信息，从而发现更具有代表性的结果，提高对评论有用性的解释能力。

（4）虽然使用真实数据提高了模型解释的可信度，研究结果更为可靠，但是限于数据特征，本节对于产品对比强度的测度较为朴素。如果有更为准确和可依赖的变量测度方法，将有助于本节研究过程的完善。未来的研究可以关注于度量评论中的对比信息度量问题，通过构建面向产品的知识库，研究评论产品对比信息的识别、抽取和加工方法。

5.6　基于信息传播理论的协同过滤推荐模型

5.6.1　面向社会化媒体的个性化推荐问题

1. 个性化推荐的重要性及其特征

通过面向 ONWOM 的信息资源管理框架向网民推荐其感兴趣的信息资源是 ONWOM 处理的最后一步，也是信息资源管理的应用过程，可以帮助用户获取相关产品知识。个性化推荐的难点在于海量 UGC 导致的数据稀疏性和冷启动问题，如何在对信息资源进行序化的基础上实现面向社会化媒体的个性化推荐平台，实现面向社会化媒体的个性化推荐，相关研究仍需进一步深入开展。

社会化媒体中的信息资源管理受益于技术发展带来的信息富余，海量 UGC 迅速以社会网络关系为分发渠道进行传播，导致了信息过载问题，使得用户遇到 ONWOM 问题时无法及时、有效地获取感兴趣的内容。以新浪微博（http://weibo.com）这一典型应用为例，其构建了以 UGC 和社会网络关系为要素（Java，2008）的自组织的信息生态圈（冯芷艳等，2013）。

协同过滤（collaborative filtering，CF）推荐作为常用的推荐方法，能有效解决信息过载问题（Shang et al.，2010；Zhang et al.，2010；Dao et al.，2012），可大量应用于电影推荐（Shang et al.，2010）、音乐推荐（Lee et al.，2010）等多个领域，为企业带来巨大的经济价值，故而 Netflix 悬赏 100 万美元鼓励推荐研究。然而，既有研究多针对消费者购买或点评行为，对于社会化媒体 UGC 和社会网络结构的要素特征的个性化推荐研究鲜见。社会网络结构作为信息资源传播的渠道，对用户偏好的形成过程有显著影响，若能在个性化推荐中考虑用户网络结构关系，则可为推荐过程引入更多的信息，提高推荐效率。同时，国家 863 计划将融合社会网络关系拓扑结构特征的推荐方法列为重点发展方向[①]。因此，从信

---

① http://www.most.gov.cn/tztg/201304/t20130416_100843.htm.

息资源管理视角，针对 ONWOM 特征解决用户的信息需求，研究针对社会化媒体 UGC 和社会网络结构的协同过滤个性化推荐方法和模型极具意义。

本节选择微博平台为研究对象，提出针对 ONWOM 的推荐系统框架，研究社会化媒体的个性化推荐过程。该推荐系统和针对电影等具体产品的推荐系统相比，具有显著特征。首先，数据具有独特性，内容和社会化网络关系是社会化媒体中 UGC 的核心要素，内容的文本化、非结构化、去中心化等特征造成数据缺乏被推荐对象，而网络关系带来了和既有数据完全不同的数据特征。社会化媒体中的数据特征使得面向社会化媒体的个性化推荐值得深入研究；其次，推荐对象具有独特性，面向用户信息需求的个性化推荐内容，其被推荐的关键在于需要被合理定义，故而值得深入研究；最后，社会网络结构导致了信息的传播特性。

2. 个性化推荐问题的形式化描述

本节研究大量针对社会化媒体的以 UGC 和社会化网络为输入的个性化推荐模型。虽然推荐过程是动态的。社会化网络结构也是在不断变化的，但是为了聚焦研究问题，本节对所研究的社会化媒体的个性化推荐过程做出以下假设，并在假设的基础上对个性化推荐相关基本概念进行界定，对推荐过程进行形式化描述。

假设 H5.4　静态推荐过程。虽然信息传播是动态过程，而既有研究也指出用户偏好也存在漂移现象（蔡淑琴等，2011），但为了聚焦研究内容，做出如文献（Liu et al.，2007；Zhang et al.，2007；Yang et al.，2013）一致的静态推荐假设，即假设信息在经过一段时间的传播过程后，消费者偏好被固定下来，只考虑静态下的用户行为推荐过程。基于既有研究成果显示，针对以提高推荐效率为目标的研究内容，该假设是合理的。

假设 H5.5　静态网络结构。在社会化媒体中，网络结构生成是完全的自组织行为，用户通过关注等行为产生复杂的网络结构特征，构成信息资源传播复杂系统，同时社会网络结构也存在时序变化特征。本节从社会化网络中提取消费者信息，以提高推荐效率。限于实验数据集特征，本节对个性化推荐的研究并不关注网络结构变化对消费者信息需求和偏好的影响（如 Liu et al.，2007），故为研究的方便性，假设在实现推荐的过程中网络结构是静态的、不发生变化的。

假设 H5.6　信息传播的马尔科夫性质。社会化媒体具有多元化的信息资源管理模式，信息以社会化网络关系为传播渠道，通过消费者之间的信息交互行为完成信息传播过程。交互行为特征使得假设信息传播具有马尔科夫性质（Watts et al.，2007），即在给定的信息传播方法下，信息资源在该时间点的分布状态仅仅取决于上一时间点的信息分布状态，这为信息传播过程的计算提供了便利。

虽然假设在一定程度上未考虑推荐和网络的动态性，但针对本节的研究内容，为使研究内容得以聚焦，做出这些假设也是合理的，可实现将推荐过程和社会化媒体的网络结构特征的紧密结合。

基于上述 3 个假设，本节在序化加工获得的用户中心化的基础上，针对个性化推荐模型的特征界定相关定义，并给出其形式化的表达模型。

定义 5.8　推荐系统的用户集 U 是在整个社会化媒体中的用户集，由社会化媒体中的每一个用户组成，他们在社会化媒体中进行内容的生产和消费行为。

定义 5.9　信息资源集合 IR 是社会化媒体中的信息资源集合，定义为单条内容的集合，一般信息资源的个数远远大于用户的个数。

定义 5.10 用户行为数据集 **R** 描述了用户和信息资源的映射关系，其中包含了用户的偏好信息和相关产品知识。**R** 表示为用户集和资源集关联矩阵，即 $\mathbf{R} = U \times \mathrm{IR}$，是 $M \times N$ 的矩阵。在 **R** 中，每一行代表了一个用户的内容偏好，其中 $R_{i,j}=0$ 即表示用户 i 没有使用过信息资源 j。当用户 i 使用过信息资源 j 时，表示两者存在可能关系，设 $R_{i,j} \in \{r_1, r_2, \cdots, r_k\}$，$r$ 表示偏好关系的强弱。在既有推荐研究中，采用评分信息来度量这种偏好关系，其取值是 $\{1,2,3,4,5\}$。一般而言，因为单个用户可能只关注少数几个产品，所以数据集 **R** 是极其稀疏的，从而带来数据稀疏性问题，使其成为困扰个性化推荐的重要问题。

定义 5.11 用户社会网络关系 **SN** 描述在社会化媒体中的社会网络结构关系，包含了用户在社会化媒体之间的相互关注行为，是无标度网络（Barabási et al.，1999），度中心性成幂律分布特征。在社会化媒体中，有 $\mathbf{SN} = U \times U = \{\mathrm{us}_{i,j}\}$，是 $M \times M$ 的矩阵，其中每一行表示对应用户的关注用户集。若社会网络关系是双向的，则 **SN** 是对称矩阵；否则，**SN** 是不对称矩阵。当用户 i 关注用户 j 时，有 $\mathrm{us}_{i,j}=1$；否则，$\mathrm{us}_{i,j}=0$。

定义 5.12 在社会化媒体中，基于信息资源的个性化推荐系统 ResS 是基于用户 **U**，信息资源集 IR，消费者行为数据 **R** 和社会网络结构数据 **SN** 的用户信息推荐系统，其核心是有效预测用户偏好，并基于用户偏好向用户推荐信息资源，满足其信息需求。结合面向 ONWOM 处理的信息资源管理需求，本节将 ResS 形式化表示为式（5-23），其中 F 是推荐过程函数，P 是推荐方法要求的外在给定参数集，即

$$\mathrm{ResS} = F(\mathrm{IR}, U, \mathbf{R}, \mathbf{SN}, P, \mathrm{ONWOM}) \tag{5-23}$$

基于式（5-23），面向 ONWOM 处理的信息资源管理系统的个性化推荐中包含了和传统研究中不同的社会网络结构信息，研究的难点是如何在协同过滤推荐中整合社会网络结构，通过挖掘社会网络中包含的用户相关信息来提高推荐效率。推荐算法实现如下：

$$\arg\max \left\{ \sum_{i,j} f(U_i, \mathrm{UGC}_j) \mid \mathrm{ResS} = \langle \mathrm{IR}, U, \mathbf{SN}, K, \mathrm{KS}, \mathbf{R}, \mathrm{ps}, \mathrm{ONWOM} \rangle \right\} \tag{5-24}$$

5.6.2 面向社会化媒体的协同过滤推荐框架

1. 基准协同过滤推荐系统

协同过滤推荐方法因实现简单且推荐效果显著而被广泛应用（Dao et al.，2012），其基本假设是消费者行为模式的相近性，即较为相似的消费者对特定项目的评分相近。协同过滤推荐利用与目标消费者评分模式相近的消费者集合（即近邻集）对特定项目的偏好程度来预测该消费者的偏好程度，实现主动向消费者推荐其偏好的信息或产品（Lawrence et al.，2001）。

在现有研究中，不同学者引入不同信息以提高协同过滤推荐效率。Dao 等（2012）引入消费者消费情景信息，在协同过滤推荐算法中整合遗传算法，修正协同过滤推荐系统，以适应移动情景下的音乐推荐需求，提高推荐效率；朱国玮等（2012）假定消费者的内容产生行为会有时序衰变特征，早期的评分行为带来的信息较低，他们利用遗忘曲线刻画用户偏好转移过程，提高推荐效率。

基于对现有协同过滤研究的分析，可将基准协同过滤推荐系统分为 3 个部分，即用户-项目偏好矩阵、用户相似度计算和评分预测 3 个部分（Dao et al.，2012）。

1）用户-项目偏好矩阵

在本节中，用户（即抱怨者）接受推荐，项目是推荐给用户的一条 UGC 资源，假设可以为一个用户推荐多条 UGC 资源。

用户-项目偏好矩阵（R）描述了用户和平台项目之间的关系，表征用户对项目的偏好关系（$r_{j,k}$），采用 5.4.3 节中用户偏好中心化的结果。在既有研究中，大量研究采用评分作为矩阵信息来源，其取值范围为 $\{1,2,3,4,5\}$。其中，

$$R=\{r_{j,k}\}$$

2）用户相似度计算

用户相似度计算是协同过滤推荐的关键，通过计算相似度选取用户的近邻集，在具体研究中，多种方法被用于计算用户相似度，其中最常用的相似度计算方法是皮尔逊相关系数，其计算公式为

$$S_{i,j}=\frac{\sum_{k\in K}(r_{i,k}-\overline{r_i})\ (r_{j,k}-\overline{r_j})}{\sqrt{\sum_{K}(r_{i,k}-\overline{r_i})^2}\ \sqrt{\sum_{K}(r_{j,k}-\overline{r_j})^2}} \tag{5-25}$$

其中，$S_{i,j}$ 是用户 i 和用户 j 的相似度，$r_{i,k}$ 表示用户 i 对项目 k 的偏好程度，K 是项目集合，有 $k\in K$，$\overline{r_i}$、$\overline{r_j}$ 是用户 i、j 的平均评分。两两用户之间的相似度关系构成用户的相似度矩阵 S。

3）评分预测

基于相似度矩阵 S，选出和目标用户 i 具有较大相似度的用户构成该用户 i 的近邻集 NB_i。为了有效地对用户偏好进行预测，本章采用 kNN 模型来预测用户的潜在偏好，即

$$\hat{r}_{i,k}=\overline{r_i}+\frac{\sum_{j\in \mathrm{NB}_i}(r_{j,k}-\overline{r_j})\times S_{i,j}}{\sum_{j\in \mathrm{NB}_i}S_{i,j}} \tag{5-26}$$

在式（5-26）中，$\hat{r}_{i,k}$ 是预测的用户 i 对项目 k 的潜在偏好，并根据预测的用户偏好对相关信息或产品进行主动推送服务。本节将式（5-25）和式（5-26）限定的推荐框架作为基准模型进行研究，通过引入社会网络结构关系来提高推荐效率。

虽然协同过滤推荐能有效实现个性化信息服务，但是其受到两个问题的重要影响，即数据稀疏性（Huang et al.，2004）和冷启动问题（Anand et al.，2011）。数据稀疏性是指在海量用户和信息资源条件下，用户的 UGC 产生行为带来的数据量只在矩阵 R 中占很小的一部分，两个相似用户可能因为没有发表相近的内容而在式（5-25）的计算中得到相似度为 0，这导致对于用户的相似度计算是不准确的。冷启动问题是指无法有效地对新增的用户和项目进行推荐，因为协同过滤是基于用户历史行为而设计的推荐模型，对于新增的用户和项目，因缺乏与其相关的内容而无法实现推荐过程。在社会化媒体中，社会网络关系带来了新的数据，为解决这两个问题提供了契机。

2. 社会网络结构和信息传播过程

以本节的研究对象微博为例，其社会网络关系是由用户相互关注而产生的信息订阅关系，微博不需要被关注对象确认，是单向的关注关系，生成有向网络。关注关系是因为用户之间存在信息需求而产生，暗示了用户之间的相似关系，导致了用户之间的"同构"

现象（McPherson et al.，2001；Zeng et al.，2013）。在社会化媒体中，单个用户获取的信息受个体能力和社会网络结构的限制，不同的社会网络给用户带来不同的信息。社会化网络结构是易于用户创造内容的信息形式，为个性化推荐提供了新的信息，如图 5-16 所示。

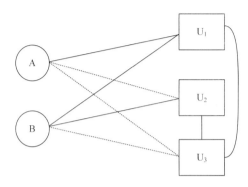

图 5-16　社会网络结构对于推荐的作用

图 5-16 给出了一个示例，以阐述社会网络结构对于个性化推荐的重要性。图 5-16 左侧的圆圈表示被推荐内容，右侧的方框表示用户，方框之间的实线表示 3 个用户之间的社会网络关系，圆圈和方框之间的实线表示用户对左侧的内容存在偏好，而虚线则暗示了存在的潜在偏好关系。基于 5.6.2 节中的基准协同过滤模型，推荐内容 A 会因为用户 U_1 和用户 U_2 之间存在公共偏好（内容 B）而被推荐给 U_2。与此同时，基于社会网络关系可知，用户 U_3 显著对 U_1 和 U_2 的内容感兴趣，向其推荐内容 A 和内容 B 是可行的，能有效提高 U_3 的满意度。然而，因缺乏 U_3 的行为信息，基准协同过滤推荐模型无法向 U_3 推荐相关的内容，无法处理新用户出现的情况。既有研究指出，用户可能会更新来自其社交好友的推荐信息（Sinha et al.，2001）。若能在推荐系统将社会网络关系视为信息资源，将有助于提高推荐效率，并解决冷启动问题。

社会网络关系是作为社会化媒体的信息分发渠道，信息资源快速在社会化媒体中扩散，被用户感知（Hosanagar et al.，2010；赵文兵等，2013）。信息传播理论以网络结构为基础，指出传播过程呈现 S 形曲线，大量学者基于系统动力学、实证等方法分别研究信息传播过程，构建了 SIR（Daley et al.，1964）、BASS（Bass，1969）、线性阈值模型（Granovetter，1978）、独立级联模型（Kleinberg，2007）等经典模型。无标度社会网络结构促进信息在用户之间快速扩散，对信息资源产生巨大的影响。基于大数据视角研究信息资源的扩散已经成为市场营销的重要研究方向（冯芷艳等，2013），通过研究信息传播行为，度量用户对内容的偏好程度，将信息传播过程应用于商业策略，有助于在协同过滤推荐过程中整合社会网络关系。

3. 基于信息传播的协同过滤推荐模型

协同过滤推荐的核心是度量用户偏好并选择用户近邻集以预测用户潜在偏好。微博作为典型的社会化媒体，本节选择它作为研究对象，设计图 5-17 所示的基于信息传播推荐框架，分为偏好模型、基于偏好传播的关键词推荐和推荐输出 3 个部分，所设计框架从一定程度上解决了面向社会化媒体推荐过程的数据稀疏性和冷启动问题。

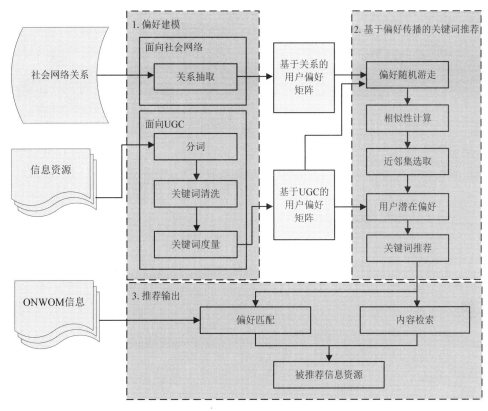

图 5-17　基于信息传播的协同过滤推荐框架

1）偏好建模

自我决定理论认为偏好驱动消费者发布特定的内容（Ryan et al.，2000）。UGC 和社会网络关系都提供了用户的偏好信息，这是重要的信息资源。然而，在微博平台中，UGC 是非结构化的，同时新增的 UGC 难以和历史数据关联，导致冷启动问题，无法实现推荐过程。启发于 Choi 等（2010）的研究，本节选择关键词作为被推荐对象，基于自然语言处理技术，抽取关键词以刻画信息资源（Hu et al.，2004）。关键词和信息资源的关系类似于电影流派和典型的关系，关键词数量少、消费者使用频繁，并且关键词新增缓慢，新增的信息资源可以基于关键词实现匹配或搜索，解决新增的信息资源带来的冷启动问题。

社会网络结构构成 UGC 传播渠道，用户的关注行为表明用户偏好其好友发表的内容，存在"同构"现象（McPherson et al.，2001），图 5-17 形象地描述了用户偏好建模的过程，具体内容见 5.6.3 节。

2）基于偏好传播的关键词推荐

用户偏好在社会网络的传播是一阶马尔科夫随机游走过程（Yildirim et al.，2008），目标用户偏好决定于前一时刻与目标用户存在社会网络关系的用户偏好。本节通过信息传播过程，整合 UGC 和社会网络两方面的偏好信息，采用传播模拟方法计算用户的相似度，结合基准推荐模型实现以关键词为被推荐对象的推荐过程。传播过程一方面度量了用户对关键词的潜在偏好，获得用户对未使用关键词的偏好程度，获得稠密的用户–关键词偏好矩阵，解决数据稀疏性问题；另一方面，基于信息传播过程，度量未使用该关键词的用户对其的潜在偏好，解决了关键词的冷启动问题。图 5-17 描述了用户偏好传播过程以及推荐实现过程，具体内容见 5.6.4 节。

3）推荐输出

推荐输出需要向用户推送其偏好的、有用的信息资源，通过在信息资源库进行关键词偏好匹配或者检索相关偏好内容，针对 ONWOM 和具体产品特征，经过内容过滤并形成相关解决方案资源推送给目标用户。该模块多涉及信息检索等领域研究，为了聚焦研究，本节专注于以关键词为中心的推荐过程，假设既有方法能有效抽取所需要的信息资源，故不深入探索匹配或检索的方法或模型。

5.6.3 用户偏好建模

1. 面向 UGC 的用户偏好建模

基于所构建的图 5-17 中的推荐框架，用户偏好建模的核心是关键词的抽取，从无序、非结构化 UGC 中抽取能代表其含义的关键词。利用关键词表征 UGC 中包含的用户偏好，获得图 5-17 所示的消费者-关键词偏好矩阵。关键词的抽取过程分为分词、关键词清洗和关键词权重度量 3 个子过程。

本文采用 ICTCLAS 作为自然语言处理工具实现分词和词性标注，选取名词作为关键词。ICTCLAS 采用层叠隐马尔科夫模型实现分词，准确度达到 98.45%，效果优良。设由用户 i 的信息分词得到关键词序列 $\{k_1,k_2,\cdots,k_l\}$，k_j 是关键词 j，得到用户-关键词偏好矩阵：$\mathbf{KS}=\{k_{i,j}\}$，$\mathbf{KS}$ 是 $M\times L$ 的矩阵，M 是用户数，L 是关键词数，$k_{i,j}$ 表示用户 i 对关键词 j 的使用次数，$\mathbf{KS}$ 的每一行 K_i 代表对应用户 i 的相关关键词集，是用户偏好信息的集合。

因为 $\mathbf{KS}$ 较大且包含较多噪声，所以需要对关键词进行清洗并度量其权重。本节采用逆向用户频率（inverse user frequency，IUF）剔除对推荐系统无用的关键词（Breese et al.，1998），并离散化用户偏好，度量用户偏好的关键词权重。关键词使用遵循显著的幂率分布，在实验数据集中，大部分词只被使用 1～2 次，少数词被大量使用，如使用最频繁的词被使用了高达 6698 次。针对幂率分布特征，采用对数函数对使用词频进行离散化，将偏好规范到给定范围中，为研究便利起见，选择范围为 $\{1,2,3,4,5\}$，5 代表强烈偏好，1 代表偏好水平一般，这和电子商务背景下的 1 代表厌恶有所不同。设 $f(i)$ 表示 $[\log_2(\min(k_{i,j})),\log_2(\max(k_{i,j}))]$ 的五分位点，离散化方法如式（5-27）所示，得到用户对关键词的偏好 $k'_{i,j}$，即

$$k'_{i,j}=\begin{cases}1 & \text{若} & \log_2(k_{i,j})\in\left[\log_2(\min(k_{i,j})),f_1\right]\\2 & \text{若} & \log_2(k_{i,j})\in\left[f_1,f_2\right]\\3 & \text{若} & \log_2(k_{i,j})\in\left[f_2,f_3\right]\\4 & \text{若} & \log_2(k_{i,j})\in\left[f_3,f_4\right]\\5 & \text{若} & \log_2(k_{i,j})\in\left[f_4,\log_2(\max(k_{i,j}))\right]\end{cases} \tag{5-27}$$

基于 UGC 的用户偏好度量方法，可得到用户的偏好描述模型，$\mathbf{KS}=U\times K=[K_1,K_2,\cdots,K_L]$，其中 K_i 是用户 i 的关键词偏好模型。

2. 面向社会网络结构的消费者偏好建模

在微博中，用户通过关注行为订阅其好友信息，表明偏好其好友信息，其社会网络是有向网络。设微博中的社会网络为 $G=\langle U,\text{SN}\rangle$，其中 U 是用户集，$\mathbf{SN}$ 是用户之间的关联

矩阵，因微博是有向网络，故 **SN** 是非对称矩阵。

面向 UGC 和社会网络关系的建模过程，刻画了用户偏好，满足推荐输入的结构化要求。基于图 5-17 所示的研究框架，针对微博选取的关键词特征，将式（5-24）限定的社会化媒体协同过滤推荐模型限定为式（5-28）所示的推荐模型，其目标是最大化用户 i 的偏好 $k_{i,j}$ $\in$ **KS** 和所推荐关键词的预测偏好值 $\hat{k}_{i,j}$ 的匹配程度，$f(*)$ 是匹配函数，$\mathrm{ResS}_i \in \mathrm{ResS}$ 是被推荐给用户 i 的关键词集。

$$\mathrm{argmax}\left\{\sum_{i,j} f\left(k_{i,j}, \hat{k}_{i,j}\right) \mid \mathrm{ResS}_i = \langle \mathbf{KS}, \mathrm{US}, U, K \rangle \right\} \tag{5-28}$$

基于式（5-28）给出的被推荐关键词集，整合 ONWOM 的问题特征，结合信息检索技术实现相关信息资源的个性化推荐过程。

5.6.4　基于信息传播理论的个性化推荐模型

用户在微博中的偏好体现在其发布的内容以及通过社会网络传播而获得的信息。信息的传播过程也是用户偏好的传播过程，用户能够主动选择其所接受的信息来满足其信息偏好。因此，偏好的传播本质蕴含于信息的传播，具有马尔科夫性质，是自组织的过程。本节采用一阶马尔科夫链模型描述用户偏好在时间点 t 受到其好友偏好的影响，如式（5-29）所示，即

$$P\left(k_{i,j}^t \mid k_{i,j}^{t-1}, \mathbf{US}\right) = \left(k_{i,j}^{t-1} \times \mathrm{us}_{i,j}\right) / \max\left(\mathbf{KS}^t\right) \tag{5-29}$$

其中：$k_{i,j}$ 和 $\mathrm{us}_{i,j}$ 分别指用户关键词偏好矩阵 **KS** 和消费者网络关系矩阵 **US** 中的元素。当用户使用关键词越多时，用户偏好可能性越大。

为不失一般性，本节采用叠加法表示整体网络关系对用户偏好的影响，如式（5-30）所示，即

$$P(k_{i,j}^t \mid \mathbf{KS}^{t-1}, \mathbf{US}) = \sum_j P(k_{i,j}^t \mid k_{i,j}^{t-1}, \mathbf{US}) = \sum_j (k_{i,j}^{t-1} \times \mathrm{us}_{i,j}) / \max(\mathbf{KS}^t) \tag{5-30}$$

式（5-30）体现出偏好的随机游走特征，刻画了偏好在社会化网络中的传播过程。系统动力学和信息传播理论指出，信息在社会网络中扩散后呈现出稳定状态，记为 **KS′**，这种稳定状态融合了 **KS** 和 **US** 的信息，刻画了网络关系带来的用户偏好，其计算如式（5-31）所示，即

$$\mathbf{KS}' = \mathbf{US}^{\mathrm{T}} \times \mathbf{KS} \tag{5-31}$$

其中：$\mathbf{US}^{\mathrm{T}} = \mathbf{US} \times \mathbf{US} \times \cdots \times \mathbf{US}$，**KS′** 是基于信息传播得到的，描述了基于社会网络信息传播框架下的用户偏好。在社会网络中不存在自关注现象，即 $\mathrm{us}_{i,i}=0$，**KS′** 忽视了用户发布的信息资源中包含的偏好信息，因此，必须将 **KS′** 和 **KS** 结合起来，引入调节系数 α 调节两者的关系，如式（5-32）所示，即

$$\mathbf{KS}' = \alpha \times \mathbf{KS} + (1-\alpha) \times \mathbf{KS}' \tag{5-32}$$

易知，当 $\alpha=0$ 时，偏好矩阵只描述基于信息传播得到的偏好信息，不考虑 UGC 带来的用户对关键词的偏好信息，等同于 Yildirim 等（2008）的研究；当 $\alpha=1$ 时，偏好矩阵只描述面向 UGC 的用户对关键词的偏好信息，不考虑社会网络关系的影响，退化为基准模型。

基于一阶马尔科夫随机游走的偏好传播过程，有效结合 UGC 和社会网络两者体现的用户偏好，可得到用户偏好矩阵。本节将信息传播模型得到的潜在偏好矩阵 **KS′** 和协同过滤

模型结合起来，构成图 5-17 所示的推荐模型，实现关键词推荐。首先利用皮尔森相关系数[式（5-25）]计算相似度，然后以目标用户为中心，选择 L 个邻居组成目标用户的近邻集，紧接着利用式（5-26）计算用户对关键词的偏好度，并选择最大偏好的 N 个关键词作为用户的潜在偏好关键词，结合推荐输出模块获取用户的偏好内容。基于现有对信息传播的研究，提出基于信息传播的协同过滤推荐模型和算法。

在算法中，n 是传播次数，实验选取 $n=50$，该值足以保证实验过程中信息传播达到稳定状态；第 1～4 行描述偏好以一阶马尔科夫随机游走在社会网络中的传播过程；第 5 行和第 6 行是为解决 $\mathbf{KS'}$ 和 $\mathbf{KS}$ 量纲不一致而进行的归一化操作；第 8 行采用式（5-25）计算用户间的相似度，得到用户之间的相似度关系矩阵 $\mathbf{S}=s_{i,j}$；第 9 行是基于排序的方法，选取目标用户的近邻集 NBS；第 10 行是利用式（5-26）所示预测方法预测用户对关键词的偏好程度，并选择 N 个具有较大预测值的关键词作为推荐给用户的偏好关键词。

算法	基于信息传播的协同过滤推荐算法

输入：消费者-关键词偏好矩阵 $\mathbf{KS}$，消费者社会网络关系 $\mathbf{US}$，传播次数 n，权重系数 α，近邻集大小 L，推荐的关键词数目 N

输出：用户关键词预测结果 ResS

算法过程：

1. $k'_{i,j} = k_{i,j}, k'_{i,j} \in \mathbf{KS'}, k_{i,j} \in \mathbf{KS}$

2. for t=1 to n

3. $\quad k'_{i,j} = \sum\limits_{p} k'_{p,j} \times \mathrm{us}_{p,i}$

4. end for

5. $k'_{i,j} = k'_{i,j} / \max（\mathbf{KS'}）$

6. $k_{i,j} = k_{i,j} / \max(\mathbf{KS'})$

7. $\mathbf{KS'} = \alpha \times \mathbf{KS} + (1-\alpha) \times \mathbf{KS'}$

8. S=Pearson$(\mathbf{KS'})$

9. NBS=Rank$（S, L）$

10. ResS=PredictRating$（NBS, KS', N）$

5.6.5 实验结果分析

1. 实验数据来源

实验所使用的语料集来自于新浪微博（http://www.weibo.com）。笔者选择一家高速发展的 IT 企业作为数据收集的种子，通过新浪微博的公开应用程序编程接口（application programming interface，API）收集数据，采用"雪球式"方法收集数据（Tang et al.，2010）。截至 2012 年 10 月 12 日，该企业关注了 580 名消费者，拥有 1 361 080 名粉丝，通过新浪微博开放 API 获取其关注消费者的数据。经过预处理过程，剔除不活跃消费者（粉丝数少于等于 10，发布微博数小于 50）后，剩下 487 名消费者。针对每名用户抽取其最近发布的100 条微博，最后得到 47 488 条微博（部分用户发布微博少于 100 条）。

如图 5-18 所示，通过自然语言处理技术处理语料后得到的关键词使用频率呈显著幂率分布。通过用户偏好幂率离散化处理，得到基于 UGC 的用户-关键词偏好矩阵，其中 U 中包含 487 名用户，K 中包含 14 005 个关键词，得到矩阵，较为稀疏（稀疏度为 97.24%）；抽取社会网络关系得到用户关联矩阵，是 487×487 的矩阵，较为稀疏（稀疏度为 93.53%）。为了测试所提方法的有效性，将语料集分为训练集和测试集，其中训练集占 80%，余下部分构成测试集。

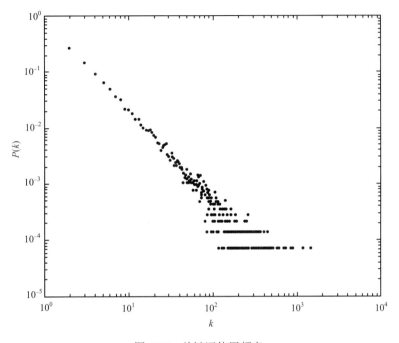

图 5-18　关键词使用频率

2. 基准模型和评价方法

为验证有效性，将 5.6.2 节中阐述的标准协同过滤模型作为基准模型，并将基于资源空间信息传播的协同过滤推荐模型的推荐效果与其进行对比。并且，基准模型是本研究所设计模型的特例。当 $\alpha=1$ 时，推荐模型未考虑社会网络关系，退化为基准模型。当 $\alpha=0$ 时，推荐过程仅仅考虑社会网络信息传播所得到的潜在用户-关键词偏好矩阵，进行协同过滤推荐得到结果。

推荐过程是对用户偏好的预测，主动检索并最大程度推送用户需要的信息或产品。对推荐效果进行评价，本节借鉴预测理论和信息检索等领域常用评价指标，分别使用平均绝对误差、准确率和召回率度量了推荐模型的预测能力、推荐结果相关性以及对潜在偏好的覆盖能力。这三者常用于科学且全面评价推荐方法的效率，具体如下。

1）平均绝对误差（mean absolute error，MAE）

MAE 是预测理论的常用评价指标，刻画推荐预测的关键词偏好与用户真实偏好的偏离程度（Dao et al.，2012）。MAE 越小，寿命推荐结果越接近用户实际偏好，推荐效果越好。MAE 计算如式（5-33）所示，即

$$\text{MAE} = \sum_{i,j} \frac{\left| k_{i,j} - \hat{k}_{i,j} \right|}{n} \tag{5-33}$$

其中：$k_{i,j}$ 是消费者对关键词 j 偏好的真实值；$\hat{k}_{i,j}$ 是推荐系统预测用户对关键词 j 的评分的

预测值；n 是所推荐的关键词数。

2）准确率（precision，P）

准确率常用于评价推荐系统效果（Shang et al.，2010），刻画推荐结果中用户偏好关键词占所有被推荐关键词集的比例。推荐结果被用户偏好的比例越大，准确率越高，推荐系统越能满足用户偏好。准确率计算式为

$$P = \frac{1}{n} \times \sum_{u_i \in U} \left(\frac{N_i^r}{N_i} \right) \tag{5-34}$$

其中：N_i^r 是推荐给用户且该用户偏好的关键词数目；N_i 是推荐给用户的关键词数目；n 是用户集 U 中包含的用户数目。

3）召回率（recall，R）

召回率常和准确率一起用于评价推荐系统效果（Shang et al.，2010），刻画被推荐关键词占测试集中与用户相关的所有关键词中的比例。召回率越大，推荐系统越能有效地将相关关键词推荐给用户，体现推荐结果对用户偏好的覆盖能力。召回率的计算式为

$$P = \frac{1}{n} \times \sum_{u_i \in U} \left(\frac{N_i^r}{N_i} \right) \tag{5-35}$$

其中：N_i^r 是推荐给用户 i 且被该用户偏好的关键词数目；N_i 是与用户 i 相关的全部关键词数目；n 是用户集 U 中包含的用户数目。

3. 实验结果

图 5-19～图 5-21 显示了基于信息传播的协同过滤因有效结合 UGC 和社会网络关系而具有较高的信息资源推荐效率，能有效地识别出用户偏好的关键词。

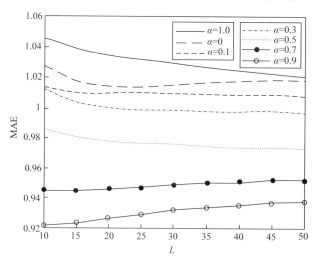

图 5-19 采用 MAE 进行评价的实验结果

图 5-19 显示采用 MAE 对推荐模型的推荐效率进行评价的实验结果，显示调节系数 α 取不同值时，MAE 的取值随着近邻集 L 变化情况，实验以 5 为步长递增。首先，实验结果显示 MAE 值随着 α 增大而持续减小，说明在推荐模型中增加内容维度的权重会有效提高推荐效率。然而，当 α 增大为 1 时，推荐模型退化为基准模型，此时 MAE 值突然下降，推荐准确率迅速下降，表明若不考虑社会网络信息，推荐效率会显著降低。实验中取 α=0.9

时，MAE 最小，推荐效率较基准模型提升 10% 左右；图 5-19 也显示出 MAE 的取值和 L 的大小呈现复杂函数关系，如当 α=0.9 时，MAE 随着 L 递增，而当 α=1 时，MAE 随着 L 递减。图 5-19 的实验说明整合 UGC 和社会网络关系，采用信息传播模型的协同过滤推荐，能有效提高在信息资源推荐中对用户偏好的预测能力。

图 5-20 显示采用准确率 P 对推荐模型的推荐效率进行评价的实验结果。显示 α 取不同值时，P 随着被推荐关键词个数 N 的变化情况，取 $N \in [51,100]$。图 5-20（a）显示了实验结果，并在图 5-20（b）中给出 $N \in [100,90,\cdots,60]$ 时，P 随着 α 变化的情况。首先，图 5-20（a）显示 P 因推荐关键词个数 N 上升而下降，因为推荐给用户的关键词个数越多，式（5-33）中分母越大，所以准确率下降；图 5-20（a）和（b）显示 P 随着调节系数 α 的增大而上升，推荐系统能推荐更多和目标用户相关的关键词。然而当 α 增大到 1 时（即退化为基准模型），P 会突然降低[见图 5-20（b）]。

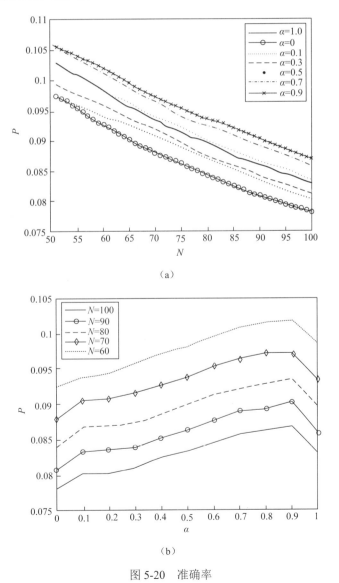

（a）

（b）

图 5-20　准确率

实验结果显示，基于信息传播的协同过滤推荐模型的 P 高于基准模型，不考虑社会网络结构信息的推荐模型的推荐效率较低。当 N=100、α=0.9 时，推荐模型的推荐效率最高，较基准模型的推荐效率提高约 15%。基于 P 实验结果显示，当推荐关键词较多时，信息传播模型能推荐更多目标用户偏好的关键词，表明在协同过滤推荐模型中，同时考虑 UGC 和社会网络关系两方面的影响能有效提高推荐模型的 P。

图 5-21 显示采用召回率 R 对推荐模型的推荐效率的评价结果，显示 α 取不同值时，R 随着被推荐关键词个数 N 的变化情况。实验取 $N \in [51,100]$，图 5-21（a）显示了实验结果，并在图 5-21（b）中给出 $N \in [100,90,\cdots,60]$ 时 R 随着 α 的变化情况。首先，R 随着被推荐关键词个数 N 的增加而增加，因为被推荐关键词越多，就有越大概率包含很多用户偏好的关键词，式（5-34）中的分子越大而 R 越大；图 5-21（a）和（b）显示增大 α 会提高推荐模型的 R，推荐系统的推荐结果能涵盖更多和消费者相关的关键词。然而 α 增大到 1 时（即退化为基准模型），R 会突然降低 [见图 5-21（b）]。

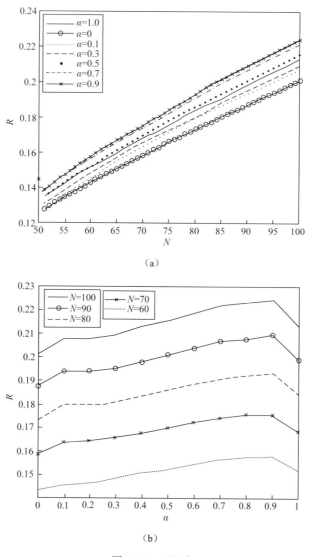

（a）

（b）

图 5-21　召回率

实验结果显示，基于信息传播的协同过滤推荐模型的 R 高于基准模型，不考虑社会网络结构信息的推荐模型的推荐效率较低。当 $N=100$ 且 $\alpha=0.9$ 时，推荐系统的推荐效率最优，较基准协同过滤推荐模型的推荐效率提高约 12%。基于 R 的对比显示，当推荐关键词较多时，信息传播模型提高了推荐模型的 R，推荐结果能更有效地覆盖目标消费者的偏好，说明在协同过滤推荐中整合 UGC 和社会网络关系两方面信息能有效提高推荐模型的召回率 R。

实验结果显示，所提出基于信息传播模型的协同过滤推荐模型在 MAE、P 和 R 这 3 个评价指标上的表现都要优于基准模型。社会化网络关系是除 UGC 之外，包含用户偏好的重要数据，暗示了用户的信息需求。实验验证了在推荐系统中，整合 UGC 和社会网络两方面信息能有效提高推荐效率。

本节进一步分析了所设计实验在解决数据稀疏性这一推荐研究难点上的作用。实验结果显示基于信息传播的协同过滤推荐模型能有效地提高推荐效率，引入社会网络关系能更准确地度量用户的偏好。信息传播算法能在一定程度上解决数据稀疏性问题，经过偏好传播计算之后的用户-关键词偏好矩阵 **KS**′ 的数据密度远远高于来自真实数据的消费者-关键词偏好矩阵 **KS** 的数据密度，在一定程度上缓解了数据稀疏性问题。由 5.6.5 节介绍可知，包含了 487 名用户和 14 005 个关键词的关系是矩阵，其数据稀疏度为 97.24%；经过偏好传播计算后，在 α 取 [0.2, 0.4, 0.6, 0.8, 1.0] 时，得到的 **KS**′ 矩阵的数据稀疏度都接近于 0，所有的偏好值得到了传播，因为信息在社会化网络中的传播非常迅速，所以用户对关键词的偏好信息能被迅速地传播到整个社会网络中，大量在 **KS** 中的零元素被填充了数据。虽然矩阵 **KS**′ 中元素取值非常小，远远小于 **KS** 中的非零元素的取值，但是数据稀疏性问题得到了解决。

4. 实验结果分析

UGC 和社会网络关系是社会化媒体的两大重要信息资源，两者都包含了用户的偏好信息，海量的信息带来了数据过载问题，本节不仅使用来自 UGC 的信息，还进一步挖掘来自社会化网络关系的数据，设计基于信息传播算法、以关键词为推荐对象的个性化协同过滤推荐框架。

实验结果显示所设计的框架揭示出社会网络关系对于推荐系统的重要性，能够在信息资源管理层面实现对 UGC 和社会网络关系的有机整合过程，提高推荐效率。社会网络关系蕴含了 UGC 中未包含的偏好信息，社会网络关系以不同于 UGC 的视角刻画了用户的偏好，其"同质"演化过程使得相似用户更容易相互关注（Zeng et al.，2013），是用户偏好的信息体现。而针对其他数据集的实验，如 delicious 的数据集（Cantador et al.，2011），显示基于信息传播的个性化推荐也提高了推荐效率，佐证本节的研究并不仅仅受限于微博平台，还能向其他平台进行扩展。

从理论层面而言，本节设计了面向信息资源管理视角的整合社会网络关系的协同过滤推荐方法。虽然先前研究中，学者整合不同内容实现了推荐效率的优化，但是基于信息传播理论将社会网络结构进行整合的研究极为鲜见。本节 $N \in [51,100]$ 的研究实现了对社会网络关系的有机整合；研究实现了基于社会网络关系来缓解协同过滤推荐中的数据稀疏性问题；提出以关键词为推荐对象，解决面向文本化内容的推荐过程，通过结合信息检索和匹配技术实现了对新内容和用户特性信息需求的信息服务过程，在一定程度上解决了冷启动问题。

第 6 章

在线负面口碑处理资源的识别与匹配方法

6.1 问题的提出

ONWOM 所发布的社会化媒体包含海量的信息资源，同样也包含客户发布的关于产品使用经验和观点的信息。针对同款产品，后者对 ONWOM 发布者具有极大的价值。但 ONWOM 发布者很难直接、主动地从中获取对其有效的信息，而企业又不能视而不见、无动于衷。有研究表明，企业直接介入，以自有资源进行 ONWOM 处理，会导致可信度降低。如果能够由非利益相关方从其他网民在社会化媒体共享的知识中筛选出可用以解决 ONWOM 的信息资源，并推荐给发布者，使其能够通过采用推荐的解决方案解决其遭遇的产品使用失败的问题，挽回其对产品、服务或企业的不良印象。这样不仅能够对 ONWOM 达到快速响应的效果，也可以使企业和社会化媒体在更高层次的知识共享中实现基于运作协同和资源匹配的学习机制。

但现阶段，实现上述信息资源管理过程还面临以下挑战。

（1）UGC 量级跨越式增长，并且由于 UGC 具有典型的大数据特征，如数据体量巨大、数据种类繁多、价值密度稀疏、非结构化等，不可避免地带来了信息过载的问题。

（2）面对高速、海量的大数据信息流，现阶段的计算能力仍然不能精准地识别 ONWOM，并有效地获取解决 ONWOM 的资源。

（3）以 UGC 作为 ONWOM 处理的信息资源，如何判断其资源价值，仍然缺乏有效的方法。

只有突破上述瓶颈，才能在社会化媒体中展开本书研究的以 ONWOM 处理为背景的信息服务。本章旨在基于信息资源管理视角，以平台用户作为第三方（第一方为抱怨者；第二方为企业；第四方为平台方）身份参与，为社会化媒体运营商提供针对抱怨者的信息资源服务，实现抱怨者问题得以妥善处理、企业避开或减少 ONWOM 的影响、平台用户获得精神或物质上收获、平台方获取用户黏性的多方共赢的效果，并为构建信息资源管理系统提供理论方法和技术支持，具有理论意义和实践指导两方面价值。

本章的主要内容如下。

（1）研究面向 ONWOM 处理的资源管理系统框架，识别和匹配 ONWOM 和处理资源的特征集。

（2）研究 UGC 的相激励极性和情感极性及其度量方法，研究关键词典的构建。

（3）研究面向 ONWOM 处理的 UGC 资源管理系统，包括 ONWOM 和处理资源的识别、匹配的系统方法和实现流程，以及系统性能的评估指标。

6.2　面向在线负面口碑处理的资源管理系统框架和特征集

6.2.1　概念界定

越来越多的用户习惯在社会化媒体中记录生活、发表感想，这些 UGC 中常常包含用户对某些产品或服务的使用感受、ONWOM 以及解决 ONWOM 的方案等信息。例如，在社会化媒体中，用户 A 发表抱怨（N1），如图 6-1 所示，"我的 6s 自动关机，平白无故黑屏，逼我换新机的节奏啊？#iPhone 6s 自动关机#。"表达其在使用苹果公司产品 iPhone 6s 过程中遇到的"黑屏"的情况，并表达了其对不良使用体验的不满。而用户 B 发表了一则关于 iPhone 6s 的使用心得（P1），如图 6-2 所示，"大清早起来 iPhone 居然黑屏了，第一次遇到，吓死！还以为是太冷了，差点拿去热水里泡。都准备好拿去万象城抢修了，万念俱灰试着百度了一下，居然试到一个有效的办法：home+锁屏键同时按下 15 秒强制开机。虚惊一场真是这世上最美的词。"为"黑屏"这种情况提供了一种紧急解决方案。如果能够使用用户 1 在出现使用体验不佳并发表 ONWOM 后的短时间内，通过某种积极而快速的方式接收到用户 2 发表的同类问题的解决方案，将用户 1 当前遭遇的紧急问题解决，不仅可以提高用户对产品和售后的体验，也使得社会化媒体资源的利用率增强，平台的用户黏性得到提升，这就是价值共创的现实意义。

图 6-1　ONWOM（N1）

图 6-2　处理资源（P1）

然而，由于在社会化媒体中信息过载，即使有很多用户在社会化媒体中发表了涉及某类问题的解决方案的口碑信息，也很难被相关的 ONWOM 发布者接收到。尤其是在海量信息中，对用户而言，与自己还未经历和体验到的问题相关的口碑信息常常难以被注意到（Ohtake et al.，2013）。这种现状导致 ONWOM 抱怨者的抱怨未能得到妥善解决，而且用户提供的蕴含价值的解决方案信息资源也没有得到有效利用。

UGC 不仅指富含信息和知识的用户发表的内容，具有专业领域知识或掌握相关信息的用户也被视为 UGC 的一部分，这是广义 UGC 的定义，并且该学者也通过实现专家推荐系统，完善了对用户本身这一 UGC 资源的研究。UGC 和社会网络关系是社会化媒体的组成要素，基于文本分析技术，将 UGC 和社会网络关系进行形式化定义，并采用向量空间模型将 UGC 的定义转化为关键词与其权重组成的向量空间。本章旨在将用户发表的有价值的资源识别并匹配给相应的 ONWOM，因此，将研究重点集中在普通网民发表在社会化媒体中的富含信息和知识的文本上，对 UGC 做出以下定义。

定义 6.1　UGC 是网民基于表达或分享等目的，发布在社会化媒体中的文本信息，其主题内容是发布者使用特定产品或服务之后的经验感受或产品知识。

UGC 通常包含一些特定的属性，如品牌名、产品名、功能、使用方法等，可用属性及其值的集合来形式化地表示。任给一条由 n 个属性组成的 UGC_k，可将其形式化地表示为

$$UGC_k = \{UGC_{k1}, UGC_{k2}, \cdots, UGC_{kn}\}$$

根据实际情况，每个属性 UGC_{kj} 的取值都有特定的范围。

为了对 ONWOM 进行处理，需要对 UGC 中有价值的信息加以利用。这一类有价值的信息成为本章系统中的信息资源，因此，对信息资源（information resource，IR）做出以下定义。

定义 6.2　信息资源是一组描述相关企业、品牌、产品、服务、功能、操作等信息的 UGC 集合，即 $IR = \{UGC_1, UGC_2, \cdots, UGC_i\}$。

定义 6.3　问题 UGC 是对特定产品、服务、品牌或企业表达负面情绪并描述问题的 UGC，可描述为 $UGC_P = \{UGC_{CN}, UGC_{PD}, \cdots, UGC_{NE}\}$；方法 UGC 是对特定的产品、服务、品牌或企业出现的问题提供解决方案的 UGC，可描述为

$$UGC_S = \{UGC_{CN}, UGC_{PM}, \cdots\}$$

定义中的下标表示 UGC 的属性内容，其中：P 表示问题（problem），CN 表示抱怨对象这一核心名词（core noun），通常是特定的产品、服务、品牌或企业；PD 表示对 CN 出现的问题的描述（problem description）；NE 表示和负面情绪（negative emotion）相关的词汇；S 表示方法（solution）；PM 表示可能能够对 PD 进行补救或解决的方法或操作（processing method）。

问题-方法 UGC 匹配定义如下。

定义 6.4　问题-方法 UGC 匹配是指：当 UGC_P 和 UGC_S 的 UGC_{NE} 一致，通过 UGC_{PM} 可以改变 UGC_{PD} 出现带来 UGC_{NE} 的问题时，UGC_P 和 UGC_S 匹配，即可成为问题-方法 UGC 对。

6.2.2　面向 ONWOM 处理的资源管理系统的假设与框架

1. 系统的假设

假设 6.1　问题 UGC、方法 UGC 中均存在一种名词-谓词依存关系，作为问题和方法 UGC 的表征，并能够抽取"问题核"和"方法核"。

对问题核和方法核的组成做以下定义。

定义 6.5　问题核是由核心名词和问题描述组成的二元组，可描述为 $\langle UGC_{CN}, UGC_{PD} \rangle$，方法核是由核心名词和解决方案组成的二元组，可描述为 $\langle UGC_{CN}, UGC_{PM} \rangle$。

例如，N1 中的"6s 自动关机，平白无故黑屏"就是问题核，"home+锁屏键同时按下 15 秒强制开机"就是方法核，可通过识别问题-方法核对的方式，来识别匹配的问题-方法对。

通常情况下，匹配的问题 UGC 和方法 UGC 描述的是同一服务或产品，因此可以做以下假设。

假设 6.2　UGC_P 和 UGC_S 匹配时，UGC_P 和 UGC_S 的 UGC_{CN} 一致。

基于该假设，决定问题核和方法核是否匹配的主要因素就是谓词的语义，因此，本章参考 Hashimoto（2012）对激励极性的研究方法，引入谓语的语义分类，对中文词汇的激励极性做出定义和分析，作为判定问题 UGC、方法 UGC 以及其匹配的一个关键特征。

本章的另一个问题是问题-方法核的语境，以下的 UGC 例证了语境造成的问题。

FN1：我从来没见过 iPhone 6s 会自动关机。

FP1：如果出现黑屏，将 home+锁屏键同时按下 15 秒可以使 iPhone 6s 开机恢复正常。

N1 和 FN1 有同样的问题核，但结合语境分析，FN1 并不是一个问题 UGC。FP1 和 P1 有同样的方法核，但 FP1 和 N1 并不能形成配对，因为在不同的上下文语境中，UGC 表达的含义也可能会不同，后文中将通过引入机器学习中的一个属性，表示"核"上下文本的内容，来处理语境带来的问题-方法核的形式和语义修饰问题。

为便于处理，本章用一个名词模板对来表示问题-方法核。该模板由一个谓语和其描述的核心两部分组成，例如：

N2：iPhone 6s 莫名其妙自动关机了，垃圾！

P2：长按 iPhone 6s 开机键即可开机。

N2 中的"iPhone 6s 自动关机"是问题核，P2 中的"iPhone 6s 开机"是方法核，用名词模板对表示为

　　　＜iPhone 6s,X 关闭＞

　　　＜iPhone 6s,X 启动＞

2. 系统的框架

图 6-3 所示为基于机器学习的问题 UGC 识别、方法 UGC 识别、问题-方法匹配的系统，

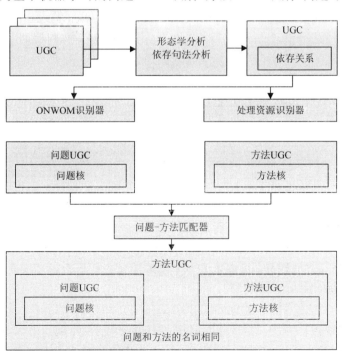

图 6-3　面向 ONWOM 处理的资源管理系统框架

即整个系统的框架。首先，每一对有依存关系的 UGC 会成为问题-方法核的源，被送入问题 UGC 和方法 UGC 识别器。如果一个被判定为问题 UGC 的核与另一个被识别为方法 UGC 的核被证明存在联系，且有同样的名词，即可被输入问题-方案匹配器匹配成功，输出匹配的名词模板对，即得到问题-方法 UGC 对；匹配失败的问题-方法 UGC，则可等待与下一条送入匹配器的方法-问题 UGC 继续匹配。

6.2.3 框架的可行性分析

概略而言，将问题 UGC 和方法 UGC 的识别转化成在 UGC 中找到准确的问题-方法核，从而通过核来判定它属于哪一种 UGC。因此，需要通过这两类 UGC 表现出的典型特征组成的特征集来实现这一判定过程。

本章采用 Hashimoto（2012）提出的激励极性作为特征之一。Hashimoto 定义了激发性模板和抑制性模板：兴奋性模板（如产生 X、购买 X、忍受 X）可导致主要功能被激活或增强；抑制性模板（如毁灭 X、阻止 X、用尽 X）可导致主要的功能无效或被抑制。不符合上述两个类别的定义为"中性的"。

据观察，问题 UGC 通常包含以下两种特征之一。

特征 A：与问题相关的一个名词和一个激发性模板之间存在依存关系。

特征 B：与问题不相关的一个名词和一个抑制性模板之间存在依存关系。

例如：

<断网信号灯，亮了>包含特征 A。

<iPhone 6s，自动关机>，<home 键，失灵>包含特征 B。

假设针对一条 UGC，如果能够找到这样的依存关系，则可认为这条 UGC 是问题 UGC。相反，方法 UGC 通常包含以下依存关系。

特征 C：与问题相关的一个名词和一个抑制性模板之间存在依存关系。

特征 D：与问题不相关的一个名词和一个激发性模板之间存在依存关系。

例如：

<报错蜂鸣，停止>包含特征 C。

<华为手机，充进电了>包含特征 D。

即描述一个功能正常，或一个问题被抑制意味着问题被解决或处理，激励矩阵见表 6-1。

表6-1 问题-方法激励矩阵

模板极性	名词类型	
	问题	非问题
激发性	（A）问题核	（D）方法核
抑制性	（C）方法核	（B）问题核

如上定义问题-方法核后，可以认为一对精确匹配的问题核和方法核，其模板的激励极性是相反的。例如：

N3：手机突然黑屏。

P3：手机出现黑屏的话，建议您同时按住电源键和音量上键 8 秒开机。

其中：N3 中的"手机黑屏"是问题核，P3 中的"同时按住电源键和音量上键 8 秒开机"是方法核，由于 N3 中包含的负面口碑问题可被 P3 中给出的方法解决，故这二者成功匹配。抑制模板"X 自动关机"表明"手机"这一个非问题名词表达的功能无法实现，刺激模板"X 重新开机"表明"手机"的功能被重新激活。

当核心名词和问题有关时，如"断网信号灯"，问题核中的模板内容应该是"断网信号灯亮了"，而方法核应该是抑制性的，如<断网信号灯，熄灭>。以上例子均表现出当问题核和方法核组成一个配对时其谓语有相反的极性。

但根据观察和测试发现，基于本章的社会化媒体中的 ONWOM 这一研究背景，相关 UGC 中的核心词一般是产品或服务（的某个属性/特征），一般不属于和问题相关的词，故 A 和 C 这两种情况在本研究中暂不考虑。此外，通过人工分析发现，在实际数据中的确存在不符合上述矩阵关系的 UGC 例子，也存在一对匹配的问题核和方法核核心名词不相同的情况，但为了研究的可行性，对这两种特殊情况暂不做讨论。因此，本章除基于假设 6.1 和假设 6.2，还将基于以下假设进行。

假设 6.3 问题 UGC 中存在与问题不相关的核心名词和一个抑制性模板之间的依存关系。

假设 6.4 方法 UGC 中存在与问题不相关的核心名词和一个激发性模板之间的依存关系。

6.2.4 识别和匹配的特征集

基于以上假设，需构建识别 ONWOM 和解决方案，并对二者进行匹配的特征集。黄兴（2013）发现，发布 ONWOM 的出发点是用户经历了对产品或服务不好的体验和感受，典型的 ONWOM 中一定包含着"正常功能故障""异常情况出现""体验不佳""感受不好"等负面信息。Libai 等（2010）认为，ONWOM 是针对特定对象且含有负面情绪的口碑信息。即 ONWOM 通常传达了发布者对产品和服务不好体验的抱怨等负面情绪，而这种负面情绪通常会通过语言中常用的负面情感词汇来表达，如"糟糕""差劲""讨厌""失望"等。因此，UGC 中传达的负面情感倾向，即情感极性，通常标志着该 UGC 有可能是 ONWOM。情感极性与激励极性可作为识别和匹配 UGC 的特征，是本章的重点研究特征。

本章为识别社会化媒体中的 ONWOM 以及处理资源，并对其进行匹配，以 ONWOM 和处理资源的以下 6 个特征构成特征集。

（1）激励极性（excitation polarity，EX）。

（2）词语情感极性（word sentiment polarity，WSP）相关的特征。

（3）表达核的形态和语法结构，以及问题-方法核前后的语境（MSA）的特征。

（4）出现在 UGC 中的请求短语，如"如何解决"（REQ）。

（5）分布式相似度（distributional similarity，SIM）。

（6）反义关系（contradiction，CTP）。

MSA 是用来表达核及其上下文信息的形态和信息的特征，根据 Varga（2013）的研究，基于中文的语言环境，将核心名词所在的及其前后相连的共 3 个短句，作为该特征的研究对象。REQ 是基于对数据的观察引入的，如果 UGC 中有表达请求的短语（如"怎么办""如何解决"），则一定对应一个问题。同样，如果一条 UGC 可作为处理资源解决一条 ONWOM UGC 提出的问题，那么这两条 UGC 的核心词和部分文本内容应存在语义上的相似性，因此引入特征分布式相似度。除了相似性，通过观察也发现，匹配的问题-方法 UGC 对的谓语，通常存在反义关系，如<打不通，通了>，故也将反义关系作为一个特征。MSA、REQ、SIM 和 CTP 只是作为特征引入来构建特征集，并非本章研究的重点，只在后文简述其获取方法。

6.3　UGC 中激励极性和情感极性及其度量

6.3.1　激励极性及其度量

1. 激励极性定义

根据 Hashimoto（2012）对激励极性的研究，做出以下定义。

定义 6.6　激励极性是谓语的一种语义性质，将词汇本身分类为激发性、抑制性和中性。

定义 6.7　文本观点的指示对象的功能、影响、目的或角色是被激活或增强的（如产生 X、保护 X、购买 X、增加 X），即为激发性模板。

定义 6.8　文本观点的指示对象的功能、影响、目的或角色是被灭活或抑制的（如毁灭 X、污染 X、防止 X），即为抑制性模板。

定义 6.9　既非激发性又非抑制性（如考虑 X、与 X 成比例、与 X 相关、与 X 相近）的即为中性模板。

激励极性是独立于好坏的另一种语义方向（Hatzivassiloglou et al.，1997；Turney，2002；Rao et al.，2009）。如"纠正 X"和"降低 X"都是抑制性的，但只有后者是负面的；Stone（1966）提出，在主动语态和被动语态中存在一种相对关系，如"X 加速"和"X 停止"都是主动语态，但只有前者是激发性的；"接受 X"和"废除 X"都是被动语态，但只有后者是抑制性的。Andreevskaia 等（2006）发表的增加/减少语义倾向的研究中，也将激励极性包含在语义倾向中。

由经验可得，当目标的副词是否定的时候，激励极性则会变成相反的。例如，"保护 X"是激发性的，"不保护 X"则是抑制性的，但通常认为这种表达是违反常规语感的，将在未来的研究中再做讨论，本章暂不考虑。

本章采用的方法：首先构建一个模板网络，网络中的节点是模板，边代表着相连的两个模板存在着或相同或相反的极性，如图 6-4 所示。A、B、C 等节点表示模板网络中的模板，直线表示相连的两个模板存在相同的极性，双箭头连线表示相连的两个模板存在相反的极性，虚线表示另一端有相连的模板，但未在图 6-4 中绘出。

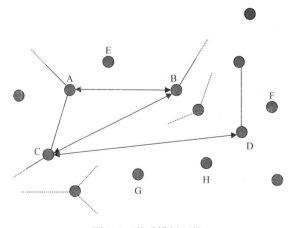

图 6-4　激励模板网络

通过若干个人工收集的种子模板，计算出每个模板的激励值，取值区间是[-1,1]，正值表明激励，负值表明抑制，绝对值很小的表示中性。整个方法是自助过程，每次迭代都会将网络进行扩展，并继续计算每个模板的激励值。举例如下。

模板 A：<X, 坏了>；模板激励值为-1。

模板 B：<X, 好了>；模板激励值为+1。

模板 C：<X, 关闭>；模板激励值为-0.94。

模板 D：<X, 启动>；模板激励值为+0.94。

模板 E：<X, 拍照>；模板激励值为+0.01。

模板 F：<X, 播放>；模板激励值为+0.02。

……

2. 激励模板的性质

本章的方法基于自然语言的一个性质：在给定的一个句子中，一般由以下 3 个自然语言部分组合而成。

（1）句子模板的极性。

（2）代表观点指示对象的核心名词。

（3）连接模板的连接词。

基于上述 3 个组成部分，首先在目标句子中识别两种类别的连接词，即并列型和转折型，这两种类型均可表达谓语间的一致或不一致，并给出以下概念的定义。

定义 6.10　PNP（"positively-associated" noun pairs）：当给定句子中指示的第一个名词促进了第二个名词的产生时，即称这个名词对为 PNP。

例如：很多软件，卡顿。

定义 6.11　NNP（"negatively-associated" noun pairs）：当给定句子中指示的第一个名词抑制了第二个名词的产生时，即称这个名词对为 NNP。

例如：释放内存，卡顿。

以这两个类型为基准，对频繁使用的连接词的句子进行人工分类。

举例如下：

① 手机安装很多软件，且/但手机出现卡顿（"安装软件"和"出现卡顿"都是激发性的）。

② 手机删除很多软件，且/但手机没有出现卡顿（"删除软件"和"没有出现卡顿"都是抑制性的）。

③ 手机安装很多软件，但手机没有出现卡顿（"安装软件"是激发性的，"没有出现卡顿"是抑制性的）。

④ 手机删除很多软件，但手机出现卡顿（"删除软件"是抑制性的，"出现卡顿"是激发性的）。

⑤ 手机在释放内存，且/但手机不出现卡顿（"释放"是激发性的，"不出现卡顿"是抑制性的）。

⑥ 手机在释放内存，但手机仍然出现卡顿（"释放内存"和"出现卡顿"都是激发性的）。

⑦ 非正常情况：手机安装很多软件，但手机出现卡顿（"安装软件"和"出现卡顿"都是激发性的）。

本章总结了 PNP 和 NNP 出现的情况，PNP 出现在以下两种情形：

（1）并列关系词连接的两个激励模板一致，如例①和例②。

（2）转折关系词连接的两个激励模板相反，如例③和例④。

例⑦实例这种与约束不一致的情况，不符合自然表述，将其视为非自然情况。

同理，NNP 出现在以下两种情形：

（1）并列关系词连接的两个激励模板相反，如例⑤。

（2）转折关系词连接的两个激励模板一致，如例⑥。

表 6-2 对上述 PNP/NNP 和关联词的对应关系进行了描述，称之为约束关系矩阵。

表6-2 约束关系矩阵

关联词类型	名词对类型		
	PNP	NNP	其他
并列	一致	相反	N/A
转折	相反	一致	N/A

如果已知一个名词对是 PNP 或 NNP，通过查阅上述矩阵，就可以知道这两个模板的极性是一致或是相反的。同理，如果已知两个模板的名词对有相同或相反的极性，那也可以知道这个名词对是 PNP 还是 NNP。通过人工分析发现，很难在正常表述中找到不符合上述约束的句子，因此有理由相信，以上约束概括了符合描述的句子中普遍存在的规则。

3. 自助法获取激励模板

为计算模板的激励值，本章构建了一个模板网络。在该网络中，模板的边表示被连接的两个模板的极性是否一致（一致/相反），如上述约束矩阵所示。通过给定少量手工准备的种子模板，在该网络中应用激活扩散机制（Takamura，2005）来确定激励值。

然而由于约束矩阵的结构，除非已知每个名词对是 PNP 或 NNP，否则无法构建网络，但目前并无可行的方法可提前确定所有的情况是 PNP 还是 NNP，因此本章采用自助法（Bootstrapping 算法）来获取模板网络。

自助法是指从给定训练集中有放回的均匀抽样。即对于训练中的已被选取过的实例，与未被选取过的实例一样等概率地被再次选取并添加到训练集中。例如，在一个文档集合中选择文档，在有放回的抽样中，允许多次选择同一个文档加入训练集中。

下面给出了自助法获取模板网络的步骤。

步骤 1 准备初始种子模板，并确定激励值（+1 或-1）。

步骤 2 种子模板对由两个种子模板和一个关联词（并列或转折）组成。

步骤 3 在网页中提取包含一个种子模板对的名词对，通过约束矩阵判断是 PNP 还是 NPN。出现以下任一特征的名词对直接过滤掉，即是 PNP 又是 NNP；出现频率小于等于 F（F=5）。

步骤 4 在网页中通过 PNP 或 NNP 的特性，提取新的（非种子的）模板对，参考约束矩阵，为每个模板对确定连接类型（一致/相反）。

步骤 5 由所有模板对构建模板网络，去掉与之连接的模板数小于 D 的模板（D=5）。

步骤 6 应用 Takamura 的方法，确定每个模板的激励值。

步骤 7 提取 Takamura 方法结果中激励值最高和最低的 $N \times i$ 的模板（N 是常数，本章中设置为 30；i 是迭代次数），作为下一次迭代中扩展后的种子模板使用，定义最高模板的激励值为+1，最低的为-1，返回步骤 2。

如上所示，手工准备一定数量的激发性和抑制性种子模板，采用数据挖掘方法从社会化媒体网页中提取由并列关联词或转折关联词连接的两个种子模板的名词对。基于约束矩阵，将名词对分类成 PNP 或 NNP，采用数据挖掘方法从网页中提取其他呈现 PNP 或 NNP 特征的非种子的模板对，由约束矩阵决定所有模板对的边（一致/相反），将模板连接起来构建模板网络。

为计算网络中所有模板的激励值，首先定义激发性和抑制性的种子模板的激励值分别为+1 和-1，然后在网络中应用 Takamura（2005）提出的激活扩散方法。该方法通过求解一致/相反的边带给网络的约束来计算种子模板的激励值（后文会详细叙述该方法）。在第 i 次迭代中，该方法选择 $N×i$ 激励值最高和最低的模板作为下一次迭代的种子模板（设置常数 N 为 30）。然后用扩展后的种子模板集构建一个新的模板网络，并重复这个计算过程。自助过程在 M 次迭代后停止，M 设置为 7。

根据 Takamura 的研究，从模板网络中手工选择有最多连接线的 P 个激发性和 Q 个抑制性的模板作为最初的种子模板，再将其进行扩展，理论上可构建一个通过自助法能够构建的"最大"模板网络。

4. 激励值计算模型

本章中的激励值计算方法是基于物理学中的螺旋模型，每个电子旋转的方向非上即下，由于螺旋模型和本章的激励模板模型类似，两个模型都存在网络中相邻物体的激活扩散作用，故可应用该模型来计算激励模板的激励值。

螺旋模型定义了一个螺旋网络中的能量函数，每个电子螺旋可用该能量的函数最小值估算，即

$$E(\boldsymbol{x}, \boldsymbol{W}) = -1/2 \times \sum_{ij} w_{ij} x_i x_j \tag{6-1}$$

其中：x_i 和 x_j 是自旋电子 i 和 j，矩阵 $\boldsymbol{W}=\{w_{ij}\}$ 分配了电子之间连接的权重。将模板视为电子，激励极性视为旋转方向（上和下分别对应激发性和抑制性），并定义模板 i 和 j 之间连接的权重，即

$$w_{ij} = \begin{cases} \dfrac{1}{\sqrt{d(i)d(j)}}, & \text{SAME}(i, j) \\[3mm] \dfrac{-1}{\sqrt{d(i)d(j)}}, & \text{OPPOSITE}(i, j) \end{cases} \tag{6-2}$$

其中：$d(i)$ 表示连接到 i 的模板数量；SAME(i, j)、OPPOSITE(i, j) 表明 i 和 j 之间存在的连接是相同（相反）的。

通过最小化能量函数，可以计算激励目标的激励值。

最小化 E 后，当 w_{ij} 是正值时，x_i 和 x_j 有相同极性；当 w_{ij} 是负值时，它们的极性相反。初始种子模板根据激发性或抑制性分别赋值+1 或-1。

6.3.2　情感极性及其度量

1. 情感极性定义和量化方法

基于社会化媒体的口碑信息这一研究对象，情感极性是指用户在其发表的 UGC 中通过

文本传达出的对于产品或服务的情感倾向，一般分为正面、负面或中立。而这一特征是判断 UGC 是否是 ONWOM 的重要特征之一。Bradley（1999）在处理文本数据时发现，一定长度的文本之中的某些单个词汇或短语所包含的情感倾向，可以确切地传递人类想通过该文本表达的情感，也就是说，在文本的情感倾向识别机制中，通过选中并识别关键词汇或短语的情感倾向并排除其他冗余信息，可以正确地判定文本的情感倾向。此外，他还发现可以用公式及数值来描述和度量该类词汇和人类情感之间的对应关系。何建民等（2010）认为，在中文自然语言处理中，词汇的褒贬倾向性判别是文本倾向性识别的基础。而且由于主题内容的专业性和特殊性，不同领域内的情感词汇也表现出独特性和集中性。

在此前涉及的词汇倾向性的研究中，Turney 等（2003）提出了英文语言环境中判定词汇倾向性的经典算法，以 SO-PMI（语义倾向点互信息）概念来表征语义的倾向性和倾向程度，先通过人工选择褒贬程度强烈的 7 组基准词，再用公式计算待定词汇和基准词的 SO-PMI 值，该数值的符号和绝对值表示待定词汇的情感特征：正值表示褒义，负值表示贬义，绝对值越大，褒/贬义程度越强烈。

基于已有的研究，Kamp 等（2004）将 Turney 提出的算法在英语词典 WordNet 中加以改进。首先在 WordNet 中通过人工选择大量的基准词，基准词包含褒义和贬义（分别用 good 和 bad 指代）两种情感极性，并构成一个单词网络，将待判定词汇输入该网络，判定其是否为同义词，即计算其语义相似度，计算公式为

$$SO(t) = \frac{d(t, bad) - d(t, good)}{d(good, bad)} \tag{6-3}$$

其中：WordNet 生成基准词和待判定词相似图；$d(t_1, t_2)$ 是词汇 t_1、t_2 在图中的最短路径；$SO(t)$ 的值表示待定词 t 和褒义基准词/贬义基准词的相似度。

目前中文词汇的语义倾向性计算研究，通常是利用中文词典 HowNet。HowNet 是中文领域中揭示词语概念和概念属性之间关系的工具，其权威程度可媲美英语词典 WordNet。采用上述方法，在中文词典 HowNet 中确定基准词集，其他操作和公式与在英语词典 WordNet 中的方法一致。

2. 情感极性词典构建方法

本章采取的构建情感极性词典的方法，是对上述方法进行改进而形成的。基于词汇的语义相似度计算原理，选取具有强烈褒贬倾向的基准词，分为褒义基准词和贬义基准词，通过计算待定词汇与基准间的相似度统计结果，度量词汇的语义倾向性和倾向程度。操作流程如图 6-5 所示，构建情感极性词典的操作步骤如下。

步骤 1　收集或下载语料，构建尽可能全面和充分的语料库。

步骤 2　对语料库中的语料进行处理和分析，去除无意义的停用词。

步骤 3　根据褒义和贬义种子词对词汇的语义倾向进行计算，调整词汇语义权值并存入情感极性词集。

步骤 4　根据词典设定的词频和权值的阈值选择词汇。

步骤 5　词汇选择结束，将其按权值由大到小顺序加入情感极性词典。

词汇的存储采用线性链表数据结构，情感极性词典采用定期更新的方式，及时收录新出现的词汇，并对使用率过低或错误收录的无效词汇进行删除。

本章所构建的情感极性词典旨在用于计算 UGC 的褒贬义倾向，以及识别产品的

ONWOM，因此，将词典收录的词汇分为两类，即褒义和贬义。褒义和贬义表示词语/句子的情感色彩和语义倾向，其定义如下。

褒义：是对一个词语/句子情感色彩的划分，表示赞许、肯定的意思。

贬义：是对一个词语/句子情感色彩的划分，表示不赞成或坏的意思。

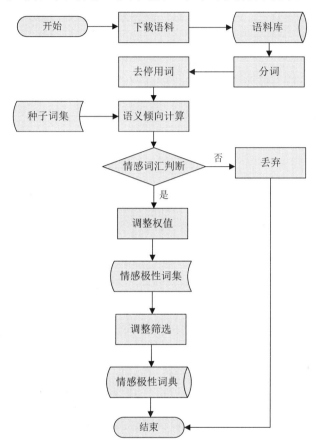

图 6-5　情感极性词典构建流程框图

根据何建民等（2010）的方法，将任一词汇的度量值 z 规定在[-1,+1]的实数区间内，并设定一个阈值 β，存在表 6-3 所示关系。

表6-3　数值关系和语义倾向矩阵

数值关系	词汇语义倾向
$z > \beta$	褒义
$z < \beta$	贬义

其中：z 的大小代表语义倾向程度，z 越小，贬义程度越强；反之，褒义程度越强。

3. 词汇语义相似度

本章研究的 UGC 一般均包含对于产品或服务"好"或者"差/坏"的评价，而在汉语词汇中，"良"和"莠"具有强烈的褒贬倾向，也是知网中表达褒贬倾向时使用频率最高的两个义原（primitive），并用其标注其他传达褒贬倾向的词汇，因此，本章选取了"良"和

"莠"两个标注中的词汇作为本研究的基准词集。

知网用义原组成来定义词汇，因此针对一个目标词汇，首先要在知网中确定其义原组成，然后在基准词集中查找它的近义词。由分析可知，传达褒贬义的词汇通常是形容词，知网的词汇义原组成通常有 2 个或 3 个位置，在绝大部分形容词的义原组成中，第 2 个位置标注的是该词汇被用来描述的属性或数量特征，第 3 个位置是第 2 个位置的属性或数量的具体值，因此，徐琳宏等（2007）认为，这两个位置的义原组成，是决定词汇传达出的情感倾向性的关键。例如：

芬芳：DEF=aValue | 属性值，smell | 气味，good | 好

痛苦：DEF=aValue | 属性值，mood | 情绪，bad | 坏，undesired | 莠

高雅：DEF=aValue | 属性值，temperament | 气质，elegant | 雅，desired | 良

刘明星（2011）采用的方法是，人工筛选出褒贬义强烈的词对固定作为一级基准词对，再通过计算待定词汇和基准词对之间的距离判定倾向性。但实验表明，存在一些特殊的待判定词汇，因与基准词对在义原树中距离较远，无法正确地判定其倾向性，但经过人工评价，这些词汇又明确地显示出其褒或贬的倾向性。而本章优化了这一步骤，将目标词汇的可能近义词都列入考量，能够在一定程度上避免这种判别失误，解决这一方法在实际应用中的盲区。

知网中的词汇都是用"义原"来表示，"义原"是描述概念的最基本单位，义原之间存在着复杂的关系。本研究关注义原之间的上下位关系，这种关系可使得用义原描述的词汇形成一个树状的层次体系，称之为"义原树"，构建此树是进行语义相似度计算的基础。假设两个义原 p_1、p_2 在一棵义原树中的路径距离为 d（正整数），那么其语义距离计算公式为

$$\mathrm{Sim}(p_1, p_2) = \frac{\alpha}{d + \alpha} \tag{6-4}$$

其中：α 是一个可调节参数。采用该公式，计算待定词汇与每一个可能近义词间第 2 位和第 3 位义原的相似度，$\mathrm{Sim}(p_1, p_2)$ 最大时表示待定词汇与该基准词为最接近的近义词，取该最大值作为最终的词汇语义相似度。

4. 词汇褒贬倾向度

根据上述公式计算出待定词汇与其所有可能近义词的语义相似度后将其求和，所得结果即为词汇的褒贬倾向度量值。

本章定义，如果待定词汇的可能近义词的标记为"良"，则其表现出褒义的情感倾向，褒贬倾向度量值取正值；相反，如果待定词汇的可能近义词标记为"莠"，则其表现出贬义的情感倾向，褒贬倾向度量值取负值。用符号直接指代情感极性，更加直观。

设用 PP 表示褒义基准词集，含 k 个褒义词；用 PN 表示基准种子词集，含 l 个贬义词，其中 k 和 l 可以相等也可以不等。

本章用待定词汇 W 与不同倾向性的基准词语义相似程度得出倾向度，即若待定词汇 W 与褒义基准词集中的词汇相似度数值更大，那么 W 表现出的正面情感倾向性更强；反之，若待定词汇 W 与贬义基准词集中的词汇相似度数值更大，那么 W 表现出的负面情感倾向性更强。词汇 W 的语义倾向值计算如式（6-5）所示，即

$$\text{Orientation}(W) = \sum_{i=1}^{kp}\text{Sim}(WP_i, W) - \sum_{j=1}^{kn}\text{Sim}(WN_j, W) \qquad (6\text{-}5)$$

其中：W 为倾向性待定的词汇；WP_i 表示褒义基准词；kp 表示褒义的可能近义词数；WN_j 表示贬义基准词；kn 表示贬义的可能近义词数。将 W 与所有可能的近义词的相似度（贬义词取符号）求和，即得出 W 的语义倾向值。通过上述公式可给每个词汇赋予权重。

设阈值为 β，有：

若 $\text{Orientation}(W) > \beta$，则判定 W 为褒义词。

若 $\text{Orientation}(W) < \beta$，则判定 W 为贬义词。

采用线性加权法，对权重重新进行调整，以解决权重普遍偏小的问题，即

$$\varphi' = \frac{\varphi - \varphi_{\min}}{\varphi_{\max} - \varphi_{\min}} \qquad (6\text{-}6)$$

其中：φ 是计算出的权重结果；$\varphi_{\max}$ 是计算出的所有结果的最大值；$\varphi_{\min}$ 是计算出的所有结果的最小值；φ' 是调整后的权值结果。

5. 情感极性词典构建过程

情感极性词典中词汇分为褒义和贬义两类，可用一个二元组来描述情感词汇本体，即

$$\text{Lexicon}=(B, E)$$

其中：B 表示词汇的基本信息，如编号、词条、词性、版本信息等；E 表示词汇的褒贬类型和语义倾向权值。

图 6-6 所示为情感极性词典的构建过程。

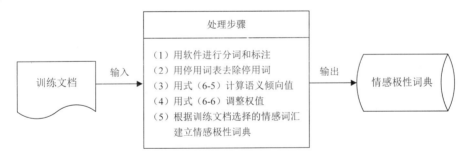

图 6-6　情感极性词典的构建

定义 6.12　词汇集合为

$$A=\{a_i | a_i \text{ 为形容词，} i=1,2,\cdots\}$$
$$N=\{n_i | n_i \text{ 为名词，} i=1,2,\cdots\}$$
$$V=\{v_i | v_i \text{ 为动词，} i=1,2,\cdots\}$$
$$P=\{p_i | p_i \text{ 为代词，} i=1,2,\cdots\}$$
$$F=\{f_i | f_i \text{ 为副词，} i=1,2,\cdots\}$$
$$S=\{s_i | s_i \text{ 为标点符号，} i=1,2,\cdots\}$$
$$O=\{o_i | o_i \text{ 为其他词，} i=1,2,\cdots\}$$

通过以上定义，示例文本如下："我的 iPhone 6s 突然黑屏了，垃圾苹果！打不通客服电话！再也不要买差劲的苹果手机了！"该文本可用符号表示为 $p_1 n_1 f_1 v_1 o_1 s_1 a_1 n_2 s_2 v_2 f_2 n_3 s_3$ $f_3 v_3 a_2 n_4 o_2 s_4$。

（1）分词与词性标注：$p_1/P\ n_1/N\ f_1/F\ v_1/V\ o_1/O\ s_1/S\ a_1/A\ n_2/N\ s_2/S\cdots s_4/S\cdots$。

（2）去除代词、符号、量词等停用词后，可表示为 $n_1/N\ f_1/F\ a_1/A\cdots$。

（3）根据公式（6-5）计算筛选出的词汇 $a_1\ a_2\cdots$ 但语义倾向权值。

（4）根据公式（6-6）调整筛选出的词汇 $a_1\ a_2\cdots$ 的权值。

（5）训练文档中的所有文本和词汇均进行上述操作后，即可按其倾向程度（绝对值）由大到小地加入词典中，建立情感极性词典 $\{w_1, w_2, \cdots, w_T\}$，其中，$w_i$ 为步骤（3）中确定的词汇向量，包含词汇本身、词汇倾向性、词汇倾向程度，T 为情感极性词典的大小。

本章采用上述方法，手工构建的情感词典部分词汇如第 4 章的表 4-2 所示，其中，位置距离中立情感词汇越远的，情感倾向程度越强，反之，则越弱。

6.4 面向 ONWOM 处理的资源管理系统的实现

6.4.1 支持向量机的适用性分析

在社会化媒体中，ONWOM 和解决资源 UGC 通常以半结构化或非结构化的形式存在于 Web 页面的文本数据中，大大增加了识别的难度。因此，通过系统将 ONWOM 进行识别和匹配是本研究的关键。但这类 UGC 均用自然语言表达，用系统直接对文本数据处理是难以进行的。因此，需要找到有效的方法来对该类文本进行加工处理。

支持向量机（support vector machine，SVM）是 Cortes 和 Vapnik 等学者在 1995 年首先提出的一种分类算法，是一种在高维特征空间使用线性函数来假设空间的机器学习方法。在应用研究中，常常面临样本信息十分有限的情况，缺乏大量的训练集来同时保证经验风险和置信范围最优，因此需要一个折中的算法，既能够在一定程度上保证对特定训练样本的学习精度，又保持较低错误率识别任意样本的能力，达到在小容量样本的机器学习中仍然获得良好统计规律的目的。

作为一个二类分类模型，SVM 的学习策略是特征空间上线性分类的间隔最大化，所以可将最终目标转化为一个凸二次规划问题的求解。该算法在知识发现理论研究、计算机视觉与图像识别以及自然语言处理领域都取得了广泛的应用，其中在自然语言处理领域常用于文本分类和信息过滤。

在文本识别和分类等领域应用 SVM，已取得显著的效果。唐慧丰等（2007）给出了在中文情感分类中多种分类方法的对比试验，并成功验证 SVM 文本分类方法在分类精度上的明显优势；杨经等（2011）在构建了基准情感词后，对潜在情感词进行了挖掘，并采用 SVM 算法对句子进行情感分类识别，实验证明显著地提高了识别精度。高传嵩（2014）将 SVM 作为分类训练算法，结合多种特征提取方法，实现了在多类别数据上的分类，并提升了分类性能。游攀利（2014）对不同核函数的支持向量机构成的分类器进行探索性实验，并将其作为基分类器进行投票学习，以应用在中文文本分类领域。

上述研究成果证明，在对自然语言表达的信息进行分类、特征提取等处理时，SVM 表现出了较高的正确率和召回率。

Varga（2013）在大规模灾难发生的大背景下，识别和匹配需要帮助的受灾人群和提供帮助的人发布的 UGC 的研究中，给出了多种试验方法，比较结果后发现，通过支持向量机算法构建特征集，并通过监督学习的方法训练特征集，再实现对这两类 UGC 的识别和匹配，正确率和召回率均达到了较高的水平。本章研究对象存在一定的相似性。

（1）数据源均存在于社会化媒体中，表现出大量、非结构化、自然语言表达等特征。

（2）需对不同领域的特定主题文本进行识别和分类。

（3）需发掘文本本身存在的依存关系以及文本相互之间的匹配关系。

（4）两个领域的待研究文本，均表现出典型的激励极性和情感极性等特征。

（5）现阶段对这些特征的研究有限，无直接识别和表达的方式，需通过训练等方式来实现。

本章将社会化媒体中的 UGC 作为研究对象，在实际数据挖掘中可获取的数据样本，相对于海量的数据空间只占非常小的一部分，因此符合 SVM 应用领域的特征，本章在设计系统时采用 SVM 的方法，对问题 UGC 和方法 UGC 进行识别和匹配。

在 SVM 理论中，核函数是算法的关键。将无法划分的低维空间向量映射到高维空间的处理方法，增加了计算的复杂度，但选用适当的核函数就可以先在低维空间进行计算，再将实质分类效果表现在高维空间中，在得到高维空间的分类函数，避免复杂性的问题。根据 Varga（2013）的研究，本章在问题 UGC 和方法 UGC 的识别以及二者的匹配中，采用线性核函数[如公式（6-7）]，参数少，速度快，并已被验证获得了最好的效果。

$$K(\boldsymbol{x}_i, \boldsymbol{x}_j) = \boldsymbol{x}_i^\mathrm{T} \boldsymbol{x}_j \qquad (6\text{-}7)$$

为了将算法进行推广，且减小用来确定核函数的已知数据带来的误差，可以引入松弛变量和惩罚因子进行校正。对应"离群点"的松弛变量，值越大，离群越远；而惩罚因子是需要提前设定的，反映了在当前系统中离群点带来的损失和影响程度，值越大，系统越重视离群点，离群点带来的影响程度越高。这两个值的确定需要进行大量的实验才能取得最优解。

6.4.2　系统主要功能

1. ONWOM 和处理资源的识别

本章为问题 UGC 和方法 UCG 的识别采用一个共同的特征集，如表 6-4 所示。

表6-4　问题UGC和方案UGC识别的特征集

特征名	含义
EX1	核模板的激励极性和激励值
WSP1	核模板是褒义/贬义/不在情感极性词典中
WSP2	文本中核模板后是否有一个褒义/贬义词
MSA	表达核的形态和语法结构，以及问题/方法核的上下文
REQ	UGC 中是否存在请求短语

利用 6.2 节中着重强调的激励极性和情感极性这两个特征的概念和原理，利用人工处理和构建的种子模板，通过自展法，获取某领域内的激励极性模板，构建激励极性词典；并利用在社会化媒体中挖掘到的某领域的语料信息，构建该领域的情感极性词典；而请求短语词典可通过大量的数据观察，人工进行构建。

在面向 ONWOM 处理的资源管理系统中，问题 UGC 和方法 UGC 的识别过程如图 6-7 所示。

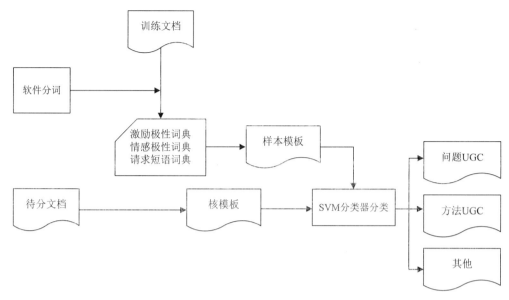

图 6-7 问题 UGC 和方法 UGC 识别过程

2. ONWOM 与处理资源的匹配

识别出问题 UGC 和方法 UGC 之后，两个分类器的输出成为匹配步骤的输入，该问题-方法匹配器采用径向基核函数的 SVM 方法，识别出一个问题 UGC 核和方案 UGC 核对。该匹配器采用的特征除了表 6-5 中的全部特征外，还包含激励极性（EX）、分布式相似度（SIM）、反义性（CTP）以及问题 UGC 和方案 UGC 识别器得出的 SVM 值（SSR）。

表6-5 问题UGC和方法UGC匹配特征集

特征名	含义
EX2	问题核和方法核是否有相同或相反的激励极性
EX3	问题核和方法核模板的激励值结果
SIM1	问题 UGC 和方法 UGC 共同的语义词集
SIM2	问题 UGC 和方法 UGC 中是否有相同的修饰词修饰共同的核心词
SIM3	问题 UGC 和方法 UGC 中是否有属于相同词集的修饰词修饰共同的核心词
SIM4	问题核和方法核模板的语义相似度
CTP	问题核和方法核模板是否属于相反关系词典
SSR1	问题核模板在方法 UGC 识别器得出的 SVM 值
SSR2	方法核模板在问题 UGC 识别器得出的 SVM 值
SSR3	问题核模板在方法 UGC 识别器得出的 SVM 值
SSR4	方法核模板在问题 UGC 识别器得出的 SVM 值

如果一个问题核和一个方法核精确匹配，那么它们的激励极性一定是相反的。用 0/1 来编码核模板的激励极性是相同/相反的。而 SIM，如果一条方法 UGC 和一条问题 UGC 匹配，除了共同的核心词，某些文本内容应该存在语义上的相似性。用 3 种方式来确定该特征，SIM1 表示在问题和方案 UGC 中确定共同的语义词类，SIM2 和 SIM3 指向共同的核心词（如果存在共同的核心词）的修饰词（Varga，2013）。

CTP 表示问题核和方法核是否存在相反关系，这一特征可通过观察得知：当问题核和方法核存在相反关系（如<打不通，通了>）时，它们通常完全匹配。CTP 的值表示核心词对是否在相反词组集中。而存在反义关系的相反词组集可通过 HowNet 的"同义、反义以及对义组的形成"获得。

在系统中，问题 UGC 和方法 UGC 的匹配过程如图 6-8 所示。

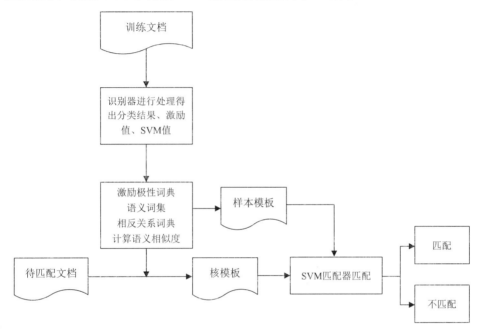

图 6-8　问题 UGC 和方法 UGC 的匹配过程

6.4.3　系统性能评估指标

在系统实现实验过程中需选择恰当的评价指标来评价 SVM 算法结果的优劣，这些评价指标也能反映实验中分类和匹配的准确性。研究中常见的评价方法包含召回率、精确率、F-测度值、微平均、宏平均、平衡点、平衡正确率等。本章采用在文本分类中常被使用的召回率、精确率、F-测度值来评价系统的性能与效果。

定义 6.13　C_i 是文本类别。

精确率（precision，P）为

$$P = \frac{\text{真正属于} C_i \text{的文本}}{\text{被判定属于} C_i \text{类的文本}}$$

召回率（recall，R）为

$$R = \frac{\text{真正属于} C_i \text{的文本}}{\text{实际属于} C_i \text{类的文本总数}}$$

F-测度值（F-score，F）权衡不同用户精确率和召回率的侧重。实际进行评价时将统计并输出表 6-6 中的结果。

精确率、召回率和 F-测度值的计算公式如下：

精确率为

$$P = \frac{a}{a+b} \times 100\% \qquad (6\text{-}8)$$

召回率为

$$R = \frac{a}{a+c} \times 100\% \qquad (6\text{-}9)$$

F-测度值为

$$F_\beta = \frac{(\beta^2+1) \times p \times r}{\beta^2 \times p + r} \qquad (6\text{-}10)$$

表6-6 类别C_i的关联表

数据实际情况 实验判定结果	属于类别 C_i	不属于类别 C_i
属于类别 C_i	TP（即 a）	FP（即 b）
不属于类别 C_i	FN（即 c）	TN（即 d）

其中：a 表示被分类到 C_i 且分类正确的测试文本个数；b 表示被分类到 C_i 但分类错误的文本个数；c 表示未被分类到 C_i 但实际属于 C_i 的文本个数；d 表示未被分类到 C_i 且的确不属于 C_i 的文本个数。

F-测度值的公式中的 β 是一个调节参数，用来调整评价函数中的精确率和召回率所占权重，当 $0<\beta<1$ 时，F_β 的值偏向于精确率；当 $\beta>1$ 时，F_β 的值偏向于召回率；当 $\beta=1$ 时，F-测度值的公式变为

$$F_1 = \frac{2 \times p \times r}{p + r} \qquad (6\text{-}11)$$

通过精确率、召回率和 F-测度值的计算，可以对系统进行性能评估。

第 7 章

基于专家资源识别的在线负面口碑处理

7.1 问题的提出

社会化媒体中包含的知识,不仅仅包括可以用来解决抱怨问题的解决方案,还包括提出该方案的拥有相关领域知识的用户,这些用户是对帮助企业解决抱怨问题、处理 ONWOM 有着重大作用的专家资源。知识管理的相关文献表明,有效的知识管理应当不仅仅针对书面知识,也应当对那些能够作为信息源的专家进行有效组织和管理。但是在海量的用户中,只有一少部分是拥有专业领域知识、愿意帮助其他用户解决抱怨问题的"专家"用户。因此,在社会化媒体中识别出相关知识领域的"专家"用户,构建企业处理 ONWOM、解决用户抱怨问题的潜在专家资源库有着重要的意义与作用。

如果能够成功识别领域专家,构建专家资源库,那么社会化媒体一旦发现用户发表 ONWOM,并且通过资源库中已存储的潜在解决方案无法解决,那么就可以将相关的领域专家推荐给抱怨者,提供快速、准确的个性化解决方案,在其还未广泛传播时消除该条 ONWOM 的影响。

本章根据知识共享、专家识别、信息资源管理理论,针对社会化媒体缺乏有效的 ONWOM 处理方法的问题,从利用专家资源角度出发,提出基于专家资源的 ONWOM 处理模式。为了给该模式的实现奠定基础,本章结合 ONWOM 及处理的需求,利用文本分析、情感词典等技术分析用户的情感特征、信息特征及社会资本特征,构建了面向 ONWOM 处理的专家资源识别模型,并抓取社会化媒体上的数据进行了实验验证。本章研究试图为社会化媒体、企业解决 ONWOM 处理及用户解决负面口碑问题提供方法与思路。

本章的主要内容如下。

(1)研究社会化媒体中 ONWOM 处理的专家资源识别的影响因素和识别指标。

(2)研究基于专家资源的 ONWOM 处理模式以及工作机理,通过模拟实验验证专家解决 ONWOM 的有效性。

(3)从信息状态、情感状态、社会资本状态,研究社会化媒体中专家资源识别的框架以及研究处理 ONWOM 的专家资源识别模型。

7.2 在线负面口碑处理的专家资源及其识别指标分析

7.2.1 在线负面口碑处理的专家资源分析

1. ONWOM 处理的专家资源定义

大量用户在社会化媒体中发表和搜索内容,建立虚拟社会关系,随着累计发表内容的增多和关系关联数量增加，少数用户逐渐凸显出来，成为平台上的"非普通用户"。Riahi 等（2012）研究发现问答社区上绝大多数有价值的知识回答来源于少量专家。

对本章相关的专家资源作以下界定。

定义 7.1　社会化媒体中的专家资源为具有处理相关领域 ONWOM 的能力，并且愿意进行知识共享，帮助处理 ONWOM 的用户，即专家用户，他们具有以下特点。

（1）能够提供信息层面的知识解决方案，给出解决抱怨者在 ONWOM 中提出的关于产品或服务问题的实际操作方法或建议，对抱怨者的知识状态进行补偿。

（2）能够提供情感层面的情感抚慰，能安抚抱怨者产生的不满情绪等负面情感，对抱怨者的情感状态进行补偿。

（3）能够具有一定的社会资本，一方面能够提高抱怨者对专家用户提供方案的有用性感知，进一步满足解决 ONWOM 信息层面的需求；另一方面，专家用户的较高的社会资本使得用户能够获得重视、尊重感，进一步满足解决 ONWOM 情感层面的需求。

问答社区中的专家用户大多在某一领域具有一定程度的专业知识，并且对此领域的相关问题，回答数量较多或者被提问者认可的答案较多，对社区有突出贡献。目前研究领域对于专家用户的定义略有差异，但专家用户必须具有至少一个领域的一定水平的知识，并且能够积极参与回答且回答质量高。

本章研究针对 ONWOM 处理的专家资源，除了需要考虑普通专家用户需要具备一定的领域知识且能够提供有效解决方案外，还需要考虑其抚慰抱怨者情感的能力和意愿。而拥有积极正面情绪的专家回答能够更加有效地解决 ONWOM 问题，带来更高质量的知识共享。一方面是因其回答具有一定的安抚意味，如礼貌、幽默感等能够缓解 ONWOM 发布者的情绪；而另一方面，带有积极情感的回答，如真诚、同情等更加容易被抱怨者接受（Kim et al.，2008）。同时，拥有积极情感的人，更加乐于帮助他人，其知识共享意愿更强烈。

社会资本（social capital）是资本的一种形式，是指为实现一定的目的，通过社会网络形成的资源或能力的总和。社会资本能够提高同一社会化媒体上用户之间的互动程度和信任感，还能利用个体间的联系提供更多的机会和信息。Wasko 等（2005）和 Chang 等（2011）的研究均表明社会资本影响用户的知识共享行为，对其知识共享意愿和知识共享质量均有显著正向作用。在虚拟社区中，个体的社会资本同样影响该用户的知识共享和知识接受者对接收的知识有用性的感知（Perry-Smith，2006）。通常，社会网络中具有较高的社会资本的用户，拥有更强的个人能力和传播能力，更容易被其他用户信任，从而减弱抱怨者的拒绝心理。而且，由此类专家用户为抱怨者提供服务，能够给抱怨者重视、尊重等正面情感，削弱抱怨者的不满情绪。拥有较高的知识共享意愿和知识共享质量，进一步为抱怨者弥补信息和情感双层缺失，这些都成为具有解决 ONWOM 能力的专家资源的社会资本特征。

2. 专家资源影响因素分析

根据社会化媒体中 ONWOM 处理的要求，以及积累的 UGC，专家资源影响因素可以从 3 个维度，即信息/知识状态、情感状态和社会资本状态进行分析。

1）信息/知识状态

信息/知识状态（information/knowledge state）体现了用户提供信息层面的解决方案的能力，而专家用户需要具备此种能力才可能帮助抱怨者处理其 ONWOM。信息层面的解决方案实质是知识的一种。衡量专家信息层面知识的大多数方法主要是通过完整定义的层级化知识和高质量的信息内容进行界定。但是 Gu 等（2007）发现在在线社区中，知识质量相对于组织来说相当低下，并且信息质量通常和在线社区的成员数量呈负相关关系。在大型的社区化、开源的在线知识库——维基百科中，只有 0.09% 的文章符合信息质量评定的标准。因此，凭借知识质量来衡量信息状态的方法是不准确的。同时，目前专家识别的一种普遍方法是通过给定的问题，进行文档相似度比对来预测专家的等级（Ackerman et al.，1990；Balog et al.，2006，2007；Krulwich et al.，1996；Streeter et al.，1988）。

2）情感状态

情感状态（emotion state）体现了用户提供情感抚慰的能力。情感上的弥补同样也能缓解抱怨者的 ONWOM 中的负面情绪，提高专家用户提供的解决 ONWOM 方案的有用性。各解决方案中情感的表达差异主要体现在情感极性、情感强度以及情感稳定性上，那么可以用这 3 个方面对用户的情感状态进行描述。情感极性的相关研究中，情感极性是用户支持、中立、反对的态度，大部分研究均将情感极性分为正面、中性和负面。情感强度是表达者的情感强弱程度，是其通过各种情感词和情感语气而展现的正面情感或负面情感的强弱程度。例如，"优良"与"优异"都是褒义词，在绝大多数语境下，主体用来表达正面情感（即不考虑反讽的语境）。但是"优异"比"优良"所体现的情感程度要强烈得多。通常在情感分析研究中会给不同情感词设置不同的权重值，以区分各个情感词的程度差别。

根据情绪感染（emotional contagion）理论，在客服与消费者互动过程中，客服的情绪传染消费者，对消费者的情绪产生感染作用，形成从客服到消费者的情感涟漪效用（Pugh，2001；Tsai et al.，2014；Hennig-Thurau et al.，2006；Hennig-Thurau et al.，2015）。个体在进行交互时，可能会有意无意地仿照其他人的行为，捕捉他人情感，并进行同步（银成钺，2011）。也就是说，人的情绪能够直接来自于他人的行为和情绪，因此专家用户的情感状态能够最终导致抱怨者情绪的变化。而对抱怨者进行情感抚慰，从某种意义上来说就是一个情绪感染的过程，通过对抱怨者进行情感感染和安慰，抚慰抱怨者的情绪，从而帮助解决ONWOM。

3）社会资本状态

社会资本状态（social capital state）是指为解决 ONWOM 服务的专家资源主体拥有的社会资本状态，一方面，是不同主体在其所处的不同社会结构位置所产生的资源；另一方面，也是主体进行 ONWOM 处理的动机。

许多研究对用户参与，包括知识共享、社区帮助行为等个人动机展开研究。Ba 等（2001）从信息系统建设与组织激励的研究角度出发，指出知识共享者通过向别人展示自己宝贵经验收到回馈而获得收益，共享者被认为是专家，自我形象得到提升，并建立了自己的声誉。Yu 等（2007）基于功能动机理论和期望价值理论，在其对在线解决虚拟社区问题的知识贡献行为的研究中指出，荣誉、利他等 8 种个人动机是用户参与他人问题解决的主要动机。Chang 等（2011）进一步指出声誉和利他是用户分享知识的主要感知收益，两者促进了用户进行知识共享，所以建立声誉系统和提高用户地位是刺激用户参与知识共享的重要因素。

由于社会网络、互惠性规范和由此生成的互相信任，不同主体之间形成关联，是各主体重要的社会资本来源。社会关系、尊重、承认、成就、信任、荣誉、声誉、客户交互频率、关注度等均是主体在社交媒体中典型的社会资本转换来源。拥有较高的社会资本的专家用户所提供的 ONWOM 解决方案能够获得更高的抱怨者信任和有用性感知，并且能够使抱怨者感到受重视、受尊重，从而提高 ONWOM 的处理成功概率。

7.2.2 在线负面口碑处理的专家资源识别指标

1. 信息/知识状态

用户的信息状态包括能够提供一定的领域知识信息和令用户满意认可的信息水平。

本章并非是针对某一具体问题来寻找专家的，而是为了寻找某个领域中的专家用户，用于构建专家库，为未来快速解决 ONWOM 积累资源，因此本章需要的是具有一定领域知识的用户。领域知识的水平代表了用户的信息状态，能够在解决 ONWOM 中起到给出解决方案的作用。领域知识水平越高，能够为抱怨者提供解决方案的可能性越大，提供方案的有效性越高，适用性越好；而知识的采纳概率越高，代表该用户在其活动平台上受到的认可度越高，代表其提供的方案或解释更加为抱怨者所接受，该用户提供的解决方案被其所服务的抱怨者广泛采纳，代表该用户解决抱怨者 ONWOM 需求的能力水平越高。

因此，本章采用领域知识水平（domain knowledge level）和累计采纳等级（adoption level）来衡量用户信息状态。

2. 情感状态

情感状态代表了某用户对于其他用户进行情感感染的能力水平。情绪感染的过程可以算作对抱怨者进行情感抚慰的过程，也就是说，专家用户的情感状态就是专家用户对抱怨者进行情感抚慰的能力。当专家用户的情感越正面，情感强度越大，那么成功对抱怨者进行正面情绪感染的概率越大，对抱怨者进行情感抚慰的效果可能就会越好。对于情感极性和情感强度可以通过具体的数值分数进行综合表示，因此，本章采用情感得分指标来表示用户的情感状态。

3. 社会资本状态

专家用户的社会资本状态显示了专家从社会网络角度进行 ONWOM 解决的能力和进行解决 ONWOM 的意愿。主体的社会资本主要体现在主体的影响力、社会关系的度以及主体的平台个人等级等方面。当用户的影响力越大、社会关系的度越多、平台等级越高时，用户的社会资本越高，用户在社会网络方面的 ONWOM 解决能力越高，那么该用户进行 ONWOM 解决时的效果就越好。同时，用户积极参与解决 ONWOM 的意愿还可以从用户积极参与社会问答中看出，用户的回答等级越高，说明其参与问答活动频率越高，活跃度越高，证明该用户参与解决 ONWOM 的意愿越强烈。因此，本章采用累计回答等级（answer level，AL）、累计推荐等级（recommendation level，RL）、社会关系的度（degree in social network，DSN）、平台个人等级（mobile social media platform level，MSML）等指标来衡量用户的社会资本状态。

上面从 3 个维度分析了 ONWOM 处理的专家资源识别指标，分别是信息状态，包括领域知识水平、累计采纳等级；情感状态，即情感得分；社会资本状态，包括累计回答等级、累计推荐等级、社会关系的度、平台个人等级，具体描述解释如表 7-1 所示。

表7-1 ONWOM处理的专家资源识别指标

维度	指标	描述
信息状态（IS）	领域知识水平（DKL） 累计采纳等级（AL）	用户发布的所有答案所显示的用户拥有的领域知识水平 用户提供的答案累计受到采纳的等级
情感状态（ES）	情感得分（SS）	用户提供的所有答案的情感得分值
社会资本状态（SCS）	累计回答等级（AN） 累计推荐等级（RL） 社会关系的度（DSH） 平台个人等级（MSML）	用户累计回答问题数量所达到的等级 用户提供的所有答案累计获得的推荐等级 用户在社会化媒体中进行社交往来产生的服务者至发布者方向的有向关系数量 用户在社会化媒体中活动形成的个人等级

7.3 基于专家资源的在线负面口碑处理模式及工作机理

7.3.1 基于专家资源的在线负面口碑处理的系统结构

社会化媒体中基于专家资源的 ONWOM 处理的系统由 ONWOM 识别子系统、资源处理子系统和匹配系统构成（见图 7-1）。其中，ONWOM 识别子系统主要功能为识别出平台上的 ONWOM；资源处理子系统主要功能为识别出在平台上能够作为解决 ONWOM 的资源库，包括知识和专家资源；匹配系统主要功能为从资源库中寻找能够解决平台上ONWOM 的知识或专家资源。

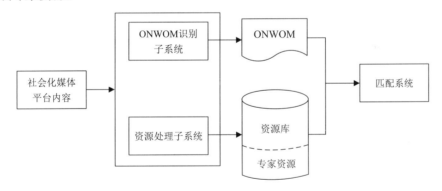

图 7-1 基于专家资源的 ONWOM 处理的系统结构

社会化媒体上蕴含着大量的 UGC 信息，将这些内容收集，进行处理，分别识别出 ONWOM 和处理资源，形成待解决 ONWOM 和专家资源，当需要对负面资源进行解决时，利用匹配系统进行匹配，为特定 ONWOM 提供解决资源或专家用户。一旦识别出 MSM 平台上的 ONWOM，就可以在资源库或者平台上匹配具有相关主题知识的专家用户，从而实现及时有效地帮助抱怨者解决其提出的问题，为平台中投诉者提供大规模个性化的服务。

7.3.2 基于专家资源的在线负面口碑处理的工作机制

社会化媒体中的用户作为潜在产品购买用户，当其购买产品后产生不满并进行投诉时，会从消费者转变为抱怨者，在平台上传播 ONWOM；当得到解决方案时，则恢复对产品的满意度和购买欲望，重新成为潜在消费者。在这个平台上，用户在抱怨者、专家用户和普通消费者 3 种角色间进行切换，而消费者又包括潜在消费者、实际消费者和无关消费者，该平台上抱怨的产生与处理的工作机制如图 7-2 所示。

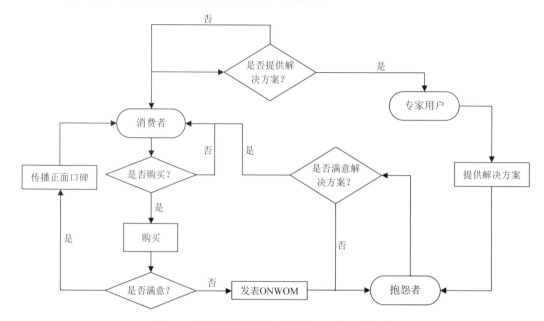

图 7-2　社会化媒体抱怨产生与处理的工作机制

假设每个用户在同一时间段只能有一个身份，那么用户的整个生命周期，在开始时所有用户都是潜在消费者，受到广告宣传、口碑等的影响。当用户的购买意愿受到足够刺激，积累到一定程度时，用户将由潜在消费者转变为消费者，并且通过购买产品而对消费经历产生满意或不满的观感。如果对消费经历满意，则将持续购买产品，增加对企业的忠诚度；如果不满意，则会产生不满情绪，对产品进行抱怨，传播 ONWOM。而当社会化媒体监测到平台上出现的 ONWOM 时，可以通过寻找或者邀请一个专家用户帮助给予解决方案，解决 ONWOM 问题。而此时，这些具有处理相关领域 ONWOM 的能力，并且愿意进行知识共享，帮助解决 ONWOM 的用户，其角色切换至专家用户。专家用户对抱怨者的 ONWOM 进行处理，抱怨者对其给出的方案进行综合评估，当达到其心理预期时，抱怨者重新转变为潜在消费者，待其购买意愿重新达到购买契机时新的周期开始。

7.3.3　实验与结果分析

1. Agent 主体模型

社会化媒体中的用户，作为抱怨问题的提出者传播 ONWOM，又可以作为拥有知识及经验的专家，进行知识分享解决抱怨问题带来的 ONWOM 传播的影响。知识共享意愿决定用户是否愿意作为专家用户进行知识分享，而要成功解决 ONWOM 的影响，专家分享质量即其分享的知识有用性至关重要。

为了验证利用社会化媒体中的专家用户进行 ONWOM 解决的有效性，本章基于多智能体的建模仿真方法模拟用户的交互。

假设在社会化媒体中有 N 个用户，记做 $N=\{n_i|1\leqslant i\leqslant N\}$（$i$ 代表专家）。I 表示社会化媒

体的整体知识共享意愿，代表愿意分享知识的用户在平台上的占比；Q 表示用户的平均知识共享质量。用户 agent 有 5 个属性，用 5 元组描述，即

$$\text{agent}=\{K,C,\text{PI},\text{KSI},\text{KSQ}\}$$

其中：K 表示每个用户具有一定水平的产品知识，K_i 代表专家的知识水平，K_j 代表投诉者的知识水平，$0 \leqslant K \leqslant 1$；$C$ 表示每个投诉问题对应于解决投诉问题所需的特定知识水平，C_j 代表投诉问题知识水平，设当 $K_i > C_j$ 时，用户 i 具有解决用户提出的投诉问题 j 的能力，$0 \leqslant C \leqslant 1$；PI 为用户对特定产品的购买意愿，决定用户是否购买产品，受广告宣传、口碑和抱怨解决满意度的影响，设其初始值为 $0 < \text{PI} \leqslant 1$；KSI 为知识分享意愿，是指用户个体的知识共享意愿，当用户的知识共享意愿和能力足够时，他们会接受帮助解决抱怨者问题的请求，KSI_i 代表专家用户 i 的知识分享意愿，$0 \leqslant \text{KSI} \leqslant 1$；KSQ 为知识共享质量，是指专家用户分享的知识质量，代表了分享的知识有用性，假设专家用户的知识分享质量在社会化媒体中呈以 Q 为均值的正态分布，$\text{KSQ} \sim N(Q,1)$。专家用户的知识分享质量越高，当该用户为抱怨者提供解决方案时的有用性越高。

本章假设社会化媒体上的用户属性，包括 K、C、KSI、KSQ，均呈正态分布。由于用户属性调查难，且根据大数定律采用正态分布形式是合理的和可行的。

2. 社交网络的建模

研究表明，现实世界的网络结构既不是规则网络也不是随机网络，而是一个复杂的具有小世界效应（Watts et al.，1998）和无标度性质（Barabasi et al.，1999）的复杂网络。无标度特性是指节点的度服从幂分布，这样的网络称为无标度网络。而社会化媒体上的用户社交网络正是一个复杂网络，本章采用复杂网络来模拟社会媒体平台的网络结构。

巴斯扩散模型（Bass，1969）广泛用于传播研究领域，是一个表示实际产品销售曲线很好的方式。巴斯扩散模型使用市场潜力（潜在用户）、创新系数（广告效应）和模仿系数（正面口碑）来预测产品的销售。本章以巴斯扩散模型来模拟 ONWOM 的影响，以此构建社会网络链接和关系（Ruiz-Mafé et al.，2016）。

本章的模型参数是通过前人的实证研究或者通过专家检验给定。

假设在每一个时间段，用户的购买意愿受确定的广告效果（ad）的影响，即

$$\text{PI}_{(t)} = \text{PI}_{(t-1)} + \text{ad} \tag{7-1}$$

同时，用户的购买意愿通过其社交网络连接，受正面/负面口碑效应（wom/nwom）的影响，即

$$\text{PI}' = \text{PI} \times (1 + \text{wom}) \tag{7-2}$$

$$\text{PI}' = \text{PI} \times (1 - \text{nwom}) \tag{7-3}$$

并且用户的再购买意愿还受上次的消费经历满意度的影响。

如果用户对上次的购买经验满意，则影响见式（7-4），即

$$\text{PI}_{(t)} = 0.46\text{PI}_{(t-1)} + 0.54 \tag{7-4}$$

如果用户对上次的购买经验不满意，则影响见式（7-5），即

$$\text{PI}_{(t)} = 0.46\text{PI}_{(t-1)} + \text{SR}(\text{KSQ}_i, Q) \tag{7-5}$$

其中：SR 是服务恢复效果，即抱怨者对专家用户为其提供的 ONWOM 解决方案的满意度，主要受知识共享质量的影响。

根据前面的分析，表 7-2 总结了该模型中受组织干预影响的变量，即 N、I、Q。

表7-2 模型参数

参数	描述	默认值
N	社会化媒体上的用户数量	600
I	社会化媒体的整体知识共享意愿	[0-1]
Q	社会化媒体上专家用户的平均知识共享质量	[0-1]

3. 实验结果

该模型是使用 Anylogic 和 Eclipse 构建的。系统采用不同参数规格进行了仿真实验。设置逻辑时间长度为 180 天。每组实验迭代 10 次，最后求平均值，以削弱随机误差引起的系统随机性。除非进一步声明，所有相关的测试结果在实验中均使用 T 检验，默认 0.01 的显著性水平。

知识共享的效果受知识共享意愿和知识共享质量影响，因此，模型采用了不同的知识共享策略，探索不同程度的知识共享意愿和质量削弱 ONWOM 的能力。实验生成了 100 个知识共享策略参数集，以 0.1 为参数调整间隔，(I, Q) 值从（0.1，0.1）到（1.0，1.0）进行实验。实验结果如图 7-3 所示。

在图 7-3 中，模拟的社交平台中 ONWOM 比率呈周期性变化。当知识共享意愿 I 固定时，随着知识分享的周期性变化对应子周期变化。如在 $X=41$ 至 $X=50$ 区间内，$I=0.6$，Q 在 $0.1\sim1$ 间变化，该区间为一个子周期。当 I 提升至 0.3 时，随着 Q 的增加，ONWOM 比率下降开始变得明显，并且随着 I 的增加，Q 的变化对 ONWOM 的作用越来越明显，Q 越大，ONWOM 越少。

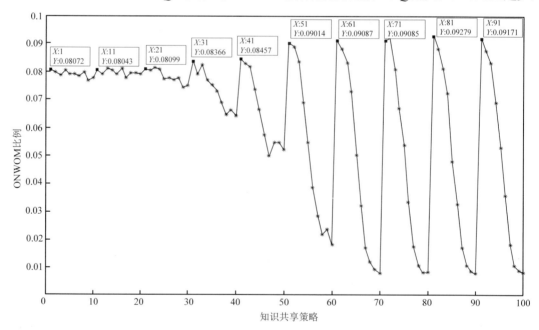

图 7-3 各知识共享策略下的 ONWOM 比例情况

对图 7-4 和图 7-5 进一步进行分析可以发现，当知识共享质量过低时，即使知识共享意愿很强烈，不仅不能降低平台上 ONWOM 的比例，反而可能因为质量过低，导致用户的进一步不满，使得 ONWOM 比率升高。而当知识共享意愿过低时，虽然专家用户的知识共享质量很高，但对于降低平台整体的 ONWOM 没有明显作用。

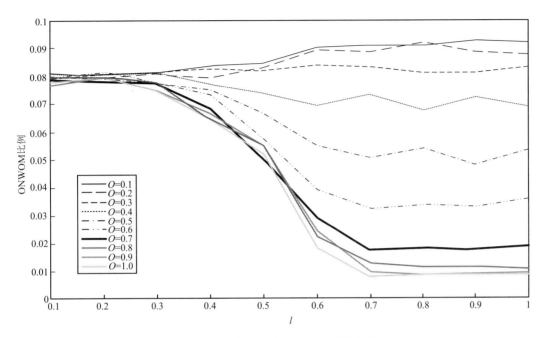

图 7-4　知识共享意愿对 ONWOM 比例的影响

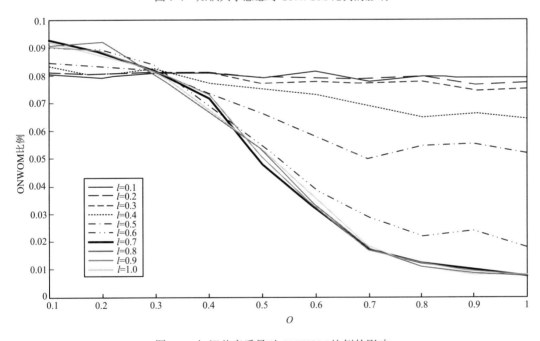

图 7-5　知识共享质量对 ONWOM 比例的影响

　　但是，很容易从结果中看出，只要平台上拥有一定数量的专家用户，并且其知识共享质量能够达到一定水平，那么就能显著降低平台上 ONWOM 比例。实验证明，利用用户资源在 MSM 平台中处理 ONWOM 的方法是切实有效的。如果能够识别出平台中网民资源里的这些专家用户，并给予一定的刺激，可使他们成为企业的额外服务资源，可以借助专家用户易于与其他用户沟通、群体大、成本低等优势，提高服务效率，改善整个流程的体验，提高企业的整体竞争力。

7.4　在线负面口碑处理的专家资源识别框架与指标计算模型

7.4.1　专家资源的识别框架

根据 ONWOM 处理需求和专家用户参与 ONWOM 处理的动机进行分析，本章介绍的专家资源识别是对社会化媒体中隐性资源的识别，即从社会化媒体上大量的用户群体中选出具有处理相关领域 ONWOM 的能力，并且愿意进行知识共享，帮助解决 ONWOM 的专家用户，构建一个真正有助于企业解决 ONWOM 的专家资源库，以提高 ONWOM 解决的效率。

这些能够处理 ONWOM 的专家资源在社会化媒体中是以 UGC 的形式存在的，即识别专家资源的过程就是加工处理 UGC 数据的过程。而散布在社会化媒体中的 UGC 有着碎片化、非结构化、去中心化等特点，需要进行数据清洗、处理等加工处理才能进行挖掘识别。

传统识别专家的方法主要有两种：一种是基于用户文档，主要是从信息角度进行研究；另一种是基于用户的链接关系，主要是从社会资本中的一个方面进行研究。而根据本章分析，综合 ONWOM 处理需求和 ONWOM 处理参与动机，本章确立了信息、情感、社会资本 3 个维度研究处理 ONWOM 需要的专家用户资源，用信息状态（IS）、情感状态（ES）和社会资本状态（SCS）三维表现主体的资源状态。图 7-6 所示的框架表示了专家资源识别的过程。

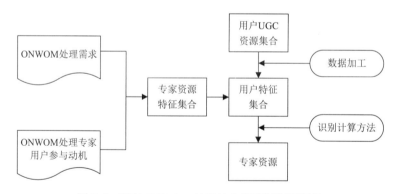

图 7-6　面向 ONWOM 处理的专家资源识别框架

首先，根据处理需求和处理参与动机确定专家资源特征集合 U=（IS，ES，SCS），用来表示社会化媒体上的各个用户。然后，对 UGC 资源进行处理，对各个用户的相关 UGC 内容进行数据加工处理，并利用专家资源特征集合表示用户的特征，形成各个用户的特征集合，然后通过识别计算方法，对用户的特征集合进行处理，识别出所寻找的目标专家资源。

基于前面的分析，专家资源的识别可转化为一个专家与非专家的二分类问题。而以统计学为根本提出的有监督的机器学习模型——支持向量机（support vector machine，SVM）模型广泛应用于分类、回归分析及模式识别等，并且通常为二类分类模型，通过构造最优超平面对向量进行分类，利用核函数将原始空间数据映射到高维特征空间，以解决低维空间中线性不可分的问题。Scikit-learn（简称 Sklearn）已经成为 Python 重要的机器学习库，能支持包括分类、回归、降维和聚类四大机器学习算法。Sklearn 封装了大量的机器学习算法，包括 LIBSVM 和 LIBINEAR 等，能够简单、有效地构建一个有监督的高斯核 SVM 分类器进行分类。本章利用 Python-Sklearn，根据信息、情感、社会资本 3 个指标训练一个有监督的高斯核 SVM 分类器进行分类，判定用户是否为专家。

7.4.2 专家资源识别指标的计算模型

1. 信息状态识别指标的计算模型

社会化媒体中的 UGC 有文本、图片、音频、视频等多种资源形式，而 ONWOM 解决的专家资源所提供的解决方案主要是以文本的形式存在，并且文本的处理相对方便容易，处理技术也更为成熟。因此，本章所使用的 UGC 是指文本形式的资源。将每条 UGC，即每个用户的每条历史回答记录看作一个文本或一个文档，而每个用户就可以看作一个个文档集。每个专家候选人用该用户的历史发表文档集合形成一个专家文档来表示。

为了衡量领域知识水平，本章设计构造了一个虚拟领域知识文档，用于计算每个用户的领域知识水平数值。首先，确定研究领域，如本章以手机领域为例；然后，构建一个手机领域的知识文档，用来代表手机领域的所有的整体知识。

通过计算每个专家候选人的专家文档（candidate document）与虚拟领域知识文档（virtual document）的余弦相似度，从而计算比较每个专家候选人的领域知识水平。利用空间向量模型（vector space model，VSM），将每个文档看成由若干词语组成，每个词语的出现有其频率，每个词可以看作一个空间维度，而每个词的词频可以看作有向量值，则每个文档就构成了一个由 n 个词和各词的词频组成的 n 维空间图，两个文档的相似度就可以看作在这个 n 维空间坐标系中两个空间图的余弦计算。该方法是最常用的相似度计算模型，普遍应用于自然语言处理的相关研究应用中。

在该方法中，每一篇文章被抽象成一个空间向量，所有文档组成一个文档集 D，任意文档 $d_j \in D$，文档 d_j 由 n 个词组成，每个词 t_i 又对应一个权重 w_{ij}，每个文档则可以用若干特征词和对应词权重表示。则文档 d_j 可以表示为

$$V(d_j) = \{t_1, w_{1j}; t_2, w_{2j}; ...; t_i, w_{ij}\}$$

其中：$t_i (i = 1, 2, ..., n)$ 为一列各不相同的词条项；w_{ij} 为 t_i 在 d_j 中的权重值。

许多研究采用 TF-IDF（term frequency-inverse document frequency）方法计算特征词的权重。词频（term frequency，TF）表示词条在文档中出现的频率；反文档频率（inverse document frequency，IDF）衡量各词条的普遍重要性，含有某词条的文档数量与 IDF 的大小成反比，即数量越小 IDF 越大，该词条的普遍重要性越高，用于分辨类别的能力越强。总体来说，对于整个文档集合，该方法认为频繁出现在文档中，而在其他文档中出现频率低的词语，具有很好的类别区分能力，对区别文档最有意义，最适合用来分类。

因此，领域知识水平（domain knowledge level）是通过计算专家文档（candidate document，CD）与虚拟领域知识文档（virtual document，VD）的余弦相似度来表示的，其计算公式为

$$\mathrm{DKL}(\mathrm{cd}_j, \mathrm{vd}) = \frac{\sum_{i=1}^{t} w_i k_i}{\sqrt{\sum_{i=1}^{t} k_i^2 \sum_{i=1}^{t} w_i^2}} \tag{7-6}$$

其中：w_i 表示词条 i 在专家文档 cd_j 中的 TF-IDF 权重；k_i 表示词条 i 在虚拟领域知识文档 vd 中的 TF-IDF 权重。

2. 情感状态识别指标的计算模型

情感的计算方法在文本分析和语义计算方面的研究已相对成熟，常通过词频统计的方式，用基于情感词典的方法，直接利用该词典已有的情感词强度计算文本情感极性和情感强度。这些研究的重心大多不在计算各情感词的强度上，而是利用已有的研究成果，结合现有的情感词典计算文本情感强度，从而利用计算得到的情感强度。

构建情感词典是利用情感词典计算情感强度方式的一个重点。完整的情感词典构建方法的相关研究已经比较成熟，并被广泛应用到各个研究领域。现阶段，大多数对中文文本进行情感分析所利用的情感词典主要有大连理工大学徐琳宏等开发的中文情感词汇本体库、台湾大学自然语言处理实验室中文情感词典（NTUSD）、知网的情感词典（HowNet）等。

本章使用知网的中文情感词典——HowNet 词典。其中包括 3 个词典：基础情感词词典，分为正向和负向情感词词典；否定词词典；程度副词词典。通过基础情感词典确定该语句中代表性情感词的情感倾向，以此确定整条语句的情感倾向。通过否定词词典，判断语句是否存在否定词，若存在则对语句的情感极性取否，语句的情感倾向结果会改变。通过程度副词词典，对语句的情感倾向进行修饰，改变语句的情感倾向度。所以，对文本进行情感分析，仅仅对词语进行情感分析是不够的，对文本进行分词需要考虑整个句子，如"他非常不开心"，句子中"开心"是正面情感词，如果只考虑情感词的词性进行分词，会得到正向的情感结果，但却与事实相反，所以还需要考虑"不"此类否定词，而"非常"此类程度副词也会对句子情感强度产生影响。因此，进行文本情感分析，分析完整的句子，结合程度副词词典、否定词词典构建完整的语句词典十分重要。

本章对文本进行句子的情感分析整体方法思路如图 7-7 所示：首先根据情感词典 HowNet 寻找句子中的情感词，如表 7-3～表 7-5 所示；若未找到情感词，则继续寻找直到该语句结束；如果发现情感词，则寻找与该情感词之间存在依存关系的程度级别词语，此类词语多为副词或者否定词，获得依存关系对，根据情感词和程度级别各自的权重值计算权值和；如果句子中没有情感词，则该句为中性的情感极性；否则，根据计算所得的权值获得情感极性和情感强度。而本章专家用户是由专家文档表示的，

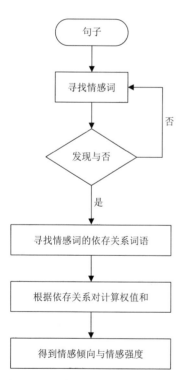

图 7-7　句子的情感分析流程

要想获得用户的情感状态，则对每个专家文档的所有句子依次依据此方法进行情感分析，从而获得专家用户的情感极性和情感强度，得到用户的情感得分（sentiment score）的指标值。

表7-3 基础情感词词表

情感极性	情感词汇	值	个数
负面情感词语	哀切、哀痛、懊悔、懊恼、败兴、愧疚……	−1	1254
正面情感词语	爱惜、巴望、拜服、拜贺、称赞、崇敬……	1	836

表7-4 否定词词表

否定词	词汇示例	权值	个数
否定词	不、没、无、非、莫、弗、毋、未、否、别、不够、不是、不要、未必、没有、难以、不曾、未曾	−1	19

表7-5 程度副词词表

程度副词量级	程度副词示例	权值	个数
极其/most	极、太、极度、极端、极其、极为、截然、尽、惊人地、绝、绝顶、绝对……	2.0	64
非常/very	不过、不少、不胜、出奇、大为、多、多加、多么、分外、非常、格外……	1.5	40
更加/more	大不了、多、更、更加、还、还要、较、比较、较比、较为、进一步……	1.25	37
稍/ish	怪、好生、或多或少、略加、略略、略微、蛮、稍稍、未免、相当……	0.5	30
不足的/insufficient	半点、不大、不丁点儿、不甚、聊、没怎么、轻度、丝毫、微、相对……	0.25	11

因此，本章在计算用户的情感状态时，是对专家文档 cd_j 进行文本的情感分析得到的。用户的情感得分是专家文档的各句情感得分的总和，则专家文档的情感得分 $SS(cd_j)$ 计算公式为

$$SS(cd_j) = \sum_{i=1}^{n \in cd_j} \sum_{k=1} ST_k \cdot w_k \tag{7-7}$$

其中：n 为专家文档 cd_j 包含的句子数量；k 表示专家文档的第 i 句话中的第 k 个情感词；ST_k（sentiment tendency）为情感词 k 的情感极性；w_k 为与情感词 k 存在依存关系的程度副词和否定词的权重值。

3. 社会资本状态识别指标的计算模型

本章采用衡量社会资本状态的 3 项指标，即累计回答等级（answer level，AL）、累计推荐等级（recommendation level，RL）、社会关系的度（degree in social network，DSN）、平台个人等级（mobile social media platform level，MSMPL）均能够通过用户自身平台的特征属性进行表示。累计回答等级、累计推荐等级和平台个人等级均为平台给予用户个人信息的打分，而社会关系的度则可以通过用户的问答数量来计算表示，而由于本章主要考虑其专家特性，因此，本章仅考虑用户 j 回答问题数量（answer number，AN）作为用户的社会关系的度 D_j，其计算公式为

$$D_j = \lg(AN_j) \tag{7-8}$$

7.5 实验与结果分析

7.5.1 数据收集与预处理

社会化媒体上的专家资源大多都处于极其稀疏的状态，通常采集到的数据量很大，而其中存在的专家用户又太少，为了提高在训练专家资源识别模型时正类样本的数量，选取平台时需要考虑到平台上的资源要凭借用户参与提供，因此需要平台上有大量用户活跃参与。同时平台上如果要产生专家资源，需要进行大量知识分享行为，产生大量有价值的信息，信息越多，越会吸引更多用户的关注，则平台越能聚集更多的资源。并且大多数平台的信息较为离散，在收集和处理解决 ONWOM 资源时比较麻烦，同时话题的零散也导致更难识别出相关话题的用户甚至专家。

因此，本章选取中关村问答社区在线手机频道网站进行样本采集。该网站是中国专业的 IT 与数码商务门户网站，包含问答社区板块，而其中的手机频道均为与手机相关的话题，手机使用频率高，用户基础庞大，在问答社区中，关于手机问题的回答参与者更多，热度更大，资源更多。

该平台上手机模块用户对手机相关问题进行回答，形成用户的各种信息。具体如图 7-8 和图 7-9 所示。

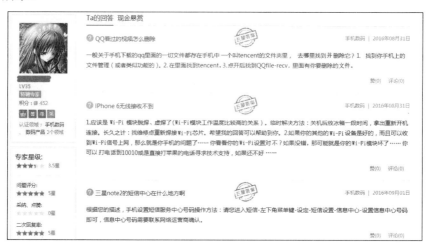

图 7-8 ONWOM 处理专家资源（1）示例

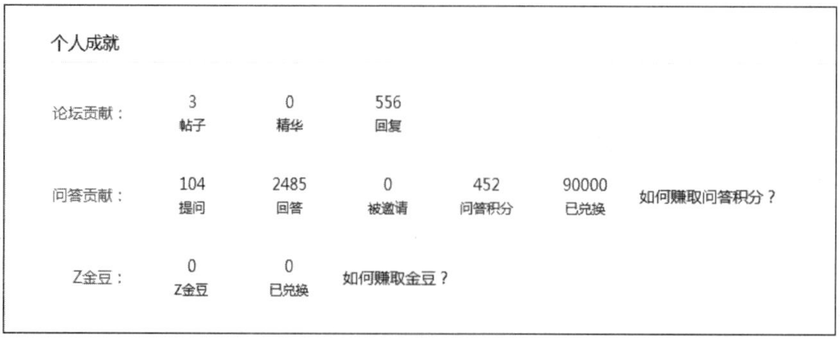

图 7-9 ONWOM 处理专家资源（2）示例

本章选择搜客网络爬虫网站系统作为进行数据抓取的工具。定义好规则，对网页数据进行抓取，获得原始数据储存到数据库。由于这些数据的非结构化和稀疏等多方面原因，需要进行相关预处理，以形成结构化的便于进行模型分析的数据。预处理的过程如下。

（1）数据清洗。本章收集了 11 940 用户 2016 年 1～6 月的相关信息，包括用户的手机领域问答的回答历史、累计采纳等级、累计回答等级、累计推荐等级、提问与回答数量、平台个人等级。其中，10 771 位用户没有问答回答历史数据，去除这些不完整的数据，仅剩下 1169 位用户的相关数据。然后又去除了 28 条部分数据项为空缺的样本，剩下 1141 位用户的相关数据作为样本。

（2）数据集成。汇集每个用户的每个回答记录，形成表示用户的专家文档。

（3）数据变换。最小-最大规范化。原取值区间为[$x_{\text{old\_min}}$,　$x_{\text{old\_max}}$]，规范化后的新的取值区间为[$x_{\text{new\_min}}$,　$x_{\text{new\_max}}$]。

为避免不同量纲对模型的影响，需对所有的指标进行归一规范化处理，即

$$x' = \frac{x_{i-}x_{\text{old\_min}}}{x_{\text{old\_max}} - x_{\text{old\_min}}} \tag{7-9}$$

其中：x' 表示指标的测量值 x_i 归一规范化后的对应值；$x_{\text{old\_min}}$ 表示所有样本在此指标测量真实值中的最小值；$x_{\text{old\_max}}$ 表示所有样本在此指标测量真实值中的最大值。

（4）分句与分词。将输入的文本字符串切分成句：利用标点符号，对一段文本进行切分，切分为多条语句，逐句再进行切分。

例如，某个用户的回答为"这款手机大小合适，配置也还可以，很好用，只是屏幕有点小。总之，是一款值得购买的智能手机。"分句结果为：

[u'\u8fd9\u6b3e\u624b\u673a\u5927\u5c0f\u5408\u9002\uff0c',
u'\u914d\u7f6e\u4e5f\u8fd8\u53ef\u4ee5\uff0c', u'\u5f88\u597d\u7528\uff0c',
u'\u53ea\u662f\u5c4f\u5e55\u6709\u70b9\u5c0f\u3002',u'\u603b\u4e4b\uff0c',
u'\u662f\u4e00\u6b3e\u503c\u5f97\u8d2d\u4e70\u7684\u667a\u80fd\u624b\u67 3a\u3002']

原子切分：利用停顿词典和分词词典对于一个句子的切分，将语句切分成若干个不可再切分的原子单元形式，如"Wi-Fi"，此类英文单词便可视为原子单元。

例如，"这款手机大小合适。"的分词结果为：

[u'\u8fd9', u'\u6b3e', u'\u624b\u673a', u'\u5927\u5c0f', u'\u5408\u9002', u'\u3002'].

目前开源的中文分词工具有 IK、MMseg4j、THULAC、Ansj、Jieba、HanLP 等。其中，Python 中文分词组件的中文分词模块比较优秀的要属 Jieba，其分词结果比较准确，效率也不低，并且可以自行定制分词词典。支持 3 种分词模式：精确模式，以最精确地切分句子为目的，对文本分析十分恰当；全模式，以极快的速度在很短的时间内识别出句子中所有可以成词的词语，然而句子的歧义问题无法解决；搜索引擎模式，以精确模式的分词结果为操作对象，对长词进行二次处理，分割成更短的词，提高召回率，多见于搜索引擎的分词应用中。本章采用 Jieba 分词，对用户文档进行分句分词处理。

（5）数据不均衡处理。

由于专家用户与非专家用户在样本中分布非常不均衡，会导致预测期没有任何价值，非专家用户的数据样本多，该类为大众类，专家用户样本少，为小众类。为了解决该类不均衡数据产生的问题，现阶段研究多通过上采样和下采样的方式。上采样是将小众类复制多份，下采样只是用大众类中的部分样本，通过剔除一些样本或者选取部分样本实现。本

章采用上采样的方式，并在生产新的数据点时加入轻微的随机扰动，以减轻过拟合情况。

7.5.2 实验设计和评价指标

为了提高切分词语的准确率，利用现有研究构造的词典，包括手机词汇大全、通信产品词汇，并加入网络流行语、潮词潮语、流行新词、口语方言等词语，构成新的分词词典，并基于该词库对专家资源用户的专家文档进行分词，进行文本分析，计算专家资源用户的信息状态。然后用情感词典 Hownet 计算情感状态，最后提取社会资本状态。

在专家资源用户识别的试验中，以 3 个维度的指标值为特征向量，是否为专家标签进行分类。构建对比试验 C1：基于信息维度的专家识别模型（IS）和基于信息和情感维度的专家识别模型（IS/SS）；对比试验 C2：基于社会资本维度的专家识别模型（SCS）和基于社会资本和情感维度的专家识别模型（SCS/SS）；对比试验 C3：基于信息和社会资本维度的专家识别模型（IS/SCS）和基于信息、情感、社会资本三维的专家识别模型（target）。通过 C1、C2、C3 这 3 组对比试验，已验证本章所提出的情感指标对识别专家资源用户的有效性。

实验将专家资源用户的识别问题转化为分类问题，并选用 Sklearn 的 SVM 模型完成分类任务，代码如下：

```
CLF = svm.SVC(kernel='rbf').fit(TRAIN_SETS, TRAIN_LABLE)
predict = CLF.predict(TEST_SETS)
```

关于评价指标，实验使用标准的机器学习评价指标，包括准确率 Accuracy、精确率 Precision、召回率 Recall 和 F_1 值，对各个专家识别模型实验进行评价。其中 Accuracy 评价训练模型总体分类的正确性，它通过正确识别的个体数量与所有个体总数的比值计算；Precision 评价训练模型所识别个体的准确性，它通过正确识别为正的个体数量与识别为正的个体总数的比值计算；Recall 表示训练模型所识别个体的完整性，它通过正确识别为正类的个体数量与所有正类的个体总数的比值计算；F_1 值是精确率和召回率的调和平均数。各评价指标的具体计算公式如下。

分类器对整体的判断能力，即正确预测的比例为

$$\text{Accuracy} = \frac{\text{TP+TN}}{\text{TP+NP+TN+FN}} \tag{7-10}$$

分类器预测出的正样本中，真实正样本的比例为

$$\text{Precision} = \frac{\text{TP}}{\text{TP+FP}} \tag{7-11}$$

在所有真实正样本中，分类器中能识别出的比例为

$$\text{Recall} = \frac{\text{TP}}{\text{TP+FN}} \tag{7-12}$$

其中：TP（true positive），即正确预测出的正样本个数；FP（false positive），即错误预测出的正样本个数（本来是负样本，被预测成了正样本）；TN（true negative），即正确预测出的负样本个数；FN（false negative），即错误预测出的负样本个数（本来是正样本，被预测成了负样本），具体计算代码如下：

```
Accuracy = metrics.accuracy_score(TEST_LABLE, predict)
Precision = metrics.precision_score(TEST_LABLE, predict)
```

```
Recall = metrics.recall_score (TEST_LABLE, predict)
F1 = metrics.f1_score (TEST_LABLE, predict)
```

7.5.3　实验结果分析

根据上述实验设计和评价指标设定，专家识别实验组的结果如表 7-6 所示。

表7-6　实验结果

对照实验组	C1		C2		C3	
	IS	IS/SS	SCS	SCS/SS	IS/SCS	Target
Accuracy/%	76.22	81.35	81.35	82.70	85.95	88.92
Precision/%	95.33	96.77	96.77	90.07	89.35	95.57
Recall/%	55.14	64.86	64.86	73.51	81.62	81.62
F_1/%	69.86	77.67	77.67	80.95	85.31	88.05

由表 7-6 可知，3 组对比试验（C1、C2、C3）均为考虑情感维度后的识别效果更佳，在准确率、精确率、召回率和 F_1 值 3 个方面均有不同程度的提高。并且，可以看出基于信息、情感、社会资本三维的专家识别模型（target）在所有模型中的表现最好、效果最佳，其中准确率为 88.92%，精确率为 95.57%，召回率为 81.62%，F_1 值为 88.05%，4 个评价指标值均优于其他模型。

因此，在社会化媒体中，面向 ONWOM 处理的专家资源识别应考虑情感维度，能够有效提高专家识别的效果。

第 8 章

在线负面口碑处理的专家推荐方法

8.1 问题的提出

交互、共同经验和反馈是社会化媒体的重要特点，企业应该同消费者进行交互，并对消费者在网络中提出的问题进行反馈或提供服务（Zerfass et al., 2014）。然而，现实中企业对社会化媒体中的 ONWOM 反应并不尽如人意，针对 1298 名经常发布微博并对具体产品或服务发布过抱怨的 Twitter 用户的研究表明，大约只有 1/3 的用户收到了来自企业或组织针对其抱怨的反馈，其中原因大多源于企业无力负担高昂的处理成本。

本章在价值共创理论框架下，研究专家推荐方法以实现对 ONWOM 的处理。其中，构建影响力预测模型确定了 ONWOM 处理对象的先后顺序，专家识别对普通用户进行了过滤，为 ONWOM 处理构建专家库，提高后续专家推荐的效率，最后专家推荐部分，则根据 ONWOM 处理的特殊需求，进行个性化专家推荐，以期实现 ONWOM 处理的价值共创过程。

本章以价值共创理论、客户关系管理、信息资源管理理论为基础，针对社会化媒体中 ONWOM 处理问题，利用数据挖掘、机器学习、信息检索等技术，提出 ONWOM 处理的价值共创模型和专家推荐框架，针对框架构建 ONWOM 影响力预测模型，提出专家识别方法和建立动态专家推荐模型，并用实验验证方法和模型的有效性。

本章的主要内容如下。

（1）在两阶段的整体视角构建价值共创模型以及单主体视角构建价值共创模型的基础上，设计 ONWOM 处理的专家推荐框架以实现价值共创过程。

（2）根据归因理论和 ONWOM 传播动机理论，在影响力预测中同时考虑发布者用户特征和 ONWOM 内容特征两个维度，构建一种结合回归树和衰减函数的 IMM-RTDF 模型，以动态预测社会化媒体中 ONWOM 的影响力，并提出基于此方法的 ONWOM 处理策略。

（3）从价值共创资源角度理解专家识别，建立专家识别资源映射框架，实现专家识别的显性资源映射和隐性资源映射过程。

（4）从价值共创主体需求和实现基础出发，构建综合知识匹配度、情感匹配度和互动性匹配度的 ONWOM 处理动态专家匹配度模型。

8.2 在线负面口碑处理的价值共创模型和专家推荐框架

8.2.1 基于价值共创的在线负面口碑处理专家推荐框架

发布者作为 ONWOM 的发表者，目的是为了寻求消费失败的知识解决方案和相应的情感抚慰，其解决问题的价值需求是自发产生的，可认为其参与价值共创过程也是一种自发行为，但这并不意味着 ONWOM 产生一条，企业就能通过价值共创成功处理一条，其中一个重要问题是由于社会化媒体中用户参与人数众多，导致 ONWOM 产生数量大、传播速度快，同时不同 ONWOM 的影响力也不尽相同，因此企业应该在使用资源量相同的情况下优先处理可能带来更大影响的 ONWOM。

根据图 2-1 所示的价值共创模型，作为 ONWOM 直接处理者的服务者，由于自身特性和网络环境的影响，情况与另外两方主体不同，其在实现价值共创过程中主要涉及两方面问题：价值共创的服务者来自社会化媒体中的用户，由于用户的数量众多，且个人资源提供能力和互动性参差不齐、差异较大，有处理能力的用户可能互动性不强，而互动性强的用户又可能没有足够的能力，随机选择用户作为服务者很难达到满意的处理效果（Vernette et al.，2013）。

因此，如何提前选择合适的用户、构造服务者专家库是实现基于价值共创的 ONWOM 处理的重要问题。单个用户的知识是有限的，只能处理一定范围内的问题，服务者专家库中的每个专家都有其擅长的领域，当遇到具体的 ONWOM 时，应该根据具体情况选择相匹配的服务者进行处理，这样既可以提高 ONWOM 处理成功率，也可以保证服务者的参与体验。

专家推荐系统是为满足特定情境下的需求，将专家作为对象进行推荐来解决问题的系统（Reichling et al.，2005）。专家推荐系统与传统推荐系统不同，专家推荐系统向用户推荐的是专家用户，而不是产品。本章价值共创过程是将服务者作为对象推荐给发布者，以实现 ONWOM 处理。

将 ONWOM 作为待解决问题，服务者看作解决问题的专家，针对以上列出的发布者和服务者面临的问题，提出面向 ONWOM 处理的专家推荐框架如图 8-1 所示。

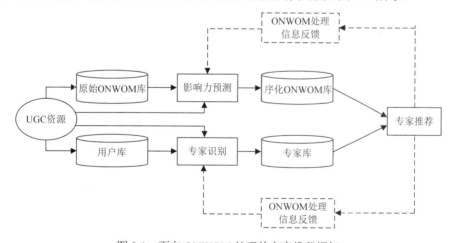

图 8-1　面向 ONWOM 处理的专家推荐框架

图 8-1 针对发布者和服务者涉及 3 个主要问题，即 ONWOM 影响力预测、ONWOM 处理专家识别和专家推荐。图 8-1 中虚线部分是专家处理 ONWOM 后的信息反馈过程，根据这些反馈信息可以对以前功能进行改善，本章为使研究更专注，不对此部分进行深入研究。

8.2.2　在线负面口碑影响力预测

企业在驱动价值共创过程中，需要克服共创主体各方面临的困难。由于社会化媒体的用户多，导致 ONWOM 数量多，且互联网的信息传播特性又使得 ONWOM 的产生和传播速度快（Hennig-Thurau, 2003），而企业能调动的资源有限，即使在价值共创机制下，企业也应该有效配置资源，实现资源利用效益的最大化。

假设企业处理每条 ONWOM 付出的成本相同，并且 ONWOM 的影响仅包含其对企业的负面影响。不同 ONWOM 未来可能产生的影响力不同，优先处理未来会产生较大影响力的 ONWOM 将给企业带来更多好处，因此，对 ONWOM 影响力进行预测成为 ONWOM 处理的关键问题，可将其形式化表示为

$$\text{IV}_T^X = F(X, T) \tag{8-1}$$

其中：$X = (X_1, X_2, \cdots, X_n)$ 表示原始 ONWOM 库中的 ONWOM X，$(X_1, X_2, \cdots, X_n)$ 是 X 的形式化表示，可以用相应的特征计算方法得到，n 是 ONWOM X 特征空间的维数；T 表示对 X 进行影响力预测的特定时刻起向后的某个时段长度，其度量单位根据具体应用情境可为小时、天等时间单位；IV_T^X 表示 ONWOM X 在时段 T 内的影响力值，IV 是 influence value 的缩写；$F(X, T)$ 表示 ONWOM X 在时段 T 内的影响力预测方法。

不同 ONWOM 在相同时段的影响力通常不相同，同一 ONWOM 在不同时段内的影响力也不相同，所以在式（8-1）中需考虑时间因素，方便企业根据 ONWOM 处理时间选择最合适的处理对象，合理调配资源以达到更好的处理效果。

8.2.3 专家识别

在 ONWOM 处理的价值共创过程中，服务者是进行 ONWOM 处理的直接实施主体，由于服务者来自社会化媒体用户，而用户数量很大，且不同用户拥有的知识量不同。共创主体之间的互动是价值共创实现的基础，而不同用户参与互动的意愿不尽相同，因此，在考虑 ONWOM 处理的价值共创过程特性的情况下，从社会化媒体的用户中识别出具有服务者能力的专家用户，是实现共创价值的关键环节。

专家识别是从用户中识别出更有专家能力的用户，通常通过计算用户专家得分（简称"专家得分"），量化其具有的专家能力，进而实现专家识别。针对价值共创下的 ONWOM 处理问题，将专家得分模型表示为

$$\text{ES}^U = G(U) \tag{8-2}$$

其中：$U = (\text{uf}_1, \text{uf}_2, \cdots, \text{uf}_m)$ 表示用户库中的用户 U，$(\text{uf}_1, \text{uf}_2, \cdots, \text{uf}_m)$ 是用户 U 的形式化表示，其特征根据价值共创的 ONWOM 处理需求进行构造和计算；m 是构造的特征空间的维数；ES^U 表示用户 U 计算所得的专家得分；ES 是 expert score 的缩写；$G(U)$ 表示用户 U 的专家得分的计算方法。

计算出用户专家得分后，企业可根据实际需要选择一定数量的高分用户作为专家，并将这些用户的相关信息存入专家库，可用阈值函数形式化表示为

$$\text{EL}^U = \begin{cases} 1 & \text{ES}^U \geqslant \theta \\ 0 & \text{ES}^U < \theta \end{cases} \tag{8-3}$$

其中：EL^U 表示用户 U 的专家标签；θ 是企业给定的阈值。

当专家得分 $\text{ES}^U \geqslant \theta$ 时，有 $\text{EL}^U = 1$，表示用户 U 被标注为专家；当专家得分 $\text{ES}^U < \theta$ 时，有 $\text{EL}^U = 0$，表示用户 U 被标注为非专家。

除了对专家得分限定阈值的方式外，也可以采用选取固定数量的得分靠前的用户作为专家等其他方法来构建专家库，但在本章研究中，这些都建立在专家得分计算的基础上，

在此不做深入研究。

8.2.4 专家推荐

ONWOM 包含发布者对消费失败的描述，这些描述通常涉及少量主题，而专家库中的用户大多只在少数领域有较多的知识，当随机从专家库中选取用户作为服务者进行 ONWOM 处理时，很可能出现 ONWOM 涉及问题与专家擅长知识领域不匹配的现象，这会降低价值共创的成功率，甚至影响相关用户再次参与此类活动的积极性。

因此，针对待处理的负面口碑需要推荐与其相匹配的专家进行处理。本章将 ONWOM 与专家间的合适程度称为专家匹配度，在不考虑一个专家处理多个 ONWOM 或多个专家处理单个 ONWOM 的情况下，认为 ONWOM 与专家的匹配度越高，该专家成功处理该 ONWOM 的可能性就越大，即实现价值共创的可能性就越大，专家匹配度计算可表示为

$$MD(X,E)=H(X,E) \tag{8-4}$$

其中：X 表示某个待处理的 ONWOM；E 表示专家库中的某个专家；$MD(X,E)$ 表示 ONWOM X 和专家 E 之间的匹配度；$H(X,E)$ 表示 ONWOM X 和专家 E 之间匹配度的计算方法。

式（8-4）是计算单个 ONWOM 和单个专家的匹配度，在处理某个 ONWOM 时，需要计算此 ONWOM 与所有专家的匹配度，然后选择匹配度高的专家作为服务者进行 ONWOM 处理。

8.3 基于回归树与衰减函数的在线负面口碑影响力预测模型

8.3.1 概念界定与假设

在社会化媒体中不同 ONWOM 的影响力不尽相同，这里假设企业处理不同 ONWOM 时消耗资源相同。在实现 ONWOM 处理专家推荐过程中，企业应该优先处理未来可能产生较大影响的 ONWOM，以提高资源的利用效率，ONWOM 影响力预测是其中的关键环节，直接决定了优先处理的 ONWOM 对象。

在影响力计算是信息计算领域的热门研究课题。现有研究虽然有一些成功经验可以借鉴，但 ONWOM 影响力预测中也会遇到以下一些问题。

（1）ONWOM 不是一种简单的客观信息表达，其中包含了消费失败问题描述和发布者的情感宣泄。而现有研究大多通过计算信息发出者的用户影响力来类比信息的影响力，使同一用户发出的不同信息得到相同的影响力值，这种方法虽然可以提高信息处理速度，但却忽视了信息内容的影响力，不符合人们接收信息的实际情况，可能导致企业做出错误决策。

（2）现有研究中影响力模型大多是静态描述模型，认为用户或信息对他人的影响力是持续不变的，忽略了影响力随时间的动态变化，会导致企业优先选择较差的处理对象，而引入时间的网络模型又缺乏解释性，使相关企业应用受到限制。

针对以上问题，本章分析 ONWOM 对企业产生负面影响的归因过程，构建基于发布者用户特征和内容特征的影响力预测指标，然后将影响力衰减函数引入回归树，建立 ONWOM 影响力预测模型，并提出相应的处理 ONWOM 的策略。

为清楚描述社会化媒体中用户在 ONWOM 影响力预测中的角色，将与研究问题相关的网民分为 3 类，分别界定如下。

定义 8.1 发布者、接收者、评论者：本章涉及的发布者界定为发出 ONWOM 的网民，在 ONWOM 处理的价值共创中充当发布者角色；本章涉及的接收者界定为除发布者外看到 ONWOM 的社会化媒体用户；本章涉及的评论者界定为对 ONWOM 发表评论的社会化媒体用户，他们是接收者的一部分。

8.3.2 在线负面口碑特征及影响力预测模型

本节通过同时考虑 ONWOM 发布者用户特征和内容特征两个维度，并用不同的影响力衰减函数描述异质 ONWOM 的影响力变化趋势，提出基于回归树与衰减函数的 IMM- RTDF（influence measuring model based on regression tree and decay function）模型来预测 ONWOM 的影响力。评论数是衡量影响力的常用指标，是信息接收者对信息的直接反馈（Cha et al.，2010），本节使用 ONWOM 获得的评论数来衡量其影响力。

具体方法如图 8-2 所示。在模型建立阶段，首先对训练集中每个 ONWOM 进行内容特征测量，对其发布者进行用户特征测量，对其每天得到的评论数进行统计。接着，用预测指标和初始周期评论数构建回归树，并拟合每个叶子节点的影响力衰减函数，然后将衰减函数与叶子节点初始周期评论数相结合，得到最终预测模型 IMM-RTDF。在预测时，针对特定 ONWOM，提取其用户特征和内容特征，然后用 IMM-RTDF 模型预测其影响力。

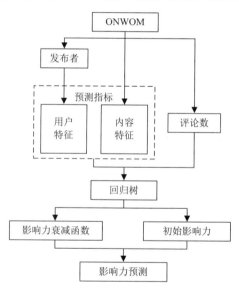

图 8-2 ONWOM 影响力预测

1. ONWOM 影响力预测的指标

ONWOM 是发布者对消费失败事件的描述。根据归因理论（Kelley et al.，1980），面对 ONWOM 时，接收者会通过因果推理对消费失败的责任进行归因，归因结果会影响接收者对相关企业的看法和行为（Folkes，1984），接收者认为企业对消费失败应负的责任越大，相应 ONWOM 的影响力就越大。发布者的用户特征和内容特征都是影响接收者归因过程的重要因素，是预测 ONWOM 影响力的指标。

1）用户特征

有影响力的用户是擅长使别人信服的人，当他们发出 ONWOM 时，接收者通过归因推理更容易将消费失败归为企业责任，使 ONWOM 影响力更大，而用户特征是用户影响力的重要体现。因此，选择用户特征作为预测 ONWOM 影响力的一个维度。

多种用户特征可以体现发布者的影响力。Cha 等（2010）用粉丝数度量微博中用户的影响力。Tan 等（2011）认为用户的社区等级代表社区成员对用户的认同程度，用户等级越高，表示其影响力越大。用户间的交互程度是反映信息影响力的重要因素（Chae et al.，2002），发帖和评论是用户间交互的主要形式。本章选择包括用户等级、用户粉丝数量、用户关注数量、用户评论数量和用户帖子数量在内的 5 个指标作为发布者用户特征维度的二级指标。其中，用户等级是发布者在网络社区中的虚拟身份等级，用户关注数量是发布者所关注的本社区网民的数量，用户评论数量是发布者发布的所有评论的总数。

2）内容特征

ONWOM 在传播中的表现形式可以是文本、表情、照片等多种形式，不再局限于口头传播，这样接受者就会面对更加生动的内容。内容的生动性指吸引和保持人的注意力以激发想象力的能力（Nisbett et al.，1980），生动的内容在接收者的归因过程中更有说服力（Hayne et al.，2003）。当面对 ONWOM 时，ONWOM 内容越生动，接收者越相信内容描述的情况，进而认为企业的责任越大，ONWOM 的影响力也就越大。因此，选择内容特征作为预测 ONWOM 影响力的一个维度。

研究表明，在内容中使用图片和详细语言有助于接受者对信息的理解（Kelley et al.，1989），这是高生动性的具体体现。较长的文本意味着更详细的细节描述，这些细节更好地展现了产品状况和发生 ONWOM 的原因，比简短文本生动性更强（Korfiatis et al.，2012）。从传播动机看，发布 ONWOM 是发布者对消费不满意的一种情感宣泄，或是寻求心理平衡的一种途径，其中可能包括正负两种情感信息，而有情感表现的内容更富有生动性（Nisbett et al.，1980），对接受者影响力更大。为体现上述生动性指标对 ONWOM 影响力的作用，本章选择包括内容文本长度、内容照片数量、内容表情数量、内容负面情感词数量、内容正面情感词数量和内容情感词总数在内的 6 个指标作为内容特征维度的二级指标。其中，内容表情数是 ONWOM 内容中表情符号的数量，内容情感词总数是负面和正面情感词数量之和。表 8-1 是由用户特征维和内容特征维组成的 ONWOM 影响力预测指标体系。

表8-1　ONWOM影响力预测指标体系

一级指标	二级指标	描述
用户特征	用户等级	ONWOM 发布者在网络社区中的虚拟身份等级
	用户粉丝数量	ONWOM 发布者拥有的粉丝数量
	用户关注数量	ONWOM 发布者所关注的本社区网民的数量
	用户评论数量	ONWOM 发布者发布的所有评论的总数量
	用户帖子数量	ONWOM 发布者发布的所有帖子的总数量
内容特征	内容文本长度	ONWOM 内容中文本的长度
	内容照片数量	ONWOM 内容中照片的数量
	内容表情数量	ONWOM 内容中表情符号的数量
	内容负面情感词数量	ONWOM 内容中负面情感词（包括负面评价词）数量
	内容正面情感词数量	ONWOM 内容中正面情感词（包括正面评价词）数量
	内容情感词总数	ONWOM 内容中正负面情感词数量（包括评价词）之和

2. ONWOM 影响力的 IMM-RTDF 预测模型

CART（classification and regression tree）算法是决策树算法的一种，当响应变量是连续变量时，由此算法可得到回归树。Wang 等（2004）用 CART 算法预测存储设备对每个请求的响应时间，并用实验证明了模型的准确和高效。Bakshy 等（2011）用转发数衡量 Twitter 信息的影响力，并通过由用户属性和历史活动属性构建的回归树模型预测用户的影响力。

本节用 CART 算法构建回归树，并用不同的衰减函数描述 ONWOM 影响力的不同变化趋势，然后将衰减函数与回归树结合得到 IMM-RTDF 模型。从实际出发，假设企业 ONWOM 处理以一个工作日为一个周期，则单位为天，天数按与 ONWOM 发出时刻的距离计算，并认为第一天（也称"初始周期"）的影响力衰减很微弱，可忽略不计。

1）回归树

建立初始回归树主要包括树生长和树剪枝两个过程。如何选择最优分裂准则是树生长的关键部分，假设有响应变量 Y 和 n 个预测变量 $(X_1, X_2, \cdots, X_n)$，则一个样本点可表示为 $(\boldsymbol{X}, Y)$，其中 Y 是 ONWOM 在初始周期得到的评论数，$\boldsymbol{X} = (X_1, X_2, \cdots, X_n)$ 是预测变量 $(X_1, X_2, \cdots, X_n)$ 上的一个测量，回归树的分裂准则（Ding et al.，2005）可表示为

$$\Phi(s, v) = \mathrm{SS}(v) - \mathrm{SS}(v_\mathrm{L}) - \mathrm{SS}(v_\mathrm{R}) \tag{8-5}$$

$$\mathrm{SS}(v) = \sum_{(\boldsymbol{X}_i, Y_i) \in v} [Y_i - \bar{Y}(v)]^2 \tag{8-6}$$

$$\bar{Y}(v) = \frac{1}{N(v)} \sum_{(\boldsymbol{X}_i, Y_i) \in v} Y_i \tag{8-7}$$

其中：s 表示分裂准则；v 表示某个节点，即 $v = \{(\boldsymbol{X}_1, Y_1), \cdots, (\boldsymbol{X}_{N(v)}, Y_{N(v)})\}$ 是若干样本的集合；$N(v)$ 是 v 包含的样本个数；$\mathrm{SS}(v)$ 表示 v 内所有样本响应变量的离差平方和；$\bar{Y}(v)$ 表示 v 内所有样本响应变量的平均值；$\mathrm{SS}(v_\mathrm{L})$ 和 $\mathrm{SS}(v_\mathrm{R})$ 分别表示 v 的左、右子节点对应的离差平方和，计算方法与 $\mathrm{SS}(v)$ 相同。子节点中样本同质性越高，对应的 $\mathrm{SS}(v_\mathrm{L})$ 和 $\mathrm{SS}(v_\mathrm{R})$ 就越小，相应的 $\Phi(s, v)$ 就越大。

根据"样本集沿回归树分裂后，所得子集内部的样本间同质性更高"的原则，使 $\Phi(s, v)$ 达到最大的分裂准则是最优分裂准则 s^*，可表达为 $\Phi(s^*, v) = \max_{s \in \Omega} \Phi(s, v)$，$\Omega$ 表示所有可能的分裂准则的集合。树生长不会一直持续，当满足下列条件时会停止分裂。

（1）分裂使离差平方和减少量低于某个阈值。

（2）节点中样本数低于要求的最小数量。

（3）树的深度大于某阈值。

树生长过大易出现过拟合问题，为了平衡树的规模和预测精度两方面，需要对树进行剪枝，回归树剪枝通常采用"代价复杂度"方法，可表示为

$$R_a(V) = R(V) + \alpha |V| \tag{8-8}$$

$$R(V) = \frac{1}{|V|} \sum_{i=1}^{|V|} \left(Y_i - \bar{Y}(V)\right)^2 \tag{8-9}$$

其中：V 表示一棵子树；$|V|$ 表示 V 包含的终节点个数；α 表示代价复杂度参数，用来控制树的规模和预测精度之间的均衡；$R_a(V)$ 是 V 的代价复杂度。对子树 V，分别计算其子树存在和修剪后的代价复杂度，比较这两个值，如果修剪后的代价复杂度低，则进行修剪；否则，不修剪。

经过生长和剪枝两个过程，得到的回归树可以预测 ONWOM 初始周期的影响力，可表示为

$$Y^{initial} = f(X) \qquad (8\text{-}10)$$

其中：$Y^{initial}$ 表示 ONWOM 初始周期的影响力的预测结果，每个叶子节点的值是此节点所有训练样本在初始周期的评论数均值；X 是输入回归树的预测变量；$f(X)$ 是回归树的预测规则。

2）影响力衰减函数

设 ONWOM 的影响力随时间增加不断减弱。Ding 等（2005）认为最近购买的商品更能显示消费者偏好，通过时间衰减函数给商品赋予不同权重，进行个性化推荐。

Michalski 等（2014）对比了 6 种时间变化结构指标在影响力传播中的效果，发现指数遗忘函数能得到较好的结果。本章选择指数函数来描述 ONWOM 影响力随时间的衰减趋势，现实数据也体现出这种趋势（Kwak et al.，2010）。图 8-3 是实验数据中所有样本前 10天每天的评论数均值与时间的关系曲线。

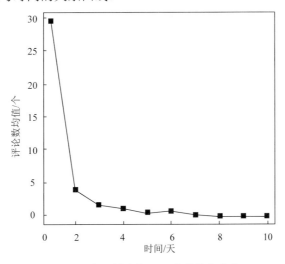

图 8-3　全部样本每天评论数均值曲线

根据"样本集沿回归树分裂后，所得子集内部的样本间同质性更高"的原则，可知同一叶子节点内部的样本间相比不同叶子节点之间的样本间同质性更高，假设同质性高的样本间拥有更相似的影响力衰减趋势，则可通过对不同叶子节点内部拟合不同的衰减函数，更准确地描述 ONWOM 的影响力衰减趋势。

设有一棵树 T，$\text{leaf}(T)$ 表示树 T 的叶子节点集，$|\text{leaf}(T)|$ 表示叶子节点个数。针对 $\text{leaf}(T)$ 中任一个叶子节点 l_i，$1 \leqslant i \leqslant |\text{leaf}(T)|$，设其影响力衰减函数 $\alpha_i(t)$ 是时间 t 的函数，取值范围是 $(0,1)$，t 是影响力的预测周期，单位为天，指数形式的 $\alpha_i(t)$ 可表示为

$$\alpha_i(t) = e^{a_i + b_i t} \qquad (8\text{-}11)$$

对系数 a_i 和 b_i 的计算过程如下：先分别计算 l_i 中所有样本每天评论数的平均值，并规范化到区间 $(0,1)$，用来表示相应时段的衰减函数值，然后用式（8-11）形式的指数模型进行拟合，可得到对应的系数值 a_i^* 和 b_i^*，即得到叶子节点 l_i 的衰减函数 $\alpha_i^*(t)$。

此时，将叶子节点 l_i 的衰减函数 $\alpha_i^*(t)$ 与式（8-10）得到的初始周期影响力 $Y_i^{initial}$ 结合，可以得到归入此叶子节点的样本在周期 t 的影响力预测模型，公式表示为

$$F_i(X,t) = \alpha_i^*(t) \cdot Y_i^{initial} \qquad (8\text{-}12)$$

回归树中每个叶子节点最终都得到一个式（8-12）形式的影响力计算模型。

3）ONWOM 影响力预测的算法

本节用伪代码表示 IMM-RTDF 模型的构建过程，其中 attribute_list 表示预测属性集合，comment_list 表示节点中样本每天的评论数，attribute_selection_method 表示确定最优分裂准则的过程，tree_pruning 表示树剪枝过程，fitting_decay_function 表示用叶子节点样本拟合影响力衰减函数的过程，β 表示分裂使离差平方和减少量的阈值，γ 表示节点中样本数的最小数量阈值，η 表示树的最大深度阈值，算法策略如下。

算法　生成 IMM-RTDF 模型
输入　attribute_list, comment_list, attribute_selection_method, tree_pruning, fitting_decay_function, β, γ, η
输出　一棵树
方法：
Step 1　创建一个节点 N；
Step 2　使用 attribute_selection_method（attribute_list，comment_list），找到最优分裂准则；
Step 3　if 分裂不满足 β 或 γ 或 η 条件，then
Step 4　不分裂，返回该节点存为叶子节点，用 comment_list 初始周期的均值标记该节点；
Step 5　else 按最优分裂准则分裂该节点为左、右子树；
Step 6　对左、右子树重复 Step 2 到 Step 6，直至不再分裂；
Step 7　对得到的树用 tree_pruning，得到剪枝后的树 N^*；
Step 8　对 N^* 每个叶子节点用 fitting_decay_function；
Step 9　得到所有叶子节点的形式为式（8-12）的影响力计算公式；
Step 10　返回 N^*。

同时，在算法使用中需注意以下两点。首先，当训练样本集较小时，应适度减小叶子节点最小样本数阈值，以防止将异质样本划分到同一叶子节点；当训练样本集较大时，应适度增大叶子节点最小样本数阈值，以防止将同质样本划分到不同叶子节点，这两种策略都能拟合更准确的衰减函数，以提高算法精度。其次，由于算法能够预测的影响力范围限制在叶子节点代表的影响力范围内，所以训练样本集应尽可能准确地反映影响力的真实分布，这样才能保证在遇到影响力极端值时不会出现缩小极端大影响力、增大极端小影响力的情况，使算法拥有更好的泛化能力。

8.3.3　在线负面口碑影响力预测的实验

本节来验证模型的有效性。首先描述实验数据的收集过程和具体内容，然后依照上节算法用训练集数据构建 IMM-RTDF 模型，最后用测试集数据对比相关模型的 NMSE 值，以说明 IMM-RTDF 模型的有效性。

1. 实验数据

实验部分使用的数据收集自大众点评网。此网站在为消费者提供各个城市的美食信息的同时，还为会员提供按地域划分的热门部落，部落成员可在其中发帖以供他人浏览和评论。数据收集过程如下：首先收集大众点评网"吃在上海"部落 2013 年 1 月至 2013 年 12

月的所有帖子，共计 8819 条，删除其中求助帖、旅游贴、推荐贴等与 ONWOM 无关的帖子，然后删除贡献值为负的发布者的帖子，因为网站认为这些人存在违规行为，同时为保证每条 ONWOM 的影响力通过评论数已完全体现，删除最后评论时间距离数据收集时间少于两个月的帖子，最终获得 ONWOM 143 条。每条 ONWOM 由以下部分组成，包括用户等级、用户粉丝数量、用户关注数量、用户评论数量、用户帖子数量、每条 ONWOM 及其评论的发布时间以及 ONWOM 的具体内容。

2. 建立模型

从获取的 143 条 ONWOM 中随机抽取 110 条作为训练集，剩下的 33 条作为测试集。每条 ONWOM 包括表 8-1 列出的 11 个预测变量和前 10 天每天的评论数，其中内容负面情感词数量和内容正面情感词数量，通过 ONWOM 文本与知网中文情感词典进行匹配得到，每天评论数量通过每条评论发布时间和 ONWOM 发布时间的差值计算得到，差值属于 $(0,24]$（单位：小时）算入第 1 天，属于 $(24,48]$ 算入第 2 天，其余以此类推。

依照 8.3.2 节中的算法，用训练集数据构建 IMM-RTDF 模型。先生长出一棵充分大的树，然后对树进行剪枝，β 值在剪枝过程中由 10 折交叉验证方法确定为 0.01，参考经验，γ 取值 20，η 取值 30，得到回归树如图 8-4 所示。图 8-4 中椭圆代表非叶子节点，方形代表叶子节点，穿插其中的是最优分裂准则，节点中显示了预测值和样本数信息。

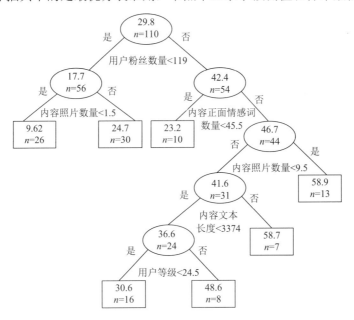

图 8-4　初始影响力回归树

回归树能自动选择对响应变量影响最大的预测变量，由图 8-4 显示，对评论数影响较大的预测变量包括用户粉丝数量、用户等级、内容照片数量、内容正面情感词数量和内容文本长度，其中前两个属于用户特征维，后 3 个属于内容特征维，其他作用较弱的变量在阈值控制和剪枝过程中被删除。

对每个叶子节点拟合形如式（8-11）的影响力衰减函数，最后将叶子节点的初始影响力与衰减函数结合，利用式（8-12）可以得到 ONWOM 在后序周期的影响力预测值，表 8-2

列出了所有叶子节点对应的初始影响力和影响力衰减函数的系数。

表8-2　叶子节点初始影响力和影响力衰减函数系数

节点号	初始影响力	衰减函数系数	
		a	b
4	9.62	1.9851	−1.9861
6	23.20	1.4819	−1.4824
5	24.67	1.7713	−1.7729
12	30.62	2.5707	−2.5707
13	48.62	2.2871	−2.2872
11	58.71	2.1248	−2.1269
9	58.92	1.7320	−1.7334

3. 实验结果与分析

测试集包含样本 33 个，将这些样本的 11 个预测变量及相应 t 值输入训练好的模型中，可以预测每个样本每天的评论数。为说明 IMM-RTDF 模型的有效性，选择 UEDRT 模型和 PLR 模型进行对比。UEDRT（unified exponential decay regression tree）模型和 IMM-RTDF 模型的不同之处是其所有样本使用统一的影响力衰减函数。PLR（piecewise linear regression）（Malash et al.，2010）模型按时间 t 进行分段，通过对训练集中 ONWOM 每天的评论数分别拟合一个线性模型而得到。为说明内容特征对预测性能的影响，同时给出两个对比模型只考虑用户特征的版本 UEDRT-U 和 PLR-U。

选择 NMSE（normalized mean squared error）来衡量模型预测性能，它是 MSE（mean squared error）值与基线模型（选择均值模型）MSE 值的比值。NMSE 克服了 MSE 不适和单独用于对比模型的不足（Clements et al.，1993），更准确地体现了模型的性能，公式表示为

$$\text{NMSE}^t = \frac{\sum_{i=1}^{N(\text{test})} (y_i^t - \hat{y}_i^t)^2}{\sum_{i=1}^{N(\text{test})} (y_i^t - \bar{y}^t)^2} \qquad (8\text{-}13)$$

其中：y_i^t 表示样本 i 的评论数在周期 t 的实际已知值；$\hat{y}_i^t$ 是 y_i^t 对应的预测值；$\bar{y}^t$ 是训练集样本的评论数在周期 t 的均值；$N(\text{test})$ 是测试集样本数；NMSE^t 通常取值为 0～1，越靠近 0 模型性能越好，值越大模型性能越差。

表 8-3 列出了 5 个模型的 NMSE^t 值。由于数据集中 94.53% 的评论都集中在前 3 天，为了使说明更具有针对性，取前 3 天的 NMSE^t 值进行分析，NMSE^1、NMSE^2 和 NMSE^3 分别对应第一天、第二天和第三天的 NMSE 值。

表8-3　模型NMSE值对比表

模型	NMSE^1	NMSE^2	NMSE^3
UEDRT	0.333	0.849	0.986
PLR	0.701	1.095	0.940

续表

模型	NMSE[1]	NMSE[2]	NMSE[3]
UEDRT-U	0.793	0.933	1.028
PLR-U	0.797	1.002	0.992
IMM-RTDF	0.333	0.748	0.850

表 8-3 显示，IMM-RTDF 模型在 3 天中的 NMSE 值都是最小的，性能最优。当同时考虑用户特征和内容特征时，IMM-RTDF 模型在 3 天中相比次优模型 UEDRT、UEDRT 和 PLR 在性能上分别提升 0%、11.9% 和 9.6%。当对比模型只考虑用户特征时，IMM-RTDF 模型在 3 天中相比次优模型 UEDRT-U、UEDRT-U 和 PLR-U 在性能上分别提升 58%、19.8% 和 14.3%。对比以上两组数据可知，IMM-RTDF 模型与没考虑内容特征的模型对比时，性能提升更大，增加了 58%、7.9% 和 4.7%，说明没有考虑内容特征的模型预测性能更低，证明了内容特征在负面口碑影响力预测中的重要作用。

IMM-RTDF 模型与 UEDRT 模型相比性能提升 0%、11.9% 和 13.6%，说明用多个衰减函数描述不同的衰减趋势比用单一衰减函数效果好，图 8-5 是两种方法下衰减函数曲线的对比，其中实线对应 UEDRT 模型，虚线对应 IMM-RTDF 模型中差别最大的两条衰减函数曲线。

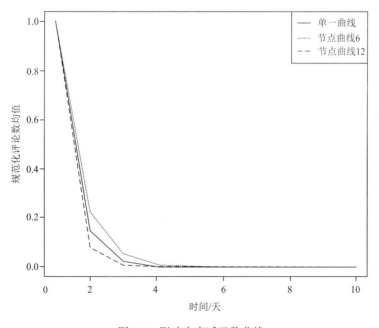

图 8-5　影响力衰减函数曲线

图 8-5 显示，第二天和第三天的位置出现了较大波动，以第二天为例，节点 6 的衰减函数值 0.2270 约是节点 12 的值 0.0765 的 2.97 倍，所以给每个叶子节点拟合不同的影响力衰减函数可以更准确地描述衰减趋势，这也是 IMM-RTDF 模型优于 UEDRT 模型的原因。

8.3.4　在线负面口碑处理策略

面对网络中大量 ONWOM，选择合适的处理策略对企业至关重要。传统处理策略（简称"策略 A")通常按 ONWOM 已经产生的影响对 ONWOM 进行排名,优先处理影响大的 ONWOM,由于此策略是负面影响产生之后的补救行为,所以效果有限。另一种策略(简称"策略 B")是先预测当前 ONWOM 的总影响力,然后根据排名优先处理影响力大的 ONWOM,此方法虽然减少了策略 A 中的问题,但由于这里预测的影响力包括了已经产生的影响和未来可能产生的影响两部分,而已经产生的影响是一种既定事实,不应包括在内。合理的策略(简称"策略 C")是优先处理未来可能产生较大影响的 ONWOM,具体可先用本节方法算出 ONWOM 在未来可能产生的影响力,然后优先处理影响力排名靠前的 ONWOM。为验证本节策略(即策略 C)的优势,举例如下。

假设存在 3 个 ONWOM(称为样本 1、样本 2 和样本 3),其中样本 1 和样本 2 是第一天产生的,样本 3 是第二天产生的,各自每天产生的影响力如表 8-4 所示。

表8-4   样本影响力

样本	第 1 天	第 2 天	第 3 天	第 4 天	第 5 天	第 6 天
样本 1	90	14	6	2	1	0
样本 2	72	19	11	1	1	0
样本 3	╳	87	8	2	1	0

以第 2 天和第 3 天进行 ONWOM 处理为例,可计算在上述 3 种策略下 ONWOM 的影响力和企业优先处理顺序(计算 ONWOM 影响力时,认为当天的影响力还未发生),如表 8-5 所示。

表8-5   3种策略下样本影响力值和排名

策略	第 2 天		第 3 天	
	样本 1、2、3 的排名	影响力值	样本 1、2、3 的排名	影响力值
策略 A	90,72,0	(1,2,3)	104,91,87	(1,2,3)
策略 B	113,104,98	(1,2,3)	113,104,98	(1,2,3)
策略 C	23,32,98	(3,2,1)	9,13,11	(2,3,1)

此时,假设企业的资源量只够每天处理 1 个 ONWOM,认为处理不同的 ONWOM 所用资源量相同且处理总是成功的,即 ONWOM 被处理后影响力立刻变为 0,于是在 3 种策略下可用 ONWOM 经过处理后对未来影响力的减少量来衡量策略的优劣,使影响力减少最多的策略即是最优策略,结果如表 8-6 所示。

表8-6   3种策略下ONWOM处理结果

策略	第 2 天		第 3 天	
	被处理样本	影响力减少量	被处理样本	影响力减少量
策略 A	1	23	1	9
策略 B	1	23	1	9
策略 C	3	98	2	13

由表 8-6 可知,企业用相同的资源按策略 C(即本章策略)处理 ONWOM 可得到最好的效果。

综上可知,当面对大量 ONWOM 时,资源有限的企业应该优先处理未来可能产生最大影响力的 ONWOM。

8.4 在线负面口碑处理的专家识别方法

8.4.1 概念界定与假设

社会化媒体为用户提供了交流互动的平台，用户可以在其中搜索信息、发布内容和建立关系，随着用户数量增加和用户间互动增强，少量拥有更多知识的用户逐渐凸显，成为专家用户，他们在为他人解决问题和分享知识过程中建立了个人权威，这不仅实现了其个人价值，也为所在平台提供了更多资源，使其成为社会化媒体高质量知识的重要外部来源。例如，Riahi 等（2012）实验发现在一个网络问答社区中至少提供过一个最佳答案的用户有22 027 人，其中提供超过 20 个最佳答案的用户只有 1845 名，占用户总数的 0.5%，但这部分用户却回答了 35%的问题，说明少量专家用户为网络社区提供了大部分知识，他们是更有价值的用户。如果能够识别出这些专家，并给予适当引导，企业可以依赖他们扩充自身知识库，扩展可调动资源范围，借助专家知识面广、知识成本低、容易与其他用户沟通等优势优化服务流程、提高服务质量、改善服务体验，进而提高整体服务水平。

在此过程中，企业可根据自身价值需求自发参与价值共创。发布者虽然需要经过影响力预测进行排序，但也是显性存在的。然而，服务者并不是本来就有的，或者说不是显性存在的。因为本章价值共创的服务者来自社会化媒体中的用户，由于用户的数量众多，且个人资源提供能力和互动性参差不齐、差异较大，有处理能力的用户可能互动性不强，而互动性强的用户又可能没有足够的能力，随机选择用户作为服务者很难达到满意的处理效果（Vernette et al.，2013），因此如何提前识别合适的用户形成服务者专家库是后续价值共创过程的基础，是实现基于价值共创的 ONWOM 处理的重要环节。为使下文表达清晰统一，后续部分将服务者识别称为服务者专家识别（简称"专家识别"）。

在本节设计的 ONWOM 处理专家推荐框架中，企业借助服务者资源能力为发布者提供服务；从解决问题的角度看，服务者充当了解决 ONWOM 的专家角色。企业作为价值共创的驱动者，将服务方专家视为一种资源，通过对他们的合理识别和匹配，能激发共创主体间的互动和资源整合，实现 ONWOM 处理的价值共创过程。

在专家识别领域，通常借助专家拥有的知识能力对其进行定义，但因为专家知识被认为是存在于专家大脑中而很难获得的隐性知识（Baumard，2000），没有清晰的界定，所以不同情况下的专家也很难有统一的标准。与传统专家识别相比，面向 ONWOM 处理的专家识别有其特殊性，这些特殊性源自 ONWOM 处理的特殊要求，主要包括以下两点：

（1）发布者发表 ONWOM，除了在寻求问题解决方案，还是在寻求情感抚慰，如果在处理 ONWOM 过程中没有照顾发布者情绪或者进一步刺激了发布者，即使专家提出好的问题解决方案，也很可能导致处理失败，专家更积极的情绪有助于问题的解决（Joiner et al.，2001）。

（2）ONWOM 处理是一种服务补救行为，服务者与发布者之间的互动是实现价值共创的基础，如果被选定用户不愿参与 ONWOM 处理，会延误处理时机，如果参与价值共创的服务者互动性不强，处理效果将大打折扣，甚至会引起发布者更强烈的负面情绪，所以ONWOM 处理专家，除了要求有足够的领域知识和情感能力，还需有较强的参与意愿，能够积极与发布者进行互动。

针对以上问题，本章设计 ONWOM 处理专家识别方法，将专家用户看作 ONWOM 处理资源，从价值共创的资源视角出发，建立专家识别资源映射框架，专家识别过程除了考虑体现用户专业水平的知识能力，还融入了专家参与 ONWOM 处理的情感抚慰能力，并将用户互动程度引入到用户能力特征空间，以此构建 ONWOM 处理的专家能力得分计算模型，实现专家识别。

本节研究社会化媒体中 ONWOM 处理的专家识别问题，认为用户属性、用户发布内容等 UGC 资源是用户隐性知识的显性表示，可以利用这些资源进行专家识别，这里对文中涉及的专家进行界定和假设如下。

定义 8.2 专家。从社会化媒体 ONWOM 处理的具体问题出发，将本章研究涉及的专家界定为具有相关领域的 ONWOM 处理能力，并且愿意参与 ONWOM 处理价值共创过程的用户。

从价值共创过程看，服务者需要投入资源参与互动和资源整合，而服务者投入资源的能力正是其满足 ONWOM 处理的能力体现，本章称之为 ONWOM 处理能力（简称"处理能力"）或专家能力，这里对本章涉及的专家能力进行界定和假设如下。

定义 8.3 专家能力。将服务者的专家能力界定为满足 ONWOM 处理需求，并实现共创价值的能力。

假设用户情感抚慰过程是一个情绪感染过程，服务者相对发布者的情感越正面，其能成功进行正面情绪感染的可能性越大，进而实现情感抚慰的可能性就越大。当专家能力包含多种能力时，各种能力间可进行一定程度的补偿。专家处理知识和参与意愿信息包含于专家的 UGC 中，即认为相应 UGC 资源是本章研究专家识别所需相关信息的显性表现。

为便于说明，当特指某个 ONWOM 时，将与专家识别相关的网民分为三类：用户指除 ONWOM 发布者之外的网民；专家用户指达到专家特征要求的网民，是用户的一部分，简称"专家"；非专家用户指除专家之外的用户，简称"非专家"。

8.4.2　在线负面口碑处理的专家识别资源映射框架

ONWOM 处理是建立在互动和资源整合基础上的价值共创过程，从第 2.4 节中的价值共创模型的分析可知，无论是发布者发表的 ONWOM，还是服务者所能提供的处理能力，在社会化媒体中都是以 UGC 资源的形式展现。原始 UGC 资源有非结构化、碎片化、去中心化等特点，无法直接用于 ONWOM 处理，需要经过处理加工转换为合适的形式，以适合价值共创的实现过程，才能最大限度地提高 ONWOM 处理的成功率。为清晰地理解专家识别中资源的形式和转换规律，本节从资源视角出发，分析专家识别过程中资源的转换过程，或称为"资源映射"过程。

价值共创理论将服务资源分为显性资源和隐性资源两类，认为显性资源是产品、信息和技术等，隐性资源是知识和能力等，并且在价值共创过程中隐性资源更为重要（Vargo et al., 2004）。本章介绍价值共创过程也从这两类资源出发，其中，显性资源是对原始信息资源的结构化表示，描述了资源构成要素，剔除了无关或作用较小的噪声信息，并从集合层面对资源进行聚合，降低了 UGC 资源的碎片性。隐性资源也源自原始信息资源，但是以显性资源为基础，通过相关计算方法得到满足价值共创需求的知识或能力测量，是资源价值的量化表示。相对应，根据资源形式的不断转换，本章将资源映射过程分为显性资源映射和隐性资源映射两个阶段。

在 ONWOM 处理的价值共创过程中，作为服务者的专家是直接处理方，由于社会化媒体用户具有数量多、能力差异大等特点，随机选取服务者进行 ONWOM 处理无法保证价值共创的成功率。专家识别的目的正是为了从大量用户中选出有较高处理能力的专家用户，以提高 ONWOM 处理的成功率，在实际中每个用户都可表示为一个 UGC 资源集。因此，专家识别的目的也可理解为从代表每个用户的 UGC 资源集中选出能体现较高专家能力的集合，此过程就是一个从 UGC 资源集到专家能力的资源映射过程。此时，本章提出面向 ONWOM 处理的专家识别资源映射框架如图 8-6 所示。

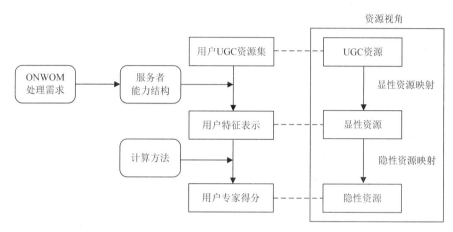

图 8-6　面向 ONWOM 处理的专家识别资源映射框架

图 8-6 所示的框架中虚线左侧部分表示专家识别中由用户 UGC 资源集得到用户专家得分的过程，虚线右侧大方框部分是从资源视角理解的与获得用户专家得分过程对应的资源映射过程，虚线表示两个过程中资源的对应关系。此框架为使讨论集中在资源映射部分，并没有给出专家识别中根据专家得分进行专家判别的部分。

框架左侧部分包括以下两个阶段。

第一阶段完成从用户 UGC 资源集向用户特征表示的转换，此部分对应资源视角的显性资源映射，第二阶段完成了从用户特征表示向用户专家得分的转换，此部分对应资源映射视角的隐性资源映射。在第一阶段中，确定用户特征表示包含的特征元素是其中的关键，随意选择特征不仅无法识别出合适的专家用户，甚至可能导致 ONWOM 处理失败。为此，如框架左侧上方的两个圆角方框所示，本节从 ONWOM 处理的问题背景出发，以价值共创的互动和资源整合两阶段为子过程，以共创主体各方的价值需求为起点，可以确定成功实现 ONWOM 处理的需求，这些需求一方面是各价值受益主体的资源需求体现，另一方面是资源供给主体的能力结构体现。在专家识别中，在通过以上分析过程获得作为服务者的专家需要具有的能力结构后，将其与用户 UGC 资源集的真实数据结合，可得到体现用户能力结构的用户特征表示，实际上这是一个在价值共创的 ONWOM 处理背景下从用户创造的数据中挖掘体现其能力结构的显性表示的过程。

在第二阶段中，由于前一阶段得到的用户能力结构只是对用户具有相关能力的特征描述集合，而专家识别中需要能体现用户能力的单一量化指标，即专家得分。在基于价值共创的 ONWOM 处理中，此得分是用户能力和价值的量化表示。根据得分对用户进行降序排序，获得分数靠前的用户即是专家用户。可以设计或选择合适的计算方法以实现从用户特征表示到专家得分的转换，但计算方法的设计需适合实际数据类型和问题特点。

框架右侧部分是从资源视角对左侧专家识别相关过程的理解，包括显性资源映射和隐性资源映射两个映射阶段。其中，显性资源映射是从 UGC 资源向显性资源的转换，隐性资源映射是从显性资源向隐性资源的转换。

1. 显性资源映射

显性资源映射完成了从 UGC 资源向显性资源的转换，在专家识别背景中对应从用户 UGC 资源集向用户特征表示的转换过程。用户 UGC 资源集是未经处理的原始信息资源，有非结构化、碎片化和去中心化等特点，如果不经过处理，无法直接用于 ONWOM 处理的价值共创过程，显性资源映射针对这 3 个特点分别进行处理，依次经过结构化、去碎片化和中心化 3 个子过程，最后得到体现用户能力结构的特征表示。

虽然社会化媒体中 UGC 资源的形式多样，包括文本、图片、音频、视频等，但 ONWOM 主要还是以文本的形式出现，因为文本是语言最直接的且成本相对较低的表现形式，如音频、视频等其他形式也可转换为文本形式。为使本章表达清晰一致，假设下面涉及的 UGC 资源主要是文本形式，每条 UGC 资源也称为一个文本或一个文档，用户 UGC 资源集就对应用户文本集或用户文档集，至于其他 UGC 形式，除了物理介质层面的处理有所不同外，逻辑层面的处理过程和文本相同。

结构化子过程解决了 UGC 资源的非结构化问题，通过将文本转换为关键词集合，过滤掉噪声信息，减少因为长语句引起的歧义，使后续操作能在更细粒度上对资源进行处理。在社会化媒体中文本用人类自然语言表述，机器和算法无法直接理解，只有利用自然语言处理技术对原始文本进行分词、去停用词、关键词抽取等处理，才能将非结构化的文本转换为结构化形式，为后续加工打下基础。

假设一个用户 U 表示为一个文档集（document set，DS），则 DS 中一个文档 d_i 的结构化过程可形式化表示为

$$KWS_i = StruFunc(d_i) \tag{8-14}$$

其中：StruFunc 表示结构化阶段对应的映射函数；KWS_i 表示文档 d_i 经过结构化后得到的关键词集，KWS 是 key words set 的缩写。

UGC 资源中的单一文档有内容短、信息量少、表达不完整等特点，这种表达形式的碎片化直接导致其所包含资源价值的碎片化。在专家识别中，UGC 资源的碎片化特点使单个文档只能体现用户的少量价值，为最大限度地展现用户在 ONWOM 处理中的能力，需要对碎片化的文档资源进行去碎片化处理，即将用户文档集中的文档进行整合，使用户不再表示为文档集的形式，而是以一个描述更完整、价值密度更高的单一关键词集出现。

去碎片化主要涉及两个任务，分别是关键词过滤和文档聚合。关键词过滤通过权值计算实现，权值计算指用自然语言处理的方法算出单个文档中包含的关键词权值，并认为权值较大的关键词能更好地描述专家的能力，也就具有更高的价值，然后每个文档中选出权值较大的关键词子集，以过滤掉价值相对较小的关键词，提高单个文档的价值密度。文档聚合指将用户文档集中的文档进行整合，消除文档这一中介层面，用关键词集直接表示用户，这样可以在关键词层面发掘用户价值，既克服了单个文档信息碎片化的局限，又使用户信息得到最大限度的保留。

以上述结构化过程为基础，去碎片化的形式化表示为

$$\text{KWS}_{i^*} = \text{KeywFilt}(\text{KWS}_i) \qquad (8\text{-}15)$$

$$\text{KWS}^U = \text{DocAggr}\left(\left\{d_1, d_2, \cdots, d_{|U|}\right\}\right) \qquad (8\text{-}16)$$

其中：KeywFilt 表示关键词过滤对应的映射函数；KWS_{i^*} 表示文档 d_i 对应的关键词集 KWS_i 经过过滤后得到的结果关键词集；DocAggr 表示文档聚合对应的映射函数；$\{d_1, d_2, \cdots, d_{|U|}\}$ 是聚合前表示用户 U 的文档集；$|U|$ 是文档集包含的文档数；KWS^U 表示经过文档聚合后用户 U 对应的关键词集。

关键词过滤和文档聚合的具体实现方法可利用自然语言处理、信息检索、文本挖掘等方面的技术，当问题背景和数据类型有变化时，可对这两个子过程进行调整。

UGC 资源往往包含多种知识类别，蕴含多重知识层次，体现了用户的多方面能力特征，然而这种用户能力特征的多方面展现使针对具体问题的用户核心特征无法聚焦（加入"核心"二字只是为了表明资源经过中心化处理后针对具体问题更加聚焦），带来了去中心化的问题。去中心化特点兼有利弊，一方面说明 UGC 资源中包含解决多种问题的用户能力特征，另一方面在面对特定需求时（如基于价值共创的负面口碑处理），从中提取出合适的能力特征就成为问题。上述的结构化和去碎片化处理并没有解决此问题，若将其结果不经过中心化处理而直接用于隐性资源映射，则很难得到好的识别效果。

在 ONWOM 处理的专家识别中，中心化的目的是从实现价值共创的具体需求出发，设计满足需求的用户核心能力特征，这是用户服务能力的体现，并从 UGC 资源中构造计算体现用户能力特征的显性表示，使得到的用户特征表示更能体现其服务者能力结构，即实现了 UGC 资源的中心化处理。为使叙述简洁，以下将用户核心能力特征简称为"用户能力特征"或"能力特征"。

对中心化过程的形式化表示为

$$(\text{uf}_1^U, \text{uf}_2^U, \cdots, \text{uf}_m^U) = \text{Cent}(\text{KWS}^U) \qquad (8\text{-}17)$$

其中：Cent 是中心化过程对应的映射函数，表示用户 U 的关键词集 KWS^U 通过 Cent 都可以在 $(\text{uf}_1^U, \text{uf}_2^U, \cdots, \text{uf}_m^U)$ 中有唯一确定的用户特征表示与之对应；$(\text{uf}_1^U, \text{uf}_2^U, \cdots, \text{uf}_m^U)$ 表示用户 U 的用户特征表示，即由 UGC 资源得到的显性资源。

用户特征表示对应资源视角的显性资源，展现了用户作为服务者的能力结构，显性资源映射实现了从 UGC 资源到显性资源的映射过程。由于在特征设计过程中可能出现先根据需求计算单一文档特征值，然后再进行文档聚合得到用户特征表示的情况，所以在具体实现中可对以上子过程进行适当选择调整。显性资源映射过程是对文本特征的描述，在负面口碑处理的专家识别中会用到其他类型数据，如用户点击数据等，此类数据不会涉及结构化过程，但根据设计可能会涉及碎片化和去中心化过程，具体实现需适应方法设计要求。

2. 隐性资源映射

隐性资源映射实现从显性资源向隐性资源的转换，对应专家识别中用户特征表示向用户专家得分的转换。专家得分作为用户专家能力的量化指标，是用户在基于价值共创的负面口碑处理中的价值体现。在专家识别中，隐性资源映射即是以显性资源为基础，运用数据挖掘、机器学习、信息检索等技术，计算用户价值的过程，此价值通过用户专家得分表示。隐性资源映射可表示为

$$\text{ES}^U = \text{IRM}((\text{uf}_1^U, \text{uf}_2^U, \cdots, \text{uf}_m^U)) \qquad (8\text{-}18)$$

其中：IRM 表示隐性资源映射函数，向函数中输入用户 U 的特征表示 $(\mathrm{uf}_1^U, \mathrm{uf}_2^U, \cdots, \mathrm{uf}_m^U)$ 就可以得到该用户的专家得分 ES^U。

资源视角的式（8-18）与系统视角的式（8-2）相对应。

8.4.3 在线负面口碑处理的专家识别资源映射方法

与传统专家识别不同，本章专家识别过程中不仅考虑了直接体现用户专业水平的知识能力，还考虑了专家参与 ONWOM 处理的情感抚慰能力，并借助情绪感染机制获得情感能力的量化指标。此外，互动作为资源整合的条件和情绪感染的前提，是价值共创实现的基础，因此将用户互动程度也引入用户能力特征空间，以此构建人工神经网络模型，实现专家识别。

1. 专家识别资源的特征表示

ONWOM 处理的价值共创过程分为互动和资源整合两个阶段，作为服务者的专家满足这两阶段的需求是成功实现价值共创的基础，而识别出有能力满足这两阶段需求的用户正是本章 ONWOM 处理专家识别要完成的任务。为使分析更清晰，下面先分析资源整合阶段的服务者能力需求，再分析互动阶段的能力需求，然后综合得到用户特征表示。

在资源整合阶段，服务者专家直接面对 ONWOM 发布者，针对发布者在 ONWOM 中的需求描述进行相应处理。在本章研究中，ONWOM 发布者有寻求知识解决方案和情感抚慰两方面需求，相对应，如果要成功处理 ONWOM，作为服务者的专家需要具有满足这两方面需求的能力，即可认为知识方案提供能力（简称"知识能力"）和情感抚慰能力（简称"情感能力"）是专家能力的组成部分。

寻求知识解决方案是 ONWOM 发布者的需求之一，提供知识解决方案是负面口碑成功处理的要求，因此，作为服务者的专家必须具备知识能力才能保证处理过程的顺利进行，进而保证价值共创的实现，即知识方案提供能力是专家能力的一种体现。

传统专家识别大多只涉及知识能力，认为专家是相比其他非专家用户能在某一个或若干领域提供更多知识的用户，通常不考虑其提供知识过程中表现的个人情感因素。但在本章 ONWOM 处理中，寻求情感抚慰是发布者的重要价值需求，如果服务者无法有效满足此需求，很可能导致价值共创失败。因此，本章将情感抚慰能力纳入专家能力之中。

互动是进行价值共创的基础，服务者是否愿意参与互动直接决定价值共创过程是否能够顺利进行。每个用户的时间和精力是有限的，在特定情境下，有处理能力的用户并不一定都愿意参与 ONWOM 处理，而有参与意愿的用户也不一定有足够的处理能力。因此，专家需具有参与 ONWOM 处理的意愿，只有处理能力而不愿参与 ONWOM 处理的用户不是本章所指的专家，只有参与意愿而没有足够处理能力的用户也不是本章所指的专家。

互动是资源整合的前提条件，虽然价值共创过程需要多次互动和资源整合的交叉进行，但整个共创过程是建立在互动基础之上（Gummesson et al.，2010b），在参与共创的三方主体中，发布者和企业有天然的参与意愿，根据本章研究，发布者发表 ONWOM 是为了寻求知识解决方案和情感抚慰，企业参与是为了解决 ONWOM，尽量减小其带来的负面影响。但服务者在搜寻成本和网络环境的限制下，很少能主动寻找 ONWOM 进行处理，只有在企业的驱动下才能根据自身认知决定是否参与 ONWOM 处理。因此，为保证价值共创过程的实现，互动阶段对服务者专家有互动能力的要求，即服务者除了具有上述知识方案提供能力和情感抚慰能力外，还需具有较高的参与价值共创互动的程度，简称"互动程度"。

以上论述分析了服务者专家用户在实现价值共创过程中需要具有的能力结构，专家用户的能力结构一方面说明了专家满足 ONWOM 处理需求的能力水平，另一方面也展现了一个用户要成为专家需要具有的能力特征，构成了专家识别的特征空间。由上述分析可知，ONWOM 处理的服务者专家能力包括知识能力、情感能力和互动程度 3 个方面，其中互动程度是发挥专家能力的前提条件，知识能力和情感能力是实现 ONWOM 处理的能力体现。用户参与 ONWOM 处理的意愿各不相同，具有的知识能力和情感能力也往往参差不齐，而且人数众多（Vernette et al.，2013），要想保证 ONWOM 处理的成功率，需要从以上 3 个方面特征出发，识别用户中的专家。因此，可将用户特征表示形式化为

$$U = (KC, EC, DI) \tag{8-19}$$

其中：U 表示用户；KC 表示知识能力；EC 表示情感能力；DI 表示互动程度。

在现实网络中，与本章研究完全契合的数据很难获取，而直观上可以将 ONWOM 处理看作解决一类特殊问题，服务者专家识别可以看作回答问题的专家识别。

因此为使前期设计能在数据层面落到实处，下面以问答社区为现实环境，认为共创各方能够在此环境中实现 ONWOM 处理的价值共创，分别对知识能力、情感能力和互动程度 3 个特征维度中涉及的细化指标进行分析，并给出具体的测量方法，相关分析都假设 UGC 资源以文本形式出现。

1）知识能力特征

知识能力体现了服务者提供知识解决方案的能力，识别出的专家需要具有这种能力才能成功实现 ONWOM 处理，然而知识能力是一种定义松散的概念，难以形式化（Balog et al.，2012），通常被认为是一种隐性知识（Baumard，2000），是存在于人们大脑中难以获得的知识。由于问答社区中用户众多，通过直接与用户交流获得知识成本太高，无法实现，所以通过文本、用户行为数据等其他可见数据间接评估用户知识能力就自然成为一种思路。

在网络问答社区中，用户通过展现其知识能力树立权威，树立权威的过程即是获得认可的过程。权威度高的用户表现出的知识能力更大，发表的内容也更容易使人信服。并且，权威度较高的用户发布的内容质量更高（Chen et al.，2011），文本质量是用户知识能力的显性载体，质量越高的文本可理解性越大，包含的信息和知识相对也更丰富。

粉丝数经常被用来说明用户的权威性（Cha et al.，2010），这在社交网络较强的社会化媒体中效果较好，高粉丝数对用户等级有很大提升作用，但在以知识为导向的问答社区中，通过粉丝关系很难获得提问者的认同，得到其他用户直接求助才是对其知识能力的最直接认可。文本长度是体现文本质量的重要指标，较长的文本意味着更详细的解释，与短文本相比更容易被接受（Korfiatis et al.，2012）。同时，较长的文本能包含更生动的内容，面对内容接收者时更有说服力（Hayne et al.，2003），在 ONWOM 处理中，发布者就更容易接受服务者提供的服务。每个提问者会根据自身情境提出问题，而每个人所处的情境大多不同，答案被最了解问题情境的提问者采纳是对回答者问题解决能力的认可，被采纳的答案越多说明回答者的知识能力越高。提问者和回答者之外的其他用户同样可表达对答案的看法，如果他们赞同回答者提供的答案，说明这些用户认为回答者提供了提问者需要的知识。作为第三方平台，问答社区常对质量符合一定规范的高质量答案给予标记，如有些答案被标上精华答案的标签，这是对回答者知识能力的社区认可。

根据以上分析，本章选择以下指标为描述用户知识能力的特征，包括满意答案数、采

纳率、收到求助数、赞同数、精华答案数和答案平均长度。

其中，满意答案数是提问者接纳用户答案为满意答案的总数，收到求助数是提问者指定此特定用户为回答者的次数，答案平均长度指用户提供的所有答案的文本长度的平均值。

2）情感能力特征

ONWOM 中包含了发布者的负面情绪，寻求情感抚慰是发布者的两个需求之一。服务者专家的情感能力直接关系到 ONWOM 处理能否成功，服务者专家相对消费者的正面情感影响会抑制消费者因服务失败引起的负面情绪，而这种情感抑制会降低服务失败的重要性（Chebat et al.，2005），达到对消费者进行情感抚慰的效果，从情感角度对 ONWOM 进行了处理。本章认为用户情感能力表现为用户缓解发布者负面情绪的能力，即服务者通过情感表达使发布者负面情绪得到缓解的程度，表现为其负面情绪向正面转化的幅度。

发布者的负面情绪在服务者正面情绪的影响下得到缓解是一个情绪感染过程。在心理学领域，情绪感染指个体之间感知捕获环境中其他人的情绪变化，包括无意识、不自觉的情绪模仿或趋同，或者在有意识、主动的情绪认知和控制下，实现的不同个体间的情绪交互和聚合过程（Hatfield et al.，1994）。杜建刚等（2009）从营销视角研究了服务消费中消费者负面情绪受到情绪感染的影响。将情绪感染中的人物角色限定在消费者和服务者两个群体，二者间关系不同于家人、朋友之间的血缘关系或友谊关系，而是建立在交易基础上的服务关系。在价值共创的 ONWOM 处理中，发布者和服务者之间的关系又发生了变化，一般情况下，既不是建立在血缘、友谊上的私人关系，也不是建立在交易基础上的服务关系，而是建立在资源分享、寻求自我实现等共创价值基础上的协作关系（Vargo et al.，2004），但单从服务者为发布者提供服务进行 ONWOM 处理来看，又是服务关系，本章在涉及服务者的情绪感染时，将服务者与发布者之间的关系视作服务关系。

传统情绪感染研究认为，情绪感染发生在个体间的社会互动中，个体通过语言、表情、行为动作等形式展示情绪，人与人之间需要经过近距离沟通和交流才能完成情绪感染过程。社会化媒体的出现为情绪感染带来了新场景，个体间借助文本、音频、视频等媒介进行远距离交流沟通，虽然抛开了现实场景，但个体间依然实现了情感表达、传递和接收，达到了情绪感染的目的，甚至在某些情况下由于用户体验设计和实时技术，其效果超越了传统形式。本章并不研究社会化媒体中不同媒介与情绪感染的关系，而是将关注点放在服务者通过文本对 ONWOM 发布者实现情绪感染，达到情感抚慰的目的。问答社区中用户表达情绪的主要形式是文本，情绪感染的语言调节机制指出，语言或文字在一定情境下可以激发个体产生与其描述相一致的情绪体验，说明服务者专家通过文本为 ONWOM 发布者进行正面情绪感染是可行的。

Hennig-Thurau 等（2006）用真实场景验证了情绪感染的存在，解释了服务者的微笑程度和情绪展现的真实性对情感传递的影响，微笑程度越高且越真实，就越能给消费者带来正面情感，说明服务中服务者的正面情绪能给消费者带来正面情感，并且使消费者得到更高满意度，使服务者与消费者之间的关系更为融洽。Doherty 等（1995）用实验证实男性和女性以及不同职业群体在情绪感染的易感性上是不同的，发现从事不同职业的女性比男性受情绪感染的程度更深。服务者的正面情绪对消费者的影响是显著的，服务者的负面情绪对消费者的影响同样也是显著的。杜建刚等（2009）采用环境刺激方法，实证研究了在服务失败和服务补救中服务者对消费者的情绪感染。在发现服务失败过程中，服务者的负面情感越强烈，消费者的负面情绪增加就越多；在服务补救中，服务者的正面情感越强烈，消费者由负面情感向正面情感转化幅度就越大。

根据以上分析，本章选择以下指标来描述用户情感能力的特征，包括答案平均情感得分和答案情感相对正面率。

借助情感分析技术可得到用户的每个答案的情感得分，答案平均情感得分指用户提供的所有答案的情感得分的平均值。问答对中的问题和答案都可计算情感得分。答案情感相对正面率指用户回答的所有问答对中，答案情感得分比问题情感得分高的问答对个数占其所有回答的问答对的个数的比例。

上述两个指标的计算都以问题和答案的情感极性和情感强度为基础，本章在计算文本情感极性和情感强度时采用基于情感词典的方法，使用大连理工大学徐琳宏等（2008）开发的中文情感词汇本体库作为情感词典来源，分析数据集中问题和答案的情感极性和情感强度。此词汇本体的情感分类体系是在 Ekman 的六大类情感分类体系的基础上构建的，并加入情感类别"好"对褒义情感进行更细致的划分，最终情感分为七大类 21 小类，如表 8-7 所示。

表8-7 情感分类

编号	情感大类	情感类	例词
1	乐	快乐	喜悦、欢喜、笑眯眯、欢天喜地
2		安心	踏实、宽心、定心丸、问心无愧
3	好	尊敬	恭敬、敬爱、毕恭毕敬、肃然起敬
4		赞扬	英俊、优秀、通情达理、实事求是
5		相信	信任、信赖、可靠、毋庸置疑
6		喜爱	倾慕、宝贝、一见钟情、爱不释手
7		祝愿	渴望、保佑、福寿绵长、万寿无疆
8	怒	愤怒	气愤、恼火、大发雷霆、七窍生烟
9	哀	悲伤	忧伤、悲苦、心如刀割、悲痛欲绝
10		失望	憾事、绝望、灰心丧气、心灰意冷
11		疚	内疚、忏悔、过意不去、问心有愧
12		思	思念、相思、牵肠挂肚、朝思暮想
13	惧	慌	慌张、心慌、不知所措、手忙脚乱
14		恐惧	胆怯、害怕、担惊受怕、胆战心惊
15		羞	害羞、害臊、面红耳赤、无地自容
16	恶	烦闷	憋闷、烦躁、心烦意乱、自寻烦恼
17		憎恶	反感、可耻、恨之入骨、深恶痛绝
18		贬责	呆板、虚荣、杂乱无章、心狠手辣
19		妒忌	眼红、吃醋、醋坛子、嫉贤妒能
20		怀疑	多心、生疑、将信将疑、疑神疑鬼
21	惊	惊奇	奇怪、奇迹、大吃一惊、瞠目结舌

此情感词典中将词的情感强度分为 5 档，用 1、3、5、7、9 表示，从 1 到 9 强度逐渐增大。本章在计算问题和回答文本 d 的情感极性和强度时，首先对文本 d 进行分词、去停

用词处理得到其结构化表示；然后将得到的每个词与情感词典中的词进行匹配，匹配到的正面、负面和中性词极性分别记为 1、–1 和 0，将 d 中包含的所有情感词的极性与强度乘积和作为其情感得分，将其形式化为

$$SS^d = \sum_{i=1}^{|d|} SP_i \cdot SI_i \tag{8-20}$$

其中：SS^d 表示文本 d 的情感得分；$|d|$ 表示 d 中包含的情感词数；SP_i 表示第 i 个情感词的极性值；SI_i 表示第 i 个情感词的情感强度，且 $1 \leq i \leq |d|$。

由式（8-20）计算得到用户提供的所有答案的情感得分后，可用这些答案情感得分的平均值作为用户的答案平均情感得分。统计用户回答的所有问题中答案情感得分比问题情感得分高的问答对个数，可得答案情感相对正面数，有

$$l_j = \begin{cases} 1 & SS^{a_j} > SS^{q_j} \\ 0 & SS^{a_j} \leq SS^{q_j} \end{cases} \tag{8-21}$$

$$PLN = \sum_{j=1}^{|P|} l_j \tag{8-22}$$

其中：$P = \{p_1, p_2, \cdots, p_{|P|}\}$ 表示某单个用户提供的所有答案所在的问答对集，$|P|$ 是此集合包含的问答对个数，其中第 j 个问答对 $p_j = (q_j, a_j)$ 包含一个问题 q_j 和一个答案 a_j；PLN 表示问答对集 P 对应用户的答案情感相对正面数，此时可计算用户的答案情感相对正面率，即

$$PLP = \frac{PLN}{|P|} \tag{8-23}$$

其中：PLP 表示用户的答案情感相对正面率。

3）互动程度特征

作为描述用户行为的能力特征，互动程度通常不能表征知识能力的大小，不作为专家识别的特征，但从整体视角的价值共创过程模型可知，互动是资源整合的前提，是实现共创价值的基础，知识服务和情绪感染是个体间知识和情感资源的传递过程，建立在多方互动的前提下。在 ONWOM 处理的专家识别中，虽然用户的知识能力和情感能力是其专家能力的直接体现，然而，知识能力和情感能力传播的广度和深度却决定了用户能力展现的程度，广泛而深入的交互是扩大传播广度和深度的必要手段，具有良好互动能力，互动程度高的用户，更有可能成为 ONWOM 处理专家，因此，用户互动程度是体现其专家能力的特征。

Chae 等（2002）研究信息质量和影响力，强调了交互质量在信息影响力中的关键作用，进一步则说明交互在表示为 UGC 资源集的用户影响力中的重要作用。互动程度的一个重要指标是交互频率，体现了用户参与解决问题的次数。用户提问次数同样可显示用户主动创造交互激活的特点，是其互动程度的一种体现（Fishbein et al.，1980），但本章识别的专家是答案提供者，是信息的提供方，专家互动程度应该反映信息提供中的互动程度，而提问数反映的是用户获取信息的互动程度，因此此时不考虑用户提问数。Liao 等（2007）认为对客户抱怨的快速回应对抱怨处理有积极作用。及时对相应问题进行处理能减少客户需求无法得到及时满足而进一步扩大传播面积的可能性，及时性可以通过用户回答问题与提问的时间差来描述。问答社区为调动用户参与问答的积极性，常组织一些线上社区活动，参加此类活动的用户可以得到一些社区荣誉，也即用户获得此类荣誉的数量从侧面反映了其

参与社区互动的程度，可作为用户互动程度的特征。

根据以上分析，选择表 8-8 所示的指标为描述用户互动程度的特征，包括回答数、平均回答时差、社区活动荣誉数。

基于价值共创的 ONWOM 处理中，服务者专家识别的指标体系如表 8-8 所示。

表8-8　ONWOM处理的专家识别指标体系

一级指标	二级指标	描述
知识能力	满意答案数	用户发布的所有答案中被选为满意答案的数量
	采纳率	用户满意答案数与答案总数的比值
	收到求助数	用户被指定回答问题的次数
	赞同数	用户所有答案收到的赞同总数
	精华答案数	用户所有答案中被确定为精华答案的数量
	答案平均长度	用户所有答案文本长度的平均值
情感能力	答案平均情感得分	用户所有答案情感得分的平均值
	答案情感相对正面率	用户提供的答案中对应问题情感正面的问答对数量与其回答的问答对总数的比率
互动程度	回答数	用户回答问题的总数
	平均回答时差	用户回答的所有问答对中回答时间与提问时间差值的平均值
	社区活动荣誉数	用户参与社区活动获得的荣誉数

其中：平均回答时差可表示为

$$\text{AATI} = \frac{\sum_{j=1}^{|P|}(\text{at}_j - \text{qt}_j)}{|P|} \tag{8-24}$$

其中：AATI 表示某用户的平均回答时差；at_j 表示问答对集 P 第 j 个问答对中回答发布的时间；qt_j 表示问答对集 P 第 j 个问答对中问题发布的时间。

2. 专家识别资源映射的人工神经网络模型

计算专家得分是专家识别过程的关键，根据专家得分数据类别的不同可以选择合适的机器学习算法构建模型，在假设专家得分为非负实数的情况下，可将计算专家得分归为机器学习中的函数逼近问题。本章计算的用户专家能力指用户在长时间互动中体现的知识能力、情感能力和互动程度，表现的是一种稳定的专家能力。

人工神经网络（artificial neural networks，ANN）是神经计算模型，是智能计算的核心内容之一，其利用计算机程序和电子线路对人类神经系统进行抽象和模拟，主要涉及人工神经元的模型和结构，以及神经元之间的结构和系统模型等内容。神经网络是并行分布式系统，克服了传统基于符号逻辑的人工智能技术在非结构化信息处理方面的缺陷，其特有的非线性、自适应信息处理能力，适于处理多变量之间的复杂关系，并且已经在智能领域取得很好的效果。Xiao 等（2009）针对动态非线性因素，采用 BP 神经网络和粗糙集结合的方法对电力系统短期负荷进行预测。Tsai 等（2008）将神经网络运用在会计金融决策领域，进行破产预测和信用评分。同时，当前由神经网络发展而来的深度学习理论，不仅引发了图像、音频和自然语言处理等智能领域的研究热潮，而且在业界也取得了应用实践上的巨大成功（Bengio，2013）。

基于价值共创的 ONWOM 处理中涉及知识能力 KC、情感能力 EC 和互动程度 DI 这 3 个维度，它们又分别细分为 11 个二级指标。这些指标涉及对不确定的隐性知识、人类情感和用户行为的描述，而且之间关系错综复杂，很难用线性的、学习能力较弱的模型准确地描述。神经网络作为非线性的自适应模型，通过多层神经元之间的权值调整可描述多指标间的复杂关系，实现对专家得分的计算。

BP 神经网络（back propagation neural network，BPNN）通过信号的正向传播和误差的反向传播实现对多层前馈网络的训练，典型的 BP 神经网络一般包括 3 层，分别是输入层、隐藏层和输出层。在模型构造中，信号传入输入层，经过隐藏层处理，从输出层得到模型输出，如果此时输出值达不到期望误差范围，则对由实际输出值与期望输出值得到的误差进行反向传播，以调整网络连接权值，达到减小网络模型误差的目的（Haque et al.，2002）。

设专家得分计算的 BP 神经网络拓扑结构如图 8-7 所示。设神经网络的输入层一个样本 X 对应的特征向量为 $(x_1, x_2, \cdots, x_n)$，n 是输入层的特征维度；隐藏层向量表示为 $H = (h_1, h_2, \cdots, h_m)$，$m$ 是隐藏层的神经元个数；输出层输出向量表示为 $Y = (y_1)$，输出真实值表示为 $D = (d_1)$，因为计算的专家得分是一个数值，所以将输出层表示为只有一个维度的向量；输出层和隐藏层之间的权值表示为 $V = (V_1, V_2, \cdots, V_m)$，其中 $V_j = (v_{1j}, v_{2j}, \cdots, v_{nj})$ 是输入层的所有 n 个节点与隐藏层神经元 h_j 的连接权值；隐藏层与输出层之间的权值表示为 $W = (W_1)$，$W_1 = (w_{11}, w_{21}, \cdots, w_{m1})$ 是隐藏层的每个神经元与输出层神经元的连接权值。

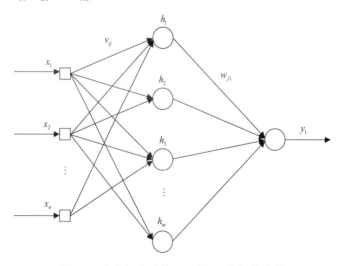

图 8-7 专家得分计算 BP 神经网络拓扑结构

BP 神经网络在训练前需要初始化，根据系统设计确定网络输入层节点数 n、隐藏层节点数 m 和输出层节点数 1，初始化权值矩阵 V 和 W 以及隐藏层阈值 a 和输出层阈值 b，给定学习速率 η，确定网络的最大训练循环次数 M 和学习精度 ε，隐藏层激活函数 $\varphi(Z_j)$ 通常选择 logistic 函数，即

$$\varphi(Z_j) = \frac{1}{1 + e^{(-z_j)}} \tag{8-25}$$

$$Z_j = \sum_{i=1}^{n} v_{ij}x_i - a_j \tag{8-26}$$

Logistic 函数是 Sigmoid 函数的一种，其中 Z_j 是第 j 个隐藏层神经元的输入，a_j 是相应阈值。输出层激活函数选择线性函数，表示为

$$O_1 = \sum_{1}^{m} \varphi(Z_j)w_{j1} - b_1 \tag{8-27}$$

其中：$\boldsymbol{O} = (O_1)$ 为输出层的输出；b_1 为相应阈值。根据网络输出值 $\boldsymbol{O}$ 和输出真实值 $\boldsymbol{D}$ 可以计算网络预测误差，表示为

$$e_1 = y_1 - d_1 \tag{8-28}$$

误差向量为 $\boldsymbol{e} = (e_1)$。判断迭代次数是否达到最大次数要求，以及误差是否符合精度要求，如果不符合，需根据误差反向传播对网络进行调整，更新网络权值的表示式为

$$v_{ij} = v_{ij} + \eta\varphi(Z_j)(1 - \varphi(Z_j))x_i w_{j1}e_1 \tag{8-29}$$

$$w_{j1} = w_{j1} + \eta\varphi(Z_j)e_1 \tag{8-30}$$

其中：η 为学习率。

根据误差对网络节点阈值的调整公式为

$$a_j = a_j + \mu\varphi(Z_j)(1 - \varphi(Z_j))w_{j1}e_1 \tag{8-31}$$

$$b_1 = b_1 + e_1 \tag{8-32}$$

对网络权值和阈值调整完成后，继续计算在调整后输出层的输出，直至收敛。

8.4.4 在线负面口碑处理的专家识别资源映射实验

1. 实验数据

实验使用的数据采集自搜狗问问，搜狗问问是搜狗旗下最大的互动问答社区，用户可以在社区中提出问题、解决问题或者搜索其他用户沉淀的历史内容。网站会根据用户参与问答的情况给予经验值，并按相关等级划分赋予有较高经验值的用户专家称号，其中用户频道的"问问专家"栏目负责对专家用户的管理，在分类专家子模块中展示了按不同领域划分的专家用户排名，这些用户都经过网站的身份审核，真实性较高，是进行专家识别实验的理想数据。

数据收集过程如下：将搜狗问问网站分类专家栏目中"电脑/数码"领域的所有 249 位用户作为数据收集源，从中随机抽取 150 位用户作为对象进行数据爬取，爬取内容主要涉及三部分，包括用户社区统计数据、用户回答所在问答对内容数据和用户回答所在问答对属性数据。因为可能出现一人用多个账号进行互刷经验，以快速提高自身账号等级的现象，为防止此类违规行为对实验结果的影响，首先删除姓名和个人信息有大量重复或交叉的 7 个用户。然后由于网页差异，会导致数据爬取过程中有些用户数据相比其真实数量太少，为避免因数据不完整对实验结果产生的影响，剔除爬取的问答对数量低于 30 且比率小于 50%的 9 个用户，最终获得有效用户 134 人。对于 134 个用户包含的数据，其中由于网页格式差异，会导致部分数据爬取失败，需删除属性缺失和异常的数据；同时，本章模型和算法是在文本数据的基础上进行设计的，虽然其他形式的数据可以转化为类似的表达形式，但为了使叙述更为一致，实验部分将问答中涉及大量图片等非文本形式的数据删除，剩余

有效问答 321 910 条。每个用户由以下部分组成,包括采纳率、收到求助数、赞同数、精华答案数、答案数、勋章数、用户回答所在问答对文本内容、用户回答所在问答对的提问和回答时间。

获得的原始数据需要经过预处理才能作为训练模型的输入数据。对于用户的答案平均情感得分和答案情感相对正面率,需要先对答案和问题文本进行分词、去停用词等操作,然后用基于情感词典的方法计算情感得分,通过情感得分可以计算答案平均情感得分和答案情感相对正面率。在使用情感词典过程中,只需关注情感极性为正面和负面的两类,对中性词和两性词不予考虑。平均回答时差是问答对中回答时间与提问时间的差值的平均值,以天为单位。勋章数是用户参与社区活动获得的荣誉,即是社区活动荣誉数。

2. 建立模型

采用 3 层 BP 神经网络结构,其输入层有 11 个节点,对应用户的 11 个特征,分别为每个用户的满意答案数、采纳率、收到求助数、赞同数、精华答案数、答案平均长度、答案平均情感得分、答案情感相对正面率、回答数、平均回答时差和社区活动荣誉数。隐藏层节点数的选择目前没有统一的方法。这里利用已有的经验公式,首先借助公式确定节点数的大致范围,然后用试凑法确定最佳节点数。选择经验公式为

$$l < \sqrt{(m+n)} + a \tag{8-33}$$

其中:l 为隐藏层节点数;m 为输出层节点数;n 为输入层节点数;a 为 0~10 的常数。不拘泥于经验公式,本章选择的隐藏层节点数试凑范围是 5~25 个,共试凑 21 次,其中当节点数为 15 时误差较小,且训练时间在接受范围。因此,选择的神经网络结构为 11-15-1,神经网络的相关参数设定如表 8-9 所示。

表8-9 神经网络参数

参数	值
网络类型	BP 神经网络
输入层节点数	11
隐藏层节点数	15
输出层节点数	1
激活函数	Logistic 函数
迭代次数	300
学习率	0.01

从 134 名用户随机抽取 80%作为训练集,共 107 人,对神经网络模型中的参数进行训练。将剩下的 20%共 27 人作为测试集评估模型的效果。在模型训练过程中,将 107 名用户的 11 个特征作为网络输入,将社区赋予用户的经验值作为每个用户的输出,此时选择 3 位专家对原经验值进行了人工调整,增大了解决负面情绪问题的权重,以使识别出的专家更适合 ONWOM 处理,若干样本原始数据如表 8-10 所示,其中一行代表一个用户,为保护隐私,并未给出用户名等用户标识信息。

表8-10 用户原始数据示例

满意答案数	采纳率	收到求助数	赞同数	精华答案数	答案平均长度	答案平均情感得分	答案情感相对正面率	回答数	平均回答时差	社区活动荣誉数	经验值
126 688	0.317	10 905	4 200	261	401	2.65	0.44	84 158	1.24	7	1 622 900
12 911	0.390	2 789	778	33	280	4.22	0.49	33 063	1.08	14	866 538
22 129	0.587	5 380	1 109	317	211	1.92	0.32	37 681	1.36	16	1 348 979
10 173	0.303	2 471	1 405	4	213	3.45	0.46	33 610	1.15	9	551 301
13 494	0.580	1 899	1 162	4	437	6.29	0.59	23 281	1.47	7	905 307
10 038	0.271	2 217	1 698	4	319	3.55	0.47	37 031	2.55	11	509 484
9 849	0.388	3 881	1 635	5	160	2.82	0.37	25 415	1.19	8	761 487
11 209	0.533	757	604	179	195	1.87	0.28	21 042	1.26	3	483 747
9 166	0.457	742	864	2	130	2.59	0.35	20 040	1.00	8	616 663
3 006	0.313	427	125	14	237	5.70	0.55	9 611	1.10	7	132 728

为避免量纲不同对模型的影响，需对所有的指标进行归一化，即

$$\mathrm{NV}_{x_i} = \frac{x_i - x_{\min}}{x_{\max} - x_{\min}} \tag{8-34}$$

其中：NV_{x_i} 表示某指标的测量值 x_i 归一化后的对应值；$x_{\min}$ 表示所有样本在此指标测量中的最小值；$x_{\max}$ 表示所有样本在此指标测量中的最大值。

利用归一化后的 107 个样本数据对神经网络进行训练，训练中通过误差的后向传播不断调整网络连接权值，以实现网络收敛。为便于后续说明，将训练好的神经网络简称为 ANN_KSI，这里 K、S 和 I 表示此网络模型考虑了知识能力、情感能力和互动程度三方面特征。

3. 实验结果与分析

测试集包括 27 个用户，将此 27 个用户的归一化特征值输入到第 8.4.3 节训练好的神经网络模型中，可以预测每个用户的经验值，经验值代表了用户专家能力的得分。为说明本章方法的有效性，这里构造另外 4 个模型进行对比，分别是只考虑知识能力和情感能力 8 个特征的神经网络模型 ANN_KS，只考虑知识能力和互动程度 9 个特征的神经网络模型 ANN_KI，只考虑知识能力 6 个特征的神经网络模型 ANN_K。同时，选择均值模型作为基线模型参与比较。

本章选择 MSE（mean squared error）来对比模型间的预测性能，而均值模型的 MSE 值可作为鉴别模型的基本标准，MSE 的计算公式为

$$\mathrm{MSE} = \frac{\sum\limits_{i=1}^{n}(y_i - \hat{y}_i)^2}{n} \tag{8-35}$$

其中：y_i 表示测试集中第 i 个样本经验值的真实值；$\hat{y}_i$ 表示测试集中第 i 个样本经验值的预测值；n 表示测试集包含的样本数。MSE 值越大表示模型的预测值离真实值相差越远，模型性能越差。

根据待比较的几个模型的特征结构，分别构建相应结构的神经网络，并利用数据对模

型进行训练，由训练好的模型对测试集计算得到 MSE 值，如表 8-11 所示。

表8-11　模型MSE值对比表

参数	ANN_KSI	ANN_KS	ANN_KI	ANN_K	Mean
MSE 值	0.004 323	0.005 665	0.005 878	0.006 175	0.021 284

表 8-11 显示，同时考虑知识能力、情感能力和互动程度特征的神经网络模型 ANN_KSI 的 MSE 值最小，说明其性能最优。4 个神经网络模型的 MSE 值比均值模型都要小，说明相比均值模型，基于本章特征结构的神经网络较好地模拟了特征与专家能力之间的关系。ANN_KSI 相比 ANN_KS 模型在性能上提升 23.69%，表明在知识能力和情感能力的基础上考虑用户互动程度，有助于提高专家识别准确率。ANN_KSI 相比 ANN_KI 模型在性能上提升 26.45%，说明在考虑知识能力和互动程度的基础上加上情感能力，能更好地识别专家。ANN_KSI 相比 ANN_K 模型又更大程度上将性能提升 29.99%，进一步说明了 ONWOM 处理的专家不仅应该拥有知识能力，还应该具有情感抚慰能力和一定的互动能力。

8.5　在线负面口碑处理的动态专家推荐方法

8.5.1　概念界定与假设

专家擅长的知识领域有限，当面对处理具体负面口碑时，如何在专家库中找到合适的专家推荐给发布者进行 ONWOM 处理是实现共创价值的关键。ONWOM 蕴含了消费者对消费失败的问题描述和负面情绪，不同用户描述的 ONWOM 问题领域不同，在描述中表达的情感不同，发布 ONWOM 的时机也不同，进行专家推荐时必须考虑这些因素才能取得好的处理效果。

在基于价值共创的 ONWOM 处理中，企业作为共创过程的驱动方，在发布者看来并不是直接处理方，直接参与 ONWOM 处理的显性主体只包括发布者和服务者。在实现共创价值的目标下，不同的 ONWOM 处理情境对直接参与的两方有不同含义。对发布者来说，不同的情境意味着不同的发布者有不同的知识方案需求、不同的情感抚慰需求和不同的互动时机；对服务者来说，不同的情境意味着不同的专家有不同的领域知识、不同的情感抚慰效果和不同的互动程度，在专家推荐过程中需充分考虑这些因素。在进行 ONWOM 处理专家推荐时，需要考虑专家与 ONWOM 在知识、情感和互动性三方面的匹配程度，以此计算该专家匹配度，并根据专家匹配度判断专家用户是否适合被推荐。

此过程主要面临以下两个问题。

（1）现有专家推荐大多只考虑专家知识与具体问题的匹配程度，匹配度大的即为被推荐专家。现有研究在知识匹配方面已经做了大量工作，而在基于价值共创的 ONWOM 处理背景中，单考虑知识匹配度的传统方法已无法满足相应需求，更无法支撑本章设计的价值共创过程，容易导致 ONWOM 处理失败，但目前针对本章问题背景的研究较少，如何在专家推荐过程中体现 ONWOM 处理和价值共创的实现需求，并融入随时间变化的动态性，是本节需要解决的问题。

（2）ONWOM 处理中依据专家匹配度的排序进行专家推荐，量化专家匹配度是解决专家推荐问题的关键。对知识匹配度的量化已有不少研究，但对本节提出的专家匹配度的其他组成部分的量化方法研究较少，如何在量化过程中体现价值共创各方主体的需求，并以合理的方式对专家匹配度各组成部分进行整合，以得到专家匹配度的单一整体量化指标，是本节需要解决的问题。

针对以上问题，本节提出设计 ONWOM 处理的动态专家推荐模型。首先分别构建知识匹配度、情感匹配度和互动性匹配度计算模型，然后融合三部分建立动态专家匹配度模型，实现 ONWOM 处理的动态专家推荐。

ONWOM 处理的专家推荐的目的是从专家库中找到适合处理 ONWOM 的专家，然后将其作为服务者推荐给发布方进行 ONWOM 处理。面对具体 ONWOM，专家合适与否是本节研究的关键，当需要对一个 ONWOM 进行处理时，专家与此 ONWOM 的匹配度越高就认为该专家越适合处理该 ONWOM，这里对文中涉及的专家匹配度进行界定和假设如下。

定义 8.4　专家匹配度。面对单个 ONWOM 时，本章将专家匹配度界定为专家适合作为服务者处理此 ONWOM 的程度。

专家推荐以专家匹配度为基础，在不考虑多个专家处理一个 ONWOM、一个专家处理多个 ONWOM 以及专家精力有限等情况下，总认为给发布者推荐匹配度最高的专家可以得到最好的处理效果。专家匹配度主要从 3 个方面体现，包括知识匹配度、情感匹配度和互动性匹配度。ONWOM 描述的问题往往涉及具体的知识领域，而专家擅长的知识领域有限，为 ONWOM 找到有合适领域知识的专家是解决问题的前提，这里对文中涉及的知识匹配度进行界定和假设如下。

定义 8.5　知识匹配度。面对单个 ONWOM 时，将专家的知识匹配度界定为专家能解决此 ONWOM 提出问题的程度。

提供知识解决方案是 ONWOM 处理的两个需求之一，知识匹配度越高，专家为发布者提供有效知识解决方案的可能性越大，实现 ONWOM 处理的可能性就越大。一般情况下，专家知识量的大幅增长是个长期过程，在较短时段内，专家总是专注于特定的知识领域。因此，本节假设在短期时间范围内，专家知识是静态不变的。

ONWOM 是带有负面情感的描述，不同 ONWOM 的情感强度不相同，在自身情感极性和情感强度不变的情况下，同一专家面对不同负面情绪时有不同的情感抚慰效果，不同的专家在面对相同 ONWOM 时也有不同的情感抚慰效果。本节在 ONWOM 处理的专家推荐中引入情感匹配度，并进行界定和假设如下。

定义 8.6　情感匹配度。专家的情感匹配度是处理 ONWOM 时专家能为 ONWOM 发布者提供有效情感抚慰的程度。

情感抚慰是发布者的两个需求之一，单从情感角度看，专家与发布者的情感匹配度越高，认为解决 ONWOM 的可能性越大。虽然用户自身情感会出现波动，但由于情感表现源于专家的个人特质，个人特质的改变往往经历较长时间，因此，本章将专家情感看作一种稳定因素，假设专家在短时间内所提供情感的极性和强度维持在稳定状态，并且认为知识匹配度和情感匹配度之间不相互影响。

在价值共创过程中，互动性是资源整合的前提条件，发布者和服务者之间的知识信息传输要以互动为基础，服务者对发布者的情感抚慰是情绪感染过程，而情绪感染也以参与个体之间的互动为前提。整个价值共创过程都建立在互动基础之上，同一 ONWOM 在不同时间处理，每个专家体现的互动性并不相同，为特定时间的 ONWOM 处理选择具有合适互动性的专家对实现价值共创具有关键作用。本章提出互动性匹配度概念来刻画此情形，对互动性匹配度的界定和假设如下。

定义 8.7　互动性匹配度。这是在特定时间处理 ONWOM 时，专家愿意参与此 ONWOM 处理的程度。

互动性匹配度高，体现出专家有较高的参与积极性，即更愿意通过分享知识和情感为他人解决问题。在网络社区中为他人解决问题大多出于专家自愿的分享精神，没有强制的约束，因此很难保证长时间有规律的互动性，然而 ONWOM 的处理时间却又不固定，同一个专家，其处理不同 ONWOM 的时间不一样，则针对 ONWOM 的互动性匹配度就不相同。根据这种情况，在短时间范围内，本节假设专家的互动性匹配度是动态变化的。

因此，专家匹配度的总目标包括知识匹配度、情感匹配度和互动性匹配度 3 个部分。在特定时间处理 ONWOM 时，专家的知识匹配度和情感匹配度是静态部分，互动性匹配度是动态部分。

由于在现实网络环境中很难找到与 ONWOM 处理的专家推荐问题完全契合的研究背景，在将 ONWOM 看作一类特殊问题的情况下，本节将研究环境设定在问答社区中，将问答社区中的专家作为待推荐的 ONWOM 处理专家用户，以下内容都以问答社区为现实环境。在叙述中提出的问题即指 ONWOM。此环境中涉及的 UGC 资源，主要包括 ONWOM 和专家的历史答案等文本数据，以及时间和参与量等其他非文本数据，能够支持本节的研究问题。

8.5.2　在线负面口碑处理的动态专家推荐方法

Reichling 等（2005）指出专家推荐系统是为了满足用户在特定场景的需求，通过找到相应的专家以帮助用户解决相关问题的推荐系统。本节从价值共创主体需求和实现基础出发，构建综合知识匹配度、情感匹配度和互动性匹配度的 ONWOM 处理动态专家匹配度模型，通过推荐专家匹配度高的用户作为价值共创服务者，实现 ONWOM 处理。

如图 8-8 所示，为使模型更适合 ONWOM 处理的真实情景，将专家的知识匹配度看作是静态的，针对 ONWOM 大多是短文本的网络语言，容易出现数据稀疏、维数灾难和新词汇等问题，使用 LDA 主题模型将文本转换到深层主题空间，通过在更低维度计算语义相似度得到知识匹配度。将专家情感看作是静态的，认为情感抚慰是情绪感染过程，通过量化专家和 ONWOM 的情感相对正面度，实现专家情感匹配度的计算。将互动性匹配度看作是动态的，建立了 RFS 模型，从近度、频度和强度 3 个方面计算专家的互动性随时间的变化，并用熵权法将三方面进行融合得到专家互动性匹配度，实现对互动性匹配度的建模。最后将知识匹配度、情感匹配度和互动性匹配度融合构建专家匹配度的计算模型，并将匹配度高的专家作为

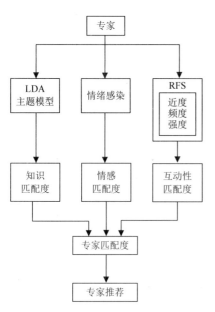

图 8-8　ONWOM 处理专家推荐方法

被推荐对象，成为价值共创的服务者。

1. 知识匹配度

知识匹配度用来描述专家为发布者提供有效知识解决方案的程度。知识匹配度高的专家更能提供好的知识方案，如何衡量专家的知识匹配度是其中的关键问题。在 ONWOM 处理之前，通过人工采访的方法可以得到较准确的专家知识领域和具体知识内容，但此方法成本高，且很难实现对多用户的大范围覆盖，在社会化媒体环境中可行度不高。而通过社区激励促使专家自己提交自身知识描述，既无法保证专家提交信息的积极性，又无法保证信息的可靠性，基于此类信息进行 ONWOM 处理难以达到满意的效果。UGC 作为用户生产的内容，是用户知识信息的显性表示，问答社区中专家用户提供的历史数据展现了专家的知识，可通过挖掘专家历史数据和 ONWOM 实现对专家知识匹配度的量化。

从提供知识解决方案的角度出发，可将 ONWOM 看作一个问题描述，将服务者提供的知识方案看作问题的答案，信息检索领域已经对类似问题开展了较多研究。通过计算问题和潜在答案之间的文本相似度来识别正确答案是一类重要方法，基于此思想，将问答社区中专家提供的历史答案数据看作一个潜在答案，将 ONWOM 看作一个问题，通过计算专家历史答案与 ONWOM 之间的文本相似度类比专家与此 ONWOM 的知识匹配度，以实现知识匹配度的量化。计算出的文本相似度越高，表示知识匹配度越高，此专家解决此 ONWOM 提出问题的程度就越高。

文本相似度计算是文本挖掘技术的核心内容，为文本分类、文本聚类、文本自动摘要等研究领域提供了基础技术方法。目前已经出现一些经典模型，如向量空间模型（Salton et al.，1975），此方法可通过 TF-IDF 对文本特征进行量化，以词在文档中的出现频率体现词在文档中的重要程度，频率越高，词的重要程度越高；以词在文档集中的逆文档频率体现词在文档集中的重要程度，词在文档集中出现得越频繁，词的重要性越低，然后通过计算词向量之间的余弦相似度等方法可以得到文本相似度。然而，通常由于词和文档集的数据太大，容易导致计算中的维数灾难，并且易伴有数据稀疏的问题，使模型的计算效率不高。基于词语义计算的方法也是一类经典方法，此类方法通过引入外部语义词典，如 HowNet（刘群 et al.，2002）、WordNet（Sedding et al.，2004）等，利用词语之间的语义相似度进一步计算文本相似度，但此类引入外部词典的方法计算效率不高，相关优化方法很容易提高系统的复杂性，并且由于词典中很多词未被收录，对出现的新词适应性较差，导致方法的鲁棒性较差，使其运用受到限制。针对这些问题，本章选择基于 LDA 主题模型计算文本相似度。

隐狄里克雷分配（latent Dirichlet allocation，LDA）（Blei et al.，2003）是一种对离散数据集建模的主题模型，主题模型的基本思想源于隐性语义索引（latent semantic indexing，LSI）模型（Deerwester et al.，1990），后来由 Hofmann 发展出概率隐性语义索引（probabilistic latent semantic indexing，pLSI）模型（Hofmann，2017）。与 LSI 和 pLSI 模型相比，LDA 将狄里克雷参数引入到主题层和词层，缓解了由于主题参数随文档集变大而增大导致的过拟合问题，并且 LDA 建立在文档集的统计特性之上，对外部词典没有依赖，能有效降低特征表示维度，在一定程度上缓解了维数灾难。LDA 已广泛应用于数字图像处理、信息检索、文本挖掘等领域，在本节 ONWOM 处理的专家推荐问题中，当 ONWOM 看作单个文本，专家视为一个由其历史答案组成的文本集时，专家知识匹配度计算问题转化为文本和文本集的相似度计算问题，其中的问题核心是计算文本相似度，下面内容都以此为背景。

1）LDA 原理

LDA 模型的基本假设是每个文档由若干隐含主题随机混合构成，每个主题又由若干特征词汇构成，文本粒度由粗到细可看成一种 3 层的网络结构，包括文档层、主题层和特征

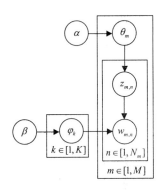

词层（Blei et al.，2003）。假设一个语料库 D 是包含 M 个文档的集合，即 $D = \{d_1, d_2, \cdots, d_M\}$，每个文档 $d = (w_1, w_2, \cdots, w_N)$ 是包含 N 个词的序列，w_n 是序列中的第 n 个词，有 $n = 1, 2, \cdots, N$。LDA 的概率图模型表示（Heinrich，2008）如图 8-9 所示。

在图 8-9 中，M 表示文档数；K 表示主题数；N_m 表示第 m 篇文档包含的词数；β 表示狄里克雷分布的参数，它是对称分布的固定值，用标量表示；φ_k 表示某主题 k 的词概率分布；α 表示狄里克雷分布的参数，它是对称分布的固定值，用标量表示；θ_m 表示第 m 篇文档的主题概率分

图 8-9　LDA 的概率图模型表示

布；$w_{m,n}$ 表示第 m 篇文档中的第 n 个词；$z_{m,n}$ 则是第 m 篇文档中词 $w_{m,n}$ 对应的主题。

狄里克雷分布的分布函数为

$$Dir(\mu \mid \alpha) = \frac{\Gamma(\alpha_0)}{\Gamma(\alpha_1) \cdots \Gamma(\alpha_k)} \prod_{k=1}^{K} \mu_k^{\alpha_k - 1} \qquad (8\text{-}36)$$

其中：$\alpha_0 = \sum_{k=1}^{K} \alpha_k$，$\sum_k \mu_k = 1$，且 $0 \leqslant \mu_k \leqslant 1$，$\Gamma$ 表示伽马函数。

LDA 模型认为语料库中的文档 d_m 生成过程的步骤如下。

步骤 1　根据狄里克雷分布 $Dir(\beta)$ 对主题采样 φ_k。

步骤 2　根据泊松分布 P 采样文档包含的词数 N_m。

步骤 3　根据狄里克雷分布 $Dir(\alpha)$ 采样文档主题的概率分布 θ_m。

步骤 4　对文档 d_m 中的每个词 $w_{m,n}$ 重复步骤 5、步骤 6。

步骤 5　根据多项式分布 $\text{Multinomial}(\theta_m)$ 选择一个主题 $z_{m,n}$。

步骤 6　从主题 $z_{m,n}$ 条件下的多项式分布 $\text{Multinomial}(\varphi_k)$ 选择一个词 $w_{m,n}$。

其中：狄里克雷中参数的经验值一般为 $\alpha = 50/K$ 和 $\beta = 0.01$，对数据有平滑作用，也可根据语料库用贝叶斯方法对参数进行估计。在狄里克雷分布函数中，先验参数值越大，则概率密度越集中于 $K-1$ 维 simplex 的中间区域，得到的概率分布更为均匀（Blei et al.，2003）。

2）Gibbs 抽样

文档的主题概率分布和主题的词概率分布是 LDA 中最关键的两组参数，有变分贝叶斯推理（variational Bayesian inference）、期望传播（Expectation Propagation）（Minka et al.，2002）和 Collapsed Gibbs 抽样（Heinrich, 2008）等多种对参数估计的方法，本章选择 Collapsed Gibbs 抽样方法进行 LDA 的参数估计。

3）主题序列采样

Collapsed Gibbs 抽样没有直接对参数 φ_k 和 θ_m 进行估计，而是首先对每个词 w 的主题 z 进行采样，然后通过统计频次计算出 φ_k 和 θ_m。问题转化为计算词序列条件下的主题序列的

概率，然后对主题序列进行采样，即

$$p(z \mid w) = \frac{p(w, z)}{\sum_z p(w, z)} \tag{8-37}$$

其中：w 表示语料库中所有文档组成的词向量；z 表示对应的主题向量。

由于长度通常较长，直接计算效率低，此时通常采用 Gibbs 抽样方法每次对一个主题进行采样，将问题分解为较小规模，每次对联合分布的一个分量进行采样时保持其他分量不变，可降低维度较高联合分布的计算难度，即

$$p(z_i = k \mid z_{\cdot i}, w) \propto \frac{n_{k, \cdot i}^{(w_i)} + \beta_{w_i}}{\left[\sum_{v=1}^{V} n_k^{(v)} + \beta_v \right] - 1} \cdot \frac{n_{m, \cdot i}^{(w_i)} + \alpha_k}{\left[\sum_{z=1}^{K} n_m^{(z)} + \alpha_z \right] - 1} \tag{8-38}$$

其中：$z_i = k$ 表示词向量 w 中第 i 个词对应 k 主题；$z_{\cdot i}$ 表示去掉第 i 个主题变量后的主题序列；$n_k^{(v)}$ 表示 k 主题中词 v 的出现频次；$n_m^{(z)}$ 表示文档 d_m 中主题 z 的出现频次；β_{w_i} 表示词 w_i 的狄里克雷先验；α_z 表示主题 z 的狄里克雷先验。

得到每个词的主题标号后，参数可由式（8-38）和式（8-39）计算得到，即

$$\varphi_{k, w_i} = \frac{n_k^{(w_i)} + \beta_{w_i}}{\sum_{v=1}^{V} n_k^{(v)} + \beta_v} \tag{8-39}$$

$$\theta_{m, k} = \frac{n_m^{(k)} + \alpha_k}{\sum_{z=1}^{K} n_m^{(z)} + \alpha_z} \tag{8-40}$$

其中：φ_{k, w_i} 表示主题 k 中词 w_i 的概率；$\theta_{m, k}$ 表示文档 d_m 中主题 k 的概率。

4）文本相似度计算

通过 LDA 主题模型，可将文本由原来的词向量空间映射到主题特征空间，在文本转化为主题表示之后，原来由文本的词特征向量计算的文本相似度，此时可由计算文本的主题分布之间的相似度实现。选择余弦相似度计算文本之间相似度，即

$$\text{sim}(d_i, d_j) = \frac{\sum_{k=1}^{K} \left(p_{d_i}^k \cdot p_{d_j}^k \right)}{\sqrt{\sum_{k=1}^{K} \left(p_{d_i}^k \right)^2 \cdot \sum_{k=1}^{K} \left(p_{d_j}^k \right)^2}} \tag{8-41}$$

其中：$p_{d_i}^k$ 表示文档 d_i 在主题 k 上的概率；$p_{d_j}^k$ 表示文档 d_j 在主题 k 上的概率。在 ONWOM 处理的专家推荐中，d_i 可指代 ONWOM，d_j 可指代待推荐专家的历史答案，$\text{sim}(d_i, d_j)$ 用于计算它们之间的相似度。

5）知识匹配度聚合

将专家看作是由多个文档组成的文档集，以上实现的是两个文本之间的相似度计算，即 ONWOM 与单个历史答案之间的相似度计算，而专家的知识匹配度需要由 ONWOM 与专家的历史答案文档集之间的相似度来表示，因此，要得到文档与文档集之间的相似度需要对多个成对相似度进行聚合。此类聚合策略有多种，针对单个 ONWOM X 与一个专家 E 的匹配度问题，专家的知识匹配度为

$$\text{MD\_Kno}(\boldsymbol{X},\boldsymbol{E}) = \sum_{m=1}^{M} \text{sim}(\boldsymbol{X},d_m) \tag{8-42}$$

$$\text{MD\_Kno}(\boldsymbol{X},\boldsymbol{E}) = \frac{\sum_{m=1}^{M} \text{sim}(\boldsymbol{X},d_m)}{M} \tag{8-43}$$

$$\text{MD\_Kno}(\boldsymbol{X},\boldsymbol{E}) = \prod_{m=1}^{M} \text{sim}(\boldsymbol{X},d_m) \tag{8-44}$$

$$\text{MD\_Kno}(\boldsymbol{X},\boldsymbol{E}) = \max\left\{\text{sim}(\boldsymbol{X},d_1),\text{sim}(\boldsymbol{X},d_2),\cdots,\text{sim}(\boldsymbol{X},d_M)\right\} \tag{8-45}$$

其中：$\text{MD\_Kno}(\boldsymbol{X},\boldsymbol{E})$ 表示专家 $\boldsymbol{E}$ 与 ONWOM $\boldsymbol{X}$ 的知识匹配度。

式（8-42）为加和策略，此策略对 ONWOM $\boldsymbol{X}$ 与专家文档集中所有文档的相似度进行加总，将结果作为专家的知识匹配度，此策略会因专家提供过更多的低相似度答案而发生偏离，本处并不采纳。

式（8-43）为平均策略，此策略会将参与过自己不擅长领域问题的专家的匹配度拉低，在其擅长领域的知识能力的量化指标上被削弱，体现不出专家的真实情况，本处不采纳。

式（8-44）为乘积策略，此策略会受到极端小相似度的较大影响，本处不采纳。

式（8-45）为最大值策略，通常很多专家会涉及多个领域，甚至会处理一些自己不太擅长的问题，计算中体现为相似度较低，而本处在推荐专家时只注重专家擅长的领域，即更关注计算中相似度较高的部分。因此，在选择策略过程中应该尽量避免文档集中低相似度部分对聚合结果的影响，式（8-42）、式（8-43）和式（8-44）并不能很好地解决，而式（8-45）很好地体现了这一思想，这里选择最大值策略作为专家知识匹配度的策略模型。

平均策略和最大值策略都是 $\text{Top}(k)$ 平均策略的极端情况，$\text{Top}(k)$ 平均策略指对文档集的所有文档对相似度最大的前 k 个，$1 \leq k \leq M$，取相似度和的平均值作为专家的知识匹配度。当 $k=1$ 时，$\text{Top}(1)$ 即为最大值策略；当 $k=M$ 时，$\text{Top}(M)$ 即为最大值策略。

2. 情感匹配度

情感匹配度是专家面对 ONWOM 时能够为发布者提供有效情感抚慰的程度。虽然本章认为 ONWOM 具有负面情感，但负面情感的强度并不确定，可能因为发布者遇到的问题和所处的环境不同而有不同的情感强度，相同的专家遇到不同的 ONWOM 能提供的情感抚慰也并不相同。

情绪感染是个体之间通过捕获他人的情绪变化，在自身情绪模仿和情绪控制下产生的情绪统一过程。根据专家和 ONWOM 之间的情感差异，可能产生正面情绪感染和负面情绪感染。正面情绪感染指发布者在面对专家相对正面积极的情绪下，表现出情绪向更正面积极方向感染的过程；负面情绪感染指发布者在面对专家相对负面情绪时，表现出情绪向负面消极方向感染的过程，并且这种情感差异越大，发布者发生情绪感染的程度就越强烈。

这里认为专家和 ONWOM 之间的情感差异可以衡量专家的情感匹配度，专家相对 ONWOM 的情感正面程度越高，专家与 ONWOM 的情感匹配度就越大。本节用情感相对正面度量化专家的情感匹配度，即

$$\text{MD\_Sen}(\boldsymbol{X},\boldsymbol{E}) = \text{RDS}(\boldsymbol{X},\boldsymbol{E}) = \frac{\sum_{m=1}^{M} \text{SS}^{d_m}}{M} - \text{SS}^{X} \tag{8-46}$$

其中：$\mathrm{MD\_Sen}(X, E)$ 表示专家的情感匹配度；$\mathrm{RDS}(X, E)$ 表示专家 E 与 ONWOM X 的情感相对正面度；SS^{d_m} 表示根据式 $\mathrm{SS}^{d_m} = \sum_{i=1}^{|d_m|} \mathrm{SP}_i \cdot \mathrm{SI}_i$ 计算的文档 d_m 的情感得分；SS^X 表示某待处理 ONWOM X 对应的情感得分；M 表示专家 E 对应的文档集包含的文档数。

专家情感相对正面度模型量化了情感匹配度，由于假设专家整体情感在短期内是稳定的，所以在实际应用中式（8-46）右侧前半部分可根据实际情况在一定时段计算一次，以减少计算量。

3. 互动性匹配度

在基于价值共创的 ONWOM 处理中，互动性匹配度表示在特定时间愿意参与某ONWOM 处理的程度。互动性是价值共创过程的基础，不仅为提供知识解决方法建立沟通渠道，也为情感抚慰提供交互环境，直接决定处理过程是否能顺利进行。企业作为价值共创过程的驱动方，希望每个专家都能在特定时间参与到 ONWOM 处理中。但在实际中，由于参与社区活动并非大多数专家生活的刚性需求，很难保证专家持续的参与热情，使专家的互动性呈现出不稳定特性。在具体处理时间，很可能出现专家的知识匹配度和情感匹配度很高，但互动性匹配度很低，即专家有处理能力但很可能不愿意参与的情况，导致其无法被推荐作为服务者，此时考虑专家在特定处理时间的互动性匹配度就显得尤为重要。

本节将专家的互动性匹配度看作与时间相关的动态变化量，同一专家在不同处理时间对应不同的互动性匹配度。为体现互动性匹配度随时间的动态变化特性，本章提出 RFS 模型，从互动性的近度（recency，R）、频度（frequency，F）和强度（strength，S）3 个方面综合度量专家的互动性匹配度。

其中：近度和频度指标从营销领域的 RFM 模型借鉴而来，然后提出互动性的强度指标，并将三者结合形成 RFS 模型。

RFM 模型通常用来分析客户响应和客户价值，此模型对应近度和频度有以下假设：最近有过购买行为的客户再次购买的可能性比最近没购买行为的客户要高；购买频度高的客户比购买频度低的客户再次参与购买的可能性要高。已有研究验证了最近有购买行为、购买频度高和购买量大的客户更容易进行再次购买（McCarty et al.，2007），RFM 模型也被用来分析客户忠诚度，支持企业进行客户关系管理（Cheng et al.，2009）。

1）近度

当出现某 ONWOM X 需处理时，专家 E 互动性的近度 R 表示专家最后一次互动的时间与此 ONWOM 处理时间的时间间隔，这里的互动在问答社区中指回答问题。

针对某 ONWOM，计算单个专家的互动性近度可形式化为

$$\mathrm{TI}^{\mathrm{rec}}(X, E, T) = t_X - t_E^{\mathrm{rec}} \tag{8-47}$$

其中：$\mathrm{TI}^{\mathrm{rec}}(X, E, T)$ 表示专家 E 最近一次参与互动与 ONWOM X 处理时间的时间间隔；T 表示涉及的时间参数集合；t_X 表示专家 E 参与 ONWOM X 处理的时间；t_E^{rec} 表示专家 E 最近一次参与互动的时间。

本章认为，时间差越小专家的近度越高，其互动性匹配度越高，为消除指标之间因量纲不同而对结果造成影响，需进行归一化，即

$$\text{SRV}(\boldsymbol{X},\boldsymbol{E},\boldsymbol{T})=1-\frac{\text{TI}^{\text{rec}}(\boldsymbol{X},\boldsymbol{E},\boldsymbol{T})-\text{TI}^{\text{rec}}_{\boldsymbol{X},\min}}{\text{TI}^{\text{rec}}_{\boldsymbol{X},\max}-\text{TI}^{\text{rec}}_{\boldsymbol{X},\min}} \tag{8-48}$$

其中：$\text{SRV}(\boldsymbol{X},\boldsymbol{E},\boldsymbol{T})$ 表示专家 $\boldsymbol{E}$ 归一化后的互动性近度；$\text{TI}^{\text{rec}}_{\boldsymbol{X},\min}$ 表示所有专家的最近一次互动距离 ONWOM 处理时间的时间间隔的最小值；$\text{TI}^{\text{rec}}_{\boldsymbol{X},\max}$ 表示所有专家的最近一次互动距离 ONWOM 处理时间的时间间隔的最大值。

2）频度

互动性的频度 F 表示专家从 ONWOM 处理时间向前一段时间内参与回答问题的次数，向前时段的长度根据情况具体设定。

针对 ONWOM 的 $\boldsymbol{X}$，计算单个专家 $\boldsymbol{E}$ 的互动性频度可形式化为

$$\text{lab}_m(\boldsymbol{E},\boldsymbol{T})=\begin{cases}1 & t_m \geq t^{\text{fre}}\\ 0 & t_m < t^{\text{fre}}\end{cases} \tag{8-49}$$

$$\text{FreVal}(\boldsymbol{E},\boldsymbol{T})=\sum_{m=1}^{M}\text{lab}_m(\boldsymbol{E},\boldsymbol{T}) \tag{8-50}$$

其中：$\text{FreVal}(\boldsymbol{E},\boldsymbol{T})$ 表示专家互动性的频度；$\boldsymbol{T}$ 表示涉及的时间参数集合；t^{fre} 表示选择的时间界限，此时间到 ONWOM 处理时间的这段时间是计算互动性频度需考虑的时段；t_m 表示专家的答案文档 d_m 的发布时间，$m=1,2,\cdots,M$，M 是专家所有答案的个数；$\text{lab}_m(\boldsymbol{E},\boldsymbol{T})$ 用来标识文档 m 是否被计数。

本章认为所选时段内互动性的频度越高，专家互动性匹配度越高，为消除量纲差异，进行归一化，即

$$\text{SFV}(\boldsymbol{E},\boldsymbol{T})=\frac{\text{FreVal}(\boldsymbol{E},\boldsymbol{T})-\text{FreVal}_{\min}}{\text{FreVal}_{\max}-\text{FreVal}_{\min}} \tag{8-51}$$

其中：$\text{SFV}(\boldsymbol{E},\boldsymbol{T})$ 表示专家 $\boldsymbol{E}$ 归一化后的互动性频度；$\text{FreVal}_{\min}$ 表示所有专家归一化前互动性频度的最小值；$\text{FreVal}_{\max}$ 表示所有专家归一化前互动性频度的最大值。

3）强度

互动性的强度 S 表示专家从 ONWOM 处理时间向前一段时间内参与问题回答的强烈程度。

强度反映的不是专家是否参与，而是在参与的前提下其参与的积极程度。在实际中，有些专家虽然参与了问题回答，但并不很积极，回答和问题发布时间相隔太远，从而导致回答时效性不高，很难起到解决问题的作用。本章认为专家回答问题越及时，其互动性强度越高，而及时性可通过问题发布时间和答案提供时间的时间差进行量化，时间差越小，及时性越高。针对 ONWOM $\boldsymbol{X}$ 和单个专家 $\boldsymbol{E}$ 时，可形式化为

$$\text{ATI}(\boldsymbol{X},\boldsymbol{E},\boldsymbol{T})=\frac{\sum_{l=1}^{L}\text{TI}^{\text{str}}_{d_l}(\boldsymbol{X},\boldsymbol{E},\boldsymbol{T})}{L} \tag{8-52}$$

其中：$\text{ATI}(\boldsymbol{X},\boldsymbol{E},\boldsymbol{T})$ 表示选择时段内专家 $\boldsymbol{E}$ 所有 L 个文档的发布时间与对应 ONWOM $\boldsymbol{X}$ 发布时间的平均时间差，$\boldsymbol{T}$ 表示涉及的时间参数集合，$\text{TI}^{\text{str}}_{d_l}(\boldsymbol{X},\boldsymbol{E},\boldsymbol{T})$ 表示第 l 个文档发布时间与对应 ONWOM 发布时间的时间差。

假设式（8-52）得到的平均时间差越小，专家互动性的强度越大，其互动性匹配度越高。为消除量纲差异对结果的影响，需进行归一化处理，即

$$\mathrm{SSV}(\boldsymbol{X},\boldsymbol{E},\boldsymbol{T})=1-\frac{\mathrm{ATI}(\boldsymbol{X},\boldsymbol{E},\boldsymbol{T})-\mathrm{ATI}_{X,\min}}{\mathrm{ATI}_{X,\max}-\mathrm{ATI}_{X,\min}} \tag{8-53}$$

其中：$\mathrm{SSV}(\boldsymbol{X},\boldsymbol{E},\boldsymbol{T})$ 表示专家 $\boldsymbol{E}$ 归一化后的互动性强度；$\mathrm{ATI}_{X,\min}$ 表示选择时段内所有专家平均时间差中的最小值；$\mathrm{ATI}_{X,\max}$ 表示所有专家平均时间差中的最大值。

4）权值计算

上面分别从互动性的近度、频度和强度 3 个方面理解专家的互动性匹配度，但如何由这 3 个指标综合得到互动性匹配度，需要首先确定各指标的权重。在实际中，经常通过人工的方法确定权重，但这种方法容易受到人们主观因素的影响，而指标权重应该建立在剔除主观性缺陷的数据之上（Zhang et al., 2012），且人工方法适应变化环境的能力较差。本章选择熵权法确定指标的权重，熵权法克服了人工确定权重的缺陷，可以得到实用可靠的性能表现（Zhou et al., 2010）。熵原本是一个热力学概念，后香农引入信息熵，用来表示系统的不确定程度，已在通信、计算机、经济等领域得到广泛运用。

熵权法是一种根据客观数据确定指标权重的方法，由于各指标数据的变异程度不同，可通过计算指标的信息熵得到其熵权，指标的熵越大，说明样本对应值的变异程度越大，能提供的信息量越多，则该指标在综合评价中的权重就越大；反之指标的熵越小，能提供的信息量就越小，对应的权重也越小。因此，可以采用熵权为各指标进行加权，从而得到客观的评价结果。

在对 ONWOM $\boldsymbol{X}$ 进行处理时，假设从专家库中随机抽取 n 个专家组成专家集，每个专家根据各自数据及近度、频度和强度 3 个指标的计算方法得到对应的 3 个值，所有 n 个专家和 3 个指标形成一个 $n \times 3$ 矩阵，称之为"初始值矩阵"，即

$$\boldsymbol{Z}=\begin{bmatrix} x_{11} & x_{12} & x_{13} \\ \vdots & \vdots & \vdots \\ x_{n1} & x_{n1} & x_{n1} \end{bmatrix} \tag{8-54}$$

其中：x_{i1} 表示专家集中第 i 个专家对应的经过归一化处理的互动性近度；x_{i2} 表示专家集中第 i 个专家对应的经过归一化处理的互动性频度；x_{i3} 表示专家集中第 i 个专家对应的经过归一化处理的互动性强度，且 $i=1,2,\cdots,n$。

然后以式（8-54）为基础计算每个样本的各个指标值在对应指标维度下的比例，即

$$p_{ij}=\frac{x_{ij}}{\sum_{i=1}^{n} x_{ij}} \tag{8-55}$$

其中：p_{ij} 表示元素 x_{ij} 算得的对应比例；x_{ij} 表示在矩阵 $\boldsymbol{Z}$ 中的第 i 行第 j 列的元素，且 $i=1,2,\cdots,n$；$j=1,2,3$。

接着计算各个指标的熵，即

$$H_j=-k\sum_{i=1}^{n} p_{ij}\ln p_{ij} \tag{8-56}$$

其中：H_j 表示指标 j 对应的熵，且 $j=1,2,3$，$k=1/\ln n$。若其中有 $p_{ij}=0$，则令 $p_{ij}\ln p_{ij}=0$。

最后可计算各指标对应的熵权，即

$$\mathrm{ew}_j=\frac{1-H_j}{\sum_{j=1}^{3}(1-H_j)} \tag{8-57}$$

其中：ew_j 表示第 j 个指标的熵权，且 $j=1,2,3$，$\sum\limits_{j=1}^{3}\mathrm{ew}_j=1$。

通过熵权法确定近度、频度和强度的权重后，可对 3 个指标值求加权和得到专家的互动性匹配度，即

$$\mathrm{MD\_Ite}(X,E,T)=\mathrm{ew}^{\mathrm{SRV}}\cdot\mathrm{SRV}(X,E,T)+\mathrm{ew}^{\mathrm{SFV}}\cdot\mathrm{SFV}(E,T)+\mathrm{ew}^{\mathrm{SSV}}\cdot\mathrm{SSV}(X,E,T) \quad (8\text{-}58)$$

其中：$\mathrm{MD\_Ite}(X,E,T)$ 表示专家 E 的互动性匹配度；$\mathrm{ew}^{\mathrm{SRV}}$、$\mathrm{ew}^{\mathrm{SFV}}$ 和 $\mathrm{ew}^{\mathrm{SSV}}$ 是用熵权法求出的近度 $\mathrm{SRV}(X,E,T)$、频度 $\mathrm{SFV}(E,T)$ 和强度 $\mathrm{SSV}(X,E,T)$ 对应的权重。

同一对 ONWOM 和专家在不同时间对应了不同的互动性，基于 RFS 模型计算的专家互动性匹配度体现了这种动态变化，是后续建立动态专家匹配度模型的基础。

4. 动态专家推荐模型

本章假设在短时段内对同一对 ONWOM 和专家，专家的知识匹配度和情感匹配度是静态的，专家的互动性匹配度是动态的，并且知识匹配度和情感匹配度之间不相互影响。

传统专家推荐往往只考虑专家和问题在知识层面的契合度，或者通过专家的网络关系间接说明专家知识能力的大小，很少涉及情感抚慰和互动性方面的要求。然而在基于价值共创的 ONWOM 处理中，要实现共创价值，作为发布者两大需求之一的情感抚慰需求必须满足，如果先不考虑专家的互动性匹配度，可以用一个静态模型描述 ONWOM 和专家在知识和情感两方面的匹配度，由于已经假设专家的知识匹配度和情感匹配度双方相互不影响，针对 ONWOM X 和单个专家 E，可建立静态模型，即

$$\mathrm{MD\_KS}(X,E)=a\cdot\mathrm{MD\_Kno}(X,E)+b\cdot\mathrm{MD\_Sen}(X,E) \quad (8\text{-}59)$$

其中：$\mathrm{MD\_KS}(X,E)$ 表示只考虑知识匹配度和情感匹配度情况下 ONWOM X 和专家 E 的静态专家匹配度；a 和 b 分别是知识匹配度和情感匹配度的权重系数。a 和 b 的值可使用上节描述的熵权法求出。

互动作为价值共创的基础，决定了资源整合的形式，不仅是专家提供知识解决方案的前提，也是通过情绪感染实现情感抚慰的行为环境。由式（8-58）计算得到静态匹配度很高的专家，可能因为较低的互动性匹配度而不适于被推荐为 ONWOM 处理服务者，因为 ONWOM 不同于一般的问题，一般提问者不会因为长时间无人处理问题而对特定企业发布有负面情绪的言论，ONWOM 发布者则会因为无人及时响应而产生更强烈的负面情绪。因此，应该在 ONWOM 处理的专家推荐中考虑互动性，即需在构建专家匹配度模型时加入互动性因素。

从各方共创主体的价值需求来看，互动性并不直接显性地满足各方特别是发布者的某些需求，但其却是满足知识和情感需求的基础，调节了知识匹配度和情感匹配度发挥作用的大小。由于假设对同一对 ONWOM 和专家，在短时段内专家互动性匹配度是随时间动态变化的，基于知识和情感的静态模型加入互动性后将成为动态模型，因此，针对 ONWOM X 和单个专家 E，考虑互动性匹配度的专家匹配度动态模型为

$$\mathrm{MD}(X,E,T)=\mathrm{MD\_Ite}(X,E,T)\cdot\mathrm{MD\_KS}(X,E) \quad (8\text{-}60)$$

其中：$\mathrm{MD}(X,E,T)$ 表示在选定的时间参数 T 下 ONWOM X 和专家 E 之间的匹配度；$\mathrm{MD\_Ite}(X,E,T)$ 表示 ONWOM X 和专家 E 的互动性匹配度；$\mathrm{MD\_KS}(X,E)$ 表示由知识匹配度 $\mathrm{MD\_Kno}(X,E)$ 和情感匹配度 $\mathrm{MD\_Sen}(X,E)$ 计算得到的静态专家匹配度。为避免量纲不同对专家匹配度结果的影响，实际计算中需对相应匹配度指标进行归一化处理。

ONWOM 处理的专家推荐目的是要从专家库中选出最适合处理特定 ONWOM 的专家，专家匹配度是这种适合程度的量化表示，以上部分给出了 ONWOM X 和专家 E 之间的匹配度计算方法，在实际推荐中还需根据专家匹配度对专家进行排序，在假设只推荐一名专家的情况下，选择匹配度靠前的专家作为推荐对象，成为 ONWOM 处理的服务者。本节将研究重点放在匹配度的计算上，对匹配度的排序问题不做详细解释。

8.5.3　实验与结果分析

1. 实验数据

本次实验采用 8.4.4 节中实验的数据。获得的原始数据需要经过预处理才能成为模型的输入数据。首先删掉重复数据、缺失数据、异常数据。LDA 模型的训练需要相应的语料库，考虑作为知识匹配度部分的主要模型，由于在网站问答活动中，专家提供答案后，提问者通常在查看答案信息的过程中会对用户的答案进行个人评估，达到预期的答案会被标记为满意答案，说明从用户的角度看，满意答案相对其他答案提供了质量更高的知识，因此在计算专家知识匹配度的过程中，使用专家提供答案中被选为满意答案的部分作为专家知识的体现，这样既可以适当减少低质量数据对结果的影响，也可以更突显出专家知识。因此，需要对每个专家的满意答案文档进行分词、去停用词等操作，以剔除其中包含的噪声，将文档表达为向量形式。然后，对所有文档中出现的词和一个整数对应形成一对一的映射，构成 LDA 模型训练中需要的词典，并将词典保存以备后续使用。通过词典可以将所有文档转化为词编号和词频对应的向量形式，形成文档向量语料库。

对情感匹配度部分，需要从专家历史答案中得到专家的情感得分，首先将经过分词、去停用词等操作的答案文档与情感词典进行匹配，计算得到每个文档的情感得分，然后对专家的所有文档情感得分去平均值，作为专家的情感得分。本章使用大连理工大学徐琳宏等（2008）开发的中文情感词汇本体库作为情感词典来源，分析数据集中问题和答案的情感极性和情感强度。在情感得分计算中只考虑正面和负面情感词，不考虑中性和多性词。

2. 建立模型

建立模型的过程需要 ONWOM 参与计算，由于本章以网络问答社区为背景环境，用户在其中提出的问题种类很多，并不限于 ONWOM，而网站一般并没有对问题是否是 ONWOM 进行标注，为使实验和 ONWOM 处理的问题更贴切，选择 2016 年 7 月 11 日出现的情感得分为非正值的问题作为 ONWOM，共 113 条。ONWOM 经过分词、去停用词等操作后，形成相应的词向量，被加入各部分匹配度计算中。

在数据预处理部分，根据所有专家的满意答案组成的文档集获得了词典和语料库，词典由词或词组与相应的编号组成，共包括 155 296 个词编号对，若干实例如表 8-12 所示。

获得字典后可将语料库的文档进一步处理为用编号和对应词的词频表示的形式。为考虑文档中词的权值，在用语料库训练模型之前，将语料库中的词频转化为 TF-IDF 值。

表8-12 LDA模型的词典实例

词	编号	词	编号
不学无术	134515	编译	51237
踏步	42593	modbus	60940
后报	81817	小腹	143555
隐私权	42337	流光溢彩	35213
小腿	49140	showc	6436

TF-IDF 认为如果某个词在一篇文档中出现的频率越高，且在其他文档中出现的频率越低，则此词对文档就有更好的区分能力。TF（term frequency）表示词在文档中出现的频率，IDF（inverse document frequency）表示文档集中包含某词的文档越少，则此词具有的区分能力越大，对应的逆文档频率也越大。计算式为

$$w_t = f_{tf} \cdot \log \frac{|D|}{n_t} \qquad (8-61)$$

其中：w_t 表示词 t 在某文档中的 TF-IDF 权值；f_{tf} 表示词 t 在此文档中出现的频率；$|D|$ 表示文档集包含的文档数；n_t 表示文档集中包含词 t 的文档个数。

根据 TF-IDF 值表示的语料库可对 LDA 模型进行训练。训练中选择主题数为 100。通过 LDA 模型可以将文档由原来的词向量空间转化到更低维度的主题空间，不仅挖掘出了词在主题层面的语义关系，还减少了计算量，挖掘出的每个主题是由相关的词以一定概率表示的，若干主题实例如表 8-13 所示，其中列出的词是对相应主题贡献较大的词。

表8-13 LDA模型的主题实例

主题	词概率分布
1	0.015*坐 + 0.009*路车 + 0.006*游戏 + 0.005*2015 + 0.004*你好 + 0.004*配置 + 0.004*显示器 + 0.003*200 + 0.003*性能 + 0.003*朋友
2	0.007*楼主 + 0.005*都 + 0.005*大巴 + 0.004*还 + 0.004*不 + 0.004*说 + 0.004*永恒 + 0.004*回答 + 0.004*好 + 0.004*买
3	0.010*月 + 0.010*激活 + 0.009*传给 + 0.009*日 + 0.009*序列号 + 0.008*电话 + 0.008*剩余 + 0.008*已 + 0.007*解压 + 0.007*生产
4	0.010*卸载 + 0.010*硬盘 + 0.008*主板 + 0.006*亲 + 0.005*早上 + 0.004*兼容 + 0.004*键盘 + 0.004*等于 + 0.004*文字 + 0.004*中毒
5	0.011*好 + 0.010*采纳 + 0.009*你好 + 0.008*加 + 0.007*追问 + 0.006*内存 + 0.006*回答 + 0.006*不 + 0.006*没 + 0.006*玩
6	0.017*留下 + 0.014*加工 + 0.014*激活状态 + 0.011*生产日期 + 0.011*发了 + 0.009*2014 + 0.008*到期 + 0.006*邮箱 + 0.005*鼠标 + 0.005*洛阳
7	0.006*html + 0.006*7 + 0.005*不错 + 0.005*6 + 0.005*http + 0.005*内测 + 0.005*5 + 0.005*汽车站 + 0.005*1 + 0.004*掉
8	0.006*确实 + 0.005*小时 + 0.005*放心 + 0.005*电池 + 0.005*备份 + 0.005*PS + 0.004*内存条 + 0.004*实在 + 0.004*改成 + 0.004*截止
9	0.021* + 0.015*希望 + 0.010*做好 + 0.009*去掉 + 0.007*浏览器 + 0.006*右键 + 0.006*重装 + 0.005*添加 + 0.005*下个 + 0.005*车
10	0.007*稍后 + 0.007*下 + 0.006*下载 + 0.006*传过来 + 0.005*软件 + 0.005*里 + 0.005*回答 + 0.005*追问 + 0.005*设置 + 0.005*系统

LDA 模型建立后，可以将 ONWOM 和语料库中的文档由词空间转化到主题空间表示，并在主题空间中计算每个 ONWOM 与文档的余弦相似度。每对 ONWOM 和专家，选择 ONWOM 与专家文档的余弦相似度最大值作为专家的知识匹配度。例如，问题"电脑不能上网，求真神急救！电脑管家检测是 DNS 配置错误，但是修复不了，手动更换 DNS 仍然无效。无线和网线都不行，也换了系统，驱动和网卡也都正常。还有一台笔记本用同样的无线和网线试过，都没问题。困扰许久，实在解决不了，有没有真神能帮小弟啊！"与 5 位专家的知识匹配度如表 8-14 所示。

表8-14　专家知识匹配度实例

专家	知识匹配度
1	0.7579
2	0.7088
3	0.5448
4	0.6615
5	0.7209

专家的情感得分由专家对应文档集中所有文档的情感得分平均值得到，专家情感得分与 ONWOM 情感得分的差即为专家的情感匹配度。

知识匹配度和情感匹配度之间的系数由熵权法计算，对每个 ONWOM 可以求得一对系数 a 和 b，对 113 条 ONWOM 可以得到 113 组系数。

为使结果更具代表性，对 113 组结果取平均值，结果保留小数点后 4 位，表 8-15 所示分别对应知识匹配度和情感匹配度的权重，此时静态模型为

$$\text{MD\_KS}(X,E) = 0.4132\text{MD\_Kno}(X,E) + 0.5868\text{MD\_Sen}(X,E) \tag{8-62}$$

表8-15　静态模型系数

a	b
0.4132	0.5868

互动性匹配度包括近度、频度和强度 3 个部分，这里选择 2016 年 7 月 11 日为 ONWOM 处理时间，认为专家互动的最近可能时间为 2016 年 7 月 10 日，计算频度的时段选择 10 天，即 2016 年 7 月 01 日到 2016 年 7 月 10 日，对 134 位专家分别计算 3 个指标，形成一个 134×3 的矩阵，然后利用熵权法可得到一组权重，结果保留小数点后 4 位，如表 8-16 所示。

表8-16　互动性的近度、频度和强度系数

ew^{SRV}	ew^{SFV}	ew^{SSV}
0.3135	0.4975	0.1890

在表 8-16 中，ew^{SRV}、ew^{SFV} 和 ew^{SSV} 分别对应互动性的近度、频度和强度的权重，此时根据式（8-58）可得到互动性匹配度模型，即

$$\text{MD\_Ite}(X,E,T) = 0.3135\text{SRV}(X,E,T) + 0.4975\text{SFV}(E,T) + 0.1890\text{SSV}(X,E,T) \tag{8-63}$$

然后将互动性匹配度与静态模型结合，可得综合了知识匹配度、情感匹配度和互动性匹配度的专家匹配度动态模型，即

$$MD(X, E, T) = MD\_Ite(X, E, T) \cdot MD\_KS(X, E) \tag{8-64}$$

其中：$MD\_Ite(X, E, T)$ 表示专家互动性匹配度模型；$MD\_KS(X, E)$ 表示从静态视角综合了知识匹配度和情感匹配度的专家匹配度，由式（8-62）求得。

在处理单个 ONWOM 时，LDA 模型和专家情感得分可提前计算并存储，输入 ONWOM 即可快速得到专家的知识匹配度和情感匹配度，然后根据选定的时间参数计算互动性匹配度的 3 个指标，并得到互动性匹配度，代入式（8-64）的动态匹配度模型即可计算得到专家与该 ONWOM 的匹配度。对所有专家的匹配度进行排序，推荐匹配度靠前的专家作为服务者进行 ONWOM 处理。

3. 实验结果与分析

ONWOM 处理的动态专家匹配度模型考虑了知识匹配度、情感匹配度和互动性匹配度三方面，为验证模型设计的效果，选择只考虑知识匹配度的模型 MD_Kno、只考虑情感抚慰的情感匹配度模型 MD_Sen 和不考虑互动性匹配度的静态模型 MD_KS 进行对比试验。其中，MD_Kno 模型具体通过 LDA 模型实现，试验数据选择 2016 年 7 月 11 日出现的情感得分为非正值的问题作为负面口碑，共 113 条。每个 ONWOM 对应若干真实回答者，对这些用户进行过滤，只留下包含在 134 名专家中的用户，若有的问题没有包含在 134 名专家中的回答者，则其对应的回答者视为空。

此时将专家推荐看作一个分类问题，所有专家分为被推荐专家和不被推荐专家两类，采用推荐系统中常用的准确率、召回率和 F 值（朱郁筱等，2012）3 个指标评估专家推荐的效果，即

$$p = \frac{|R \cap A|}{|A|} \tag{8-65}$$

$$r = \frac{|R \cap A|}{|R|} \tag{8-66}$$

$$F = \frac{2pr}{p + r} \tag{8-67}$$

其中：p 表示准确率，指推荐专家中真实值占的比例；r 表示召回率，指真实专家集合中专家被推荐的比例；F 表示综合评价准确率和召回率的指标，当没有真实专家被推荐时，其值为 0，当推荐专家包含且只包含所有真实专家时，其值为 1，当准确率和召回率都较高时才有较高的 F 值，F 值是准确率和召回率之间的一种平衡；R 表示 ONWOM 处理真实专家集合；A 表示相关模型的推荐专家集合。

实验假定将每个 ONWOM 推荐给 k 个专家，在推荐中不考虑专家个人时间和环境的限制，只考虑 ONWOM 与专家的匹配度，将匹配度最大的 k 个专家推荐作为服务者。由于有 113 个 ONWOM，对每个模型取 113 个 ONWOM 推荐结果的平均值进行比较，各个模型的准确率结果如表 8-17 所示。

表8-17 模型准确率对比

模型	准确率（$k=1$）	准确率（$k=2$）	准确率（$k=3$）	准确率（$k=4$）	准确率（$k=5$）
MD_Kno	0.4690	0.2876	0.2035	0.1637	0.1363
MD_Sen	0.0000	0.0000	0.0000	0.0000	0.0000

续表

模型	准确率（k=1）	准确率（k=2）	准确率（k=3）	准确率（k=4）	准确率（k=5）
MD_KS	0.0000	0.0000	0.0000	0.0000	0.0035
MD	**0.7611**	**0.3850**	**0.2625**	**0.1991**	**0.1611**

表 8-17 中分别给出了当 k 取从 1～5 的整数时，模型 MD_Kno、MD_Sen、MD_KS 和 MD 对应的准确率，准确率最高的模型 MD 相比第二好的模型 MD_Kno，在 k 取从 1～5 的整数时性能分别提高 62.28%、33.87%、28.99%、21.62% 和 18.2%。

图 8-10 是表 8-17 对应的模型准确率曲线。从图 8-10 中可直观看出，本章构建的动态模型 MD 在 k 取从 1～5 的整数时，在准确率指标上表现都最好。考虑知识匹配度的两个模型 MD 和 MD_Kno 比不考虑知识匹配度的两个模型 MD_Sen 和 MD_KS 在整体准确率上要高，说明在专家匹配度中加入知识匹配度能提高推荐准确率。单纯考虑情感匹配度的模型 MD_Sen 表现较差，说明仅仅靠情感抚慰处理由消费失败引起的 ONWOM 效果并不好。模型 MD 比 MD_Kno 准确率高说明在专家匹配度中同时考虑情感匹配度和互动性匹配度能提高专家推荐的性能，这种提升还体现在当只推荐一个专家时准确率提高最大，达到 62.28%，说明如果假设每个专家精力有限，一人只能处理一个 ONWOM，则模型 MD 表现更突出。当 k 取从 1～5 的整数时，模型 MD 的准确率不断下降是因为真实数据是大多每个 ONWOM 只有一个专家，因此计算准确率时分子最大取 1，随着分母 k 的不断增大，准确率在数值上也在下降。

表 8-18 是 4 个模型在 k 取从 1～5 的整数时对应的召回率。召回率最高的模型 MD 相比第二好的模型 MD_Kno，在 k 取从 1～5 的整数时性能分别提高 62.28%、33.85%、28.99%、21.62% 和 18.18%。

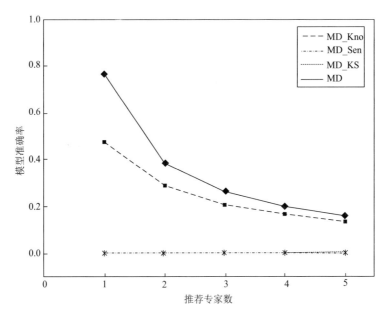

图 8-10　模型准确率曲线

表8-18　模型召回率对比

模型	召回率（$k=1$）	召回率（$k=2$）	召回率（$k=3$）	召回率（$k=4$）	召回率（$k=5$）
MD_Kno	0.4690	0.5752	0.6106	0.6549	0.6814
MD_Sen	0.0000	0.0000	0.0000	0.0000	0.0000
MD_KS	0.0000	0.0000	0.0000	0.0000	0.0177
MD	**0.7611**	**0.7699**	**0.7876**	**0.7965**	**0.8053**

　　表 8-18 对应的模型准确率曲线如图 8-11 所示。图 8-11 中考虑知识匹配度的模型 MD 和 MD_Kno 明显比不考虑知识匹配度的两个模型（MD_Sen 和 MD_KS）召回率高。从图中实线看出，模型 MD 不仅召回率高，而且在 k 取从 1～5 的整数时表现平稳。由于实验数据中每个 ONWOM 真实推荐的专家大多只有一个，说明按本章设计的模型，在专家匹配度计算中同时加入情感匹配度和互动性匹配度能较好地推荐真实专家，算得的专家匹配度能较好地将真实推荐的专家按匹配度排在靠前的位置。模型 MD_Kno 逐渐上升的趋势，说明只按知识匹配度对专家排序，真实专家在很多时候并不是在第 1、2 位的靠前位置被推荐，而是排名靠后，此时系统只有对每个 ONWOM 多推荐几位专家才能保证性能，实际应用中会增加系统负担，降低专家用户服务体验。只考虑情感匹配度的模型此时同样没有得到好的召回率。

　　表 8-19 是 4 个模型对应的 k 取从 1～5 的整数时对应的 F 值。表现最佳的模型 MD 相比第二好的模型 MD_Kno，在性能上分别提升 53.45%、33.85%、28.99%、21.65%和 18.18%。

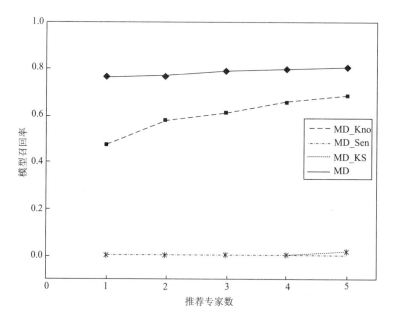

图 8-11　模型召回率曲线

表8-19　模型F值对比

模型	F 值（$k=1$）	F 值（$k=2$）	F 值（$k=3$）	F 值（$k=4$）	F 值（$k=5$）
MD_Kno	0.4960	0.3835	0.3053	0.2619	0.2272

续表

模型	F 值（k=1）	F 值（k=2）	F 值（k=3）	F 值（k=4）	F 值（k=5）
MD_Sen	0.0000	0.0000	0.0000	0.0000	0.0000
MD_KS	0.0000	0.0000	0.0000	0.0000	0.0058
MD	**0.7611**	**0.5133**	**0.3938**	**0.3186**	**0.2685**

表 8-19 对应的模型准确率曲线如图 8-12 所示。F 值衡量了模型综合准确率和召回率的性能。模型 MD 在 F 值上表现最佳，并且在 k 为 1 时保持了较高的值，说明在只推荐一个专家的情况下，模型通过计算由知识匹配度、情感匹配度和互动性匹配度组成的专家匹配度，能很好地将真实专家作为推荐对象，实现 ONWOM 处理。随着 k 取从 1～5 的整数，对应的实线不断下降，原因也是由于每个 ONWOM 的真实专家数大多是 1，随着推荐专家数量的增加，准确率不断下降，引起 F 值不断下降。

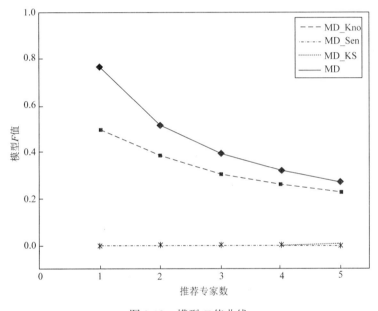

图 8-12 模型 F 值曲线

实验利用真实数据验证了本章动态模型 MD 的有效性，通过将知识匹配度、情感匹配度和互动性匹配度结合形成 ONWOM 处理的专家匹配度，可以提高专家推荐的准确率、召回率和 F 值，说明在基于价值共创的 ONWOM 处理中，除了考虑知识匹配度外，融入情感匹配度和互动性匹配度对提高专家推荐效果同样重要。

第 9 章

面向社会化媒体在线投诉处理的知识推荐及系统

9.1 问题的提出

哥伦比亚大学 2012 年 BRITE-NYAMA 市场营销调查（Rogers et al.，2012）三大标题明确指出：

"The Failure of Big Data for Marketing So Far"；

"Marketers Adopt New Digital Tools, But Struggle to Measure Them"；

"Marketers Know They All Need It, But Can't Even Agree What It Is".

社会化媒体和用户产生内容相关实践发展速度远超出人们的控制能力。营销学者知道社会化媒体和用户产生内容有用，但如何定义、如何使用、如何使其与现有理论体系建立联系是亟待讨论的问题。本章在探索社会化媒体时代背景下，围绕企业在线投诉处理的CRM、IRM 新思维，为企业在线投诉处理实践提供方法与工具支持。

本章针对社会化媒体中企业、广义 UGC、在线投诉的特点，以现有 CRM、IRM 理论为基础，以广义 UGC 为知识服务资源，借鉴现有 UGC 加工方法，设计与实现企业在线投诉处理方法。

本章的主要内容如下。

（1）在分析投诉者、专家（服务者）和企业参与服务恢复活动的资源空间与核心动机基础上，建立利用三方能力满足三方需求的 ONWOM 处理的生态系统；为研究共创模式效率，设计仿真模型，对比传统模式与共创模式效率差异，研究推荐策略对共创模式的影响。

（2）针对新旧案例的匹配方法设计问题，提出改进的记忆网模型；提出结构模板，识别语义结构模式，基于语义结构模式定义与度量问题中心度、情景信息相似度和内容信息相似度；提出基于模式匹配的文本在线投诉相似度模型。

（3）研究与设计基于描述内容和描述结构的语句属性，提出基于人工神经网络的投诉句识别模型，识别文本在线投诉中的投诉句。

（4）针对基于耐用品 OCR 数据进行客户细分分析的问题，提出基于属性-提及对的客户建模方法；基于以上客户偏好模型，设计基于耐用品 OCR 数据的客户细分分析方法，提出使用潜在类别分析方法对客户进行细分分析。

（5）对在线投诉处理知识推荐系统进行分析与设计；研究与设计低抽象维度的体系结构级系统。

9.2 基于价值共创的在线投诉处理模式

9.2.1 主体价值共创动机的资源空间

社会交换理论认为，交换过程中的个体动机是交换成功的核心，参与者个体参与行为取决于个体参与活动的预期收益与支出，是其动机的重要组成部分。参与各方参与活动的价值收益与支出则决定资源匹配。本章通过文献分析，从服务者、投诉者（发布者）、企业三边市场（SP、SC、E）对三方主体参与价值共创的收益和支出进行归纳，设计基于价值共创的在线投诉处理资源交换的收益/支出-资源矩阵。

1. 主体价值共创收益与支出

1）投诉者（SC）价值共创收益与支出

投诉者价值共创收益与支出影响投诉者对服务恢复的满意度，进而影响其再次购买行为和口碑传播行为。从用户认知到满意度，再到行为意图的满意度-盈利链是服务恢复客户满意度的经典模型（Smith et al.，1999）。现有研究针对这一模型的整体或部分展开分析。Orsingher 等（2010）对现有研究进行萃取分析（meta-analysis）指出，包括分配公平、过程公平和交互公平在内的感知公平是用户评价服务恢复满意度的主要指标，用户通过衡量本次服务恢复中收益是否达到合理的感知水平来决定是否满意，这一合理水平通常是由相关经验决定的。Smith 等（1999）通过实证分析指出企业响应速度、补偿粒度、是否道歉、服务主动性对感知公平产生影响，失验和感知公平对服务恢复满意度产生影响。Wirtz 等（2004）研究响应速度、致歉、企业补偿对服务恢复满意度产生影响，指出三因素对用户再次购买意愿、口碑传播的影响。Smith 等（2002）通过实证分析指出，客户投诉时正面/负面情绪直接影响服务恢复满意度，并可调节补偿粒度、响应速度等服务恢复属性对服务恢复满意度的影响。Dewitt 等（2008）通过实证分析指出，服务恢复后的用户情绪对产品忠诚度产生部分中介作用。由以上分析可知，现有研究主要将响应速度、服务态度、补偿作为服务恢复满意度的主要影响因素。作为分配公平的重要成分，以上研究并未考虑解决方案的优劣对服务恢复满意度的影响。Liao（2007）通过实证研究指出问题解决、是否致歉、礼貌程度、解释提供、响应速度均对客户感知公平产生显著影响，进而对服务恢复满意度产生影响，再对购买意愿产生影响。其中，问题解决效果与响应速度具有相同的影响，是影响客户投诉的服务恢复满意度的最主要因素。该研究得到广泛认可。

由上述内容可知，投诉者价值共创收益通过投诉者满意度体现，后者主要受隶属于信息/知识、情感、社会资本 3 个维度要素的影响。具体地，解决方案、解释、致歉、客服态度是投诉者关注的价值共创收益，客户忠诚度、正面口碑是投诉者根据价值共创收益意愿提供的价值共创支出。投诉者满意度受信息/知识维度的投诉问题、解决方案、解释提供影响，受社会资本维度的客户忠诚度影响，受情感维度的致歉、服务者态度、正面口碑影响。此外，投诉处理系统的响应速度也对投诉者满意度产生影响。

2）服务者（SP）价值共创收益与支出

为保留客户和提高产品销量，共创模式激发和利用社会网络中的用户作为服务者（专家）解决在线投诉问题。服务者根据投诉问题特征、自身内外部动机评估满意度，决定是否接受服务邀请，服务者价值共创收益通过服务者满意度体现。面向问题解决的服务者满意度研究主要存在于在线社区知识共享相关研究中。Wang 等（2010）通过综述现有在线社区知识共享研究指出，包括知识所有权、感知收益与支出、公平、信任在内的动机因素，与包括教育、经验、自我效能等在内的个人特质是影响用户知识共享行为的主要因素。Kankanhalli（2005）探索企业员工向企业电子知识存储系统贡献知识的动机，该研究指出在知识共享行为中，编辑和解释知识所需的时间和工作量是共享者考虑的主要成本项，知识共享者通过共享行为获得的自我效能、愉悦感构成主要内部收益，获得的组织奖励、社会集成和互惠态度构成主要外部收益。服务者通过综合知识贡献的成本、内部收益和外部收益来决定是否共享知识。Wasko 等（2005）从社会网络结构角度出发探索网络论坛中用户信息共享行为，该研究指出用户的荣誉、网络中心度、兴趣显著影响用户共享知识的有用性，而用户网络中心度、资历、荣誉显著影响用户共享知识的数量。Bock 等（2005）研究员工知识共享行为动机，指出互惠态度、自我价值、组织风气共同直接和间接地影响员工知识共享意图。Tsai 等（2014）研究虚拟社区知识共享行为，该研究指出，身份、情绪、组织共识、态度共同影响知识共享动机。从以上实证研究结论可知，用户在在线平台中的知识共享行为主要受社会资本因素（品牌身份、网络中心度、荣誉、互惠）、情绪（兴趣与帮助他人的乐趣）和能力（自我效能、自我价值）因素影响，并与解决问题所需的工作量有关。Nambisan 等（2009）则为用户参与虚拟社区中价值创造行为提供价值共创理论的解释。

针对共享知识所需要的工作量，Balconi 等（2007）指出，知识共享的主要成本，也即编辑工作量，由主体间性和完整性两个因素决定。其中，主体间性被定义为编辑的描述能够被接收者理解的程度；完整性被定义为描述的行动占实际所需行动的比例。知识所处水平和接收者知识水平之间差距越大，传递者描述越细致，传递者感知知识传递的工作量越大。部分知识共享研究使用身份（identity）这一结构，Ashforth 等（2008）指出，用户用产品来定义自身时体现用户的品牌身份，如用户会声称自己使用 Linux 系统以表明自身在计算机方面的专业性，Linux 即为该用户的品牌身份，该用户倾向于在计算机专业社区中贡献更多的知识；Meyer 等（2006）指出用户品牌身份接近但不等同于品牌承诺，品牌身份导致品牌承诺；Dholakia 等（2004）在一项针对虚拟社区参与行为的实证研究中发现，用户品牌身份直接或间接影响用户对目的性价值、自我发现和环境价值相关活动的参与性，并明确指出给予或获得信息过程本身就与品牌身份相关。品牌身份与服务经验、社区等级、荣誉不可等同划一，但具有强相关性。

由上述内容可知，服务者价值共创收益与支出体现于服务者满意度，服务者满意度主要受隶属于信息/知识、情感、社会资本 3 个维度要素的影响。具体地，解决方案、解释、致歉、客服态度是投诉者关注的价值共创收益，编辑努力是投诉者关注的价值共创支出。服务者满意度主要受信息/知识维度的自我效能影响，受情感维度的乐趣、编辑努力影响，受社会资本维度的产品身份的影响。

3）企业（E）价值共创收益与支出

从企业角度出发，客户服务的目的是通过维护客户忠诚为企业持续创造利润。企业是利润的追求者，现有研究在衡量企业能力时都以盈利作为重要指标。客户生命周期价值是企业 CRM 的核心指标，也是衡量企业盈利能力的重要标志。Berger 等（1998）提出客户生命周期价值度量模型，在考虑用户保留率的情况下，计算用户在固定期间内为企业创造的利润，并贴现为基期收益。

投诉者的重复购买行为和口碑传播行为是关联投诉者满意度和企业利润的桥梁；服务者满意度则通过投诉者满意度与企业盈利建立关联。在共创模式下，企业维持较高的投诉者满意度有利于企业盈利，维持较高的服务者满意度有利于提高投诉者满意度，从而间接贡献于企业盈利。在在线投诉处理过程中，企业获得利润是结果，其过程仍受知识/信息、情感、社会资本维度相关资源的影响。

因此，根据文献分析社会化媒体用户的期望收益、广义 UGC 的特点，将在线投诉中 SC、E、SP 三方主体价值共创的收益与支出归纳为信息/知识、情感、社会资本 3 个资源维度。信息/知识、情感、社会资本维度构建起基于价值共创的在线投诉处理的资源空间。

2. 价值共创收益/支出-资源矩阵

根据 CRM、抱怨管理理论与实践，从信息、情感、社会资本 3 个资源维度研究处理在线投诉需要的资源，设计共创模式资源交换的收益/支出-资源矩阵。

在线投诉处理的价值共创动机：主体表达出的对促使主体参与在线投诉处理的特定收益与支出的兴趣。

根据价值共创理论，在整个在线投诉处理过程中，具有不同动机的 SC、E、SP 三方对处理活动中产生不同收益与支出的子活动表达出不同的兴趣。结合社会交换理论，从信息、社会资本与情感 3 个资源维度分析 SC、E、SP 三方主体的收益与支出，说明如下。

SC:{信息，情感，社会资本}。其中，信息：反映投诉问题，获取服务恢复的解决方案和相关解释；情感：平复由产品/服务失败带来的负面情绪，传播正面口碑；社会资本：由投诉问题解决而愿意保持对企业更高的忠诚度。

E:{信息，情感，社会资本}。其中，信息：获得关于产品/服务的投诉问题，获得解决方案和相关解释，解决投诉者问题，贡献于利润；情感：获得投诉者的正面口碑，贡献于利润；社会资本：获得用户忠诚度，贡献于利润。

SP:{信息，情感，社会资本}。其中，信息：分享自身知识以解决特定投诉问题，获得知识增长，提高自我效能与自我价值；情感：付出一定的时间与努力，对特定问题感兴趣，从帮助他人和解决问题中获得乐趣；社会资本：获得荣誉、尊重，建立并保持长期的互惠关系。

根据价值共创理论，每个参与者构成一个服务系统（service system），对外提供服务，获取外界资源。价值共创的参与者作为服务系统，持有不同目标去参与同一共创活动，通过贡献自身资源完成价值共创过程，并实现各自的目标。根据价值共创研究的基本框架（Vargo et al.，2008a），本章设定 SC、E、SP 各自为独立服务系统，从 Service System={兴趣、目标、价值主张、资源}入手，基于 Resource = {Information，Emotion，Social Capital }3 个资源维度，设计 SC、E、SP 这 3 个服务系统如下。

Service System E={兴趣、目标、价值主张、资源}

兴趣：使 SC 对服务恢复的效果满意，从而传播正面口碑，保留老客户。

目标：最大化利润。

价值主张：愿意解决投诉者的投诉问题以保留客户、改变客户的负面产品态度；愿意提供相关信息/知识、机会，或通过提高等级的方式获得专家帮助，来协助解决大量的投诉问题。

资源：用户信息、产品信息、客户等级调整。

Service System C={兴趣、目标、价值主张、资源}

兴趣：问题解决，情绪平复。

目标：最大化服务恢复满意度。

价值主张：愿意保持忠诚进行重复购买，传播企业和产品的正面口碑，前提是在线投诉得到企业及时、正确、态度良好的处理。

资源：重复购买、传播正面口碑。

Service System H={兴趣、目标、价值主张、资源}

兴趣：扩展知识，展示能力，提高等级，获得尊重。

目标：最大化知识共享满意度。

价值主张：愿意花费时间解决投诉问题，以此在帮助他人中得到乐趣，获得投诉者在产品知识上的承认，获得企业的等级提升，获得企业认可。

资源：产品相关信息/知识、兴趣、社会资本。

根据 SC、E、SP 三方服务系统，研究在社会化媒体在线投诉处理中的三方资源收益/支出-资源矩阵，设计三方的收益/支出-资源矩阵如表 9-1 所示。

表9-1 共创模式收益/支出-资源矩阵

期望收益/支出	信息/知识	社会资本	情感
E 支出	产品知识	等级、信任	
SP 收益	产品知识、自我效能、自我价值	品牌身份、网络中心度、荣誉、互惠	兴趣、乐趣
SP 支出	解决方案、解释		时间、努力
SC 收益	解决方案、解释		道歉、服务态度
SC 支出	投诉问题	忠诚度	正面口碑
E 收益	成功案例	忠诚用户	品牌形象

9.2.2 基于价值共创的在线投诉处理模式

1. 共创模式框架

通过对价值共创收益/支出-资源矩阵的设计，本章对基于价值共创的在线投诉处理模式定义如下。

共创模式：企业视社会化媒体中专家用户为服务者资源，以专家推荐为工具，通过配置 SC、E、SP 三方能力与需求，激发服务者处理企业投诉，实现企业在线投诉处理目标。

共创模式框架如图 9-1 所示。共创模式涉及 SC、E、SP 这 3 种实体，涉及服务恢复和价值共创两个活动。以线 1 作为划分，E 与 SP 作为一个整体为 SC 实施服务恢复。当 E 与 SP 进行协同时，E 视 SP 为员工，在 E 的驱动下利用自身知识为 SC 提供解决方案。以线 2 作为划分，SC 与 E 共同参与的企业投诉处理业务流程为 SP 提供价值创造机会。当 SC 与 E 进行协同时，SC 可视为投诉处理业务流程的目标制定者与审核者。企业通过配置三方能力、满足三方需求来实现共创模式，构成面向在线投诉处理的价值共创生态系统。

共创模式开始于客户投诉，当客户遭遇产品/服务失败时，企业不能进行及时、有效地处理，将造成客户流失和 ONWOM 传播。在价值共创模式下，企业实时在社会化媒体中检测在线投诉，获得投诉问题（图 9-1 中交互 1），以特定的推荐方法选择社会化媒体中的专家，并为其提供相应的产品支持信息以解决投诉问题（图 9-1 中交互 2）。专家付出时间和努力构建解决方案，通过社会化媒体在线交互的方式交付投诉者（图 9-1 中交互 3）。在专家解决投诉问题的过程中，专家的情绪、耐心和经验也影响投诉者对投诉处理的满意度；专家在解决问题过程中也享受到知识运用和帮助他人所带来的乐趣和声誉。在解决客户投诉问题之后，如果客户满意，将继续购买企业产品，同时传播正面口碑（图 9-1 中交互 4）。企业在问题解决后，根据投诉问题的解决效果给予专家一定的等级提升等（图 9-1 中交互 5）。至此，针对特定问题解决的一个共创模式活动闭环结束。

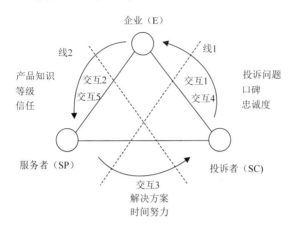

图 9-1　共创模式框架

　　共创模式具有即时效益和累积效益。共创模式的即时效益体现在企业、服务者、投诉者在一次参与共创模式的过程中所获得的效益。其中，企业解决客户投诉问题，使投诉者传播正面口碑，继续购买产品；用户投诉问题得以解决，平复负面情绪，产品使用恢复正常；服务者获得更多的产品信息、获得运用知识和帮助他人的乐趣，获得他人的尊重，获得更高的等级甚至一定的物质收益。共创模式的累积效益体现在 SC、E、SP 在多次参与共创模式的过程中所获得的效益。其中，企业通过共创模式深入了解客户对企业和产品的认知状态，深入了解用户偏好，构建企业的外部专家团队，建立起良好的企业产品社区互助氛围，构建起专家和用户对企业的情感承诺，均有利于企业盈利的实现；包括服务者和投诉者在内的客户则通过长期参与共创模式获得更多的产品知识，发现自身知识的价值，提高产品相关的互动数量，提高相互信任，与此同时，所有以上累积效益均在一定程度上贡献于用户信息/知识、情感和社会资本的增长。因此，共创模式是一种 SC、E、SP 三赢的模式。

　　共创模式可有效应对在线投诉规模大、实时性强、破坏力强、拒绝解释、外部化、内容高度非结构化等特征。共创模式有效利用社会化媒体中的专家资源作为外部知识资源，解决企业自身资源不足的缺陷，能够实时对在线投诉做出响应，提供有效解决方法，有效应对在线投诉规模大、实时性强的问题。通过对在线投诉进行及时响应，可以防止投诉者进一步传播 ONWOM；同时，每个在线投诉都以一定形式（如以投诉内容回复形式）关联对应的解决方案，塑造企业积极负责形象，削弱在线投诉破坏力。共创模式以专家作为服务者解决投诉问题，以专家对问题的深刻理解捕捉用户诉求实质，解决在线投诉的外部化和非结构化问题。

　　从归因理论出发，当产品失败与企业相关时，顾客感知上认为应该获得补偿和致歉；当产品失败与客户相关时，顾客感知上认为补偿和道歉都不需要（Folkes，1984）。当通过合理处理使得客户将责任归因于自身时，产品失败对企业的影响将达到最小化。在线投诉中投诉者拒绝企业解释的根本原因在于顾客先验性地将产品问题归因于企业。借助社会化媒体中的专家对在线投诉问题进行解决，当客户将更多的可由专家解决而自己不能解决的产品问题归因于自身对相关产品知识的缺乏时，有利于克服客户对在线投诉拒绝解释的问题，帮助企业保有较高的客户忠诚度。

共创模式目标由 SC、E、SP 三方参与动机决定。SC、E、SP 参与共创模式的收益与支出决定其参与意愿。不同于传统的基于客服的投诉处理模式，服务者参与价值共创的收益与支出对价值共创模式产生重要影响。共创模式需同时整合 SC、E、SP 三方利益，设定管理决策目标。由前文分析可知，共创模式效率通过投诉者满意度、服务者满意度、企业盈利体现，共创模式总目标是对三项指标的综合考虑，是三者的函数，而三者权重由共创模式设定者设置。

专家推荐是管理模式的重要调节工具。在共创模式下，取某一特定时间，社会化媒体中的投诉者、服务者、企业三方的信息/知识、情感、社会资本三维资源数量固定。在用户资源固定情况下，使共创模式达到最高效率，取决于对资源供需的配置。专家推荐在社会化媒体中用户资源配置过程中发挥着重要的作用，是价值共创的重要调节工具。通过设计不同的专家推荐策略，企业可以实现对管理模式效率的调节。专家推荐策略对信息/知识、情感、社会资本 3 个资源维度的侧重直接或间接地对投诉者满意度、服务者满意度、企业盈利产生影响，从而对共创模式总目标产生影响。合理地设置专家推荐策略有利于管理模式向企业所期望的方向发展。

2. 资源度量模型与目标计算模型

为保证模型的一致性和有效性，本章以加入 ONWOM 影响的 Bass 扩散模型、投诉者满意度模型、服务者满意度模型以及改进的客户生命周期价值模型为理论基础来构建本章的资源度量模型与目标计算模型。

设：社会化媒体中存在 N 个用户，记做 $U=\{u_i|1\leq i\leq N\}$；每个用户都具有一定水平的产品知识，记做 K，$0<K\leq 1$；相应地，投诉问题对应于解决投诉问题所需的特定知识水平，记做 C，$0\leq C\leq 1$；设当 $K>C$ 时，用户具有解决投诉问题的能力；用户的产品态度为 ATT（$0\leq ATT\leq 1$），用户基于 ATT 决定是否购买企业产品；投诉者对服务恢复的总体满意度为 OSS（$0\leq OSS\leq 1$），投诉者基于 OSS 决定服务恢复是否满意，OSS 是投诉者满意度的参考点；服务者对价值共创的总体满意度为 HSS（$0\leq HSS\leq 1$），服务者基于 HSS 决定价值共创是否满意，HSS 是服务者满意度的参考点。

模型中 i 代表服务者，j 代表投诉者，k 通指用户，t 代表时间周期，则 K_i 代表服务者知识，K_j 和 C_j 分别代表投诉者知识和投诉问题知识水平。

模拟研究校准模型以使模拟更符合实际。借鉴现有研究（Schwarz et al.，2009）的做法，本章引入现有实证研究的模型和参数，以构建共创模式模型中的投诉者满意度、服务者满意度、企业收益的度量，对实证研究中未提供的参数采用专家推断的方法进行设定。

1）传播模型

用户的产品态度受每个时间周期固定的广告效应（ad）影响，即

$$ATT^{(t)} = ATT^{(t-1)} + ad \tag{9-1}$$

用户的产品态度受正面口碑（wom）与负面口碑（nwom）影响，如式（9-2）和式（9-3）

所示。

$$\text{ATT}^{(t)} = \text{ATT}^{(t-1)} \times (1 + \text{wom}) \tag{9-2}$$

$$\text{ATT}^{(t)} = \text{ATT}^{(t-1)} \times (1 - \text{nwom}) \tag{9-3}$$

根据 Bass 模型，设 ad=0.1，wom=0.35，根据专家经验设 nwom=0.6。用户购买决策以产品态度为基准。设周期 t 开始时，若 $\text{ATT}_k^{(t)} \geq 0.6$，则用户购买产品；若 $\text{ATT}k^{(t)} < 0.6$，则用户不购买产品。当用户购买产品后，有 0.8 的概率对产品满意，并产生和传播正面口碑，有 0.2 的概率对产品不满，并按周期产生和传播负面口碑，直到投诉被处理。

2）投诉者模型

根据 Liao（2007）提出的实证模型及其参数构建以下投诉者满意度（CSat）模型，即

$$\text{CSat} = 0.89 \times (0.35 \times \text{PS} + 0.11 \times \text{BC} + 0.35 \times \text{PH}) \tag{9-4}$$

其中：PS（problem solving）为解决方案效果影响。设 K_i 高于 C_j 时服务者有资格参与服务；K_i 越高，问题解决效果越好。定义 PS 为

$$\text{PS} = \frac{K_i - C_j}{1 - C_j} \tag{9-5}$$

BC（being courteous）为服务者礼貌程度，是服务者当期情绪的函数。设服务者情绪 EM～N（0.5,0.16）。定义 BC 如式（9-6）所示。BC 是定义域和值域均为[0,1]的 S 形曲线。

$$\text{BC} = \frac{1}{1 + e^{-12 \times \text{EM} + 6}} \tag{9-6}$$

PH（prompt handling）为投诉响应速度，是投诉开始时间（sTime）和解决时间（eTime）的函数。定义 PH 为

$$\text{PH} = \begin{cases} 0, & \text{若}(\text{sTime} - \text{eTime}) > 3 \\ 1 - (\text{sTime} - \text{eTime})/3, & \text{其他} \end{cases} \tag{9-7}$$

OSS 是单次服务恢复满意度的累积。单次服务满意度对 OSS 的调整权重较小。设计投诉者 OSS 的更新公式为

$$\text{OSS}' = 0.9 \times \text{OSS} + 0.1 \times \text{CSat} \tag{9-8}$$

3）服务者模型

根据 Kankanhalli 等（2005）提出的实证模型及其参数构建以下服务者满意度（HSat）模型，即

$$\text{HSat} = -0.48 \times \text{CE} + 0.43 \times \text{EJ} + 0.25 \times \text{KSE} + 0.23 \times \text{ID} \tag{9-9}$$

CE（codification effort）为编辑工作量，本章主要考虑主体间性影响。设主体间性与 C_j 和 K_j 间差异有关，差异越大，编辑知识所需要的努力越多。定义 CE 为

$$\text{CE} = \frac{C_j - K_j}{C_j} \tag{9-10}$$

EJ（enjoyment）是服务者感知的知识分享乐趣。EJ 与 BC 同时受 EM 影响，为简化模型，本章将 EJ 与 BC 做相同定义，即

$$\text{EJ} = \frac{1}{1 + e^{-12 \times \text{EM} + 6}} \tag{9-11}$$

KSE（knowledge self-efficacy）是服务者知识分享的自我效能，建立于相关业绩成就、替代性经验、口头劝导和生理状态（Bandura，1977）。由于经验是知识的一种，本章假设对特定在线投诉，K_i 越高，自我效能越高。定义 KSE 为

$$KSE = K_i - C_j \tag{9-12}$$

ID（identity）为服务者的产品身份，其形成受用户社区参与行为中给予和获得信息过程影响（Dholakia et al.，2004）。设 ID 与服务者和投诉者的经验相关，记服务者帮助解决投诉的总次数为 EX，定义用户 ID 的计算式为

$$ID = \frac{1}{1 + e^{6-EX}} \tag{9-13}$$

类似于 OSS，本章设 HSS 的更新公式为

$$HSS' = 0.9 \times HSS + 0.1 \times HSat \tag{9-14}$$

4）企业模型

通过对 Berger 等（1998）提出的客户生命周期价值计算方法进行改进，构建以下企业收益模型，即

$$EProfit = \sum_{k=l}^{N} \sum_{t=0}^{Y} [\pi B_k^t / (1+d)^t] \tag{9-15}$$

$$PI = GC - M \tag{9-16}$$

其中：PI 为单位产品收益，是产品价格 GC 和营销成本 M 之差；B_k^t 为 k 用户第 t 年实际消费量；d 为年贴现率，推荐值为 0.2；Y 为计算年限，推荐值为 4。为简化模型，本章设定产品价格 GC=1，营销成本 M=0。

5）共创模式总目标

在共创模式中，忽略投诉者满意度、服务者满意度和企业收益中任何一方都会破坏共创生态系统。为充分体现各方对共创模式的影响，本章使用乘法模型对共创模式总目标进行启发式建模。设共创模式总目标为

$$opt.CHE = CSat \times HSat \times Eprofit \tag{9-17}$$

9.2.3 实验与结果分析

通过系统仿真方法进行参数求解实验、模式对比实验和策略对比实验。其中，参数实验调整专家推荐策略中信息/知识、情感、社会资本 3 个资源维度的权重，观察权重设置对投诉者满意度、服务者满意度、企业盈利以及共创模式总目标产生影响，并求解权重的最优化配置；模式对比实验对比传统的基于客户服务的投诉处理模式与最优化参数设置下共创模式的效果；策略实验对比专家推荐策略中仅考虑信息/知识、情感或社会资本中任意维度与最优化参数设置下综合考虑三者时共创模式的效果。

1. 仿真实验设置

本节使用仿真实验方法检验共创模式的效率。为模拟用户交互情况，这里使用基于 Agent 的仿真建模方法。

1）基本设置

除特殊说明外，本节实验各结果默认以 0.01 显著性水平下 T 检验为基准。在保证有效性的基础上，为节省仿真时间，设仿真实验逻辑时长为 180 天。每组实验执行 10 次，取其均值以去除随机性。

2）专家推荐策略设置

设置 INF、EMO、SC、CMB 4 种专家推荐策略，以探索和对比信息/知识、情感、社

会资本要素维度对共创模式效率的影响，如表 9-2 所示。

表9-2　专家推荐策略

推荐策略	信息/知识	情感	社会资本	权重
T（传统）	—	—	—	—
INF	1	0	0	$w_i=1$
EMO	0	1	0	$w_e=1$
SC	0	0	1	$w_s=1$
CMB	w_i	w_e	w_s	$w_i+w_e+w_s=1$

为构建仿真模式实验，本章根据专家在信息/知识、情感、社会资本 3 个维度的度量值，提出一项启发式专家推荐方法，称为 ExpertRank。每个专家的推荐值由以下方法计算，即

$$\text{ExpertRank} = w_i \times \text{INF} + w_e \times \text{EMO} + w_s \times \text{SC} \qquad (9\text{-}18)$$

在仿真实验中，对特定投诉问题，计算所有可用专家的 ExpertRank 值并进行排序，获得备选服务者列表，依次邀请专家进行服务，直至有专家接受服务邀请。需要说明的是，排序算法设计并非本章研究重心，在实践中更好的排序算法应当被设计和使用。

3）用户状态转换

共创模式具有社会化媒体针对性。在社会化媒体中，用户同时担任投诉者、服务者、消费者 3 种角色。假设用户同一时刻只能担任一种角色，用户的角色状态在不同条件下相互转化，如图 9-2 所示。

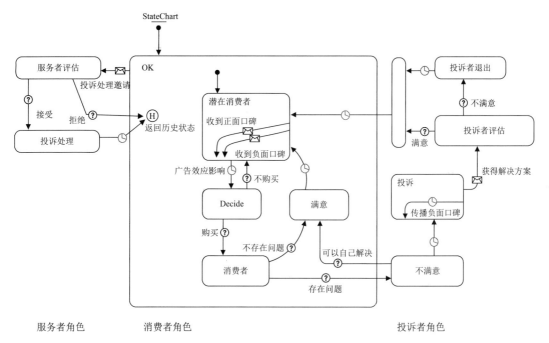

图 9-2　用户状态转换

在消费状态下，用户作为潜在用户，受广告、口碑影响对产品进行感知、评价和购买，购买后成为实际用户并对产品进行评价、口碑传播；当用户产生不满并进行投诉时，用户从消费者转变为投诉者，向企业发出投诉内容，等待企业解决，同时传播负面口碑；当得

到解决方案时，用户对解决方案的满意度进行评估，更新服务恢复的总体满意度，更新产品态度，重新成为消费者或延迟成为消费者；服务者收到企业服务邀请，评估单次服务满意度，或通过解决负面口碑，更新服务者总体满意度，提高自身经验，或拒绝服务邀请回到消费者状态。

2. 对比实验及结果分析

1）参数实验结果

参数实验以 CHE 指标为目标，探索组合知识/信息、情感、社会资本 3 个资源维度的最优权重配置。实验以 0.1 为权重调整间隔，以信息/知识、情感权重由小到大，三因素权重加和为 1 作为条件，设置由（0.0,0.0,1.0）到（1.0,0.0,0.0）共 66 个权重配置，并在每个权重配置下对管理机制进行模拟实验。INF、EMO、SC 实验对应（1.0,0.0,0.0）、（0.0,1.0,0.0）、（0.0,0.0,1.0）权重配置。实验结果如图 9-3 所示。

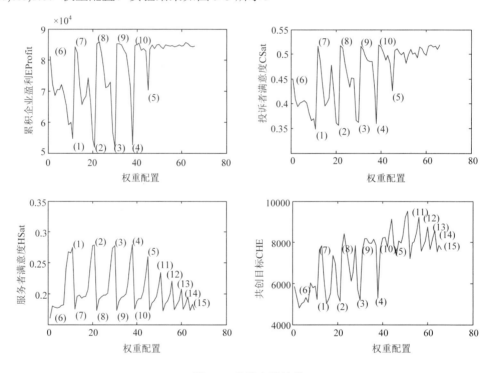

图 9-3　参数实验结果

由图 9-3 所示的结果可知，各指标变动具有明显的周期性，当固定信息/知识维度权重时，情感（社会资本）权重调整对应子周期波动。有趣的是，EProfit 中低点（1）～（5）和高点（6）～（10）与 CSat 中低点和高点一一对应，而与 HSat 中低点与高点相反，表现出两者的逆向波动特征。由于 HSat、CSat、EProfit 波动周期相对一致，三者波动幅度对 CHE 产生主要影响。

对 EProfit 和 CSat，在（10）点（$w_i<0.5$）前，随每个周期内情感权重的下降，指标呈 Z 形波动下降，说明 EMO 与 SC 均对指标产生正向影响，但 EMO 的影响要强于 SC；在（10）点（$w_i \geqslant 0.5$）后，EMO 和 SC 影响力被减弱，信息成为主要素并持续产生正向效果，使 EProfit 和 CSat 维持在较高水平。

HSat 与 CSat 呈反向波动。EMO 对 CSat 及 HSat 的影响机制不同，在推荐时 EMO 权重越大，投诉者感知的服务者的态度越好，服务者满意度越高；对于服务者，EMO 权重越大，推荐较少依赖于用户的知识/信息与社会资本，推荐随机性越强，服务者满意度越低。对 HSat，EMO 要素贡献较低，HSat 波动更多地受 SC 影响。由于服务者的信息/知识能力较为固定，随着 w_i 的增加，推荐随机性减少，服务者的 OHS 将快速达到相对稳定，从而降低 HSat，产生随着 w_i 的增加，HSat 最低值不变，最高值降低的结果。

由于周期一致，CHE 依赖于 EProfit、CSat、HSat 振幅。由以上分析可知，随着 w_i 的增加，EProfit、Csat 逐渐提高，HSat 逐渐降低；在（10）点之前，EProfit、CSat 波幅较大，HSat 波幅较小，EMO 影响力占优；在（10）点之后，EProfit、CSat 波幅较小，HSat 波幅较大，SC 影响力占优。在本章 CHE 定义下，最优值发生在（0.5,0.0,0.5）的权重配置下。需要说明的是，共创模式的最优配置与共创模式所处环境因素十分相关，在共创模式运用实践中，最优配置可能与实验的最优配置不同。

2）模式对比实验结果

模式对比实验对比基于客服的投诉处理模式与共创模式在投诉处理速度、投诉者满意度、销售量、满意度/不满意数量 4 个指标上的差异。本章做以下实验设置，即对传统模式，企业每 50 人（T1/50）、每 100 人（T1/100）、每 200 人（T1/200）、每 300 人（T1/300）配置一名客服进行服务，每名服务人员每天可以处理 5 件投诉。在以上实验设置中，T1/50 为理想策略，在该策略下企业客服投诉处理能力趋近于完全发挥，在 600 市场细分容量下，能够维持高于 570 的销量。对共创模式，本章采用 CHE 最优权重配置（0.5,0.0,0.5）作为组合策略 CMB。模式对比实验结果如图 9-4 所示。

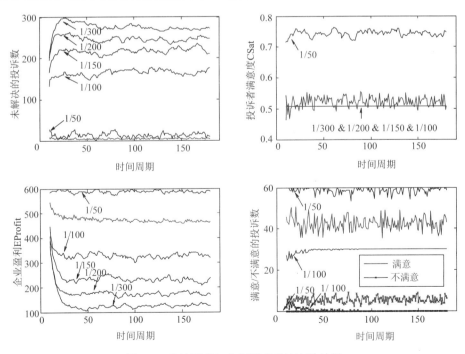

图 9-4　传统模式与共创模式对比实验结果

实验结果显示，在投诉处理速度上，CMB（avg=4.6121）策略每个时间周期结束时待解决问题数比所有传统模式下待解决问题数少，表现出共创模式相对于传统模式在处理速度上的明显优势；对于 CSat，CMB 策略（avg=0.5217）效果显著高于除 T1/50 策略（avg=0.7433）外所有传统策略（avg=0.5070）；类似地，CMB 策略（avg=473.73）下的 EProfit 相对于 T1/100 策略（avg=330.16）具有 143.57 的大幅提高；在处理速度、Csat 指标、Eprofit 指标上具有优势，CMB 策略存在约 12.68%的投诉处理不满，说明在共创模式下，企业配备一定服务人员以解决困难问题的必要性。然而应当谨慎对待这一结果，因为本章假定投诉者可无限期等待处理结果，当将投诉者等待时间约束加入模型时，传统模式下投诉者不满意情形会大幅度上升，传统模式效果将显著下降，共创模式的优势将更加突出。

3）策略对比实验结果

策略对比实验对比组合策略 CMB 与单因素策略 INF、EMO 和 SC 在 CHE、EProfit、CSat、HSat 4 个指标上的差异。实验结果如图 9-5 所示。

将各策略与传统策略在 EProfit 指标和 CSat 指标上进行对比，如图 9-4 与图 9-5 的对比所示。在 CSat 指标上，CMB 策略（avg=0.5217）和 INF 策略（avg=0.5090）显著高于 T1/100 策略（avg=0.5073），而 SC 策略（avg=0.4652）和 EMO 策略（avg=0.3549）相对较低。基于共创模式能够处理大量投诉的优势，CMB、INF 和 EMO 策略在 EProfit 指标上远高于 T1/100 策略，而 EMO 策略效果较低。该对比说明，CMB 策略和 INF 策略在效率上能够显著超越 T1/100 策略，而 SC 策略在企业盈利上相比 T1/100 策略具有优势。

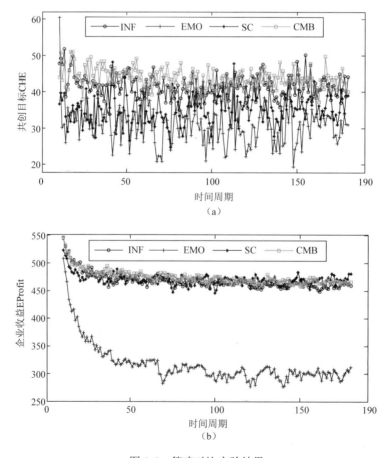

图 9-5   策略对比实验结果

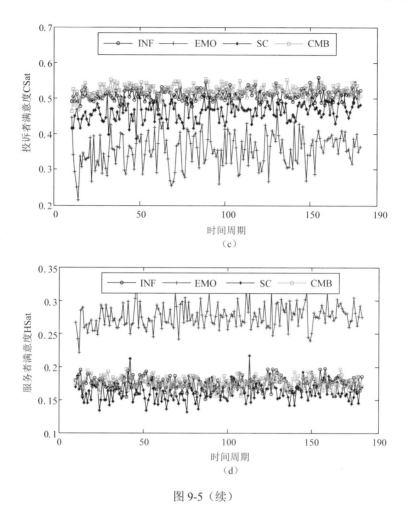

图 9-5（续）

9.3　基于模式匹配的在线投诉案例相似度计算

9.3.1　定义与假设

在在线投诉中，投诉者通常使用非结构化的自然语言文本来陈述投诉问题。根据牛津大辞典对投诉（complaint）、陈述（statement）、情境（context）、情势（circumstances）、内容（content）的定义，本章在不违反定义有效性的情况下，缩小陈述内容定义范围，限定陈述内容为陈述情境所关联的事件和行为（an event or action）。此外，本章以文本在线投诉为研究对象，限定并默认陈述定义中的形式（speech or writing）为文本形式（writing）。

因此，针对本章的研究内容，给出以下定义。

定义 9.1　投诉陈述。指对某事物不满的确切和清晰的表达。

定义 9.2　投诉陈述内容。指投诉陈述中表达出的不满的事件或行为。

定义 9.3　投诉陈述情境。指投诉陈述中表达出的关联不满事件或行为的因素或条件。

情境语义学刻画自然语言中的逻辑，指出语法成分中主、谓、宾语的修饰词限定语句所传达的信息只在符合限定条件的情况下才适用（Johnson et al.，2002），这与陈述内容与陈述情境的关系相一致。基于此，本章针对文本在线投诉，提出内容信息和情境信息概念，对两者定义如下。

定义 9.4 内容信息是指在文本在线投诉中，各语句主、谓、宾及其相关关系所承载的信息。

定义 9.5 情境信息是指在文本在线投诉中，各语句起到限定内容信息二义性的主、谓、宾成分修饰词所承载的信息。

在线投诉文本中各语句围绕投诉问题展开描述，区别在于传达投诉问题信息量的多少。部分语句描述的内容与投诉问题更加相关，在解读在线投诉时也更加重要；反之亦然。基于此，本章针对文本在线投诉提出语句的问题中心度概念，并定义如下。

定义 9.6 问题中心度是指在文本在线投诉中，各语句承载信息与投诉问题的相关性。

进而，结合定义 9.4 至定义 9.6，本章给出以下假设。

假设 9.1 文本在线投诉是投诉语句集合，各语句具有不同的问题中心度。文本在线投诉中语句承载内容信息和情境信息两种信息，其中，情境信息是对内容信息二义性的限定。

以微博形式的在线投诉为例，对投诉微博"#投诉#ZARA 短袖 T 恤掉毛严重，根本没法穿。退货时销售员态度恶劣。希望 ZARA 能积极处理这件事情，给我一个满意的答复。@ZARA_CN"进行分析可知，"ZARA 短袖 T 恤掉毛严重，根本没法穿。"与"退货时销售员态度恶劣。"两个语句相对于其他两个语句具有更高的问题中心度；"T 恤+掉+毛"和"态度"传达投诉内容；"ZARA+短袖""严重"描述第一项投诉问题的限定对象为 ZARA 品牌的 T 恤，短袖的 T 恤，程度为严重，还原产品问题真相，属于情境信息；"销售员"和"恶劣"描述第二项投诉问题的限定对象为销售员，程度为恶劣，还原态度问题真相，属于情境信息。

由以上案例分析过程可知，通过分析问题中心度，找到关键语句，并分析其内容信息和情景信息，可以较好地获得对投诉案例的理解。相似地，对两个案例通过分析两者投诉内容的问题中心度、内容信息和情景信息，并比较两者在问题中心度较高的语句中内容信息和情境信息的一致性，可以支持对案例间相似程度进行分析与度量。基于该观点，本章提出文本在线投诉的问题中心度、内容信息和情境信息相关指标，设计文本在线投诉案例相似度计算框架。

9.3.2 投诉案例相似度计算方法

1. 投诉案例相似度计算框架

本章基于问题中心度、内容信息、情境信息设计文本在线投诉案例相似度计算方法（pattern matching based textual complaint case similarity，PMTCCS）。具体地，根据投诉案例特点，借助模式匹配的基本思想，提出 PMTCCS 及其计算框架，如图 9-6 所示。

本章提出改进的记忆网模型以存储和表达文本在线投诉；提出以投诉案例文本为分析对象，通过自然语言预处理将其转化为以单词/短语为节点，以短语间多种语义关系为边的记忆网模型；设计结构模板，识别记忆网表示中的语义结构模式；定义语义结构模式间内容信息和情境信息相似度度量，定义语义结构模式的问题中心度，并基于三者定义 PMTCCS，对案例相似度进行计算。在 PMTCCS 框架中，记忆网模型、语义结构模式、PMTCCS 计算方法是核心概念。

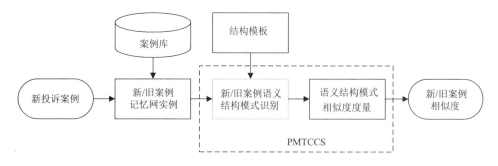

图 9-6　基于模式匹配的投诉案例相似度计算框架

2. 记忆网模型与语义结构模式

1）记忆网模型

PMTCCS 模型以记忆网作为文本在线投诉案例基本表示方法。中国科学院史忠植研究员于 1992 年首次提出记忆网模型（Zhongzhi, 1992），记忆网是以语义记忆单元为节点，以记忆单元间的各种关系为连接建立起来的网络，适用于基于案例推理中的案例表示。本章基于记忆网模型基本思想，对记忆网模型进行改进，以适用于本章的研究需求。

设记忆网 M 为 5 元组 M={SMU,CON,TAX,SIM,PAR,R}，其中，SMU 为概念，CON 为对概念的约束，TAX 为概念间的继承语义关系，SIM 为概念间的相似语义关系，PAR 为概念间的组合语义关系，R 为概念间的事实语义关系，各概念的具体释义如表 9-3 所示。

表9-3　记忆网基本概念阐述

槽	内容	关系描述
SMU（概念）	动词或名词短语	
CON（概念约束）	动词或名词短语的修饰和限定成分	AM-TYPE
TAX（父类子类）	与 SMU 间有父类子类关系的其他 SMU	IS_A
SIM（同义概念）	与 SMU 同义的其他 SMU	SIMILAR_TO
PAR（整体部分）	与 SMU 间有整体部分关系的其他 SMU	IS_PART_OF
R（事实语义）	与 SMU 间有其他语义关系的其他 SMU	SUB 与 OBJ

现有领域本体、辞典、百科全书中存储大量的概念及概念间继承、相似、组合关系，是语义网结构的重要知识来源。在记忆网模型中，R 为概念间的事实语义关系，也即用户产生内容、报纸、新闻、网页等媒体内容中对概念及概念间关系的事实描述。围绕语句中的动词/系动词，现有语义角色标注（semantic role labeling，SRL）方法抽取对应的施动者、被动者等 6 种语义角色（A0～A5），起修饰限定作用的语义角色（AM），施动者和谓语动词/系统词间的主谓/主系关系（SUB），谓语动词与被动者之间的谓宾/系表关系（OBJ），并标注 AM 与中心角色间 AM-NEG（表否定）、AM-LOC（表地点）、AM-CAU（表因果）等 8 种关系类型，实现语句语义的结构化表示。本章借用 SRL 成果，将施动者、被动者、谓语动词 3 种概念对应到语义网中的 SMU 节点；将 SUB、OBJ 关系对应于 SMU 间的事实语义关系；将 AM 角色和 8 种 AM 关系类型对应于 SMU 的概念约束。通过 HowNet 或 WordNet 等知识本体构建 SMU 间的父类子类关系、同义关系和整体部分关系。一个简单的记忆网模型如图 9-7 所示。

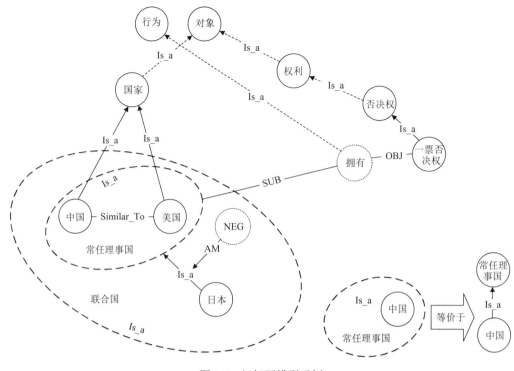

图 9-7　记忆网模型示例

记忆网模型支持对事实的存储，并支持基于事实的推理。借助自然语言处理技术、语义分析技术和领域本体技术，可以获得对应的记忆网结构，实现事实存储。本章就用 5 个实例描述自然语言文本与记忆网的对应关系。

描述 1：…，中国是常任理事国，…

语义抽取：中国-IS_A-常任理事国

记忆网 M1={{2 中国,1 常任理事国},-,-,-,{2-IS_A➔1},-}

描述 2：…，美国自加入常任理事国以来，…

语义抽取：美国-IS_A-常任理事国

记忆网 M2={{3 美国,1 常任理事国},-,-,-,{3-IS_A➔1},-}

描述 3：…，即便如此，日本还不是常任理事国，…

语义抽取：日本-（[AM-NEG]-IS_A）-常任理事国　**语义限定**：NEG

记忆网 M3={{4 日本,1 常任理事国},-,-,-,{4-（[AM-NEG]-IS_A）➔1},-}

描述 4：…，常任理事国具有一票否决权，…

语义抽取：常任理事国-拥有-一票否决权

记忆网 M4={{1 常任理事国,5 拥有,6 一票否决权},-,-,-,{1➔5➔6}}

描述 5：…，普通成员国不具有一票否决权，…

语义抽取：（普通-[AM-ADV]-成员国）-（[AM-NEG]-拥有）-一票否决权

记忆网 M4={{5 拥有,6 一票否决权,7 普通,8 成员国},-,-,-,-,（7-[AM-ADV]-8）➔（[AM-NEG]-5）➔6}

记忆网模型支持精确的语义推理，如图 9-7 所示，由"常任理事国具有一票否决权"和"中国是常任理事国"，可以推断出"中国具有一票否决权"这一结论。对记忆网所表示的内容的操作可以通过对记忆网模型的图操作或集合操作实现。例如，设以上五则事实来源于不同描述文本，通过记忆网的合并操作可以构建图 9-7 所示的语义网，从而支持更大范围的语义推断。

2）语义结构模式

信息抽取研究领域的学者研究通过设计结构模板从内容中抽取有用信息。例如，通过设计"(1) 教授，生于 (2) 年"模板，并规定槽 1 内容符合中文姓名规则，槽 2 内容符合年份描述规则，即可以从相关信息集合中抽取有关"高校教授"出生日期的信息。基于该思想，本章设计面向投诉案例信息抽取的结构模板，并基于设计的结构模板从记忆网中抽取语义结构模式。

这里并不关注某一特定信息的抽取，如教授生日信息的抽取，而关注对文本内容中主体以及主体间语义关系的抽取。本章试图通过结构模板抽取两类信息：第一类信息是行为主体以及主体行为及两者之间的语义关系，也即本章提出的内容信息；第二类信息是限定行为主体以及主体行为二义性的信息，也即本章提出的情境信息。兼顾准确性、通用性和计算复杂度，本章提出语义结构模板，如图 9-8 所示。

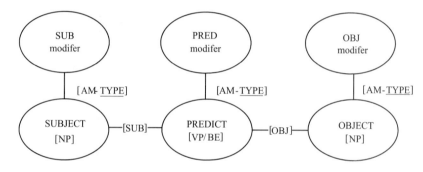

图 9-8　语义结构模板

在语义结构模板中，SUBJECT 节点、PREDICT 节点、OBJECT 节点分别对应语句语法结构的主谓宾/主系表结构；主谓宾的限定词 SUB modifer、PRED modifer 和 OBJ modifer 分别对应主谓宾/主系表的情境描述；SUB 对应主谓关系或主系关系，OBJ 对应谓宾/系表关系，AM-TYPE 对应情境限定关系，TYPE 为情境限定的类型（Palmer　et al.，2005），如AM-LOC 用于表示地点限定等。

3）结构模式识别

按照以下两步程序使用结构模板从记忆网中识别语义结构模式。

步骤 1　在记忆网范围内，最大化地识别 SUBJECT-[SUB]-PREDICT-[OBJ] -OBJECT的主谓宾/主系表结构，并将识别出的结构加入备选模式集合。为减少操作，一个实际的做法是首先识别所有 SUB 关系，再识别 SUB 关系关联的 SUBJECT 节点和 PREDICT 节点以及由 OBJ 关系关联的 OBJECT 节点；当 SUBJECT、PREDICT、OBJECT 节点不存在时，对应节点和对应关系可为空。

步骤 2　对识别出的每一个备选模式，识别其 SUBJECT、PREDICT、OBJECT 节点的修饰成分，对模式进行完善，最终形成对应记忆网的语义结构模式集合 SP。当 SUBJECT、PREDICT、OBJECT 节点不存在修饰成分时，修饰节点及其对应关系可为空。

3. 基于模式匹配的投诉案例相似度模型

为阐述 PMTCCS 模型，本章做以下设定。记文本在线投诉案例为 C，案例可以通过自然语言处理和语义分析等操作转化为记忆网 M^C；设根据新案例 C 与旧案例 C′，可通过语义结构模板 P 提取语义结构模式集合 $T = \{t_i\}$ 和 $T' = \{t_j'\}$；案例相似度 CS 是 T 和 T′ 的函数，使得 $CS = F(T, T')$。对通过 P 识别的语义结构模式 t，区别内容（content）节点/边与情境（context）节点/边，设 SUBJECT、PREDICT、OBJECT 节点为内容节点，记为 N^N；SUB、OBJ 为内容边，记为 E^N；各 modifer 节点为情境节点，记为 N^X；AM 为情境边，记为 E^X；则由定义可知，$N = N^N \cup N^X$，$E = E^N \cup E^X$。

本章基于 WordNet 本体和信息理论定义节点语义相似度度量 $n\_sim(n, n')$ 与边语义相似度度量 $e\_sim(e, e')$，以支持内容信息相似度、情境信息相似度和问题中心度的度量，进而给出 PMTCCS 模型。

1）节点语义相似度

设语义结构模式的节点语义相似度为 $n\_sim(n, n')$。一个节点包含多个词，设对新案例 C 和旧案例 C′，节点对应的短语 n 和 n′ 分别对应词集合 $WD = \{wd_m \mid m = 1, 2, \cdots, M\}$ 与 $WD' = \{wd_{m'} \mid m' = 1, 2, \cdots, M'\}$。由于词在短语中承担不同意义，同一短语中各单词在语义上具有较小的冗余度。例如，"中国知名企业"限定词"中国"和限定词"知名"都作为"企业"的修饰语，但两个限定词在意义上的冗余性较小。已知任意两单词 wd_m 与 $wd_{m'}$ 间基于 WordNet 的 Lesk 相似度为 $WordNetSim(wd_m, wd_{m'})$。设单词 wd_m 的逆文档频率为单词权重 w_f，单词 $wd_{m'}$ 的逆文档频率为单词权重 $w_{f'}$。根据信息理论（Lin, 1998）设计节点语义相似度为

$$n\_sim(n, n') = \frac{\sum_{m=1}^{M} \sum_{m'=1}^{M'} wd_m \cap wd_{m'}}{SUM} \tag{9-19}$$

$$SUM = \left(\sum_{m=1}^{M} \sum_{m'=1}^{M'} wd_m \cup wd_{m'}\right) - (M'-1)\left(\sum_{m=1}^{M} w_f w_{f'}\right) - (M-1)\left(\sum_{m'=1}^{M'} w_f w_{f'}\right) \tag{9-20}$$

其中：$wd_m \cap wd_{m'}$ 代表为单词/词组 wd_n 与 $wd_{n'}$ 在语义上的交集，$wd_m \cup wd_{m'}$ 代表单词/词组 wd_n 与 $wd_{n'}$ 在语义上的并集，即

$$wd_n \cup wd_{n'} = w_f w_{f'} \frac{WordNetSim(wd_m, wd_{m'})}{1 + WordNetSim(wd_m, wd_{m'})} \tag{9-21}$$

$$wd_m \cup wd_{m'} = \frac{w_f w_{f'}}{1 + WordNetSim(wd_m, wd_{m'})} \tag{9-22}$$

显然，$wd_n \cap wd_{n'}$ 与 $wd_m \cup wd_{m'}$ 间存在以下关系，即

$$w_f w_{f'} = wd_n \cap wd_{n'} + wd_m \cup wd_{m'} \tag{9-23}$$

2）边语义相似度

设语义结构模式的边语义相似度为 $e\_sim(e, e')$。设类型变量 η，当 e 与 e′ 均存在且类型一致时，$\eta = 1$；当 e 与 e′ 均存在但类型不一致时，$\eta = 0.5$；当 e 与 e′ 至少有一方不存在时，$\eta = 0$。设 e 的起始节点和终止节点分别为 n_1 和 n_2，对应 e′ 的起始节点和终止节点分别为 n_1' 和 n_2'。根据语义结构模式的节点语义相似度设计边语义相似度为

$$\mathrm{e\_sim}(e,e') = \mathrm{n\_sim}(n_1,n_1') \cdot \eta \cdot \mathrm{n\_sim}(n_2,n_2') \tag{9-24}$$

根据以上对节点语义相似度和边语义相似度的定义，本章给出语义结构模式相似度的定义。具体地，本章考虑内容信息相似度、情境信息相似度对语义结构模式相似度进行定义。

3）内容信息相似度

内容信息指在文本在线投诉中，各语句主谓宾/主系表及其相关关系所承载的信息。内容信息相似度指两则案例在内容信息上的相似程度。设内容信息相似度为

$$\mathrm{content\_sim}(t,t') = \frac{1}{3} \sum_{e \in E^N} \mathrm{e\_sim}(e,e') \tag{9-25}$$

根据该定义，$\mathrm{context\_sim}(t,t')$ 的取值范围为[0,1]。

4）情境信息相似度

如前文所述，情境信息指在文本在线投诉中，各语句起到限定内容信息二义性的主谓宾/主系表成分修饰词所承载的信息。在语义结构模式中，情境节点限定对应的内容节点。设内容信息一致时，情境信息越一致，语义结构模式相似度越高。将情境信息相似度定义为

$$\mathrm{context\_sim}(t,t') = \frac{1}{3} \sum_{e \in E^X} \mathrm{e\_sim}(e,e') \tag{9-26}$$

同理，$\mathrm{context\_sim}(t,t')$ 的取值范围为[0,1]。

5）问题中心度

问题中心度的计算可以由 9.4 节基于人工神经网络的投诉问题识别中提出的问题中心度计算方法与计算程序进行计算。使用 LexRank 方法计算问题中心度。

Erkan 等（2004）基于权重传播思想，使用 HITS 算法计算问题中心度，获得语句权重。设语句权重为 w，对于语句 u，根据 LexRank 方法，其权重计算公式为

$$w_u = p(u) = \frac{d}{N} + (1-d) \sum_{v \in \mathrm{adj}[u]} \left(\frac{\mathrm{idf\text{-}modified\text{-}cosine}(u,v)}{\mathrm{idf\text{-}modified\text{-}cosine}(z,v)} p(v) \right) \tag{9-27}$$

其中

$$\mathrm{idf\text{-}modified\text{-}cosine}(x,y) = \frac{\sum_{\mathrm{wd} \in x,y} \mathrm{tf}_{\mathrm{wd},x} \mathrm{tf}_{\mathrm{wd},y} (\mathrm{idf}_{\mathrm{wd}})^2}{\sqrt{\sum_{x_i \in x} (\mathrm{tf}_{x_i,x} \mathrm{idf}_{x_i})^2} \sqrt{\sum_{y_i \in y} (\mathrm{tf}_{y_i,y} \mathrm{idf}_{y_i})^2}} \tag{9-28}$$

在式（9-27）和式（9-28）中，N 为案例中语句数目；d 为阻尼系数，取值区间为[0.1,0.2]，本章取经验值 0.1；$v \in \mathrm{adj}[u]$ 为语句 u 的邻接语句 v，$\mathrm{tf}_{\mathrm{wd},s}$ 是单词 wd 在语句 s 中出现的次数，$\mathrm{idf}_{\mathrm{wd}}$ 为总语句数目除以包含词 wd 语句数目的商的对数。

6）PMTCCS 模型

基于以上设计，本章提出基于模式匹配的文本在线投诉案例相似度模型 PMTCCS。设案例 C 与 C'的 PMTCCS 为两案例的语义结构模式 $T = \{t_i\}$ 和 $T' = \{t_j'\}$ 相似度归一化加权加成。在 PMTCCS 计算中，以不同模式所在语句的问题中心度 w_u 作为权重。由于内容信息相似度与情境信息相似度间相对重要性未知，本章引入参数 α 和 β 以调节两者的相对权重。设计 PMTCCS 为

$$PMTCCS(C,C') = \frac{\sum_{i=1}^{N_T}\sum_{j=1}^{N_{T'}}(w_{ui}w_{uj} \cdot (\alpha \cdot \text{content\_sim}(t,t') + \beta \cdot \text{context\_sim}(t,t')))}{N_T N_{T'}} \quad (9\text{-}29)$$

$$= \alpha x + \beta y$$

其中：x 对应内容信息相似度加成项；y 对应情境信息相似度加成项，且 w_{ui} 和 w_{uj} 分别为模式 t_i 和 t'_j 所在语句的问题中心度，有

$$x = \frac{1}{N_T \cdot N_{T'}}\sum_{i=1}^{N_T}\sum_{j=1}^{N_{T'}}(w_{ui} \cdot w_{uj} \cdot \text{content\_sim}(t,t')) \quad (9\text{-}30)$$

$$y = \frac{1}{N_T \cdot N_{T'}}\sum_{i=1}^{N_T}\sum_{j=1}^{N_{T'}}(w_{ui} \cdot w_{uj} \cdot \text{context\_sim}(t,t')) \quad (9\text{-}31)$$

根据本章提出 PMTCCS 公式，当参数 α、β 已知时，给定任意两投诉案例，投诉案例间相似度可求。

9.3.3 实验与结果分析

1. 实验数据来源

本章采集英文投诉网站（consumeraffairs.com）中 Company Review 分类下针对 Sleepy's 公司的 26 个投诉案例作为数据源。该数据源的特征是至少包含客户投诉内容、企业回复内容和客户评分变更三部分。这里仅采用该数据源中的客户投诉内容部分。该语料中案例文本的平均长度为 337 个单词，最长为 2089 个单词，最短为 164 个单词。

为验证实验效果，对投诉案例进行人工标注。人工标注过程依据 Edmundson（1969）提出的投诉标注规范以及 Bitner 等（1990）提出的投诉信息判定准则进行。首先，按照 Bitner 对服务投诉问题的分类（3 大类 12 子分类）以及一个产品问题分类（1 大类 1 子分类），将投诉问题分为 13 个类别。其次，对每个投诉案例，依次人工判定该案例是否具有 13 个投诉类别的投诉问题，有则标注为 1，无则标注为 0，则每个案例对应一个 13 维二值向量。使 3 位专家循环执行该步骤，直至分类结果一致。最后，使用 k-means 算法对分类结果向量执行 1000 次聚类，累加邻接矩阵并求均值作为相似度矩阵。由相似度矩阵可获得 26 个文本在线投诉案例间 351 个投诉案例相似度值。

2. 模型参数估计

PMTCCS 模型为线性模型，使用 Matlab 工具箱采用最小二乘法对投诉相似度数据进行拟合，对参数进行估计。求得参数为 α =20.13、β =8.77 时，PMTCCS 模型获得最佳性能，则式（9-29）可具体化为

$$PMTCCS(x,y) = 20.13x + 8.77y \quad (9\text{-}32)$$

在给定参数下，使用式（9-32）对文本在线投诉数据进行拟合，拟合效果如图 9-9 所示，相应残差如图 9-10 所示。

为体现效果，本章从内容和情境角度调整图 9-8 角度，使 PMTCCS 平面呈现为一条直线。由图 9-9 可知，内容信息相似度 x 和情境信息相似度 y 都能够拟合真实文本在线投诉相似度变化趋势。随着内容信息相似度以及情境相似度的提高，文本在线投诉案例相似度

逐渐提高，说明本章提出的基于内容信息相似度、情境信息相似度、问题中心度定义的 PMTCCS 模型可以在一定程度上解释真实案例相似度间的关系。相对地，内容视角相对于情境视角方差较小，内容信息比情境信息能够为案例相似度提供更多的有效信息。

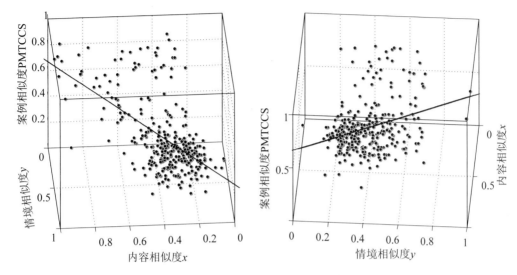

图 9-9　文本在线投诉数据拟合结果

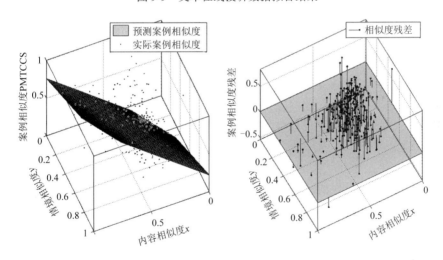

图 9-10　文本在线投诉数据相应残差

由图 9-10 可知，真实案例相似度数据分布在(x,y)=(0.5,0.5)附近较为集中，邻近点间案例相似度波动无序，差值较大，说明存在 PMTCCS 模型尚未捕捉的对案例相似度产生影响的信息维度。改进模型需考虑更多的信息维度和/或使用非线性模型。

3. 实验结果及分析

为验证 PMTCCS 算法的有效性，本章将 PMTCCS 算法与面向普通文本相似度计算的算法平台 DKPro-Similarity（Bär et al.，2013）提供的随机模型（Random）、tfidf 加权余弦相似度算法（Cosine）、$N=2$ 时的词的 N-gram 算法（2-Gram）、向量空间模型的精确语义算法（ESA）进行对比；为说明模型改进情况，本章将 PMTCCS 模型弱化为不考虑问题中心度的 PMTCCS 模型（PMTCCSxy）、不考虑内容情境的 PMTCCS 模型（PMTCCScx）以及不考虑内容信息的 PMTCCS 模型（PMTCCScy）等中间模型，并进行对比。对比实验使用 RMSE、MAPE、R^2 作为方法效率优劣的判定指标。所有模型均以专家手工标注和聚类获得的文档相似度值为预测目标，以模型输出为预测值，对预测结果的 RMSE、MAPE、R^2 指标进行计算，结果如表 9-4 所示。

表9-4 模型结果对比

模型	RMSE	MAPE	R^2
Random	0.3052	4.0907	0.0797
Cosine	0.2920	3.5657	0.1536
2-Gram	0.2869	3.6018	0.1830
ESA	0.2686	2.8977	0.2839
PMCCSxy	0.2668	2.9013	0.2837
PMCCScx	0.2521	2.7392	0.4361
PMCCScy	0.2956	4.6007	0.2180
PMCCS	0.2253	2.7662	0.4968

由以上实验结果可知，本章提出的 PMTCCS 模型 RMSE（RMSE=0.2253，MAPE=2.7662，R^2=0.4968）相对于随机模型 RMSE（RMSE=0.3052）改进 26.2%[①]、MAPE（MAPE=4.0907）改进 32.4%、模型解释度 R^2（R^2=0.0797）提高 40.4%；相对于现有最佳模型的 ESA 算法 RMSE（RMSE=0.2686）改进 15.1%、MAPE（MAPE=2.8977）改进 4.5%、模型解释度 R^2（R^2=0.2839）提高 20.0%，PMTCCS 模型相对现有模型在 RMSE、MAPE 和 R^2 指标上的性能均具有一定程度的提升。

根据 PMTCCS 模型与弱化的 PMTCCS 中间模型的对比实验结果可知，不考虑问题中心度时，PMTCCSxy 可以获得与 ESA 等价的模型准确度，使用问题中心度可提升模型的准确度；PMTCScx 要比 PMTCCScy 具有更高的效率，这与图 9-8 中显示的模型拟合结果一致。案例内容和情境中包含的信息能够有效贡献于案例相似度计算。内容信息相似度、情境信息相似度、问题中心度为文本在线投诉相似度计算提供的信息存在差异，有效地结合三者可以提高模型的效率。以上结果均与研究假设一致。在执行效率上，本章在 64bit Window 7、双核 2.1GHz、4GB DDR2 内存 Eclipse 运行环境下进行实验。在记忆网已构建并使用 WordNet 常用单词语义相似度缓存的情况时，PMTCCS 模型平均计算效率为 0.103s/次。

9.4 基于人工神经网络的投诉句识别模型

9.4.1 定义与假设

投诉句识别过滤非投诉内容，分割不同投诉问题，为支持基于投诉句的投诉解决方案的检索和响应提供信息基础，是实现在线投诉自动化处理的前提。例如，对投诉微博"#

---

① 计算方法：改进量=（现有方法指标值-本章方法指标值）/现有方法指标值，如（0.3052-0.2253）/0.3052≈0.262。

投诉#ZARA 短袖 T 恤掉毛严重，根本没法穿。退货时销售员态度恶劣。希望 ZARA 能积极处理这件事情，给我一个满意的答复。@ZARA_CN"。通过识别，获得其中两条投诉句，①"ZARA 短袖 T 恤掉毛严重，根本没法穿。"和②"退货时销售员态度恶劣。"分别反映产品质量问题和客服态度问题。根据两条投诉句，可以进行有针对性的解决方案检索和在线投诉响应。

在文本在线投诉中，投诉问题描述与非投诉问题描述在描述内容、描述结构上存在差异。本章从描述内容与投诉问题关系、描述结构与投诉问题关系两方面出发提出以下基本假设。

1. 描述内容相关假设

用户在撰写在线投诉时，在描述内容上遵循一定的习惯。客户投诉是客户对投诉对象以及围绕投诉对象展开的负面表达。在线投诉中的投诉句通常直接包含投诉对象及其负面表达。如上例，根据投诉句①可知，投诉对象为"ZARA 短袖 T 恤"，负面表达是"掉毛"；根据投诉句②可知，投诉对象为"销售员态度"，负面表达是"恶劣"。相对地，在非投诉句中，"ZARA"-"处理"-"这件事情"以及"ZARA"-"给"-"满意的答复"均不涉及投诉对象及其负面表达。由此可以假定，当语句中存在投诉对象和对投诉对象的负面表达时，语句为投诉句的可能性将增加。基于此，本章提出假设 9.2。

假设 9.2　当语句包含相互关联的投诉对象（产品/服务）和负面表达时，该语句更可能为投诉句。

本章提出了问题中心度概念及其度量方法，并通过实验指出投诉中心度是影响投诉案例相似度度量性能的重要指标。根据问题中心度概念，在文本在线投诉中，各语句承载信息与投诉问题具有相关性，各语句描述或围绕投诉问题展开，如上例，投诉的问题围绕"T 恤掉毛"和"态度恶劣"展开。假设投诉不受字数限制，投诉者将使用更多的语句围绕两个投诉问题展开更为细节的描述，但无论篇幅如何变化，投诉问题本身和投诉问题数目不会产生巨大变化。在在线投诉中，投诉问题就是投诉内容的主题。在文本挖掘研究中通常使用词频表示文档主题，认为不同的词在不同的文档中出现频率的差异可以体现文档的主题。结合以上内容，本章提出假设 9.3。

假设 9.3　低频词在投诉中高频出现反映该词更能体现投诉主题，词频影响投诉句识别。

描述内容上的特征同样表现在投诉描述的句式上。通过对投诉内容进行分析，指出语句的语气并不能直接反映投诉问题，但表达极端语气的语句通常用于发泄情绪，而非反映投诉问题。例如，"怎么会这样！！""你们是白痴吗？？？？"。内容分析结果同时指出，标点复用、混用的语句通常表达投诉者极端情绪。本章假设，投诉者在投诉描述中应用标点以反映个人情绪，包含极端情绪的语句是投诉语句的可能性更小。基于此，本章提出假设 9.4。

假设 9.4　语句的句式（疑问、感叹、肯定）反映客户情绪，在单个语句中使用或混用问号/叹号代表客户的情绪表达，句式影响投诉句识别。

2. 描述结构相关假设

用户撰写在线投诉时在描述结构上遵循一定的习惯。文章撰写时通常遵循开篇点题和结尾总结的描述结构。投诉作为一种特殊文体，同样遵循一定的描述结构。通过对投诉内容文本进行分析，指出投诉者在撰写在线投诉时通常在描述的开始部分提出投诉问题，在描述的中间部分对投诉问题细节进行详细描述，而在描述的结尾部分提出解决投诉的相关诉求。基于此，本章提出假设 9.5。

假设 9.5 投诉者在投诉描述行为中遵循由总到分的投诉文体结构，投诉句在投诉中的位置具有一定规律性，语句位置影响投诉句识别。

描述长度与投诉问题也存在一定相关性。在描述的开始部分，投诉者通常简明地给出投诉问题，而在其他部分投诉者更倾向于使用更长的语句以提供更为细节的信息。假设投诉语句越长，描述越详细，越不可能反映投诉问题。基于此，本章提出假设 9.6。

假设 9.6 投诉者在投诉中遵循使用长句做细节描述，使用短句做情感描述的习惯，投诉句长度具有一定规律性，语句长度影响投诉句识别。

9.4.2 投诉句识别方法

根据在线投诉文本的特征，本章设计投诉句识别框架如图 9-11 所示。以在线投诉中全部语句为分析单元，通过属性提取方法提取语句属性，获得属性向量；使用监督学习方法，基于标题相似度和属性向量对模型进行训练，通过对标题相似度进行分类以实现对投诉/非投诉句的识别。

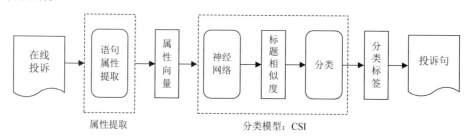

图 9-11 投诉句识别框架

合理有效的属性选择是投诉句识别的关键。如假设 9.2～假设 9.6 所示，是否包含投诉对象及其负面表达（Bearden et al.，1983）、词频（McCargar，2004）、句式是投诉描述的内容特征；语句位置（Edmundson，1969）、长度是投诉描述的结构特征。本章根据 CRM 理论及意见挖掘相关研究成果，提出反映在线投诉内容特征和结构特征的相关属性，以支持在线投诉的投诉句识别。

训练模型需要大量人工标注工作，本章受 Hahn 等（2000）根据内容与摘要相似度进行分类标注思想的启发，提出使用内容与标题的语义相似度作为训练标注，记作标题相似度。基于标题相似度对投诉/非投诉句识别模型进行监督训练，对标题相似度取值进行分类获得投诉/非投诉句分类标签。

基于以上描述，本章提出针对在线投诉的投诉句识别模型（complaint sentence identification，CSI），根据语句属性获得语句的标题相似度取值，以支持投诉句识别。

1. 投诉句属性

设在线投诉（D）包含 N 条语句 $D = \{s_1, s_2, \cdots, s_i, \cdots, s_N\}$（$1 \leq i \leq N$）；投诉句（CS）子集记作 D^C，非投诉句（nCS）子集记作 D^N，则 $D^C \cap D^N = \varnothing$，$s_i \in D = D^C \cup D^N$；语句 s_i 包含 M 个单词 $s_i \in \{w_{i1}, w_{i2}, \cdots, w_{ij}, \cdots, w_{iM}\}$（$1 \leq j \leq M$）；二值变量 $y_i \in Y$ 表示 s_i 是否为投诉

句，1 为是，0 为否。

根据假设 9.2～假设 9.6，设语句具有"对象-不满"对（ce）、语句位置（loc）、句式（st）、句长（len）、平均词频（awf）5 个属性，构成语句的属性向量 $\boldsymbol{P} = (ce, loc, st, len, awf)^T$ ，则 $\boldsymbol{p}_i = (ce_i, loc_i, st_i, len_i, awf_i)^T$。语句属性取值方法如表 9-5 所示。

表9-5　语句属性取值方法

属性	取值方法
ce_i	如果 s_i 包含"对象-不满"对时，则 $ce_i = 1$；否则 $ce_i = 0$
loc_i	如果 s_i 为首句（isFirst），$loc_i = 1$；为末句（isLast），$loc_i = 2$；为中间句（isMid），$loc_i = 3$；同时为首句和尾句（isFaL），$loc_i = 4$
st_i	如果 s_i 为感叹句（isExc），$st_i = 1$；为疑问句（isQue），$st_i = 2$；为描述句（isDec），$st_i = 3$；同时联用感叹和疑问标点（isEaQ），$st_i = 4$
len_i	如果 s_i 包含单词数少于 5，则 $len_i = 1$；少于 10，则 $len_i = 2$；否则，$len_i = 3$
awf_{ij}	$awf = \dfrac{1}{M}\sum_{j=1}^{M} tfidf_{ij}$，$0 < awf_{ij} < 1$，$tfidf_{ij}$ 取 w_{ij} 的词频-逆文档频率

2. 标题相似度

1）基于标题相似度的 CS、nCS 辨别

文本标题反映文本内容的核心。《现代汉语词典》定义标题为"标明文章、作品等内容的简短语句"。在实践中，在线投诉平台往往要求用户撰写能够反映投诉问题的标题[①]。针对在线投诉文本，其内容围绕投诉问题展开，标题反映其投诉问题，描述投诉问题的行为主体和主体行为以及相关情境信息。

投诉内容中各语句与投诉问题的相关性不同。投诉内容各语句都是围绕投诉问题展开的描述，区别在于包含投诉问题信息量的大小。直接反映投诉问题的语句包含更多的与投诉问题相关的行为主体、主体行为和相关情境信息。由于投诉标题通常直接反映投诉问题，投诉内容的语句与投诉问题的相关性越强，该语句与投诉标题在语义上的相关性越强。

本章基于假设 9.7 辨别 s_i 属于 CS 或 nCS。

假设 9.7　通过对在线投诉进行文本摘要的方式为在线投诉拟一标题，通过语义相似度计算方法计算该标题与在线投诉中投诉/非投诉句的语义相似度，两者服从具有不同均值与方差的正态分布，且前者均值高于后者。

假设 9.7 可具体表述为，设 t 为通过对在线投诉进行文本摘要的方式为 D 所拟的标题，t 与 s_i 的语义相似度记作 x_i，$x_i \in X$，则对 $s_i \in D^C$，$x_i \sim N^C(\mu_C, \sigma_C^2)$，对 $s_i \in D^N$，$x_i \sim N^N(\mu_N, \sigma_N^2)$。对任一待辨别语句 s_i'，计算 x_i'，并计算 x_i' 属于分布 $N^C(\mu_C, \sigma_C^2)$ 的概率 $P^C(x_i')$ 以及属于分布 $N^N(\mu_N, \sigma_N^2)$ 的概率 $P^N(x_i')$，通过判定两者大小，可以辨别 s_i' 是否为投诉句。

对辨别方法做以下简化。设在语义相似度 X 的值域空间存在阈值 θ，使得当 $x_i' \geq \theta$ 时，$s_i' \in D^C$，$y_i' = 1$；反之，当 $x_i' < \theta$ 时，$s_i' \in D^N$，$y_i' = 0$。根据阈值 θ 辨别语句是否为投诉句，如图 9-12 所示。

---

① http://jingji.cntv.cn/315/tousu/index.shtml.

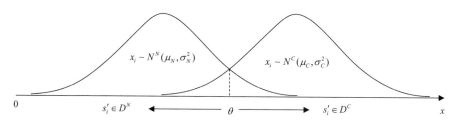

图 9-12　根据阈值 θ 辨别语句是否为投诉句

2）语义相似度计算方法

本章借助 HowNet 作为语义本体，基于 HowNet 提供的单词/词组间语义相似度计算公式，计算语句与标题间的语义相似度。具体地，本章使用以下公式对语句与标题间语义相似度进行计算，即

$$x_i = \mathrm{SS}(t, s_i) = \frac{1}{M' \cdot M} \sum_{j'=1}^{M'} \sum_{j=1}^{M} \mathrm{HowNetSim}(w_{j'}, w_{ij}) \tag{9-33}$$

其中：$w_{j'}$ 和 w_{ij} 分别代表标题 t 和语句 s_i 中不包括停用词在内的单词；M' 和 M 分别对应两者单词数量；$\mathrm{HowNetSim}(\cdot, \cdot)$ 为基于 HowNet 的单词/词组语义相似度（Guan et al.，2002）。

3）基于标题相似度的模型训练

设函数 $G(\cdot)$ 为由 p_i 到 x_i 的映射函数。在模型训练过程中，直接以语句属性向量 $\boldsymbol{p}_i$ 作为输入，以语义相似度 x_i 作为标注对模型进行训练，获得函数 $G(\cdot)$；在模型工作过程中，以语句属性 $\boldsymbol{p}_i$ 为输入，对语句与潜在标题的相似度 x_i 进行估计，即 $x_i = G(\boldsymbol{p}_i)$。

4）分类标签

由本章提出的基于语义相似度的 CS、nCS 辨别方法，通过语义相似度获得分类标签。在模型工作过程中，对 $x_i = G(\boldsymbol{p}_i)$，若 $x_i \geqslant \theta$，$y_i \geqslant \theta$，则 s_i 为 CS，判定语句为投诉语句；反之，若 $x_i < \theta$，$y_i = \theta$，则 s_i 为 nCS，判定语句为非投诉语句。对参数 θ，通过调整其取值使投诉句识别模型获得最佳性能，并且此时取值为最终 θ 取值。

3. CSI 模型

CSI 模型以语句属性向量为输入，计算分类标签。设 CSI 模型可以被描述为函数 $F(\cdot)$，即

$$y_i = F(\boldsymbol{p}_i) = \begin{cases} 1, G(\boldsymbol{p}_i) \geqslant \theta \\ 0, G(\boldsymbol{p}_i) < \theta \end{cases} \tag{9-34}$$

$G(\cdot)$ 涉及对不确定的个人信息描述行为、个人情感和态度的关系进行建模，难以用线性函数来准确描述，因此本章使用非线性函数构建 $G(\cdot)$。设 $G_1(\cdot)$ 为向量空间转换函数，将向量空间 $\boldsymbol{P}$ 中向量 $\boldsymbol{p}_i$ 转换为向量空间 $\boldsymbol{P}'$ 中向量 $\boldsymbol{p}_i'$，$G_2(\cdot)$ 为基于向量 $\boldsymbol{p}_i'$ 的语义相似度估计函数，有

$$x_i = G(\boldsymbol{p}_i) = G_2(G_1(\boldsymbol{p}_i)) \tag{9-35}$$

$$\boldsymbol{p}_i' = G_1(\boldsymbol{p}_i) = G_1(W_1, \boldsymbol{p}_i, B_1) \tag{9-36}$$

$$x_i = G_2(\boldsymbol{p}_i') = G_2(W_2, \boldsymbol{p}_i', B_2) \tag{9-37}$$

其中：W_1 和 B_1 为向量空间变换时 $\boldsymbol{P}$ 各维度的权重和常量，W_2 和 B_2 为判定语句是否为投诉句时 $\boldsymbol{p}_i'$ 各属性的权重和常量。

采用人工神经网络，学习 CSI 模型的 $G_1(\cdot)$、$G_2(\cdot)$ 的函数形式，进而获得 $F(\cdot)$。人工神经网络适合解决非线性分类问题。包含 sigmoid 型隐藏层和 linear 输出层的二层反向传播神

经网络（back propagation neural networks，BP-NN）可以实现任何分类函数，因此这里采用 BP-NN 建模 $F(\cdot)$。

在 BP-NN 模型中，$G_1(\cdot)$ 函数取 sigmoid 转换函数，即

$$\boldsymbol{p}_i' = G_1(W_1, \boldsymbol{p}_i, B_1) = \frac{2}{1 + \exp(-2(W_1 \boldsymbol{p}_i + B_1))} - 1 \tag{9-38}$$

$G_2(\cdot)$ 函数取 purelin 转换函数，即

$$x_i = G_2(W_2, \boldsymbol{p}_i', B_2) = W_2 \cdot \boldsymbol{p}_i' + B_2 \tag{9-39}$$

则 CSI 模型表示为

$$y_i = F(\boldsymbol{p}_i) = \begin{cases} 1, W_2\left(\dfrac{2}{1 + \exp(-2(W_1 \cdot \boldsymbol{p}_i + B_1))} - 1\right) + B_2 \geqslant \theta \\ 0, W_2\left(\dfrac{2}{1 + \exp(-2(W_1 \cdot \boldsymbol{p}_i + B_1))} - 1\right) + B_2 < \theta \end{cases} \tag{9-40}$$

9.4.3　实验与结果分析

1. 数据集合

本章采用公开数据源作为训练数据集和测试数据集。

1）天天 315 在线投诉平台数据

央视网（www.cctv.com）是中国网络电视台旗下互联网站业务，也是由中国政府发起和设立的中央重点新闻网站。央视网经济频道主页提供"天天 315 在线投诉平台"，为客户提供问题反馈公共渠道。为保证投诉内容的真实性和有效性，该平台要求投诉者输入真实用户信息、投诉标题、投诉内容等信息，同时要求投诉标题不超过 20 字并概括投诉问题。天天 315 在线投诉平台投诉数据对公共开放，借助该投诉内容资源的公共可获得性，本章使用天天 315 在线投诉平台页面中所含投诉作为训练数据集。

2）新浪 315 投诉曝光台数据

微博作为代表性的社会化媒体，受到众多用户的欢迎。微博平台为用户随时随地发布个人内容提供便捷支持，这一特性同时也方便用户实时地发布在线投诉。新浪微博是微博平台的典型代表。新浪微博早在 2013 年 7 月就敏锐地觉察到微博能够支持在线投诉这一特性，并开设"新浪 315 投诉曝光台"，为消费者投诉提供便利。新浪微博消费者投诉以"#投诉~曝光~不合格~#"为默认主题，并支持发布文本、图片和音频等多种形式的投诉内容。这里使用新浪 315 投诉曝光台页面中所包含微博投诉作为测试集。具体地，本章采集该平台下文本投诉微博作为本章的测试数据集。

在数据取样过程中，使用自制爬虫软件抓取央视网经济频道 3.15 调查页面下投诉内容长度小于 140 字的各类投诉 4413 条，每条投诉包括投诉标题和投诉内容两部分；抓取新浪 315 投诉曝光台所属页面下微博投诉共 200 条，每条微博投诉包括用户 ID、投诉文本两部分。对全部测试数据集中各语句是否是投诉句进行人工标注。人工标注过程依据 Edmundson（1969）提出的标注规范以及 Bitner 等（1990）提出的投诉信息判定准则进行。

微博文本描述随意，语句间标识不清晰。将微博投诉中由 ## 标识的话题部分转换为单个语句，句中空格用"，"代替，句末如无标点则加"。"；去除文本尾部单独出现的连接，

将文本中出现的连接使用"连接"代替；删除位于文本首部、尾部"@"标识及"@"对象，将文本中"@"标识及"@"对象转化为"它"。

使用中文开源自然语言分析工具LTP（Che et al.，2010）进行分句、分词、词性标注、依存句法分析、命名实体识别等操作。基于Somprasertsri等（2010）提出的方法对语句的ce属性进行提取；基于McCargar（2004）提出的方法计算词频-逆文档频率，对语句的awf属性进行提取；并基于统计方法对loc、st、len属性进行提取，从而获得针对每一语句的属性向量 $\boldsymbol{P}$。

2. 假设有效性验证

为验证假设有效性，本研究从训练数据集中随机抽取50条、100条、150条和200条数据作为子样本，并进行人工标注，获得y_i，按照y_i将语句分为集合D^C和D^N。对两个集合中语句的ce、loc、st、len、awf和X这6个变量分别进行非参数Mann-Whitney U检验，以检验各变量在两集合中差异的显著性，结果如表9-6所示。

表9-6 不同样本量D^C、D^N属性和语义相似度分布的Mann-Whitney U检验

变量	显著性水平			
	50 样本	100 样本	150 样本	200 样本
ce	0.0104	0.0097	0.0111	0.0109
loc	0.0455	0.0490	0.0486	0.0426
st	0.0071	0.0075	0.0077	0.0075
awf	0.0054	0.0055	0.0057	0.0050
len	0.0000	0.0000	0.0000	0.0000
X	0.0000	0.0000	0.0000	0.0000

表9-6中检验结果说明，在D^C与D^N集合中的语句，其ce、loc、st、len、awf属性的取值及其与虚拟标题的语义相似度X的取值，在分布上具有显著的差异。其中，len、awf、st及X取值差异的显著性优于0.01的显著性水平；ce、loc取值差异的显著性优于0.05的显著性水平。

本章使用Matlab提供的函数对D^C及D^N中X取值分布进行估计。由参数估计结果可知，D^C及D^N中X取值分别服从正态分布，其中对$s_i \in D^C$，$x_i \sim N(0.146, 0.061^2)$，对$s_i \in D^N$，$x_i \sim N(0.087, 0.063^2)$。

3. 性能实验及结果分析

1）性能指标

研究基于相关研究中常用的召回率（recall）、精度（precision）和F_1指标评价模型的性能。召回率和精度通过召回相关数据（tp）、召回不相关数据（fp）、未召回相关数据（fn）和未召回不相关数据（tn）4类结果之间的比例来衡量，如表9-7所示。

表9-7 二元列联表

状态	相关	不相关
召回	True Positives （tp）	False Positives （fp）
未召回	False Negatives （fn）	True Negatives （tn）

精度指标的计算公式为

$$Precision = \frac{tp}{tp + fp} \tag{9-41}$$

召回率指标的计算公式为

$$Recall = \frac{tp}{tp + fn} \tag{9-42}$$

由于精度指标和召回率指标各有倾向性，F_1 指标是召回率和精度的加权调和平均，其计算公式为

$$F_1 = \frac{2 \times Precision \times Recall}{Precision + Recall} \tag{9-43}$$

2）实验设置

实验使用 Matlab 2012a 的 BP 神经网络工具构建 BP-NN 模型。对隐藏层节点数的选择，参考经验公式 $2^x > n$（x 表示隐藏层节点数，n 表示训练样本数），隐藏层节点数以 14 为中心进行凑试，每种情况训练 30 次，并以计算 30 次平均平方误差（MSE）的均值作为最优模型的基准。

3）实验结果

实验结果显示，当训练节点数为 12 时，MSE 均值达最小。选择 4×12×1 的 BP 神经网络进行 100 次训练，取 MSE 最小者作为最优模型。在最优模型中，在不同 θ 取值下，模型性能如图 9-13 所示。以 F_1 为性能衡量标准，当 θ=0.085 时，F_1=0.591 8 达最大，此时 Precision=0.434 1，Recall=0.929 4。在实践中，可以根据企业对投诉句识别精度的不同要求设置不同 θ 值。

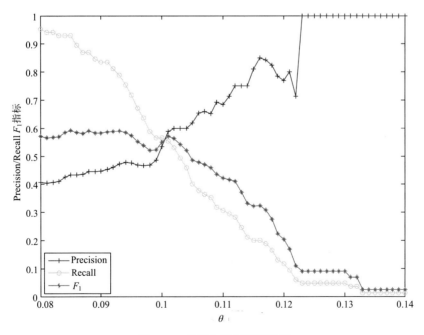

图 9-13　投诉句识别模型性能

分析 ce、loc、st、len、awf 对 X 的贡献，根据假设 9.7，X 取值越高，语句越可能为投诉句。如图 9-14（a）所示，对 st 属性，当 isExc=0 且 isQue=0 时对应 isDec，当 isExc=1

且 isQue=1 时对应 isEaQ。当 isQue=0 时，随 isExc 由 0 变为 1，X 略微上升；当 isExc=0 时，随 isQue 由 0 变为 1，X 略微上升；为 isEaQ 时，X 显著下降。通过语料分析可知，一般感叹句和疑问句为投诉句的可能性比描述句略高，而当语句联用问号和叹号时，通常为极端情绪表达，相对于其他情况更不可能为投诉句，这与本章假设相一致。

如图 9-14（b）所示，对 loc 属性，当 isLast=0 且 isFirst=0 时对应 isMid，当 isLast=1 且 isFirst=1 时对应 isFaL。当 isLast=0 时，随 isFirst 由 0 变为 1，X 略微上升；当 isFirst=0 时，随 isLast 由 0 变为 1，X 略微下降；为 isFaL 时，X 取值最大；isMid 到 isFaL 的对角线附近，X 取值差异较大，存在由 isLast 点向 isFirst 点的上升趋势。通过语料分析可知，仅考虑语句位置属性时，仅含有一条语句的微博投诉，该语句为投诉句的可能性最大；语句位置越靠前，语句越可能为投诉句；投诉者在投诉中倾向于使用总分的描述结构，投诉者倾向于首先说明投诉问题，最后发泄不满或/并提出要求。这一结果与本章假设相一致。

如图 9-14（c）所示，ce 对投诉句识别具有重要指示作用，随着 ce 值由 0 变 1，X 以较大幅度增加；随着 awf 值增大，awf 对 X 贡献相对有限；如图 9-14（d）所示，随着 len 值的增加，X 取值先增加后降低。这一结果同样与本章假设相一致。

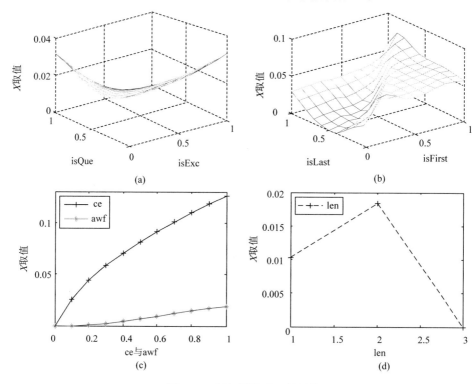

图 9-14　语句属性对 X 的贡献

4. 对比实验及结果分析

本章将提出的 CSI 模型与包括随机（Random）、首句（First）、末句（Last）等常用基线算法以及与 TextRank、LexRank 等同类优秀算法进行对比。使用以上算法分别对测试集数据进行投诉句识别，计算各个算法识别结果的 Precision、Recall 和 F_1，对比结果如表 9-8 所示。

表9-8　各算法性能对比

算法	参数设置		结果数	Prec.	Recall	F_1
CSI	阈值	0.085	1024	0.4341	0.9294	0.5918
TextRank	输出句数	1032	1032	0.3359	0.7414	0.4624
LexRank	阈值	0.23	1074	0.2687	0.6207	0.3750
First	—	—	200	0.3200	0.1379	0.1928
Random	输出句数	1032	1032	0.2800	0.1207	0.1687
Last	—	—	200	0.2400	0.1034	0.1446

通过对 First、Random、Last 算法实验结果可知，以投诉内容首句作为投诉问题句比随机选择语句作为投诉问题句效果要好，而后者算法要比选择投诉内容末句作为投诉问题句效果要好。这一结果印证了性能实验相关结果。

TextRank 和 LexRank 的重要作用是提升投诉句召回率。通过找出投诉内容中的中心语句，两种算法能够有效识别投诉问题相关语句。然而，两种方法对精度的提高较为有限。

综合对比各个算法的性能可知，本章提出的针对在线投诉的投诉句识别的神经网络模型（F_1=0.5918）相对于其他算法最优结果（F_1=0.4624）获得约 13%的 F_1 指标的性能提升，比随机识别（F_1=0.1687）结果获得约 42%的 F_1 指标的性能提升。

9.5　基于耐用品在线客户评论的客户细分分析方法

9.5.1　定义与假设

本研究做以下基本假设和定义。

假设 9.8　单次评论。假设对耐用品，每个购买者仅对所购买的产品评论一次。因此每个购买者对应一条客户评论。

假设 9.9　提及即偏好。假设用户在客户评论中提及一个属性代表该用户关心该属性；否则，该用户忽略一个属性代表该用户不关心该属性。

定义 9.7　属性。产品关联一组属性，每个属性是产品的一个组件或者子组件。

定义 9.8　属性-提及对。设 M 为客户在评论中对产品属性的提及状态 $M = \{1, 0, -1\}$。如果属性被非负面的提及，也即属性关联一个非负的情感，则记作属性被提及，属性提及状态为 $u=1$；如果属性被负面的提及，也即属性关联一个负面的情感，则记作属性被负面提及，属性提及状态为 $u=-1$；否则，属性提及状态为未提及，属性提及状态为 $u=0$。

例如，针对客户评论"价格有点贵"，属性"价格"被负面提及，设定 $u=-1$，其余属性均未提及，设为 $u=0$；同理，对客户评论"屏幕一般般吧"，属性"屏幕"被非负面提及，设定 $u=1$，其余属性均未被提及，设为 $u=0$。按照传统属性-意见对提取方法，前例属性"价格"的意见被标注为-1，与属性-提及对结果一致；而后例属性"屏幕"的意见则被标注为 0，与属性-提及对结果不一致。

定义 9.9　属性-提及矩阵。属性-提及矩阵是这样一个矩阵，其列代表待分析的产品属性，其行对应一条评论，矩阵值代表对应评论中对应属性的提及状态。属性-提及矩阵中的每一行代表一个属性提及向量 $\boldsymbol{v}$。

根据定义 9.11，对客户评论"屏幕很好，但质量一般且价格较贵"，假设属性集合为 $F=\{$焦距,屏幕,内存,质量,价格$\}$，则属性-提及向量为 $v=(0,1,0,1,-1)$。

本章使用属性-提及对代替传统属性-意见对进行客户细分分析。属性-提及对与属性-意见对的区别在于，前者将正面和中立的意见映射为正面提及，将负面的意见映射为负面提及；后者将正面的意见映射为正面意见，将负面的意见映射为负面意见，将中立的意见与未描述的属性及其意见映射为中立意见。这个细微的差异将造成 3 个影响，具体如下：

（1）从在线客户评论中识别属性-提及对要远远易于从在线客户评论中识别属性-意见对。

（2）属性-提及对将属性的中立意见与评论中未描述的属性区分开，充分利用中立的意见，在数据稀疏、信息贫乏的耐用品客户评论中尤为重要。

（3）属性-提及对仅区分提及和负面提及，内化现有研究中区分正面和中立意见产生的巨大误差，从而提高细分分析的准确度。

本章实验部分将以实际数据证明该改进带来的效率的显著提升。

9.5.2 客户偏好建模方法

本章提出基于耐用品在线客户评论的客户偏好模型，记作 AttMention。AttMention 针对基于耐用品客户评论进行客户偏好建模进行设计，但同时适用于快速消费品。

1. 产品属性树结构

设对特定产品 P 存在 M 个评论者 $E=\{e_1,e_2,\cdots,e_M\}$，发布有 M 条 OCR 数据 $R=\{r_1,r_2,\cdots,r_M\}$；F 为 P 的包含 $H+1$ 种粒度的产品属性集合 $F=\{f_i^h \mid 0\leqslant h\leqslant H, i\leqslant I^h\}$，其中，$F$ 构成树结构，f_i^h 为 h 层节点（粒度 h）上第 i 个属性，I^h 为 h 层属性总数。特别地，当 $h=0$ 时，$I^0=1$，f_1^0 指产品自身。任意属性均具有属性名和提及状态两个参数，记作 $f=\{na,u\}$。

产品属性树结构如图 9-15 所示。

综合类产品介绍网站（如 zol.com.cn）的产品参数页面以树结构形式组织产品属性。使用数据采集工具对网页中的产品属性进行采集，使用属性树结构构建方法对属性树结构进行组织。为捕捉客户评论中对产品质量、货源和价格的偏好，向产品属性树结构根节点增加质量、货源和价格 3 个子属性，每个子属性又各含有一个子属性，依次为质量、产地和价格。

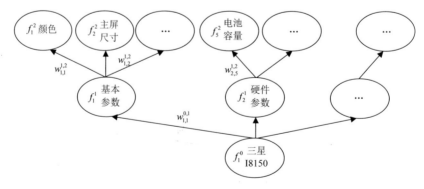

图 9-15　产品属性树结构

2. 属性-提及对挖掘

结合现有词匹配方法、基于 CRF 的产品属性抽取方法（Wang et al.，2012）以及基于规则的属性-意见对挖掘方法（王中卿等，2011），提出属性-提及对挖掘方法。

首先通过如 HIT-LTP（Che，2010）等自然语言处理工具，对 OCR 文本进行分词（tk）、词性分析（pos）、语义角色抽取标注（srl）。使用情感词典，根据 Wang 等（2012）的研究结果，从分词后的词中识别意见词汇，标记为提及词（m_s），识别其提及状态。对每个词标记其是否在语法树上与提及词直接关联（is_dpr_m）；记录每个词在语法树上的父亲词（w_f）；记录每个词与其父亲词的语法关系（r_f）；对每个词标记其是否是距离提及词最近的名词/代词（is_nn_o）；对每个词标记其是否是距离名词/代词最近的提及词（is_no_n）。由此，每个 OCR 文本被转化为一组十元组（sentence id, word id, tk, pos, m_s, is_dpr_m, w_f, r_f, is_nn_o, is_no_n），每个十元组对应 OCR 中的一个词。

使用监督学习的条件随机场（conditional random field，CRF）模型从转换获得的十元组序列中识别产品属性（Wang et al.，2012）。最终，使用王中卿等（2011）基于规则的方法从 OCR 中识别属性-提及对，具体如下：

（1）关联提及词及其最近的名词/代词，组成备选属性-提及对集合 A。

（2）关联名词/代词及其最近的提及词，组成备选属性-提及对集合 B。

（3）取 A、B 两个备选结合的最大公共子集作为最终的属性-提及对集合。

3. 属性映射方法

OCR 中客户描述的产品属性涉及多种粒度，不同客户对产品属性名称的使用不统一。本研究涉及属性映射方法，通过属性名称的语义相似性关联客户评论中属性与属性树结构中属性。

设预设定的待分析属性粒度层次为 h^0，属性树上不高于粒度 h^0 的属性集合 $\boldsymbol{F}^{\mathrm{T}} = \{f_i^h \mid h^0 \leq h \leq H, i \leq I_h\}$，对应属性名集合为 $\mathrm{NA}^{\mathrm{T}} = \{\mathrm{na}_i^h \mid f_i^h \in F^{\mathrm{T}}\}$；设通过文本挖掘方法获得 OCR 的属性-提及对集合，对应属性集合为 $F^R = \{f_z^r \mid 1 \leq r \leq M, z \leq Z^r\}$，对应属性名集合为 $\mathrm{NA}^R = \{\mathrm{na}_z^r \mid f_z^r \in F^R\}$，提及状态集合为 $U^R = \{u_z^r \mid f_z^r \in F^R\}$，其中 f_z^r 为评论 r 中描述的第 z 个属性，Z^r 为评论 r 中提及的属性数目，na_z^r 与 u_z^r 一一对应。以 NA^{T} 中属性名为中心，以属性名之间语义相似度为距离计算公式，对 NA^R 中属性名执行 $K=1$ 的 K-最近邻分类器，建立 NA^{T} 中属性名与 NA^R 中属性名的关联。当 na_z^r 与 na_i^h 多个语义相似度相等时，na_z^r 比较并优先关联细粒度的 na_i^h。两任意属性名 na 与 na'间语义相似度计算公式为

$$\mathrm{dis}(\mathrm{na},\mathrm{na}') = \frac{1}{N' \cdot N} \sum_{i=1}^{N'} \sum_{j=1}^{N} \mathrm{HowNetSim}(w_i, w_j) \tag{9-44}$$

其中：w_i 和 w_j 分别代表属性名 na 和 na'中不包括停用词在内的单词；N 和 N' 分别对应 na 和 na'中单词的数量。HowNetSim$(\cdot,\cdot)$ 为基于 HowNet 的单词语义相似度（Guan et al.，2002）。

对每条评论 r，根据所获得的 na_i^h 与 na_z^r（$1 \leq z \leq Z^r$）的关联和 na_z^r 与 u_z^r 的对应关系，将 u_z^r 附加到属性树结构上，每条评论 r 对应一个属性树实例。当评论中未提及特定属性时，属性树实例上对应节点提及状态为空；否则，节点提及状态按照实例提及状态赋值；经过上述过程构造的属性树实例如图 9-16 所示。

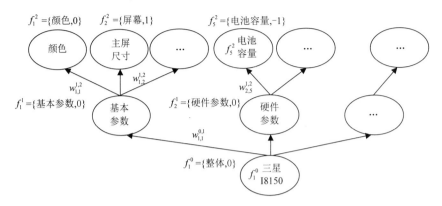

图 9-16　评论 r 的属性树实例

4. 属性-提及向量

属性树结构中同一层次的属性具有相同的属性粒度。待分析属性粒度层次 h^0 中属性即为属性-提及向量中属性。对 h^0 层任意属性，当属性有非零提及状态时，采用当前属性的提及状态；当属性不具有非零提及状态时，采用属性最近层次子属性的非零提及状态；当属性最近层次子属性具有多种非零提及状态时，采用子属性出现次数最多的非零提及状态；当属性及其子属性都不具有非零提及状态时，该属性提及状态为零。由此，根据评论 r 对应属性实例树的 h^0 层属性及其提及状态，结合定义 9.8 和定义 9.9，可得到评论 r 的属性-提及向量，该属性-提及向量能够反映评论 r 的撰写者的偏好。

9.5.3　客户细分分析方法

客户细分分析是 CRM 中的重要内容。对客户进行细分分析，识别关键细分和关键客户，设计和实施具有针对性策略，能够显著提高企业的客户资产，并贡献于企业盈利。客户细分分析是产品设计、新产品研发、新产品市场定位过程中重要的分析步骤，具有重大意义。

在现有管理实践中，企业使用传统联合分析（Green et al.，1978）、多维尺度分析（Elrod，1988）进行客户细分分析。这些方法均基于问卷调查，数据采集难度大，运作周期长。Web 2.0 促使市场营销中电子商务和 CRM 的革新，电子商务网站或点评网站中客观的 OCR 数据，作为客户对所购产品的真实偏好表达，是一类有价值的情报信息。本章根据客户细分分析及 OCR 数据特征，设计基于耐用品 OCR 的客户细分分析框架，如图 9-17 所示。

以综合类产品介绍网站（如中关村在线，zol.com.cn）中特定产品的属性介绍页面为数据源，通过数据采集和属性树结构构建方法获得产品属性树结构；以电子商务网站（如京东商城，jd.com）中特定产品评论页面为数据源，通过数据采集方法获得耐用品产品评论集合；通过产品特征挖掘和情感倾向分析方法挖掘客户在 OCR 中表达的属性-提及对；使用属性映射方法，将属性-提及对集合映射到产品属性树结构，构建粒度统一的属性-提及向量，形成属性-提及矩阵。在客户聚类阶段，使用包含最优聚类数识别的聚类流程，基于潜在分类分析（latent class analysis，LCA）算法，对属性-提及矩阵进行聚类，对客户细分进行分析。

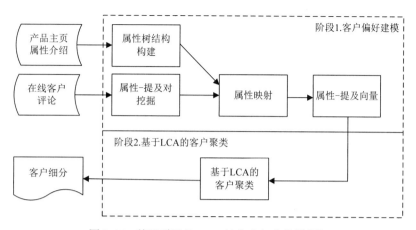

图 9-17　基于耐用品 OCR 的客户细分分析框架

潜在分类分析模型是一类统计聚类分析方法。该方法假设变量（产品属性的提及状态）服从不同的内部类别分布。LCA 尤其适合离散变量聚类分析，且可以使用贝叶斯分类准则作为最优分类数目识别标准（Vermunt et al.，2003）。

LCA 模型的构建方法如下。提及向量 V 和特定提及向量 v_i 分别对应 LCA 模型的完整反映模式以及特定反映模式。特定反映模式 v 出现的概率 $P（V = v_i）$ 是 v 所属类出现概率与类出现时反映模式 v_i 出现的条件概率的乘积。样本总体的出现概率计算公式为

$$P(V = v_i) = \sum_{x=1}^{C} P(X = x)P(V = v_i \mid X = x) \qquad (9\text{-}45)$$

其中：潜在变量 X 代表用户间偏好的差异，每个实例 x 代表一个特定的用户细分分类，C 代表预定义的由 BIC 决定的客户细分个数，且 $1 \leqslant X \leqslant C$。$P(X=x)$ 代表类 x 的概率，反映模式 V 有 L 个属性，$V_j = 0,1,-1(1 \leqslant j \leqslant L)$ 代表客户对第 j 个属性的偏好，因此 v 有 3^L 个可能值，也即 $V=\{v_i|1 \leqslant i \leqslant 3^L\}$。在这个特定的研究中，输入的反映模式对应属性-提及向量，也即属性-提及矩阵中的一行。

设 n_i 表示反映模式 v_i 在数据样本集合中出现的次数，通常使用最大似然方法估计 LCA 模型参数，即

$$\ln L = \sum_{i=l}^{3^L} n_i \ln P(V = v_i) \qquad (9\text{-}46)$$

通过最大似然方法对每个反映模式 v_i 隶属于类别 x 的概率（隶属度）进行估计，属性-提及向量被分配到具有最大隶属度的类别中。每个属性向量代表唯一客户，由此可获得客户细分结果。

9.5.4　实验与结果分析

1. 实验数据来源

本章使用智能手机作为目标产品领域。从中关村在线公布的 2012 年智能手机关注度排行榜前 100 名中，保留销售跨度超过一年的手机型号，采集京东商城中对应手机的 2012 年全年的客户评论数据作为实验的数据集。为符合本节假设，研究对数据执行预处理，也即对评论超过一次的客户所有客户评论，随机选择和保留一条。根据以上数据准备过程，共采集获得 97 175 条客户评论文本数据。

2. 性能实验及结果分析

通过数据采集工具于中关村在线的智能手机产品参数主页获取包含 3 个粒度层次的属性树结构。根据本章提出的方法构建属性-提及矩阵，并基于 LCA 方法对属性-提及矩阵进行聚类，获得用户细分。根据细分分析结果，本章根据市场细分特征为每个市场细分进行命名。表 9-9 罗列属性提及率和对每个市场细分的命名。由表 9-9 可知，在"硬件参数"和"基本属性"上，类别 1 的平均提及率分别为 0.9263 和 0.5290，类别中客户表现出注重硬件参数，同时注重基本属性的特征，可命名为"硬件组"；类别 2 客户注重包括品牌、外观、屏幕等内容的基本属性，可命名为"外观组"；类别 3 客户注重价格，可命名为"价格组"；类别 4 客户注重包括影音播放和游戏在内的娱乐功能，同时注重基本属性和硬件参数，可命名为"娱乐组"；类别 5 客户注重手机货源，同时关注基本属性，可命名为"产地组"；类别 6 客户注重质量，同时注重基本属性，可命名为"质量组"。

表9-9　属性提及率和客户细分命名

属性	细分（聚类）					
	1	2	3	4	5	6
基本属性	0.5290	0.8522	0.1013	0.4718	0.1605	0.1420
硬件参数	0.9263	0.0348	0.0125	0.2158	0.0836	0.0523
娱乐	0.0324	0.0026	0.0852	0.7137	0.0539	0.0025
质量	0.0762	0.0222	0.0304	0.0532	0.0609	0.9958
产地	0.0154	0.0007	0.0192	0.0295	0.9163	0.0761
价格	0.0574	0.0773	0.9128	0.0863	0.0672	0.0123
客户细分的条件概率	0.5290	0.8522	0.1013	0.4718	0.1605	0.1420
细分命名	硬件组	外观组	价格组	娱乐组	产地组	质量组

图 9-18 显示每个市场细分下属性和手机类型的条件概率。该图展示智能手机市场的基

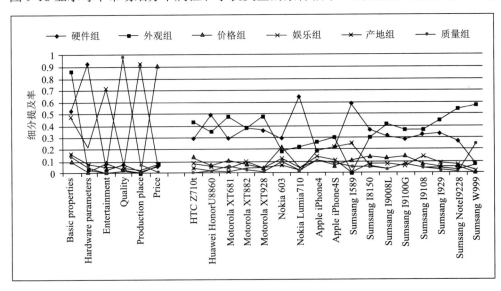

图 9-18　每个市场细分下属性和手机类型的条件概率

本信息。每个客户细分手机类型的条件概率最高点代表该手机类型能够最好地符合该市场细分下用户的需求。例如，Nokia Lumia 710 和 Samsung I589 是硬件组的旗舰产品；具有超大屏幕、简洁外观、知名品牌的 Samsung W999 和 Note I9228 则成为外观组用户的首选。

细分提及率相似的手机型号在市场中为竞争型产品。例如，Nokia Lumia 710 和 Samsung I589 的细分提及率极其相似，搜索引擎检索结果（图9-19）指出顾客通常在两个产品中犹豫不决，两者属于竞争产品；又如 Motorola XT928 与 Samsung I9100 是竞争产品，搜索引擎检索（图9-20）也将返回类似的结果。

图9-19　Nokia Lumia 710 和 Samsung I589 的搜索引擎检索结果

图9-20　三星 I9100 和 Motorola XT928 的搜索引擎检索结果

根据每个市场细分下手机类型的条件概率，所有17部手机能够再次通过层次聚类的方法分为3个类别。HTC Z710t、Motorola XT 系列以及 Samsung I8150 和 I9 系列被划分为同一组别，进行激烈的组内竞争；Samsung Note I589 和 Samsung W999 价格高、配置低，但具有许多商务人士偏好的特性；其余手机同属一类，但各有侧重，需进一步分析。

细分过程最大化地消除同一客户细分内客户偏好的一致性。针对具有类似偏好的细分内客户，可以构建线性模型或其他模型来求解客户对产品属性的偏好值，从而贡献于企业市场份额分析以及新产品设计、定价和定位等。

3. 对比实验及结果分析

1）数据表示对比实验

本小节对使用属性-提及矩阵对比传统使用属性-偏好矩阵带来的效率改进进行证明。

信息增益（information gain，IG）能够测度指定属性带给特定分类系统的信息绝对量（Kullback et al.，1951）。给定特定分类系统，每个属性的信息增益可以进行计算和相互对比。由于本章属性集合 F 中各个属性之间具有极小的相关性，属性集合为分类系统提供的信息量可以通过加总所有属性的信息增益值来获得。因此，定义数据矩阵的信息量（information volume，IV）计算方法为

$$IV = \sum_{f \in F} IG(S, f) \tag{9-47}$$

其中：S 为数据矩阵已知的分类标签；f 为 F 中特定的属性；IG($\cdot$) 为信息增益计算公式。为对比属性-意见矩阵和属性-提及矩阵的信息量，分别计算 IV_O 和 IV_M。定义 IV_O 相对于 IV_M 的信息损失（RIL）为式（9-48）。RIL 反映使用属性-提及矩阵代替属性-意见矩阵的相对信息损失。

$$RIL = 1 - \frac{IV_M}{IV_O} \tag{9-48}$$

计算 IG 需要真实的样本分类标签。这里通过以下步骤获得样本的真实分类标签。

步骤 1　使用 k-means 方法将属性-意见矩阵进行聚类，获得分类标签 L_O，并基于 L_O 计算 RIL，记做 RIL_O。

步骤 2　使用 k-means 方法将属性-提及矩阵进行聚类，获得分类标签 L_M，基于 L_M 计算 RIL，记做 RIL_M。

步骤 3　计算 RIL_O 和 RIL_M 的均值。

步骤 4　为避免 k-means 初始聚类中心选择问题，执行 100 次以上步骤 1～步骤 3，计算 RIL 平均值。

在这个例子中，RIL 的结果为 2.09%，远小于 5%。这意味着，假设属性-提及矩阵和属性-意见矩阵具有相同的精确度，则前者可以为分类系统提供的信息约为后者的 97.91%。对该现象的合理解释是，由于数据量大且稀疏，聚类数相对样本数极小，分类器放松将两个向量分配到同一个类的条件。对应属性是否有数值，相比属性取值是否相似，具有更大的影响力。

使用属性-提及矩阵取代属性-意见矩阵将损失小于 5% 的信息，但将带来较大的优势。相对于属性-提及对的抽取任务，当前属性-意见对抽取的任务中将正面意见错分为中立意见，以及将中立意见错分为正面意见而引致的误差占总误差约 20% 的比例。例如，对比现有研究，使用属性-提及对代替属性-意见对，根据 Wilson 等（2005）汇报的结果，可以带来 47.75%～70.75% 的约 23% 的精确度提升；根据 Somasundaran 等（2009）汇报的结果，可以给该研究提出的 local 方法带来 69.21%～87.54% 的约 18.33% 的精确度提升，给该研究提出的 ILP 方法带来 76.07%～88.67% 的约 12.60% 的精确度提升。同时考虑属性-提及矩阵造成的少于 5% 的信息损失，以及带来的约 20% 的准确度提升，使用属性-提及矩阵代替属

性-意见矩阵能够显著提升分析的效果。

2）聚类方法对比实验

测试提出方法的效率和效果，使用 FCM、k-means、谱聚类算法作为对照方法。4 种方法的效率和效果对比如表 9-10 所示。

表9-10 聚类方法的效率和效果对比

指标及方法		LCA	FCM	k-means	SC-K10
属性相关性消除方法		二元关联	相关性分析与属性移除	相关性分析与属性移除	相关性分析与属性移除
最优聚类数决定方法		BIC、AIC	—	—	—
SD 指标	最优聚类数	5～7	6	7 或 3	5 或 8
	聚类中心稳定性	稳定	稳定	不稳定	不稳定
六聚类	5 次平均执行时间	0.55	0.56	0.38	539.30
	CCQ 指标	0.287	0.224	0.343	0.111

LCA 通过构建属性间或属性与协变量间二元关联的方式消除二元残差；而 FCM、k-means 以及谱聚类需要通过相关性分析和移除属性的方式实现该目的。LCA 方法通过 BIC 和 AIC 指标来决定最优聚类数，而 FCM、k-means 以及谱聚类并未提供类似指标。

为实现多种方法间的对比，引入 SD 指数（Halkidi et al.，2000）分析最优聚类数并同时分析各聚类方法的聚类中心稳定性。考虑客户细分分析聚类数一般小于 10，计算聚类数为 2～15 时 4 种聚类方法的 SD 指数，如图 9-21 所示。

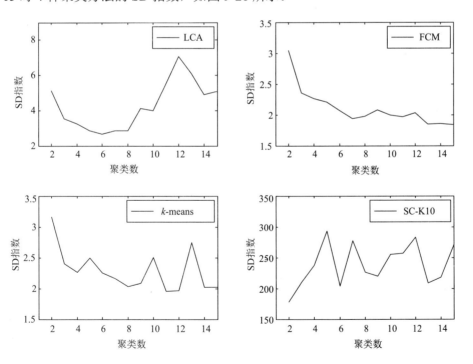

图 9-21 各聚类方法聚类数为 2～15 时 SD 指标趋势

分析结果显示，LCA 聚类法对应的 SD 指数在聚类数为 5～7 时取得局部最小值，最优聚类数为 5～7；SD 指数曲线波动较为平缓，指明采用 LCA 聚类方法时聚类中心变化平缓，聚类中心相对稳定。根据分析结果，FCM 对应的最佳聚类数为 6，聚类方法相对不稳定；k-means 方法最优聚类数为 7 或 3，聚类方法较不稳定；SC-K10 方法的 SD 指数指示最优聚类数为 5 和 8，聚类中心不稳定，在各聚类中具有较低的效率。由以上结果可知，体现数据特征的最优聚类数为 6，这一结果与通过 LCA 方法进行聚类时的 AIC 准则指示的最佳聚类数结论一致。

设定最优聚类数为 6，并对聚类方法的聚类效率进行分析。结果显示，LCA、FCM 和 k-means 方法在聚类时间效率上显著优于 SC-K10。由于谱聚类方法首先建立邻接矩阵并估计邻接矩阵的特征值与特征向量，最后选择最具代表性的属性进行聚类。虽然通过过滤属性数能够有效提升聚类效率，但求解特征值和特征向量的过程将导致大量的时间耗损。由于 LCA 方法和 FCM 方法需要计算成员概率或模糊隶属度，两种方法的时间效率略低于 k-means 方法。

采用聚类综合质量指标（clustering comprehensive quality，CCQ）（Yang，2008）对 4 种聚类方法的试验数据进行聚类数为 6 的聚类结果进行聚类质量对比。结果显示，四类聚类方法对比中，k-means 方法获得最大值 0.343，LCA 方法次之，为 0.287，FCM 方法为 0.224，SC-K10 效果最差，为 0.111。

总之，LCA 较 FCM 有消除属性相关性、最优聚类数识别和聚类性能上的优势。LCA 较 k-means 的优势在于，LCA 初始聚类与中心选择无关，能够计算客户成员概率，具有消除属性相关性方法和最优聚类数识别方法。对比实验结果显示，LCA 方法对比 k-means、FCM 和谱聚类方法，在基于耐用品 OCR 的客户聚类分析中具有显著的效率和效果优势。因此，LCA 方法更适合该应用环境下的分析需求。

9.6 在线投诉处理知识推荐系统

9.6.1 应用背景与需求分析

基于（Alt et al.，2012）对 Social CRM 定义和基本架构，对在线投诉处理知识推荐系统（online complaint handling oriented knowledge recommendation system，OCHKRS）进行分析与设计。

1. 系统应用背景

以企业 A 处理其在微博平台 M 中的在线投诉这一具体案例贯穿整个 OCHKRS 的分析与设计过程。假设存在社会化媒体（M）以及被投诉企业（A）。为使描述更为具体，进一步假设 M 为某微博平台（如新浪微博），拥有大量的活跃用户，每天产生数量巨大的微博内容。企业 A 以高端时装为主要产品，具有完善的业务体系。

在社会化媒体尚未盛行时，A 企业依赖于包括电视广告、杂志彩页在内的传统途径塑造企业形象，销售企业产品。企业拥有一定数量的售后服务团队，并使用一套综合邮件反馈、电话反馈、在线客服和官网申诉 4 个途径的售后服务支持系统支持客户投诉处理。长久以来，企业 A 根据自身战略和售后投诉数量调整客服团队规模，企业业务平稳发展。

近年来，随着网络技术的发展，社会化媒体、电子商务平台蓬勃发展。对企业 A 而言，既是机遇也是挑战。一方面，用户更多地将使用 A 产品的生活体验上传到社会化媒体，成

为企业 A 产品的"大众代言人",使产品销量获得大幅提升;另一方面,企业 A 的客户变得更加"不守规矩",在遭遇产品问题时,大多会毫不犹豫地发微博控诉,而不是通过现有企业投诉途径进行投诉。平台 M 中存在数量庞大的关于企业 A 的在线投诉,并有相当规模的用户围绕这些投诉展开跟帖讨论,对企业声誉造成影响。

在对企业 A 产品的在线投诉进行分析的过程中,发现以下事实:

(1)由于社会化媒体用户规模庞大,用户每天发布的在线投诉数目远超过企业的处理能力。

(2)用户发布在线投诉的时间横跨一天 24 小时,地点遍布全国的每个角落。

(3)用户发布的在线投诉有时会引发用户热议,甚至媒体报道。

(4)许多用户在发布在线投诉时持有报复性目的,并排斥企业的解释。

(5)用户可能通过第三方电商平台购买、借用或共用企业产品,产品来源未知、真伪未知,企业难以获得用户的购买数据,售后服务缺乏有效支持信息。

(6)用户发布的在线投诉主要为文本或者文本配图的形式,需要售后服务人员一一解读。

针对在线投诉所具有的规模大、实时性强、破坏力强、拒绝解释、外部化、内容高度非结构化的特点,如何有效处理在线投诉这一问题迫切需要得到解决。受限于企业售后服务人员数量限制,企业希望能够实现对在线投诉的自动识别、自动处理。

2. 系统需求分析

与现有基于客服的投诉处理系统不同,在线投诉处理系统具有其自身特征,主要包括探索式数据获取、主动问题识别、借力外部知识资源、投诉自动化处理和社会化媒体依赖 5 个方面。这些特征反映在线投诉处理系统区别于传统投诉处理系统的新需求,具体分析如下。

1)探索式数据获取

在线投诉与用户数据产生存在于社会化媒体和电子商务平台,而非企业内部数据库。投诉者不会主动地将投诉内容发送给企业,OCHKRS 需要利用社会化媒体网络爬虫或利用社会化媒体 API 主动或被动地收集 UGC,检测其中的在线投诉。用户交易数据多存在于第三方电子商务平台,反映客户能力、情感、社会资本的用户产生内容多存在于社会化媒体,企业数据库不可能存储所有客户的详细信息,系统需要实时采集用户数据进行客户建模以支持在线投诉处理。

2)主动问题识别

在线投诉隐藏在数量庞大的 UGC 中,没有明确的标识,难以直观地与其他 UGC 区分开来,OCHKRS 需要设计有效的机制自动地辨别在线投诉和非在线投诉,投诉识别是投诉处理的基本前提。

3)借力外部知识资源

在线投诉数量庞大,企业对在线投诉的处理能力有限,需要借助外部知识服务资源为企业实施在线投诉处理提供支持。例如,使用基于价值共创的在线投诉处理模式,利用社会化媒体用户作为专家解决投诉问题;又如,使用基于 CBR 的解决方案推荐方法,利用历史投诉案例解决新的在线投诉问题。OCHKRS 支持基于专家推荐和解决方案推荐在线投诉处理方式,并兼容现有基于客服的投诉处理模式。

4）投诉自动化处理

在线投诉的庞大数量要求 OCHKRS 具有完整流程的自动化处理能力。在传统基于客服的投诉处理流程中，以人工方式处理的投诉问题识别、解决方案提供、解决方案投递等流程，在 OCHKRS 中需要以自动化的方式实现。

5）社会化媒体依赖

社会化媒体是在线投诉处理的重要媒介。用户的投诉、用户的数据通过社会化媒体采集，平台用户和 UGC 是在线投诉处理的外部资源，用户-企业服务恢复交互也通过社会化媒体实施。OCHKRS 对社会化媒体有依赖性。

9.6.2 数据流与信息处理

1. 系统数据流设计

OCHKRS 检测社会化媒体中的在线投诉，并支持自动化的在线投诉处理。OCHKRS 从社会化媒体中采集 UGC 以检测是否有投诉内容，采集 UGC 和 OCR 以分析用户知识/信息、情感和社会资本，进行客户细分分析，依赖案例库、产品本体和情感词典进行情感分析、语义分析以支持包括专家和解决方案在内的广义知识解决方案构建，并以社会化媒体投诉回复的方式向在线投诉进行推荐。OCHKRS 0 层数据流图（data flow diagram，DFD）如图 9-22 所示。

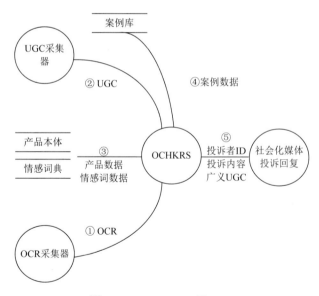

图 9-22　OCHKRS 0 层 DFD

基于此，OCHKRS 需要接入外部社会化媒体和电子商务平台获取在线客户评论、用户产生内容以及用户资源，以识别、分析、处理在线投诉问题。以企业 *A* 与平台 *M* 为例，OCHKRS 需要与外部系统进行以下配置。

企业 *A* 与平台 *M* 商洽，允许 OCHKRS 通过平台 *M* 的 API 接口接收关于企业相关的内容，如@企业 *A* 的内容；允许通过爬虫采集包含企业关键词的内容。

企业 *A* 与合作的电商平台进行商洽，允许 OCHKRS 通过 API 接口访问企业在电子商务平台中的客户评论数据。企业通过微博用户优惠购物活动形式将微博用户与企业销售系统用户进行关联。

　　企业 *A* 将 OCHKRS 与现有的基于客服的投诉处理系统进行适配，使 OCHKRS 成为除邮件反馈、电话反馈、在线客服、官网申诉等途径外的另一种投诉输入源，具有将部分问题配置到现有售后服务人力资源进行处理的能力。

　　投诉识别、问题识别、内容建模、用户建模、解决方案推荐、专家推荐、客服推荐是 OCHKRS 的关键处理流程。细化的 OCHKRS 1 层 DFD 如图 9-23 所示。

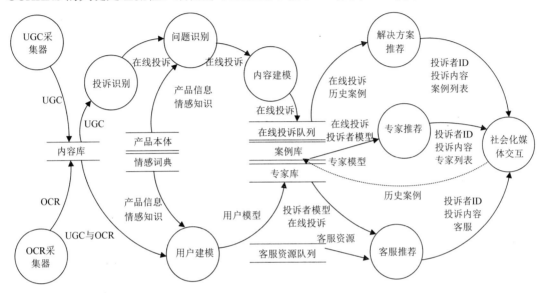

图 9-23　OCHKRS 1 层 DFD

　　OCHKRS 被动地采集社会化媒体通过 API 推送到企业内容库的用户@企业的 UGC，与此同时，系统利用社会化媒体网络爬虫主动地采集和企业产品相关的 UGC 并存储到企业内容库。

　　OCHKRS 被动地采集第三方电子商务平台通过 API 推送到企业内容库的 OCR 数据。采集的 OCR 数据由不同用户针对企业不同的产品或服务撰写，通过产品标识、用户标识等标识进行区分。

　　在问题识别流程中，OCHKRS 实时检测收集的 UGC，识别内容是否是在线投诉。如果不是在线投诉，则继续检测其他 UGC；否则，触发在线投诉处理流程。现有研究提供投诉识别的具体方法（Coussement et al.，2008）。

　　在投诉识别中识别出的在线投诉，经过问题识别、内容建模处理后，将被加入在线投诉队列等待进行知识推荐。在进入知识推荐处理流程前，OCHKRS 通过社会化媒体 API 向在线投诉发送一条回复，表示企业已经获得该在线投诉，诚挚致歉，并希望用户耐心等待投诉处理结果。

　　在专家推荐处理中，OCHKRS 根据在线投诉信息、反映投诉者信息的投诉者模型、存储在专家库中的反映专家信息的专家模型匹配专家，获得专家列表。若专家列表不为空，OCHKRS 向专家列表中的专家发出服务邀请，当预定时限内有专家接受服务邀请时，系统向投诉者发出处理请求，如投诉者在预定时限内接受处理请求，系统建立投诉者与专家的即时通信关联，进行专家服务；当投诉者在预定时限内未接受处理请求时，系统邀请专家撰写解决方案，并将解决方案推送给投诉者；当没有专家接受服务邀请时，系统撤销服务邀请，终止专家推荐处理，启动解决方案推荐流程。

在解决方案推荐处理中，OCHKRS 将在线投诉和案例库中的历史案例进行匹配，获得相似案例列表。若案例列表不为空，OCHKRS 将案例列表中相似案例的解决方案推送给投诉者。当所有案例的相似度均低于预定义阈值时，返回案例列表为空，此时 OCHKRS 终止解决方案推荐处理过程，并启动客服推荐流程。

在客服推荐处理中，OCHKRS 提供投诉者模型、在线投诉给空闲客服，处理投诉者的在线投诉问题。OCHKRS 检索是否有可利用的空闲客服人员，当不存在空闲客服人员时，则将在线投诉放入等待队列；当存在空闲客服人员时，系统向投诉者发出处理请求，如投诉者在预定时限内接受处理请求，系统建立投诉者与客服的即时通信关联，进行客服服务；当预定时限内投诉者没有接受处理请求时，系统邀请客服撰写解决方案，并将解决方案推送给投诉者。

OCHKRS 通过社会化媒体交互流程实施在线投诉处理。社会化媒体交互流程利用社会化媒体的 API，将包括专家、解决方案、客服在内的广义知识以回复或交互的方式传递给投诉者，解决在线投诉。知识方案推荐完成后，OCHKRS 根据用户提供的反馈以决定是否进行二次服务。在服务恢复流程结束时，系统评价解决方案的优劣，并将解决方案记入系统数据库供后续参考。

2. 系统处理流程设计

为避免冗余，本章对 OCHKRS 关键处理流程进行设计。

1）问题识别

问题识别流程提取在线投诉的"对象-不满"对与其他统计学数据以识别投诉问题，识别出的投诉问题为专家推荐、内容推荐和客服推荐流程提供支持。在投诉问题识别处理中，OCHKRS 以投诉文本为输入，通过预处理和分句操作对投诉内容进行形式化，抽取投诉文本中是否包含投诉对象-不满对、句式、语句位置、句长、用词词频等属性构建属性向量作为输入，使用人工神经网络模型 CSI 预测投诉句标识，当预测值大于企业根据精度要求设定的阈值时，标记语句为投诉问题；否则，标记语句为非投诉问题。问题识别过程如图 9-24 所示。

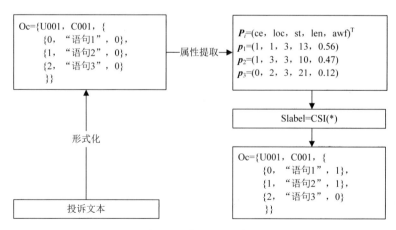

图 9-24　问题识别过程

经过投诉问题识别阶段，在线投诉中的每个语句都被标注为投诉句/非投诉句，投诉问题识别处理的输出结果包含用户 ID、投诉 ID 及语句集，其中语句集中每个语句包含语句序号、语句内容以及投诉句标识，即投诉={用户 ID, 投诉 ID, {语句集}}，记作 OC = {UID, CID, {Sentences}}，其中语句={语句序号, 语句内容, 投诉句标识}，记作 Sentences = {SID, SContent, SLabel}。

例如，假设存在微博投诉"#投诉#A 短袖 T 恤掉毛严重，根本没法穿。退货时销售员态度恶劣。希望 A 能积极处理这件事情，给我一个满意的答复。@A_CN"。对该微博投诉进行问题识别分析，可以获得以下输出：

```
oc ={U001, C001, {
        {0, "A 短袖 T 恤掉毛严重，根本没法穿。", 1},
        {1, "退货时销售员态度恶劣。", 1},
        {2, "希望 A 能积极处理这件事情，给我一个满意的答复。", 0}
    }}
```

2）内容建模

经过处理的在线投诉最终将被加入案例库，对每一个投诉案例进行内容建模是必要过程。在内容建模处理中，如第 9.3 节所示，OCHKRS 以投诉文本中的语句为输入，构建投诉文本的记忆网实例，通过预定义的语义结构模板识别语义结构模式，提取内容信息与情境信息。

内容建模处理的输出为投诉={用户 ID, 投诉 ID, {语句集}}，记作 OC = {UID, CID, {Sentences}}，其中语句={语句序号, 语义结构模式, 投诉句标识}，记作 Sentences = {SID, SSM, SLabel}。例如，对上述投诉句识别的输出 oc 进行内容建模，结果如下：

```
oc={U001, C001, {
        {0, {SUBJECT="T 恤", PREDICT="掉", OBJECT="毛",
            SUB="SUB", OBJ="OBJ", SUBmod="ZARA | 短袖",
            PREDmod="严重", OBJmod=null, CON1="AM-ADV",
            CON2="AM-ADV", CON3=null}, 1},
        {1, {SUBJECT="态度", PREDICT=null, OBJECT="恶劣",
            SUB="SUB", OBJ="OBJ", SUBmod="销售员",
            PREDmod= null, OBJmod=null, CON1="AM-COM",
            CON2= null, CON3=null}, 1},
        {2, { SUBJECT="A", PREDICT="处理", OBJECT="事情",
            SUB="SUB", OBJ="OBJ", SUBmod="能 | 积极",
            PREDmod= null, OBJmod="这 | 件", CON1="AM-ADV",
            CON2= null, CON3="AM-ADV"}, 0}
    }}
```

3）用户建模

系统启用后，OCHKRS 将逐渐充实专家库以支持投诉处理。在共创模式下，社会化媒体中的每个用户都可作为专家参与在线投诉处理活动。以在线客户评论、用户近期微博内容及对应评论内容、用户服务经验以及知识库中的产品本体与情感词典为输入，通过用户建模构建用户模型，过程如图 9-25 所示。

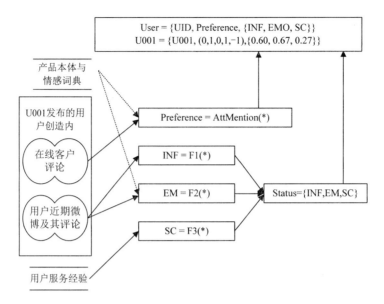

图 9-25　用户建模过程

其中：每个用户对应专家库中的一个用户模型，即用户={用户 ID，用户偏好，{信息/知识，用户情感，社会资本}}，记作 User={UID, Preference, {INF, EMO, SC}}。其中{信息/知识，用户情感，社会资本}表示专家的当前状态，称为专家状态，记作 Status。

对应图 9-25 中 AttMention 方法，如第 9.5 节所述，对任意一条在线客户评论数据，OCHKRS 获取特定用户的在线评论，抽取属性-提及对，构建属性-提及向量。每一个属性-提及向量对应一个客户评论，同时对应一位用户，代表该用户的偏好，存入 Preference 项。在无法获得用户偏好数据时该项可为空。

例如，对客户发布的在线客户评论"屏幕很好，但质量一般且价格较贵"，假设属性集合为{焦距，屏幕，内存，质量，价格}，则用户偏好模型为属性-提及向量（0，1，0，1，-1）。

对应图 9-25 中 F1(·)与 F2(·)，如本章资源度量模型所述，OCHKRS 实时采集平台 M 中的用户产生内容，计算用户在各主题上的取值为[0,1]的专业程度（Balog，2008）。例如，根据用户过往发布的微博，可以计算用户的专业程度为 INF=0.60。根据用户预定义时间段内的近期用户产生内容进行情感分析，判断值域为[0,1]的用户当前情绪取值（Pang et al.，2008）。例如，设计简单的启发式算法，根据用户在过去 24 小时内发布的两条正面情绪的微博以及一条负面情绪的微博，判定该用户当前的情绪值取值为 EMO=[(2-1)/3+1]/2=0.67。对应图 9-25 中 F3(·)，根据用户投诉服务经验，可以获得用户值域为[0,1]的社会资本取值。例如，用户当前已有 5 次服务经验，则代表用户当前的社会资本的产品身份变量的取值为 SC=1/[1+exp(6-5)]=0.27。

例如，根据以上分析，在本章示例中，用户的状态 Status={0.60, 0.67, 0.27}。根据用户偏好模型 Perference 以及用户状态 Status，可以构建用户 U001 的用户模型，即 U001={U001，(0, 1, 0, 1, -1)，{0.60, 0.67, 0.27}}。

4）专家推荐

OCHKRS 提供专家推荐和解决方案推荐两种知识推荐方式，并支持对传统基于客服的投诉处理系统的集成。专家推荐处理根据在线投诉、投诉者模型以及专家模型为在线投诉推荐专家。专家推荐过程如图 9-26 所示。

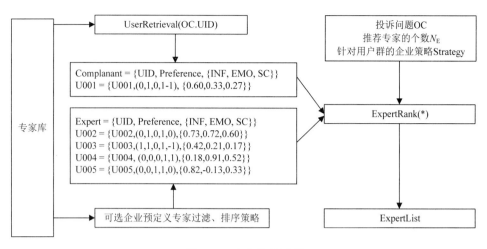

图 9-26　专家推荐过程

在专家推荐处理中，OCHKRS 从在线投诉队列中选取在线投诉，根据在线投诉 OC 中用户 ID 从专家库中选择对应投诉者的用户模型作为投诉者模型 Complanant。若不存在对应的投诉者信息，则 OCHKRS 在专家库中为该投诉者创建新的用户模型，设置除用户 ID 外的所有信息取值为空，取出该信息作为对应投诉者的投诉信息。投诉者模型检索的公式化描述为

$$\text{Complanant} = \text{UserRetrieval(OC.UID)} \tag{9-49}$$

如本章所述，在专家推荐过程中，以在线投诉 OC、投诉者模型 Complanant、推荐专家的个数 N_E、企业预定义的与客户类别相关的推荐策略 Strategy 为输入，使用专家推荐方法 ExpertRank，对专家库中的各专家进行选择和排序，以选取出的由最优的 N_E 个专家组成的服务者列表作为输出。专家推荐过程的公式化描述为

$$\text{ExpertList} = \text{ExpertRank(OC, ComplanantModel, Strategy, } N_E) \tag{9-50}$$

5）解决方案推荐

在解决方案推荐处理中，OCHKRS 根据投诉内容，从案例库中匹配相似案例以获得其解决投诉者在线投诉问题的解决方案。解决方案推荐过程如图 9-27 所示。

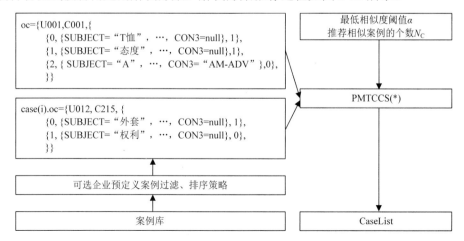

图 9-27　解决方案推荐过程

如本章所述，解决方案推荐过程以内容建模后的在线投诉 OC、最低相似度阈值 α、推

荐相似案例个数 N_C 作为输入，使用基于模式匹配的案例相似度计算方法 PMTCCS，与案例库中的各投诉案例 Case 的在线投诉部分 Case.OC 进行相似度计算，对相似度值进行排序和选优，并获取相似度最大的 N_C 个投诉案例组成案例列表 CaseList，以此作为输出。为保持解决方案推荐的有效性，CaseList 中每个案例的在线投诉部分 Case.OC 与当前在线投诉 OC 的案例相似度应大于企业预设的阈值 α。CaseList 中每个 Case 包括案例 ID、在线投诉和解决方案三部分，也即案例={案例 ID，在线投诉，解决方案}，记作 Case={CRID，OC，Resolution}。解决方案推荐过程的公式化描述为

$$CaseList = PMTCCS(OC, alpha, N_C) \qquad (9\text{-}51)$$

6）客服推荐

当存在空闲客服人员时，根据在线投诉 OC 中用户 ID 从专家库中选择对应投诉者的投诉者模型，将在线投诉 OC 与投诉者模型 Complanant 作为支持信息提供给客服人员。

9.6.3 系统结构与功能

OCHKRS 结构与基本功能模块如图 9-28 所示。OCHKRS 右侧自下而上的相关模块与左侧自上而下的相关模块反映 Social CRM 的检测分析和交互处理两大基本职能。检测分析职能的目的是在社会化媒体环境中实现高度自动化客户关系管理，OCHKRS 围绕在线投诉处理这一具体任务，实现包含数据采集、投诉识别、内容建模（包括问题识别流程和内容建模流程）、用户建模等模块，完成其检测分析职能；Social CRM 通过交互处理职能实现企业与用户之间主动和被动的交互。OCHKRS 围绕在线投诉处理这一具体任务，实现包含专家推荐、解决方案推荐或客服推荐在内的知识推荐模块，完成其交互处理职能。OCHKRS 不包含负责与用户进行交互的交互模块，而间接借助社会化媒体提供的内容发布、即时消息、提醒、通知等交互技术完成企业-客户交互。

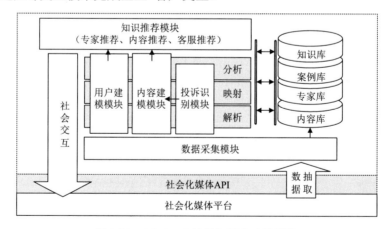

图 9-28　OCHKRS 结构与基本功能模块

以企业基于价值共创的在线投诉处理为目标，本章提出 OCHKRS 的基本组成模块，包括采集模块、投诉识别模块、内容建模模块、用户建模模块和知识推荐模块。各模块功能对应于系统各处理流程。

根据投诉识别、内容建模、用户建模模块的特征，每个模块的分析过程都可进一步细分为解析、映射与分析 3 个步骤。其中，解析步骤将数据转化为结构化表达，映射步骤将结构化的数据通过函数映射转化为管理决策指标，分析步骤基于获得的管理决策指标进行

管理决策，具体分析如下。

1. 解析步骤

解析步骤抽取广义 UGC 的结构化部分并进行存储。经解析步骤解析的对象主要包括广义 UGC 的属性信息，如作者姓名、转发次数、评论次数等，以及广义 UGC 的统计特征，如文本内容长度、句式、词频、社会结构关系数目等。第 9.4 节中使用语句长度、句式等内容结构信息等进行投诉问题识别，是结构化解析的具体体现。

解析步骤将广义 UGC 的非结构化部分转化为结构化表达并进行存储。在在线投诉处理和企业业务环境相关的信息/知识支持下，解析模块基于语法分析技术、情感分析技术，借助外部本体与词典，将非结构化数据转化为结构化数据，以帮助企业对客户进行更为精确的建模。第 9.3～9.5 节利用从 UGC 和 OCR 中抽取的投诉对象-意见/提及对进行投诉案例匹配、投诉问题识别和用户建模，均是非结构化数据解析的具体体现。

外部知识是解析步骤的重要依赖。解析步骤的实现要求企业对 OCHKRS 集成产品本体、词典等外部知识。OCHKRS 提供自动/半自动化的数据标注和评估功能。本章探索自动、半自动两种数据标注方法。第 9.5 节以产品属性树结构中属性作为目标属性集合，以客户评论中属性作为源属性集合，借助语义相似度构建映射规则，自动抽取具有统一粒度的属性-提及对；第 9.3 节通过定义标题相似度概念，以数据自带标题为数据标注，对人工神经网络进行训练，对投诉问题进行识别；作为模型有效性验证，第 9.3、9.4 节基于特定标准对数据进行人工标注，是人工标注的具体体现。

内容库中内容数据经过解析，以一定的结构存储在在线投诉队列、案例库和专家库中。结构化/非结构化数据等不同的数据倾向于不同的存储方法。对文本形式的非结构化数据，第 9.3 节提出基于记忆网的内容表达和存储方法，使得内容库的数据在保持其原有语义、尽量减少信息损失的同时，支持基于图的合并、分割、求补等操作，方便机器处理。随着社会化媒体中的内容不断增长，许多旧内容随着时间的增长变得少有人关注，通过对数据的分析，挖掘内容中的知识，并将知识固化在知识库中，可以减少系统数据库的负荷。

2. 映射步骤

映射步骤实现结构化数据与管理决策指标之间的关联。OCHKRS 通过映射步骤将结构化数据映射为支持企业管理决策的决策指标。结构化数据与指标之间关系尚不明确，两者之间映射关系的构建依赖于专家的经验或循序渐进的探索。例如，第 9.3 节实验结果指出，内容信息、情境信息和问题相似度在一定程度上指示案例相似度，但仍然存在未知维度的指标贡献于相似度的预测。

结构化数据与决策指标之间的关系复杂，可以为线性关系也可以为非线性关系。本章探索线性/非线性两种映射关系。第 9.3 节介绍关联语句描述的主语、谓语、修饰词、语义关系、词频等数据与内容信息、情境信息、问题中心性指标间关系，构建加权线性模型，设计案例相似度度量；第 9.5 节介绍使用属性-提及数据描述用户偏好，默认两者之间存在线性关系；第 9.4 节介绍关联语句长度、词频等数据与投诉句辨别指标间关系，利用非线性的人工神经网络模型识别在线投诉内容中的投诉句。以上内容均是映射步骤的具体体现。

3. 分析步骤

通过映射步骤获得的决策指标可以直接用于管理决策，如根据案例相似度进行解决方案推荐。此外，众多决策指标间存在依赖关系，如案例相似度决策指标的计算依赖于问题中心度、情境信息相似度和内容信息相似度。分析步骤的重要意义在于使企业利用已有管理决策指标，构建更为复杂的管理决策模型，支持复杂管理决策过程的执行。

第 10 章

基于相似度的在线抱怨的自动处理及原型系统

10.1 问题的提出

对企业而言，在线抱怨即 ONWOM，给企业的抱怨管理带来了严峻挑战，妥善处理在线抱怨已十分必要且迫切。然而，目前企业仍采取传统的以人工服务为主的抱怨处理方式应对海量的在线抱怨。反观学术界，当前关于在线抱怨的研究主要集中于在线抱怨动机研究（黄敏学等，2010）、在线抱怨对顾客购买意愿的影响研究（王德胜，2013）及在线抱怨处理的策略分析研究（Cho et al.，2002；Mattila et al.，2013；Pfeffer et al.，2014）。针对在线抱怨自动处理方法的研究仍很少，如何以有效的方式实现在线抱怨自动处理并化解企业潜在的危机，已成为现代企业在线抱怨管理中一个亟待解决的问题，具体原因如下。

（1）在线抱怨数量巨大且分布广泛。因为无实体空间、地理空间和时间空间限制，网络用户随时随地可通过同步和异步的方式在互联网上发布在线抱怨，在线抱怨能在短时间内迅速扩散，通过多种互联网平台进行传播，其数量可以在短时间内累积至成千上万。因此，传统的以人工服务为主的抱怨处理方式成本高且速度慢，难以应用于在线抱怨处理中。

（2）在线抱怨以文本为载体，其非结构化的内容特征提高了对抱怨分析和处理的要求。传统的被动接收、数据管理及数据分析方式由于极少考虑非结构化内容的特征，已不适用在线用户产生内容的需求，企业需要新的抱怨处理方式和技术方式以适应抱怨环境的变化和满足非结构化在线抱怨处理的需求。

针对现有的抱怨处理方法过多依赖企业员工，不适用于数量巨大、分布广泛且非结构化的在线抱怨这一问题，本章基于客户关系管理和信息管理理论，采用信息抽取、自然语言处理、本体和基于案例的推理（case-based reasoning，CBR）等技术，以非结构化的社会化媒体中的在线抱怨为研究对象，研究提供在线抱怨自动处理的增值服务，对在线抱怨问题的抽取、在线抱怨的复合相似度度量和在线抱怨案例检索等方面展开研究，提出一种面向在线抱怨自动处理的推荐方法，以期推动和促进企业在线抱怨管理理论和实践应用创新，提升企业对在线处理与抱怨管理的能力和水平。

本章以抱怨者（发布者）、社会化媒体、企业构成的多边市场（SC、SM、E）的价值共创为基础，基于相似度方法研究与解决在线抱怨的自动处理问题，综合分析在线抱怨处理、在线抱怨问题抽取、相似度计算等研究中存在的不足，采用机器学习、句法分析、数据挖掘、信息检索和抽取、本体和案例推理等技术，研究基于价值共创的在线抱怨自动化处理框架、在线抱怨问题抽取、复合相似度计算和在线抱怨案例检索方法。

本章的主要内容如下。

（1）在分析在线抱怨处理活动主体的抱怨处理需求的基础上，研究基于价值共创理论的在线抱怨自动处理框架，讨论抱怨者、企业和社会化媒体三方主体在抱怨处理过程中的短期和长期互动模式，设计在线抱怨自动处理框架，研究在线抱怨问题识别方法、复合相似度计算方法和在线抱怨案例检索方法。

（2）研究在线抱怨问题的抽取方法，通过形式化结构进行在线抱怨问题表示，基于抱怨目标词库进行抱怨产品及其特征的抽取，使用句法分析工具提取在线抱怨问题的触发核心词的语言特征；采用支持向量机构建抱怨问题触发核心词识别模型，再根据组成结构和依存结构分析构建以抱怨目标和触发核心词为主要构成的抱怨问题路径抽取模型。

（3）研究复合相似度计算模型构建方法，引入典型相关分析，实现复合相似度模型中的未知参数求解和局部相似度计算方法的选取，设计复合相似度计算算法，基于算法实现复合相似度计算模型的构建。

（4）研究在线抱怨案例检索方法，通过在线抱怨处理领域本体和应用于词语相似度计算的语料库的构建，基于本体的在线抱怨案例表示，抱怨产品、抱怨问题和抱怨背景相似度计算方法，设计并实现基于相似度计算的在线抱怨案例检索算法。

（5）研究与设计面向在线抱怨自动处理的推荐原型支持系统，设计原型支持系统实现的业务流程和功能结构以及原型支持系统的工作机理。

10.2 社会化媒体中在线抱怨自动处理框架

10.2.1 社会化媒体中在线抱怨自动处理的多主体互动模式

本章提出一个以在线抱怨自动处理为目的的基于抱怨者（SC）、企业（E）和社会化媒体（SM）三方的互动模式，具体如图10-1所示。

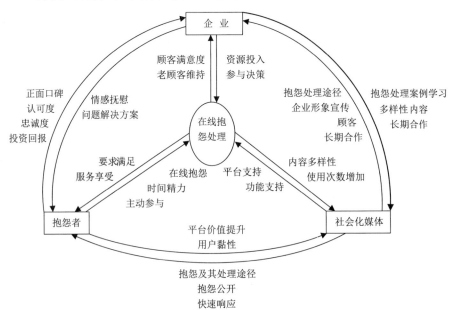

图10-1 社会化媒体中在线抱怨自动处理主体的互动模式

在在线抱怨自动处理的价值共创模式中，价值不再由企业单独创造，而是通过抱怨者（SC）、企业（E）和社会化媒体（SM）以互动的方式共同创造。如图10-1所示，在线抱怨处理的共创主体主要通过两种互动方式进行价值共创：一类是价值共创主体与抱怨处理活动的互动，这类互动始于在线抱怨的发布、终于抱怨者的需求满足，它是以单个在线抱怨处理活动为主的短期互动方式；另一类是价值共创主体之间的互动，这类互动是始于一个在线抱怨处理活动的长期互动方式。

1. 在线抱怨处理主体的短期互动

在价值共创主体与抱怨处理活动的互动过程中，抱怨者、企业和社会化媒体通过支出和收益的方式与抱怨处理活动进行互动，并在互动过程中实现在线抱怨处理活动参与需求的满足和自我价值的提高。

抱怨者以在线抱怨、一定的时间、经济和心理成本为支出积极主动参与抱怨处理活动。当在线抱怨以快速且正确、合理的方式被处理后，在线抱怨处理活动以抱怨者需求得到满足，同时还能继续享受正常企业产品或服务带来的体验作为对抱怨者的回报，抱怨者参与在线抱怨处理活动的互动也随之结束。

成功的在线抱怨处理活动以客户满意度和客户的保持作为企业的直接回报，实现在保证企业利益的同时为客户提供更好的服务。企业投入人力、物力和知识等有形和无形的资源，积极主动参与在线抱怨处理，并在整个抱怨处理过程中扮演管理决策者的角色，以满足抱怨者的需求为目的。

社会化媒体是基于价值共创的抱怨处理的新进主体，它通过为在线抱怨自动处理活动提供平台和功能支持，并从中获取多样性用户产生内容和使平台用户使用频率增加的方式与抱怨处理活动进行互动。

2. 在线抱怨处理主体的长期互动

在价值共创主体之间的互动过程中，抱怨者、企业和社会化媒体之间通过长期不断的共同参与和资源共享及整合，维持稳定、互利共赢的合作及相互渗入，最终实现在线抱怨处理生态体系的价值共创。

在抱怨者与企业的互动中，企业通过减轻或缓和因为失败消费体验给抱怨者带来的焦虑、愤怒和挫败感的方式进行情感抚慰，企业还为抱怨者提供抱怨问题解决方案，这些信息不仅能解决当前的问题，还能提高抱怨者对产品或服务性能的了解；抱怨者因为企业对自我抱怨和他人抱怨的正确处理而提升对企业的认可和忠诚度，并从抱怨者转变为正面口碑的传播者，他们给企业的收益最终表现在投资回报和现金利润上。

在抱怨者与社会化媒体的互动中，社会化媒体为抱怨者提供了抱怨新途径，并因为其方便快捷的特征已成为顾客抱怨的重要途径；同时，社会化媒体中的顾客抱怨能够向任何平台用户公开，有助于抱怨者达到吸引企业注意的目的。社会化媒体通过发挥其信息资源的管理能力，可以辅助企业加速在线抱怨的响应，在提高抱怨者得到企业重视的感知的同时，也为抱怨者提供了抱怨处理的途径。由于社会化媒体为抱怨者提供了很多便利和多样化的内容，抱怨者通过增加访问和内容编写的次数，并以用户黏性和提升平台价值作为对社会化媒体的回报。

在企业与社会化媒体的互动中，社会化媒体为企业进行在线抱怨处理提供了新途径，可以缓解企业因为资源限制造成的在线抱怨处理效率低下和响应迟缓的困境；社会化媒体抱怨的成功处理，可以向其他平台用户展示企业以顾客为中心的经营理念，帮助企业树立良好形象，并且将平台上的潜在顾客转为企业真正的顾客。作为回报，企业通过社会化媒体为抱怨者提供抱怨问题解决相关信息，在增加平台内容多样性的同时，也可为社会化媒体所属企业提供在线抱怨处理学习案例。

10.2.2　在线抱怨自动处理总体框架

区别于传统抱怨向企业、第三方组织或机构以及人际圈其他人口口相传的方式，以社会化媒体为载体的在线抱怨可向任何互联网用户包括组织和个人传递。在传统抱怨处理中，企业是在线抱怨处理的主要实施者，其主要工作包括负责顾客抱怨收集、分析，安抚抱怨者情绪和提供抱怨问题解决方案等。鉴于社会化媒体中的在线抱怨数量大、传播速度快，且相比传统抱怨，在数据获取、存储、分析等数据处理方面要求更高，因此传统的在企业内部进行抱怨处理的方式已经不再适用。

面对在线抱怨者缺乏抱怨处理的相关知识和难以从海量网络内容中找到有用的信息以及企业内部存储有大量与抱怨处理相关的知识、信息和案例等现实情况，针对在线抱怨价值共创主体的抱怨处理需求，基于信息资源管理和价值共创理论，结合自然语言处理、信息检索、本体和案例推理等多种技术，本章提出了基于抱怨者、企业和社会化媒体三方价值共创的在线抱怨自动处理总体框架，如图 10-2 所示。

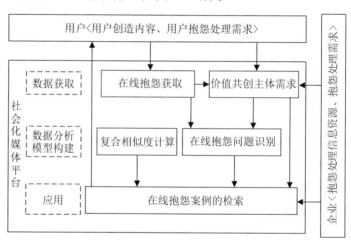

图 10-2　面向在线抱怨自动处理的推荐框架

在线抱怨采集、检测和处理都在社会化媒体中完成，抱怨者向社会化媒体发布抱怨并获取抱怨处理知识，企业则向社会化媒体提供客户抱怨处理的信息资源即企业的抱怨处理案例，并将抱怨处理转移至社会化媒体。以价值共创为设计依据，以客户在线抱怨及其处理的需求分析和企业在线抱怨处理需求分析及抱怨处理信息资源为基础，以在线抱怨问题识别、面向语言对象的复合相似度计算和在线抱怨案例检索为核心的面向在线抱怨自动处理的推荐框架，可实现包括在线抱怨获取、分析和应用等在内的在线抱怨处理过程。

在面向在线抱怨自动处理的推荐框架中，在线抱怨问题的识别为案例表示提供关键特征，面向语言对象的复合相似度计算为以文本为载体和以多特征表示的抱怨案例相似度计算提供理论基础。基于在线抱怨问题的识别和面向语言对象的复合相似度计算，在线抱怨案例检索通过案例表示和相似度计算得以实现。

10.2.3 在线抱怨自动处理的关键方法

1. 在线抱怨问题识别方法

对于抱怨者而言，在线抱怨问题是遭遇服务失败的显性表示，也是发布抱怨的触发点；对于企业而言，服务恢复始于抱怨问题的识别（Hart et al.，1989）。在线抱怨问题的识别不仅有助于企业分析抱怨者的抱怨需求，辅助企业产品或服务的设计和改进，也能为抱怨者提供针对抱怨问题解决的信息，以满足抱怨者需求。因此，本章提出一种考虑抱怨问题路径的在线抱怨问题识别方法，该方法融合组成结构分析、依存结构分析和统计分析等多种技术，并且通过抱怨目标识别、抱怨问题触发核心词识别和抱怨问题路径抽取三大步骤实现在线抱怨问题的识别。

抱怨问题是抱怨内容反映的产品或服务存在问题的抽象表示，它主要由抱怨产品或服务、描述抱怨目标问题状态的核心词及以此两者为核心的问题描述路径组成。在线抱怨问题 P 可形式化表示为三元组，即

$$P=\langle \text{Tar, Cor, Path} \rangle \tag{10-1}$$

其中：Tar 表示抱怨目标（即抱怨产品或服务）名称；Cor 表示抱怨问题触发核心词（即描述抱怨目标问题状态的核心词）；Path 表示以抱怨目标和抱怨核心词为核心的抱怨问题路径。

根据上述形式化表示，抱怨问题的识别转变为三类信息的识别或抽取，即抱怨目标识别、抱怨问题触发核心词识别和抱怨问题路径抽取。基于此，通过引入组成结构分析、依存结构分析和统计分析技术，设计在线抱怨问题的识别模型，实现抱怨产品及其属性、抱怨问题触发核心词的识别以及以抱怨产品及其属性、抱怨问题触发核心词为核心的抱怨问题路径抽取。

2. 复合相似度计算方法

针对不同语言对象的相似度计算问题，研究了复合相似度计算模型，实现从参数求解到不同语言对象或不同层级的语言对象相似度计算方法选取的复合相似度计算模型的构建。

根据不同层面的自然语言相似度计算的语义和语法需求，以矩阵运算和典型相关分析为工具，选定多个应用于语言对象相似度计算的局部相似度计算方法，通过线性组合的方式组合并构建复合相似度计算模型，并通过最大化皮尔森相关系数确定局部相似度计算方法和按照局部相似度计算方法的贡献程度进行权重赋值。

设 I_1 和 I_2 为两个语言对象（即概念、词语或文本），$f_i(I_1)$ 和 $f_i(I_2)$ 分别为语言对象 I_1 和 I_2 的第 i 个特征，$\text{Sim}(f_i(I_1), f_i(I_2))$ 分别为语言对象 I_1 和 I_2 的第 i 个特征的相似度。语言对象 I_1 和 I_2 的整体相似度（即复合相似度）定义为

$$\text{Sim}(I_1, I_2) = \sum_{i=1}^{n} w_i \text{Sim}(f_i(I_1), f_i(I_2)) \tag{10-2}$$

其中：$w_1, w_2, \cdots, w_n$ 分别为局部相似度 $\text{Sim}(f_1(I_1), f_1(I_2))$，$\text{Sim}(f_2(I_1), f_2(I_2))$，$\cdots$，$\text{Sim}(f_n(I_1), f_n(I_2))$ 的权重。

用复合相似度计算公式的局部相似度方法确定相应权重赋值后，以人工对基准数据集的数据对的相似度评分为基准进行准确率评价，以准确度最高的模型为最终复合相似度计算模型，为在线抱怨案例相似度计算提供基础。

3. 在线抱怨案例检索方法

在线抱怨处理信息推荐是解决互联网平台信息过载的重要方法，也是在线抱怨处理的最后步骤。本章基于在线抱怨问题识别和面向语言对象的复合相似度计算模型，有效抽取在线抱怨案例的抱怨产品及其属性和抱怨问题等表示特征，并计算基于多种语言对象表示的在线抱怨案例相似度，针对在线抱怨的信息需求，基于本体和 CBR 设计并实现在线抱怨案例检索，具体形式化模型如下。

根据在线抱怨特征、处理要求及处理要素，通过领域知识概括等方法构建在线抱怨处理的领域本体。在线抱怨案例形式化表示为七元组，即

$$C = (N, D, C, D, P, T, S) \tag{10-3}$$

其中：N 表示案例序号；D 表示案例最后修改时间；C 表示案例中的抱怨内容发布者；$D = \{D_1, D_2, \cdots, D_m\}$ 表示案例中 m 个抱怨产品及其属性的集合；$P = \{P_1, P_2, \cdots, P_u\}$ 表示案例中 u 个抱怨问题的集合；T 表示案例的抱怨背景；$S = \{S_1, S_2, \cdots, S_x\}$ 表示案例抱怨对应的解决方案集合。

根据抱怨内容表示的显著性，本章在案例表示特征中选取抱怨产品及其属性、抱怨问题和抱怨背景作为案例相似度计算指标，并分别计算目标案例 C_1 和源案例 C_2 的抱怨产品及其属性相似度 $Sim(D_1, D_2)$、抱怨问题相似度 $Sim(P_1, P_2)$ 和抱怨背景相似度 $Sim(T_1, T_2)$。

考虑到抱怨产品及其属性、抱怨问题是本体概念，抱怨背景是文本内容等不同层次的语言对象，本章应用面向语言对象的复合相似度模型计算抱怨目标案例 C_1 和源案例 C_2 的相似度 $Sim(C_1, C_2)$，具体计算式为

$$Sim(C_1, C_2) = w_1 Sim(D_1, D_2) + w_2 Sim(P_1, P_2) + w_3 Sim(T_1, T_2) \tag{10-4}$$

其中：w_1、w_2 和 w_3 分别为 $Sim(D_1, D_2)$、$Sim(P_1, P_2)$ 和 $Sim(T_1, T_2)$ 的权重因子。

基于案例复合相似度 Sim 的大小评价两个案例的匹配程度，越趋近于 1 说明匹配程度越高；反之亦然。根据与目标案例匹配程度，将源案例所对应的抱怨问题解决方案按从高至低的顺序推荐给抱怨者。

10.3　在线抱怨问题的识别方法

10.3.1　在线抱怨识别的问题

意见挖掘是热门的研究课题，产品特征抽取和产品特征的情感极性识别是其中的两个主要研究问题（Moghaddam，2012），它们关注的焦点是顾客对评论中涉及的产品特征的情感极性是正、负还是中立。虽然关于具体的产品特征的情感表达语句可通过情感分类技术进行识别，但是产品设计人员和抱怨处理的一线员工的信息需求仍无法得到满足。许多意见挖掘方法可以准确区分文本描述的产品特征，但是却不能挖掘顾客对产品表达消极情绪或对产品不满意的具体原因。

Solovyev 等（2014）提出了基于词典的问题提取方法，该方法采用模式匹配的方式实现问题的提取，它简单直观且易于操作，但简单的模式匹配降低了抽取的准确性。Gupta（2013）、Ivanov 等（2014）通过构建问题识别规则来对问题进行抽取，这样可在一定程度上提高准确性，但问题识别规则的构建需要较强的专家知识，且规则规模小会导致准确性的降低，规模大又会增加成本。为了减少成本且同时提高准确性，De 等（2008）、Tutubalina

等（2014）及 Tutubalina（2015）将抱怨问题结构化为由目标短语和触发短语组成的二元组，其中目标短语表示领域依存客体（即抱怨产品及其特征），触发短语是抱怨产品及其特征的问题状态描述，从而将抱怨问题的抽取转化为目标短语的抽取和触发短语的抽取。他们首先基于触发短语库识别触发短语，再根据触发短语和目标短语之间的语法特征、语义特征及相互关系确定目标短语，最后组合触发短语和目标短语，实现抱怨问题的自动识别。上述学者的方法避免了问题识别规则的构建，进一步提高了问题识别的准确性，然而，这些方法因为忽略了触发短语与目标短语之间的句法关系而对问题识别的准确性造成影响。

10.3.2 在线抱怨的组成要素与识别框架

1. 在线抱怨的组成要素

在线抱怨问题是抱怨内容反映的产品或服务存在问题的抽象表示，它主要由抱怨目标短语、触发核心词及抱怨问题路径组成。

（1）抱怨目标短语（Tar）。作为抱怨目标，抱怨产品或服务及其特征是抱怨问题中抱怨情绪指向对象，它是抱怨问题不可或缺的部分。本章将抱怨产品或服务及其特征定义为抱怨目标短语，如"根本就无法接收短信"中"短信"就是抱怨目标短语。

（2）触发核心词（Cor）。考虑到描述抱怨产品及其特征的问题状态的触发短语缺乏固定的模式，触发短语的核心词（即描述目标短语问题状态的触发短语的核心词）被定义为触发核心词。例如，"无法接收"是触发短语，"接收"则是触发核心词。

（3）抱怨问题路径（Path）。抱怨目标短语和抱怨触发短语的简单组合可形成抱怨问题，但这样的简单组合忽略了两者间的句法关系。本章将这样的句法关系定义并表示为抱怨问题路径。

2. 在线抱怨的识别框架

抱怨问题的识别可分解为抱怨目标短语的识别、触发核心词的识别及抱怨问题路径的抽取。基于此，通过引入组成结构分析、依存结构分析和统计学习技术，设计出如图 10-3 所示的识别框架。

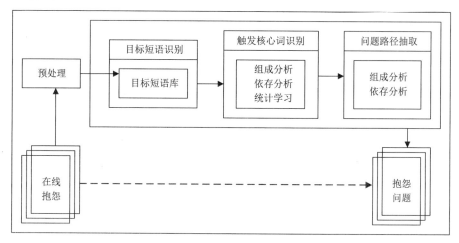

图 10-3　在线抱怨问题识别框架

10.3.3 在线抱怨目标短语的识别

作为抱怨问题识别的一个重要组成部分，抱怨目标短语识别是后续触发核心词识别和抱怨问题路径抽取的基础。通常情况下，抱怨目标短语指的是在线抱怨涉及的产品或服务及其特征，其中产品特征又分为显性产品特征和隐性产品特征。显性产品特征即直接出现在句子里的产品特征，如"这里的信号好差"中"信号"即为显性产品特征；隐性产品特征即没有直接出现在句子里，以其他词语描述的间接方式出现的产品特征，如"啥都没做就用了 10MB"中"10MB"所描述的手机流量即隐性产品特征。

在意见挖掘领域，Liu 等（2010）、Kurihara 等（2015）、Lee 等（2016）为产品特征识别提出了很多不同的方法，这些方法有效地实现了产品特征的自动抽取，然而，它们需要大量难以获得的标记数据，且较难直接应用于其他领域。本章通过搜集领域常用产品及其特征描述的词汇构建抱怨目标短语库，并根据是否与所建短语库匹配的方式完成抱怨目标短语的识别。

10.3.4 触发核心词的识别

作为抱怨问题识别的关键，触发核心词的识别在抱怨问题识别中具有承上启下的作用，一则因为触发核心词的存在与抱怨目标短语相对应，二则抱怨目标短语及其触发核心词是抱怨问题路径抽取的基础。

在触发核心词识别过程中，如何确保抱怨目标短语与所识别的触发核心词相对应是一个不可回避的问题。为解决这个问题，先将在线抱怨内容进行分句，再进行语法分析，以确保抱怨目标短语和触发核心词在同一个句子中；再者，在进行句法依存分析时，只将句子中与抱怨目标短语存在依存关系的词语作为候选触发核心词，其他词语不予考虑。在进行这样的预处理后，可作以下假设。

假设 10.1 抱怨目标短语和触发核心词在同一句子中。

假设 10.2 在句法分析中，触发核心词必须与抱怨目标短语存在依存关系。

基于上述假设，可将与抱怨目标短语在同一句子且存在依存关系的词语确定为候选触发核心词，再将触发核心词的识别转换成一个二元分类问题，并训练一个有监督的高斯核 SVM 分类器进行分类。SVM 分类器通过学习触发核心词的特征，以判定候选触发核心词是否为既定抱怨目标短语对应的触发核心词，从而完成触发核心词的识别。

SVM 是 Vapnik 等在统计学习理论基础上提出的有监督的机器学习模型，它被广泛应用于分类、回归分析及模式识别。对于二元分类，SVM 主要通过核函数将原始空间数据映射到高维特征空间，以解决低维空间中线性不可分的问题。具体地，设 $T = \{(x_1, y_1), (x_2, y_2), \cdots, (x_N, y_N)\}$ 为训练数据集，其中 $x_i \in X = R^N$，$y_i \in Y = \{-1, 1\}(i = 1, 2, \cdots, N)$。若存在向量 ω 和标量 b，满足 Mercer 定理的半正定核函数 K[SVM 核函数主要有线性核函数、多项式核函数、高斯核函数、拉普拉斯核函数和 Sigmoid 核函数，选择式（10-5）所示的高斯核函数]，即

$$K(x_i, x_j) = \exp\left(-\frac{\left\|x_i - x_j\right\|}{2\delta^2}\right) \tag{10-5}$$

且通过 K 的数据 x_i 从原始输入空间 X 到高维特征空间 F 的映射 $\phi(x_i)$ 满足

$$\begin{cases} \boldsymbol{\omega}^{\mathrm{T}}\phi(x_i)+b \geqslant 0, \ y_i=1 \\ \boldsymbol{\omega}^{\mathrm{T}}\phi(x_i)+b < 0, \ y_i=-1 \end{cases} \tag{10-6}$$

则将分类函数 $f(x)$ 定义为

$$f(x)=\boldsymbol{\omega}^{\mathrm{T}}\phi(x)+b \tag{10-7}$$

通过引入松弛变量 ξ_i 和惩罚参数 C，SVM 最大间隔分类函数可表示为

$$\min\left(\frac{1}{2}\|\boldsymbol{\omega}\|^2+C\sum_{i=1}^{N}\xi_i\right) \tag{10-8}$$

其中：$\xi_i \geqslant 0$ 且 $y_i(\boldsymbol{\omega}^{\mathrm{T}}\phi(x)+b) \geqslant 1-\xi_i$。

根据原始问题的特殊结构，通过拉格朗日对偶性将最大间隔分类函数转换为以下对偶变量优化问题，即

$$\begin{cases} \max\left(\sum_{i=1}^{N}\alpha_i-\frac{1}{2}\sum_{i,j=1}^{N}\alpha_i\alpha_j y_i y_j k(x_i,x_j)\right) \\ 0 \leqslant \alpha_i \leqslant C \\ \sum_{i,j=1}^{N}\alpha_i y_j=0 \end{cases} \tag{10-9}$$

最后，通过序列最小最优化 SMO 算法对拉格朗日乘子 α 进行求解，可解出 $\boldsymbol{\omega}$ 和 b，即

$$\begin{cases} \boldsymbol{\omega}=\sum_{i=1}^{N}\alpha_i y_i \phi(x_i) \\ b=-\dfrac{\max_{i:y_i=-1}\{\boldsymbol{\omega}^{\mathrm{T}}x_i\}+\min_{i:y_i=1}\{\boldsymbol{\omega}^{\mathrm{T}}x_i\}}{2} \end{cases} \tag{10-10}$$

根据解出的 $\boldsymbol{\omega}$ 和 b，可确定基于训练数据集 T 的分类函数 $f(x)$，并将其用于测试数据的分类。

对于 SVM 分类特征，可通过包括组成结构分析和依存结构分析在内的句法分析和统计分析获取，获取后的词语特征如表 10-1 所示。

表10-1　词语特征

特征类型	特征描述
位置特征	是否是第一个词语；是否是最后一个词语；在句子中的现有位置；与抱怨目标的位置距离
语法特征	词性；是否是否定词；是否是负面词；是否与否定词存在依存关系；是否与负面词存在依存关系；是否与"把""被""让"这类词存在依存关系；与抱怨目标的依存关系
统计特征	与抱怨目标的共现次数；在线抱怨库中出现的次数

由表 10-1 可知，获取的词语特征包括位置特征、语法特征和统计特征，其中位置特征反映了词语在句子中所处的位置，它包括是否是句子第一个词语和最后一个词语、在句子中的现有位置及与抱怨目标的位置距离；语法特征用于衡量词语自身及作为句子成分所存在的语法特征，它包括词语自身的词性、是否为否定词或负面词、是否与否定词或负面词存在依存关系、是否与"把""被""让"这类词存在依存关系及与抱怨目标的依存关系；统计特征用于描述候选触发核心词在在线抱怨领域的重要性及与抱怨目标的关联强度，它包括与抱怨目标的共现次数和在线抱怨库中出现的次数。

基于如上叙述，可设计以下触发核心词识别算法。

算法 10-1　　触发核心词识别算法
功能：识别与抱怨目标短语对应的触发核心词
输入：抱怨目标短语 Tar； 　　　句子 Sent 的依存结构树 DT={DP, DR}，其中 DP 为 DT 的节点集合{dp_i}(i=1, 　　　2,…, M；dp_m=Tar；dp_n=Cor；$1 \leqslant m$, $n \leqslant M$)，DR 为节点间的依存关系集合{dr(dp_i, 　　　dp_k)}(i、k=1, 2,…, N)；句子 Sent 的组成结构树 CT={CP, CR}，其中 CP 为组成结 　　　构树的节点集合{cp_j}(j=1, 2,…, A；cp_a=Tar；cp_b=Cor, $1 \leqslant a$, $b \leqslant A$)，CR 为节点间的 　　　依存关系集合{cr(cp_j, cp_s)}(j、s = 1, 2,…, B)；
输出：与抱怨目标 Tar 对应的触发核心词 Cor
Start
Step1　　**for** integer $i \leftarrow$1 **to** M **do** 　　　　　　**if** dr(dp_i, Tar)∈DR or dr(Tar, dp_i)∈DR 　　　　　　　　**then** 将 dp_i 加入候选触发核心词集 CW 中 　　　　CW ← {dp_p}(p = 1, 2,…, P)
Step2　　**for** integer $p \leftarrow$1 **to** P **do** 　　　　获取每一个候选触发核心词 CW 的位置特征、语法特征及统计特征
Step3　　**for** integer $p \leftarrow$1 **to** P **do** 　　　　使用训练得到的 SVM 分类器对{dp_p}进行分类并输出分类结果 R(Tar, dp_p)
Step4　　根据 R(Tar, dp_p)找出抱怨目标短语 Tar 对应的触发核心词 Cor
End

　　算法 10-1 的功能是为既定抱怨目标短语识别对应的触发核心词，它以句子 Sent 的依存结构、组成结构和抱怨目标短语 Tar 为输入，以与 Tar 对应的触发核心词为输出。首先，通过判断词语与给定的 Tar 是否存在依存关系，为 Tar 确定候选触发核心词；其次，通过组成结构分析、依存结构分析和统计分析获取候选触发核心词的位置特征、语法特征和统计特征；最后，使用训练得到的 SVM 分类器对候选触发核心词进行分类，若 R(Tar, dp_p) = 1，则确定 dp_p 为与 Tar 对应的触发核心词。

10.3.5　抱怨问题路径的抽取

　　作为抱怨的核心，抱怨问题通常采用否定或负面词汇来描述抱怨目标短语的问题状况。因此，如果抱怨目标短语存在问题状况，那么触发核心词要么是否定词或负面词，要么存在否定词修饰或负面词修饰。相应地，如果触发核心词是否定词或负面词，或存在否定词修饰或负面词修饰，那么其所对应的抱怨目标短语极有可能存在问题状况。另外，为了提高抱怨问题抽取的准确性，对双重否定的情况进行了过滤，如果触发核心词是否定词或负面词，且存在否定词修饰或负面词修饰，那么抱怨目标短语不存在问题状况。鉴于此，可做出以下假设。

　　假设 10.3　如果触发核心词是否定词或负面词，且不存在否定词修饰或负面词修饰，那么抱怨目标短语存在问题状况。

　　假设 10.4　如果触发核心词是非否定词或负面词，但与否定词或负面词存在特定的依存关系，那么抱怨目标短语存在问题状况。

　　假设 10.5　如果触发核心词是否定词或负面词，且与否定词或负面词存在特定的依存关系，那么抱怨目标短语不存在问题状况。

在确定抱怨目标短语是否存在问题状况后，如何抽取抱怨问题是接下来的工作。当触发核心词属于否定词或负面词，且不存在否定词修饰或负面词修饰时，该触发核心词就是 Gupta（2013）定义的触发短语；当触发核心词属于非否定词或负面词，但与否定词或负面词存在特定的依存关系时，触发核心词和否定修饰词或负面修饰词的组合就是触发短语。然而，通过抱怨目标和触发短语的识别并将两者简单组合的表示抱怨问题的方法无法取得理想的准确性（下一小节的实验部分将给出其具体的准确性指标值），这是因为这样的组合忽略了两者间的句法关系。

鉴于此，将抱怨问题表示为由抱怨目标短语、触发核心词及触发核心词的否定修饰词或负面修饰词组成的最小树 Sub-tree，从而较好地考虑了三者间的句法关系。通过判定是否存在与触发核心词存在特定依存关系的否定词或负面词和判定触发核心词是否是否定词或负面词，可归纳出表 10-2 所示的抱怨问题路径抽取模式。

表10-2　抱怨问题路径抽取模式

触发核心词 Cor	否定词或负面词	非否定词或负面词
存在否定修饰词或负面修饰词	空值	以抱怨目标短语、触发核心词及其否定修饰词或负面修饰词为核心的 Sub-tree
无否定修饰词或负面修饰词	以抱怨目标短语和触发核心词为核心的 Sub-tree	空值

当触发核心词存在否定修饰词或负面词修饰时，若触发核心词为否定词或负面词，则返回空值（表示无抱怨问题）；若触发核心词为非否定词或负面词，则采用由抱怨目标短语、触发核心词及触发核心词的否定修饰词或负面修饰词组成的 Sub-tree 来表示抱怨问题。当触发核心词不存在否定修饰词或负面修饰词时，若触发核心词为否定词或负面词，则采用由抱怨目标短语和触发核心词组成的 Sub-tree 来表示抱怨问题；若触发核心词为非否定词或负面词，则返回空值。

例如，"这里的信号好差"中的抱怨目标短语"信号"对应的触发核心词"差"为负面词且无否定词修饰或负面词修饰，因此采用由"信号"和"差"组成的 Sub-tree 来表示抱怨问题；"根本就无法接收短信"中的抱怨目标短语"短信"对应的触发核心词"接收"为非负面词或否定词，但存在否定词"无法"修饰，因此采用由"短信""接收""无法"组成的 Sub-tree 来表示抱怨问题。抱怨问题路径抽取的具体流程如图 10-4 所示。

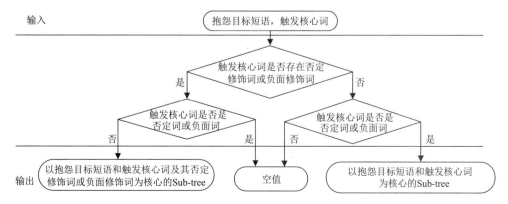

图 10-4　抱怨问题路径抽取的具体流程

基于上述分析，可设计以下基于组成结构和依存结构的抱怨问题路径抽取算法。

算法 10-2　抱怨问题路径抽取算法

功能： 抽取抱怨问题路径 Path

输入： 负面词和否定词词库 CN

句子 Sent 的依存结构树 DT={DP, DR}，其中 DP 为 DT 的节点集合{dp_i}(i=1, 2,…,M; dp_m=Tar; dp_n= Cor; 1≤m, n≤M)，DR 为节点间的依存关系集合{dr(dp_i, dp_k)}(i, k=1, 2,…, N)；句子 Sent 的组成结构树 CT={CP, CR}，其中 CP 为组成结构树的节点集合{cp_j}(j=1, 2,…, A; cp_a=Tar; cp_b=Cor, 1≤a, b≤A)，CR 为节点间的依存关系集合{cr(cp_j, cp_s)}(j、s=1, 2,…, B)；

抱怨目标短语 Tar 及其对应的触发核心词 Cor；

依存关系集合 DRSet={advmod, dvpmod, neg, dep, prep, mmod, nsubj, dobj, clf, ccomp, auxpass, ba}

输出： 抱怨问题路径 CC 所在的最小组成结构树 Sub-tree

Start

Step1　从 CT 中抽取 Tar 与其对应的 Cor 间的最短组成路径 SCP = {scp_j}(j = 1, 2,…, L; scp_r 为根节点)

Step2　CC ← SCP

Step3　**for** dp_i∈DP\{Tar, Cor} **do**

　　　　if dr(dp_i, Cor)∈DRSet or dr(Cor, dp_i)∈DRSet and dp_i∈CN **then**

　　　　　　if Cor∈∉CN **then**

　　　　　　　　xx ← dp_i

　　　　　　　　在 CT 中搜索与 xx 对应的节点 $Node_{xx}$，并将连接 $Node_{xx}$ 和 scp_r 的路径添加至 CC 中

　　　　　　　　return CC 所在的最小组成结构树 Sub-tree

　　　　　　else if Cor∈CN **then** turn to **Step5**

　　　　else turn to **Step4**

Step4　**if** Cor∈CN **then**

　　　　return CC 所在的最小组成结构树 Sub-tree

　　　　else turn to **Step5**

Step5　返回空值

End

算法 10-2 的功能是实现基于组成结构分析和依存结构分析的抱怨问题路径抽取，它以一个负面词和否定词词库 C_N、句子的依存结构树 DT、组成结构树 CT、抱怨目标短语 Tar 及其对应的触发核心词 Cor 及一个依存关系集合 DRSet 为输入，以抱怨问题路径为输出。首先，从 CT 中抽取 Tar 与其对应的 Cor 之间的最短组成路径 SCP；其次，将抱怨问题组成路径初始化为 SCP；最后，通过判定依存结构树节点 dp_i 是否是与 Cor 存在属于 DRSet 的某种依存关系的负面词或否定词和判定 Cor 是否属于 C_N 来返回抱怨问题路径的抽取结果。判定过程具体如下：

（1）若 dp_i 是与 Cor 存在属于 DRSet 中的某种依存关系的负面词或否定词，且 Cor 不

属于 C_N，则将与 dp_i 对应的 CT 的叶子节点标记为 $Node_{xx}$，再将从 $Node_{xx}$ 到 Tar 与其对应的 Cor 之间的最短组成结构树 SCP 的根节点 scp_r 的这段路径添加到抱怨问题组成路径 CC 中，最后将问题组成路径 CC 所在的 Sub-tree 作为抱怨问题抽取结果。

（2）若 dp_i 是与 Cor 存在属于 DRSet 中的某种依存关系的负面词或否定词，且 Cor 属于 C_N，则转至结束以空值返回。

（3）若 dp_i 不是与 Cor 存在属于 DRSet 中的某种依存关系的负面词或否定词，且若 Cor 属于 C_N，则直接返回 Tar 与其对应的 Cor 所在的 Sub-tree 作为抱怨问题抽取结果。

（4）若 dp_i 不是与 Cor 存在属于 DRSet 中的某种依存关系的负面词或否定词，且 Cor 不属于 C_N，则结束以空值返回。

为了更好地表述抱怨问题路径 CC 的生成过程，这里以在线抱怨"这里根本就收不了短信！"为例详细阐述。应用本节的抱怨目标短语识别方法和触发核心词识别方法，可识别出本例的抱怨目标短语和触发核心词，它们分别为"短信"和"收"，该例的抱怨问题路径抽取的过程如图 10-5 所示。

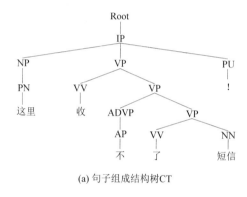

(a) 句子组成结构树CT

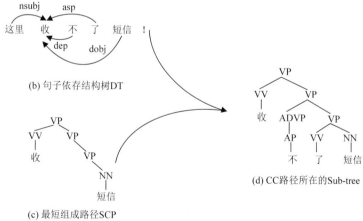

图 10-5　抱怨问题路径的抽取过程

① 通过 Stanford Parser 句法解析，获取图 10-5（a）和（b）所示的句子组成结构树（CT）和句子依存结构树（DT），并获取图 10-5（c）所示的抱怨目标短语"短信"和触发核心词"收"的最短组成路径 SCP，且将抱怨问题路径 CC 初始化为 SCP。

② 根据算法 10-2 的 Step3 进行判定，可得除抱怨目标短语"短信"和触发核心词"收"外，DP 中与触发核心词"收"存在特定依存关系的有"这里""不""了"，其中只有"不"

属于否定词。

③ 查找负面词和否定词词库 C_N，得知触发核心词"收"既非负面词也非否定词，故将从"不"到 SCP 的根节点 VP 的路径（即"不→AP→ADVP→VP"）合并到 CC 中，再根据 CT 可知得 CC 路径所在的最小组成结构树，见图 10-5（d）。

④ 返回抱怨问题抽取结果"收不了短信"。

10.3.6 实验与结果分析

1. 数据收集和预处理

为了测试所提抱怨问题识别方法的准确性，本章从新浪微博随机选取 281 条与中国移动相关的抱怨微博作为实验数据。由于这些数据存在相当多的噪声，在使用之前需要对其进行一定的预处理，以消除不必要的干扰。预处理的过程如下：

（1）去除散列标签。抱怨微博文本中存在很多散列标签（如 URL、"#"、"@"），它们有时作为句子的一部分存在，而有时却只作为引用标签存在，本步骤从抱怨微博文本中去除无意义的散列标签，留存那些作为句子成分和陈述了抱怨问题的标签。

（2）还原简写。由于微博具有自由编辑的特性，微博用户在发表微博抱怨时有可能会使用简写，比如"中移"和"中移动"都是"中国移动"的简写。尽管人们可以很轻易地分析和理解这些简写，但是要实现自动地分析和理解它们仍存在困难。为处理这些简写，本步骤通过人工构建一个简写还原词库，只要出现在词库中的简写就进行相应的还原，如若出现"中移"和"中移动"，则将它们还原为"中国移动"。

（3）去除重复符号和表情符号。为了实现多样化的表达，用户可以通过使用重复符号和表情符号来表达特定的情绪，由于这里主要通过文本分析进行抱怨问题识别研究，不涉及抱怨微博识别所需的情感信息，故不需要对重复符号和表情符号进行分析，因此可去除重复符号和表情符号，以避免不必要的干扰。

（4）分句。考虑到抱怨微博文本通常由多个句子组成，为了保证句子组成分析和依存分析的准确性和便捷性，实验对抱怨微博文本进行了分句处理。

在完成必要的预处理后，实验从 281 条抱怨微博中获取了 756 个句子，其中 318 个句子中包含至少一个抱怨问题，而 438 个句子没有包含抱怨问题，具体的实验数据统计情况如表 10-3 所示。

表10-3　实验数据统计

实验数据	数量	备注
微博数量	281	—
句子数目	756	—
微博句子平均数	2.69	—
不存在抱怨问题的句子数目	438	—
存在抱怨问题的句子数目	318	249（训练集）；69（测试集）
问题句子涉及抱怨目标短语数目	735	—
问题句子涉及候选触发核心词数目	1363	1040（训练集）；323（测试集）

实验以 318 个（至少包含一个抱怨问题）句子为输入，通过完成抱怨目标短语和触发

核心词的识别及抱怨问题的抽取 3 个任务实现抱怨问题的识别。在触发核心词识别实验中，实验通过句法分析，从 318 个句子中获取了 1363 个与抱怨目标短语存在依存关系的词语，其中以 249 个句子中的 1040 个词语作为训练集，69 个句子中的 323 个词语作为测试集；在抱怨问题抽取实验中，根据抱怨产品及其特征，以触发核心词识别实验所识别的触发核心词为核心，基于组成分析和依存分析对抱怨问题进行抽取，实验以触发核心词识别实验的 249 个句子作为训练集，69 个句子为测试集。为了评价算法 10-1 和算法 10-2，实验基于现有的知识库信息和专家意见，采用内容编码的方式对实验数据进行触发核心词和抱怨问题的标注。

2. 实验设计和评价指标

实验将触发核心词的识别问题转化为分类问题，并选用 SVM 包 LibSVM 完成分类任务。在进行触发核心词识别实验和抱怨问题抽取实验之前，先构建描述抱怨产品及其特征的词库，并基于该词库进行抱怨目标短语的识别。

在触发核心词识别实验中，先通过 Stanford Parser 进行句法分析，获取与抱怨目标短语存在依存关系的词语，将这些词语作为候选触发核心词，再根据句法分析、负面词库、否定词库和抱怨微博句库获取候选触发核心词的位置特征（C_L）、语法特征（C_{Syn}）和统计特征（C_{Sta}），实验通过这三类特征的几种不同组合，即 C_L、C_{Syn}、C_{Sta}、$C_{L\&Syn}$（C_L+C_{Syn}）、$C_{L\&Sta}$（C_L+C_{Sta}）、$C_{Syn\&Sta}$（$C_{Syn}+C_{Sta}$）、$C_{L\&Syn\&Sta}$（$C_L+C_{Syn}+C_{Sta}$），实现触发核心词的分类，并通过结果比较选取效果最好的组合。在实验中，负面词和否定词词库一部分是根据 HowNet 提供的 3116 个中文负面情感词语和 1254 个负面评价词语构建的，另一部分是通过收集如"不""不是""无"及"没"等 12 个常用否定词构建的。此外，还根据通信服务行业特征对词库进行了一定扩充，增加了如"慢""断""篡改"和"擅自"等 34 个词语；抱怨微博句库通过收集 1642 条抱怨微博的 4602 个句子构建。

在抱怨问题的抽取实验中，以识别的抱怨目标短语及其对应的触发核心词为核心，根据句法分析获取满足特定条件的抱怨目标短语和触发核心词所在的最小组成分析树，以实现抱怨问题的抽取。另外，选用 3 个模型进行对比，即通过抱怨目标短语和触发核心词表示抱怨问题的模型 M_1，通过抱怨目标短语、触发核心词及其负面修饰词或否定修饰词所在路径表示抱怨问题的模型 M_2，通过抱怨目标短语、触发核心词及其负面修饰词所在路径的合并路径中父类只存在唯一子类的分支表示抱怨问题的模型 M_3，验证本节所采用的以抱怨目标短语、触发核心词及其负面修饰词或否定修饰词所在的 Sub-tree 来表示抱怨问题的方法有效性。

关于评价指标，实验使用标准的机器学习评价指标（包括准确率 A、精确度 P、召回率 R 和 F_1 值）对触发核心词的识别实验和抱怨问题的抽取实验进行评价。其中，A 表示评价总体分类的正确性，它通过正确识别的个体数量（AIN）与所有个体总数（TN）的比值计算；P 表示方法所识别个体（触发核心词和抱怨问题）的准确性，它通过正确识别为类别 i 的个体数量 AIN(i)与被识别为类别 i 的个体总数 IN(i)的比值计算；召回率 R 表示方法所识别个体的完整性，它通过正确识别为类别 i 的 AIN(i)与所有类别为 i 的个体总数 TN(i)的比值计算；F_1 值是精确度和召回率的调和平均数。各评价指标的具体计算公式为

$$A = \text{AIN} \,|\, \text{TN} \tag{10-11}$$
$$P(i) = \text{AIN}(i) \,|\, \text{IN}(i) \tag{10-12}$$

$$R(i) = \text{AIN}(i) \,|\, \text{TN}(i) \qquad (10\text{-}13)$$
$$F_1(i) = [2P(i)R(i)] \,|\, [P(i) + R(i)] \qquad (10\text{-}14)$$

对于抱怨问题识别正确与否的判定，实验采用近似匹配的方式（即若抽取获得的抱怨问题与人工标注的抱怨问题共有词语占人工标注抱怨问题的比例大于给定阈值 α，则它被判定为被正确识别的抱怨问题；否则，该抱怨问题不是被正确识别的抱怨问题）。另外，实验给 α 分别赋值 50%、75%和 100%，并对比了不同赋值下 M_1、M_2、M_3 和 Sub-tree 方法的效果。

3. 实验结果和分析

根据上述实验设计和评价指标设定，触发核心词识别实验和抱怨问题抽取实验的结果分别如表 10-4 和表 10-5 所示。

表10-4　触发核心词识别实验结果及其对比

算法	C_L	C_{Syn}	C_{Sta}	$C_{L\&\text{Syn}}$	$C_{L\&\text{Sta}}$	$C_{\text{Syn}\&\text{Sta}}$	$C_{L\&\text{Syn}\&\text{Sta}}$
准确率	0.7492	0.8824	0.7802	0.8142	0.7957	0.7957	0.8111
精确度	0	0.8644	0.6190	0.7839	0.7143	0.6667	0.7500
召回率	0	0.6296	0.3210	0.3580	0.3086	0.3704	0.3704
F_1 值	0	0.7286	0.4228	0.4915	0.4310	0.4762	0.4959

表10-5　抱怨问题抽取实验结果及其对比

算法	$A/\%$	准确率	精确度	召回率	F_1 值
M_1	50	0.47	0.8704	0.5054	0.6395
	75	0.36	0.8372	0.3871	0.5294
	100	0.35	0.8333	0.3763	0.5185
M_2	50	0.48	0.8727	0.5161	0.6486
	75	0.46	0.8679	0.4946	0.6301
	100	0.42	0.8571	0.4516	0.5915
M_3	50	0.49	0.8750	0.5269	0.6577
	75	0.47	0.8704	0.5054	0.6395
	100	0.45	0.8654	0.4839	0.6069
Sub-tree	50	0.50	0.8772	0.5376	0.6667
	75	0.50	0.8750	0.5269	0.6577
	100	0.48	0.8704	0.5054	0.6395

由表 10-4 可知，在触发核心词的识别实验中只考虑语法特征的触发核心词分类模型 C_{Syn} 的效果最佳（其中准确率为 88.24%，精确度为 86.44%，召回率为 62.96%和 F_1 值为 72.86%，4 个评价指标值皆大于其他模型），这说明模型 C_{Syn} 在触发核心词识别中具有明显优势。在单类特征模型中，C_{Syn} 的效果最佳，C_{Sta} 次之，C_L 最差；在多类特征模型中，考虑位置特征、语法特征和统计特征的模型 $C_{L\&\text{Syn}\&\text{Sta}}$ 的效果（$F_1=0.4959$）最佳，但与 $C_{L\&\text{Syn}}$、$C_{L\&\text{Sta}}$ 和 $C_{\text{Syn}\&\text{Sta}}$ 的效果相差不大，且 4 个多类模型的触发核心词识别效果皆优于单类特征

模型 C_L 和 C_{Sta}，但皆劣于 C_{Syn}，这说明语法特征显著性有助于触发核心词的识别，尽管位置特征和统计特征也可以用于触发核心词的识别，但其显著性明显低于语法特征。

基于上述触发核心词识别实验结果对比，实验采用效率最高的模型 C_{Syn} 进行触发核心词的识别，并基于抱怨目标短语和识别的触发核心词进行抱怨问题的抽取（表 10-5 给出的是在此种情况下的结果）。由表 10-5 可知，这里所提的 Sub-tree 模型抽取的抱怨问题的准确率、精确度、召回率和 F_1 值皆高于其他对比模型，M_3 次之，M_2 第三，而 M_1 最差，这说明仅仅是抱怨目标短语和触发核心词的简单组合不能很好地表示抱怨问题，而考虑这两者间的句法关系（即以这两者为核心获取负面修饰词或否定修饰词，并将它们合并至抱怨问题路径中）的 Sub-tree 模型的准确性明显有所提高。

通过表 10-5 结果的比较，4 个对比模型都遵从阈值 α 递增而效果递减的规律，这说明计算机抽取抱怨问题与人工抽取抱怨问题的匹配度要求越高，则模型的效果越差。阈值 α 的设定对效果影响最小的是囊括最全面抱怨信息的 Sub-tree 模型，这说明若模型抽取的抱怨问题囊括的信息越多，则模型的效果越好，且阈值 α 的设定对模型效果的影响越小。在阈值 α 一定的情况下，Sub-tree 模型的效果皆优于其他 3 个模型。当 $\alpha=50\%$ 时，4 个模型的准确率、精确度、召回率和 F_1 值基本上相差无几，但随着阈值 α 递增至 75% 和 100% 时，Sub-tree 模型的效果和其他模型的效果的差距递增。

综上所述，本节进行的实验有以下发现：

（1）语法特征对提高抱怨问题触发核心词识别的准确性具有显著作用。

（2）抱怨目标短语和抱怨问题触发核心词的简单组合不能很好地表示抱怨问题，考虑两者间的句法关系可以提高抱怨问题识别的准确性。

（3）计算机抽取抱怨问题与人工抽取抱怨问题的匹配度要求越高，则模型的效果越差；模型抽取的抱怨问题囊括的信息越多，则模型的效果越好，且匹配度对模型效果的影响越小。

10.4　复合相似度的计算方法

10.4.1　复合相似度的问题

在相似度计算的一些实际应用中，可能会遇到这样的情况：通过选取两种或更多在相同或不同语言层级的相似度计算方法来测算两个语言对象的特征的相似度，以及以计算这些相似度的权重和的方式获取语言对象的整体相似度。Rodríguez 等（2003）将两个词语的整体相似度定义为它们同义词集、显著性特征（如属性、组成等）和语义邻居相似度的加权和，而这些同义词集、显著性特征和语义邻居的相似度都是通过词语层级方法进行计算的。Li 等（2006）将两个句子的整体相似度定义为句子词义和词序相似度的加权和，而词语语义和词序主要通过概念层级和句子层级的方法计算。

从这两个例子可以看出，两个语言对象相似度计算的两个关键问题如下：

（1）如何选取两个或更多相似度计算方法分别应用于语言对象特征的相似度计算。

（2）如何为选择的相似度计算方法的权重因子赋值以获取语言对象的整体相似度。

在相似度计算领域中，由于被选取的相似度计算通常被称为局部相似度计算，整体相似度计算通常被称为复合相似度计算，因此上述两个问题可总结为一个问题：如何选取局部相似度计算及为选取的局部相似度计算权重赋值以构建一个复合相似度计算。

　　针对上述问题，Rodríguez 等（2003）列出了 3 组具有固定权重的复合相似度计算，并选取准确率最高的作为最终的复合相似度计算方法，其实验结果证明他们所选取的最终复合相似度计算方法在特定情况下可以得到高准确率。Li 等（2006）分别设计了一个词义和词序的局部相似度计算，再使用固定权重将这两种方法聚合成一个复合相似度计算方法。Li 等（2003）提出了 10 种固定权重赋值的词语复合相似度计算方法，并选择准确率最高的作为最终的词语相似度计算的复合计算方法。为获取准确率更高的相似度计算方法，Li 等（2003）提供了更多的备选权重和复合相似度计算组合。但是这些具有固定权重的复合相似度计算方法难以保证其准确率。不同于上述研究，Islam 等（2008）根据等权原理构建了一个复合相似度计算方法，并应用于句子相似度的计算。

　　综上所述，现有的复合相似度计算方法的构建或通过固定权重或采用等权原理进行权重因子赋值，并且只能确保最终的复合相似度计算比列出的其他复合相似度计算方法准确率高。但是这些方法并没有考虑到如何调整局部相似度计算及其权重赋值以保证复合相似度计算方法准确率的最大化。

　　为了解决这个问题，本节研究一个可调节的高准确率复合相似度计算构建方法。

10.4.2　复合相似度计算表示

　　在自然语言处理领域，最直接的语言对象（概念、词语和文本）表示方法就是通过有限的语言对象特征进行描述。基于这样的描述，复合相似度计算定义为所有局部相似度计算的加权和，而局部相似度计算则是应用于语言对象特征的相似度计算方法。具体地，设 I_1 和 I_2 为两个语言对象，$f_i(I_1)$ 和 $f_i(I_2)$ 分别为语言对象 I_1 和 I_2 的第 i 个特征，$\mathrm{Sim}(f_i(I_1), f_i(I_2))$ 为语言对象 I_1 和 I_2 的第 i 个特征的相似度。因此，语言对象 I_1 和 I_2 的整体相似度（即复合相似度）定义为

$$\mathrm{Sim}(I_1, I_2) = \sum_{i=1}^{n} w_i \mathrm{Sim}(f_i(I_1), f_i(I_2)) \tag{10-15}$$

其中：$w_1, w_2, \cdots, w_n$ 分别为局部相似度 $\mathrm{Sim}(f_1(I_1), f_1(I_2))$，$\mathrm{Sim}(f_2(I_1), f_2(I_2)), \cdots, \mathrm{Sim}(f_n(I_1), f_n(I_2))$ 的权重，它们满足 $0 \leqslant w_1, w_2, w_3, \cdots, w_n \leqslant 1$ 且 $w_1 + w_2 + w_3 + \cdots + w_n = 1$。

　　如式（10-15）所示，$\mathrm{Sim}(I_1, I_2)$ 的值由 $w_1, w_2, \cdots, w_n$ 和局部相似度 $\mathrm{Sim}(f_1(I_1), f_1(I_2))$，$\mathrm{Sim}(f_2(I_1), f_2(I_2)), \cdots, \mathrm{Sim}(f_n(I_1), f_n(I_2))$ 共同确定，所以 n 个权重因子的赋值和 n 个局部相似度计算方法的选用将对复合相似度计算 $\mathrm{Sim}(I_1, I_2)$ 的准确率产生直接的影响。因此，在保证 $\mathrm{Sim}(I_1, I_2)$ 准确率的前提下，如何进行权重因子赋值和如何选取局部相似度计算方法是复合相似度计算方法构建的关键问题。本节首先就如何解决这两个关键问题提出了相应的解决方法，然后设计了一个高准确率的复合相似度构建算法。

10.4.3　权重赋值

　　相似度计算方法的准确性主要通过领域专家对一定量随机选取的样本评估的相似度（每个样本的相似度都是一定数量的领域专家评估相似度的均值）与方法计算所得相似度之间的皮尔森相关系数定量评价。皮尔森相关系数越大，说明相似度计算方法的准确性越高。因此，权重因子 $w_1, w_2, \cdots, w_n$ 可以通过最大化样本的人工评估相似度与 $\mathrm{Sim}(I_1, I_2)$ 的皮尔森相关系数求得。

　　具体地，设随机选取的样本数目为 N，$J(I_{i,1}, I_{i,2})(i = 1, 2, \cdots, N)$ 为第 i 个样本 $(I_{i,1}, I_{i,2})$ 的人

工评估相似度，向量 $X = [\mathrm{Sim}(f_1(I_{i,1}), f_1(I_{i,2})), \mathrm{Sim}(f_2(I_{i,1}), f_2(I_{i,2})), \cdots, \mathrm{Sim}(f_n(I_{i,1}), f_n(I_{i,2}))]^{\mathrm{T}}$，由 n 个人工评估相似度组成的向量 $Y = [J(I_{i,1}, I_{i,2})]^{\mathrm{T}}$，向量 $\omega = [\omega_1, \omega_2, \cdots, \omega_n]^{\mathrm{T}}$。所以，人工评估相似度与 $\mathrm{Sim}(I_1, I_2)$ 的皮尔森相关系数转化成 $\omega^{\mathrm{T}} X$ 和 Y 的皮尔森相关系数的计算。

$$\mathrm{pcc}(\omega^{\mathrm{T}} X, Y) = \frac{\omega^{\mathrm{T}} \mathrm{cov}(X, Y)}{\sqrt{\omega^{\mathrm{T}} \mathrm{cov}(X, X)\omega}\sqrt{\mathrm{cov}(Y, Y)}} = \frac{\omega^{\mathrm{T}} \Sigma_{XY}}{\sqrt{\omega^{\mathrm{T}} \Sigma_{XX} \omega}\sqrt{\Sigma_{YY}}} \tag{10-16}$$

其中：cov 为协方差函数；Σ_{XX}、Σ_{XY} 和 Σ_{YY} 分别为以下 $n \times n$、$n \times 1$ 和 1×1 矩阵，即

$$\Sigma_{XX} = \begin{bmatrix} \mathrm{cov}(S_1, S_1) & \mathrm{cov}(S_1, S_2) & \cdots & \mathrm{cov}(S_1, S_n) \\ \mathrm{cov}(S_2, S_1) & \mathrm{cov}(S_2, S_2) & \cdots & \mathrm{cov}(S_2, S_n) \\ \vdots & \vdots & \ddots & \vdots \\ \mathrm{cov}(S_n, S_1) & \mathrm{cov}(S_n, S_2) & \cdots & \mathrm{cov}(S_n, S_n) \end{bmatrix} \tag{10-17}$$

$$\Sigma_{XY} = \begin{bmatrix} \mathrm{cov}(\mathrm{Sim}(f_1(I_{i,1}), f_1(I_{i,2})), J(I_{i,1}, I_{i,2})) \\ \mathrm{cov}(\mathrm{Sim}(f_2(I_{i,1}), f_2(I_{i,2})), J(I_{i,1}, I_{i,2})) \\ \vdots \\ \mathrm{cov}(\mathrm{Sim}(f_n(I_{i,1}), f_n(I_{i,2})), J(I_{i,1}, I_{i,2})) \end{bmatrix} \tag{10-18}$$

$$\Sigma_{YY} = \begin{bmatrix} \mathrm{cov}(J(I_{i,1}, I_{i,2}), J(I_{i,1}, I_{i,2})) \end{bmatrix} \tag{10-19}$$

其中：式（10-17）中 $S_j (j = 1, 2, \cdots, n)$ 为 $\mathrm{Sim}(f_j(I_{i,1}), f_j(I_{i,2}))$ 的简写。

为了求解使 $\mathrm{pcc}(\omega^{\mathrm{T}} X, Y)$ 最大化的向量 ω，本章引入典型相关分析法（Johnson，2007），先求解一般情况下的向量 ω，再根据权重向量的限制对所求向量进行归一化，具体求解过程如下。

首先，令 $\alpha = \sqrt{\Sigma_{XX}} \omega$，$\beta = \sqrt{\Sigma_{YY}}$，式（10-16）转换成

$$\mathrm{pcc}(\omega^{\mathrm{T}} X, Y) = \frac{\alpha^{\mathrm{T}} \Sigma_{XX}^{-1/2} \Sigma_{XY} \Sigma_{YY}^{-1/2} \beta}{\sqrt{\alpha^{\mathrm{T}} \alpha}\sqrt{\beta^{\mathrm{T}} \beta}} = \frac{\gamma}{\sqrt{\alpha^{\mathrm{T}} \alpha}\sqrt{\beta^{\mathrm{T}} \beta}} \tag{10-20}$$

根据柯西-施瓦茨不等式，可得

$$\gamma \leqslant \sqrt{\alpha^{\mathrm{T}} \Sigma_{XX}^{-1/2} \Sigma_{XY} \Sigma_{YY}^{-1} \Sigma_{YX} \Sigma_{XX}^{-1/2} \alpha}\sqrt{\beta^{\mathrm{T}} \beta} \tag{10-21}$$

其中：Σ_{YX} 为以下 $1 \times n$ 矩阵，即

$$\Sigma_{YX} = \begin{bmatrix} \mathrm{cov}(J(I_{i,1}, I_{i,2}), \mathrm{Sim}(f_1(I_{i,1}), f_1(I_{i,2}))) \\ \mathrm{cov}(J(I_{i,1}, I_{i,2}), \mathrm{Sim}(f_2(I_{i,1}), f_2(I_{i,2}))) \\ \vdots \\ \mathrm{cov}(J(I_{i,1}, I_{i,2}), \mathrm{Sim}(f_n(I_{i,1}), f_n(I_{i,2}))) \end{bmatrix}^{\mathrm{T}} \tag{10-22}$$

根据式（10-20）和式（10-21）可得

$$\mathrm{pcc}(\omega^{\mathrm{T}} X, Y) \leqslant \frac{\sqrt{\alpha^{\mathrm{T}} \Sigma_{XX}^{-1/2} \Sigma_{XY} \Sigma_{YY}^{-1} \Sigma_{YX} \Sigma_{XX}^{-1/2} \alpha}}{\sqrt{\alpha^{\mathrm{T}} \alpha}} \tag{10-23}$$

由式（10-23）知，当且仅当 α 是矩阵 $\Sigma_{XX}^{-1/2} \Sigma_{XY} \Sigma_{YY}^{-1} \Sigma_{YX} \Sigma_{XX}^{-1/2}$ 最大特征值对应的特征向量时，皮尔森相关系数 $\mathrm{pcc}(\omega^{\mathrm{T}} X, Y)$ 可取得最大值。由于 $\alpha = \sqrt{\Sigma_{XX}} \omega$，故能最大化 $\mathrm{pcc}(\omega^{\mathrm{T}} X, Y)$

的向量 ω 是矩阵 $\boldsymbol{\Sigma}_{XX}^{-1}\boldsymbol{\Sigma}_{XY}\boldsymbol{\Sigma}_{YY}^{-1}\boldsymbol{\Sigma}_{YX}$ 最大特征值对应的特征向量。

然而，向量 ω 中的元素还不是最终的权重因子，这是因为它们中的一些元素会小于 0 并且所有元素和往往不等于 1。ω 的规一化过程如下：对每一个 $\omega_j<0$（$j=1, 2,\cdots, n$），令 $w_j=0$ [这表明局部相似度计算 $\mathrm{Sim}(f_j)I_{i,1}$, $f_j(I_{i,2})$)对复合相似度计算 $\mathrm{Sim}(I_1, I_2)$无贡献，即 f_j 不是 I_1 和 I_2 的显著性特征]，然后得到一个新的复合相似度计算方法。再重新求解新向量 ω 直至所有 $\omega_j>0$，最后令 $w_i=\omega_j/$（$\omega_1+\omega_2+\cdots+\omega_n$）。通过向量 ω 的归一化处理后得到的权重向量 $\boldsymbol{w}=[w_1, w_2,\cdots, w_n]^{\mathrm{T}}$ 是使得 $\mathrm{pcc}(\boldsymbol{w}^{\mathrm{T}}\boldsymbol{X}, \boldsymbol{Y})$取得最大值的向量，这是因为

$$
\begin{aligned}
\mathrm{pcc}(\boldsymbol{w}^{\mathrm{T}}\boldsymbol{X}, \boldsymbol{Y}) &= \left(\boldsymbol{w}^{\mathrm{T}}\boldsymbol{\Sigma}_{XY}\right)\bigg/\left(\sqrt{\boldsymbol{w}^{\mathrm{T}}\boldsymbol{\Sigma}_{XX}\boldsymbol{w}}\sqrt{\boldsymbol{\Sigma}_{YY}}\right) \\
&= \frac{\left(\boldsymbol{\omega}\bigg/\displaystyle\sum_{j=1}^{n}\omega_j\right)^{\mathrm{T}}\boldsymbol{\Sigma}_{XY}}{\sqrt{\left(\boldsymbol{\omega}\bigg/\displaystyle\sum_{j=1}^{n}\omega_j\right)^{\mathrm{T}}\boldsymbol{\Sigma}_{XX}\left(\boldsymbol{\omega}\bigg/\displaystyle\sum_{j=1}^{n}\omega_j\right)}\sqrt{\boldsymbol{\Sigma}_{YY}}} \\
&= \frac{\boldsymbol{\omega}^{\mathrm{T}}\boldsymbol{\Sigma}_{XY}}{\sqrt{\boldsymbol{\omega}^{\mathrm{T}}\boldsymbol{\Sigma}_{XX}\boldsymbol{\omega}}\sqrt{\boldsymbol{\Sigma}_{YY}}} = \mathrm{pcc}(\boldsymbol{\omega}^{\mathrm{T}}\boldsymbol{X}, \boldsymbol{Y})
\end{aligned}
\tag{10-24}
$$

10.4.4　局部相似度计算方法选取

类似地，应用于计算 $\mathrm{Sim}(f_1(I_1), f_1(I_2))$, $\mathrm{Sim}(f_2(I_1), f_2(I_2))$,$\cdots$, $\mathrm{Sim}(f_n(I_1), f_n(I_2))$的 n 个局部相似度计算方法，也可通过最大化领域专家对一定量随机选取的样本评估的相似度与复合方法计算所得相似度之间的皮尔森相关系数求得。

设$\mathrm{Sim}_{1,1}$，$\mathrm{Sim}_{1,2}$,$\cdots$，Sim_{1,m_1}是 m_1 种应用于计算 $\mathrm{Sim}(f_1(I_1), f_1(I_2))$的相似度计算方法，$\mathrm{Sim}_{2,1}$，$\mathrm{Sim}_{2,2}$,$\cdots$，$\mathrm{Sim}_{2,m_2}$是 m_2 种应用于计算 $\mathrm{Sim}(f_2(I_1), f_2(I_2))$的相似度计算方法，$\cdots$，$\mathrm{Sim}_{n,1}$，$\mathrm{Sim}_{n,2}$,$\cdots$，$\mathrm{Sim}_{n,m_n}$是 m_n 种应用于计算 $\mathrm{Sim}(f_n(I_1), f_n(I_2))$的相似度计算方法。$m_1m_2\cdots m_n$ 种应用于语言对象 I_1 和 I_2 相似度计算的复合相似度计算方法为

$$
\begin{cases}
\mathrm{Sim}_1(I_1, I_2) = w_{1,1}\mathrm{Sim}_{1,1} + w_{1,2}\mathrm{Sim}_{2,1} + \cdots + w_{1,n}\mathrm{Sim}_{n,1} \\
\mathrm{Sim}_2(I_1, I_2) = w_{2,1}\mathrm{Sim}_{1,1} + w_{2,2}\mathrm{Sim}_{2,1} + \cdots + w_{2,n}\mathrm{Sim}_{n,2} \\
\quad\vdots \\
\mathrm{Sim}_{m_1m_2\cdots m_n}(I_1, I_2) = w_{m_1m_2\cdots m_n,1}\mathrm{Sim}_{1,m_1} + w_{m_1m_2\cdots m_n,2}\mathrm{Sim}_{2,m_2} \\
\qquad\qquad\qquad\qquad\qquad + \cdots + w_{m_1m_2\cdots m_n,n}\mathrm{Sim}_{n,m_n}
\end{cases}
\tag{10-25}
$$

给定 N 个随机选取的语言对象样本$(I_{i,1}, I_{i,2})$($i = 1, 2,\cdots, N$)和它们的人工评估相似度 $J(I_{i,1}, I_{i,2})$，权重 $w_{k,1}, w_{k,2},\cdots, w_{k,n}$ ($k=1, 2,\cdots, m_1m_2\cdots m_n$)和复合相似度计算 $\mathrm{Sim}_k(I_{i,1}, I_{i,2})$可依次解出。令由 N 个复合相似度组成的向量 $\boldsymbol{U} = [\mathrm{Sim}_k(I_{i,1}, I_{i,2})]^{\mathrm{T}}$，由 N 个人工评估相似度组成的向量 $\boldsymbol{V} = [J(I_{i,1}, I_{i,2})]^{\mathrm{T}}$，$N$ 个语言对象样本的计算相似度 $\mathrm{Sim}_k(I_{i,1}, I_{i,2})$和人工评估相似度 $J(I_{i,1}, I_{i,2})$ 的皮尔森相关系数可通过式（10-26）计算，即

$$
\mathrm{pcc}(\mathrm{Sim}_k(I_{i,1}, I_{i,2}), J(I_{i,1}, I_{i,2})) = \frac{\mathrm{cov}(\boldsymbol{U}, \boldsymbol{V})}{\sqrt{\mathrm{cov}(\boldsymbol{U}, \boldsymbol{U})}\sqrt{\mathrm{cov}(\boldsymbol{V}, \boldsymbol{V})}}
\tag{10-26}
$$

其中：cov 为协方差函数。

　　n 种局部相似计算方法可根据式（10-25）中 $m_1 m_2 \cdots m_n$ 种复合相似度计算方法中皮尔森相关系数最大的一组进行选取。最后，高准确率的复合相似度计算方法可根据 n 种局部相似计算方法及其权重构建。

10.4.5　复合相似度计算构建算法

　　基于上述关于如何为权重赋值和如何选取局部相似度计算方法的描述，高准确率的复合相似度计算方法构建的算法如下。

算法 10-3　复合相似度计算方法构建的算法

功能： 构建复合相似度计算方法

输入： 贡献组成数 n

　　　　N 个随机选取的语言对象样本 $(I_{i,1}, I_{i,2})$ $(i = 1, 2, \cdots, N)$

　　　　N 个语言对象样本的人工评估相似度 $J(I_{i,1}, I_{i,2})$

　　　　m_1 种应用于计算 $\mathrm{Sim}(f_1(I_1), f_1(I_2))$ 的相似度计算方法 $\mathrm{Sim}_{1,1}, \mathrm{Sim}_{1,2}, \cdots, \mathrm{Sim}_{1,m_1}$

　　　　m_2 种应用于计算 $\mathrm{Sim}(f_2(I_1), f_2(I_2))$ 的相似度计算方法 $\mathrm{Sim}_{2,1}, \mathrm{Sim}_{2,2}, \cdots, \mathrm{Sim}_{2,m_2}$

　　　　$\vdots$

　　　　m_n 种应用于计算 $\mathrm{Sim}(f_n(I_1), f_n(I_2))$ 的相似度计算方法 $\mathrm{Sim}_{n,1}, \mathrm{Sim}_{n,2}, \cdots, \mathrm{Sim}_{n,m_n}$

输出： 高准确率复合相似度计算方法 $\mathrm{Sim}_p(I_1, I_2)$

Start

Step1　**for integer** $i \leftarrow 1$ **to** N **do**

　　　　使用 $\mathrm{Sim}_{1,1}, \mathrm{Sim}_{1,2}, \cdots, \mathrm{Sim}_{1,m_1}$ 计算 $\mathrm{Sim}(f_1(I_1), f_1(I_2))$

　　　　使用 $\mathrm{Sim}_{2,1}, \mathrm{Sim}_{2,2}, \cdots, \mathrm{Sim}_{2,m_2}$ 计算 $\mathrm{Sim}(f_2(I_1), f_2(I_2))$

　　　　$\cdots\cdots$

　　　　使用 $\mathrm{Sim}_{n,1}, \mathrm{Sim}_{n,2}, \cdots, \mathrm{Sim}_{n,m_n}$ 计算 $\mathrm{Sim}(f_n(I_1), f_n(I_2))$

　　　　end for

Step2　**for integer** $i \leftarrow 1$ **to** N **do**

　　　　计算矩阵 $\boldsymbol{\Sigma}_{XX}^{-1} \boldsymbol{\Sigma}_{XY} \boldsymbol{\Sigma}_{YY}^{-1} \boldsymbol{\Sigma}_{YX}$ 的所有元素

　　　　end for

Step3　**for integer** $j \leftarrow 1$ **to** n **do**

　　　　if $\omega_j < 0$ **then**

　　　　　$w_j \leftarrow 0$　并返回至 **Step2**

　　　　end if

　　　　end for

Step4　$w \leftarrow \omega/(\omega_1 + \omega_2 + \cdots + \omega_n)$

　　　　for integer $k \leftarrow 1$ **to** $m_1 m_2 \cdots m_n$ **do**

　　　　　　for integer $i \leftarrow 1$ **to** N **do**

　　　　　　　　使用 $\mathrm{Sim}_k(I_1, I_2)$ 计算 $\mathrm{Sim}_k(I_{i,1}, I_{i,2})$

　　　　　　end for

　　　　end for

Step5　**double** pcc_max $\leftarrow 0$

```
        Integer p ← 0
            for integer k← 1 to m₁m₂···mₙ do
                    计算 pcc(Simₖ(I_{i,1}, I_{i,2}), J(I_{i,1}, I_{i,2}))
                        if pcc(Simₖ(I_{i,1}, I_{i,2}), J(I_{i,1}, I_{i,2})) > pcc_max then 返回空值
                        pcc_max ← pcc(Simₖ(I_{i,1}, I_{i,2}), J(I_{i,1}, I_{i,2}))
                        p ← k
                        end if
                end for
End
```

算法 10-3 通过以 N 个随机选取的语言对象样本及其人工评估相似度和一定数量的应用于局部相似度计算的候选方法 $Sim(f_j(I_{i,1}), f_j(I_{i,2}))$ $(i = 1, 2,\cdots, N; j = 1, 2,\cdots, n)$ 为输入；以复合相似度计算方法 $Sim_p(I_1, I_2)$ 为输出，实现了应用于语言对象 (I_1, I_2) 的复合相似度计算方法的构建。该算法的主要设计思想的具体描述如下：首先通过输入的相似度计算方法测量局部相似度 $Sim(f_j(I_{i,1}), f_j(I_{i,2}))$；然后依次计算矩阵 $\boldsymbol{\Sigma}_{XX}^{-1}\boldsymbol{\Sigma}_{XY}\boldsymbol{\Sigma}_{YY}^{-1}\boldsymbol{\Sigma}_{YX}$ 所有元素的值、中间向量 $\boldsymbol{\omega}$ 和权重因子 $\boldsymbol{w}$。再应用 $m_1m_2\cdots m_n$ 复合相似度计算方法中的每一个方法计算 N 个语言对象样本的相似度。最后，计算相似度 $Sim_k(I_{i,1}, I_{i,2})$ $(k= 1, 2,\cdots, m_1m_2\cdots m_n)$ 和人工估算相似度 $J(I_{i,1}, I_{i,2})$ 的皮尔森相关系数，皮尔森相关系数最大的 $Sim_p(I_1, I_2)$ 作为构建的高准确率复合相似度计算方法输出。

由于 Step4 是算法实现的 5 个步骤中计算量最大的一个，因此，算法的时间复杂度为 $O(m_1m_2\cdots m_nN)$。它主要包括以下 3 种情况：①如果 $m_1m_2\cdots m_n$ 远大于 N，那么算法的时间复杂度为 $O(m_1m_2\cdots m_n)$；②如果 $m_1m_2\cdots m_n$ 和 N 在同一个数量级，那么算法的时间复杂度为 $O(N^2)$；③如果 $m_1m_2\cdots m_n$ 远小于 N，那么算法的时间复杂度为 $O(N)$。

10.4.6 理论证明和实验结果

1. 理论证明

本小节将通过理论论证本章构建的复合相似度计算方法在式（10-25）的每一个复合相似度计算方法的 n 种局部相似度计算的所有线性组合中的准确率最高，即对于所有的 $k = 1, 2,\cdots, m_1m_2\cdots m_n$ 和 $q, r =1, 2,\cdots, n$，不等式 $pcc(Sim_p(I_{i,1}, I_{i,2}), J(I_{i,1}, I_{i,2}))\geqslant pcc(Sim_{k,q,r}(I_{i,1}, I_{i,2}), J(I_{i,1}, I_{i,2}))$ 都成立。

其中：q 表示式（10-25）的每一个复合相似度计算方法中 n 种局部相似度计算的线性组合的贡献组成数；r 表示具有相同贡献组成数的线性组合的序列号。

例如，在式（10-25）的复合相似度计算方法 $Sim_1(I_1, I_2)$ 的 n 种局部相似度计算的线性组合为

$$Sim_{1,1,1}(I_{i,1}, I_{i,2}) = Sim_{1,1}(f_1(I_{i,1}), f_1(I_{i,2}))$$

$$Sim_{1,1,2}(I_{i,1}, I_{i,2}) = Sim_{2,1}(f_2(I_{i,1}), f_2(I_{i,2}))$$

$$\vdots$$

$$Sim_{1,1,\ (n!)\ /[1!\ (n-1)\ !]}(I_{i,1}, I_{i,2}) = Sim_{n,1}(f_n(I_{i,1}), f_n(I_{i,2}))$$

$$Sim_{1,2,1}(I_{i,1}, I_{i,2}) = w_{1,2,1,1}Sim_{1,1}(f_1(I_{i,1}), f_1(I_{i,2})) + w_{1,2,1,2}Sim_{2,1}(f_2(I_{i,1}), f_2(I_{i,2}))$$

$\text{Sim}_{1,2,2}(I_{i,1}, I_{i,2}) = w_{1,2,2,1}\text{Sim}_{1,1}(f_1(I_{i,1}), f_1(I_{i,2})) + w_{1,2,2,2}\text{Sim}_{3,1}(f_3(I_{i,1}), f_3(I_{i,2}))$

$\vdots$

$\text{Sim}_{1,2,\,(n!)\,/[2!\,(n-2)\,!]}(I_{i,1}, I_{i,2}) = w_{1,2,\,(n!)\,/[2!\,(n-2)\,!],1}\text{Sim}_{n-1,1}(f_{n-1}(I_{i,1}), f_{n-1}(I_{i,2})) +$
$w_{1,2,\,(n!)\,/[2!\,(n-2)\,!],2}\text{Sim}_{n,1}(f_n(I_{i,1}), f_n(I_{i,2}))$

$\vdots$

$\text{Sim}_{1,n,\,(n!)\,/[n!\,(n-n)\,!]}(I_{i,1}, I_{i,2}) = w_{1,n,\,(n!)\,/[n!\,(n-n)\,!],1}\text{Sim}(f_1(I_{i,1}), f_1(I_{i,2})) +$
$w_{1,n,\,(n!)\,/[n!\,(n-n)\,!],2}\text{Sim}(f_2(I_{i,1}), f_2(I_{i,2})) + \cdots + w_{1,n,\,(n!)\,/[n!\,(n-n)\,!],n}\text{Sim}(f_n(I_{i,1}), f_n(I_{i,2}))$

证明　令向量 $\boldsymbol{J} = [J(I_{i,1}, I_{i,2})]^{\text{T}}$, $\boldsymbol{X} = [\text{Sim}_p(I_{i,1}, I_{i,2})]^{\text{T}}$, $\boldsymbol{Y}_1 = [\text{Sim}_1(I_{i,1}, I_{i,2})]^{\text{T}}$, $\boldsymbol{Y}_2 = [\text{Sim}_2(I_{i,1}, I_{i,2})]^{\text{T}}, \cdots$, $\boldsymbol{Y}_t = [\text{Sim}_t(I_{i,1}, I_{i,2})]^{\text{T}}$ ($t = m_1 m_2 \cdots m_n$)。根据设计的算法，$\text{pcc}(\boldsymbol{X}, \boldsymbol{J})$ 在所有皮尔森相关系数 $\text{pcc}(\boldsymbol{Y}_k, \boldsymbol{J})$ ($k = 1, 2, \cdots, m_1 m_2 \cdots m_n$) 中最大。因此，不等式 "$\text{pcc}(\boldsymbol{X}, \boldsymbol{J}) \geqslant \text{pcc}(\boldsymbol{Y}_k, \boldsymbol{J})$" 成立。

对于式（10-25）中的复合相似度 $\text{Sim}_1(I_1, I_2)$ 而言，令向量：

$\boldsymbol{Z}_{1,1,1} = [\text{Sim}_{1,1,1}(I_{i,1}, I_{i,2})]^{\text{T}}$,

$\boldsymbol{Z}_{1,1,2} = [\text{Sim}_{1,1,2}(I_{i,1}, I_{i,2})]^{\text{T}}, \cdots$,

$\boldsymbol{Z}_{1,1,\,(n!)\,/[1!\,(n-1)\,!]} = [\text{Sim}_{1,1,\,(n!)\,/[1!\,(n-1)\,!]}(I_{i,1}, I_{i,2})]^{\text{T}}$,

$\boldsymbol{Z}_{1,2,1} = [\text{Sim}_{1,2,1}(I_{i,1}, I_{i,2})]^{\text{T}}$,

$\boldsymbol{Z}_{1,2,2} = [\text{Sim}_{1,2,2}(I_{i,1}, I_{i,2})]^{\text{T}}, \cdots$,

$\boldsymbol{Z}_{1,2,\,(n!)\,/[2!\,(n-2)\,!]} = [\text{Sim}_{1,2,\,(n!)\,/[2!\,(n-2)\,!]}(I_{i,1}, I_{i,2})]^{\text{T}}, \cdots$,

$\boldsymbol{Z}_{1,n,\,(n!)\,/[n!\,(n-n)\,!]} = [\text{Sim}_{1,n,\,(n!)\,/[n!\,(n-n)\,!]}(I_{i,1}, I_{i,2})]^{\text{T}}$

当贡献组成数为 n 时线性组合唯一，因此 $\boldsymbol{Z}_{1,n,\,(n!)\,/[n!\,(n-n)\,!]} = \boldsymbol{Y}_1$。根据设计的算法可知，相似度计算 $\text{Sim}_1(I_1, I_2)$ 的权重因子 $\boldsymbol{w}_1 = [w_{1,1}, w_{1,2}, \cdots, w_{1,n}]^{\text{T}}$ 可通过最大化皮尔森相关系数 $\text{pcc}(\boldsymbol{Y}_1, \boldsymbol{J})$ 求解。因此，在 $\text{pcc}(\boldsymbol{Z}_{1,u,v}, \boldsymbol{J})$ ($u = 1, 2, \cdots, n; v = 1, 2, \cdots, (n!)/[1!(n-1)!])$ 中 $\text{pcc}(\boldsymbol{Y}_1, \boldsymbol{J})$ 是最大的皮尔森相关系数存在以下情况。

如果 $\text{pcc}(\boldsymbol{Y}_1, \boldsymbol{J})$ 是最大的皮尔森相关系数，当 $w_{1,1} = 1$ 并且 $w_{1,2} = w_{1,3} = \cdots = w_{1,n} = 0$ 时，那么 "$\text{pcc}(\boldsymbol{Y}_1, \boldsymbol{J}) = \text{pcc}(\boldsymbol{Z}_{1,1,1}, \boldsymbol{J})$" 成立。

如果 $\text{pcc}(\boldsymbol{Y}_1, \boldsymbol{J})$ 是最大的皮尔森相关系数，当 $w_{1,2} = 1$ 并且 $w_{1,1} = w_{1,3} = \cdots = w_{1,n} = 0$ 时，那么 "$\text{pcc}(\boldsymbol{Y}_1, \boldsymbol{J}) = \text{pcc}(\boldsymbol{Z}_{1,1,2}, \boldsymbol{J})$" 成立。

$\vdots$

如果 $\text{pcc}(\boldsymbol{Y}_1, \boldsymbol{J})$ 是最大的皮尔森相关系数，当 $w_{1,n} = 1$ 并且 $w_{1,1} = w_{1,2} = \cdots = w_{1,n-1} = 0$ 时，那么 "$\text{pcc}(\boldsymbol{Y}_1, \boldsymbol{J}) = \text{pcc}(\boldsymbol{Z}_{1,1,\,(n!)\,/[1!(n-1)!]}, \boldsymbol{J})$" 成立。

如果 $\text{pcc}(\boldsymbol{Y}_1, \boldsymbol{J})$ 是最大的皮尔森相关系数，当 $0 < w_{1,1}, w_{1,2} < 1$ 并且 $w_{1,3} = w_{1,4} = \cdots = w_{1,n} = 0$ 时，那么 "$\text{pcc}(\boldsymbol{Y}_1, \boldsymbol{J}) = \text{pcc}(\boldsymbol{Z}_{1,2,1}, \boldsymbol{J})$" 成立。

如果 $\text{pcc}(\boldsymbol{Y}_1, \boldsymbol{J})$ 是最大的皮尔森相关系数，当 $0 < w_{1,1}, w_{1,3} < 1$ 并且 $w_{1,2} = w_{1,4} = \cdots = w_{1,n} = 0$ 时，那么 "$\text{pcc}(\boldsymbol{Y}_1, \boldsymbol{J}) = \text{pcc}(\boldsymbol{Z}_{1,2,2}, \boldsymbol{J})$" 成立。

$\vdots$

如果 $\text{pcc}(\boldsymbol{Y}_1, \boldsymbol{J})$ 是最大的皮尔森相关系数，当 $0 < w_{1,n-1}, w_{1,n} < 1$ 并且 $w_{1,1} = w_{1,2} = \cdots = w_{1,n-2} = 0$ 时，那么 "$\text{pcc}(\boldsymbol{Y}_1, \boldsymbol{J}) = \text{pcc}(\boldsymbol{Z}_{1,2,\,(n!)/[2!(n-2)!]}, \boldsymbol{J})$" 成立。

$\vdots$

如果 $\text{pcc}(\boldsymbol{Y}_1, \boldsymbol{J})$ 是最大的皮尔森相关系数，当 $0 < w_{1,1}, w_{1,2}, \cdots, w_{1,n} < 1$ 时，那么 "$\text{pcc}(\boldsymbol{Y}_1, \boldsymbol{J}) = \text{pcc}(\boldsymbol{Z}_{1,n,(n!)/[n!(n-n)!]}, \boldsymbol{J}) > \text{pcc}(\boldsymbol{Z}_{1,u,v}, \boldsymbol{J})$" 成立。

综上可知，"$\text{pcc}(\boldsymbol{Y}_1, \boldsymbol{J}) \geqslant \text{pcc}(\boldsymbol{Z}_{1,u,v}, \boldsymbol{J})$" 成立。

类似地，对于式（10-25）其他复合相似度计算即 $\text{Sim}_2(I_1, I_2), \text{Sim}_3(I_1, I_2), \cdots, \text{Sim}_t(I_1, I_2)(t = m_1 m_2 \cdots m_n)$，其余的 "$\text{pcc}(\boldsymbol{Y}_1, \boldsymbol{J})$，$\text{pcc}(\boldsymbol{Y}_2, \boldsymbol{J})$，$\cdots$，$\text{pcc}(\boldsymbol{Y}_t, \boldsymbol{J})$大于或等于通过局部相似度计算方法的所有线性组合计算的相似度与人工评估相似度的皮尔森相关系数" 也可证。

根据上述证明结论 "$\text{pcc}(\boldsymbol{X}, \boldsymbol{J}) \geqslant \text{pcc}(\boldsymbol{Y}_k, \boldsymbol{J})$" 和 "$\text{pcc}(\boldsymbol{Y}_k, \boldsymbol{J}) \geqslant \text{pcc}(\boldsymbol{Z}_{1,u,v}, \boldsymbol{J})$"，可得不等式 "$\text{pcc}(\boldsymbol{X}, \boldsymbol{J}) \geqslant \text{pcc}(\boldsymbol{Y}_k, \boldsymbol{J}) \geqslant \text{pcc}(\boldsymbol{Z}_{1,u,v}, \boldsymbol{J})$" 成立。

2. 实验结果

通常，相似度计算的有效性评价实验都是通过由一定数量的概念对、词对或文本对及其人工评价相似度组成的同一基准数据的。在过去的领域中，相关学者设计了各种不同语言层级（如概念、词语和文本层级）的基准数据。其中，得到领域认可并应用最广泛的基准数据有：概念层级的 SENSEVAL-2（Kilgarriff，2001）和 OntoNotes（Weischedel，2013）；词语层级的 YP-130（Yang et al.，2006）和 WordSimilarity-353（Finkelstein et al.，2001）；SemEval-2012 任务 6 中提供的文本层级基准数据集 MSRvid、OnWN、MSRpar、SMTeuroparl 和 SMTnews（Agirre et al.，2012）。在接下来的 8 组实验中，由 750 组文本对及其人工评价相似度组成的基准数据集 MSRvid 将被用于理论证明结果的验证。

基于选取的基准数据集，假设 8 组实验的目的是构建一个由 3 个贡献部分 $\text{Sim}(f_1(I_1), f_1(I_2))$，$\text{Sim}(f_2(I_1), f_2(I_2))$ 和 $\text{Sim}(f_3(I_1), f_3(I_2))$ 组成的用于计算文本对的相似度的复合相似度计算方法 $\text{Sim}(I_1, I_2)$。同时，假设 Carrillo 等（2012）提出的 BUAPRUN-1（Sim_{CAR}）和 Yeh 等（2012）提出的 System 2（Sim_{YEH}）是可应用于 $\text{Sim}(f_1(I_1), f_1(I_2))$ 计算的候选相似度计算方法；Croce 等（2012）提出的 Sys2（Sim_{CRO}）和 Malandrakis 等（2012）提出的层级计算方法（Sim_{MAL}）是可应用于 $\text{Sim}(f_2(I_1), f_2(I_2))$ 计算的候选相似度计算方法；Caputo 等（2012）提出的 UNIBA-LSARI（Sim_{CAP}）和 Banea 等（2012）提出的 IndividualRegression（Sim_{BAN}）是可应用于 $\text{Sim}(f_3(I_1), f_3(I_2))$ 计算的候选相似度计算方法。根据以上条件和式（10-25），可构建出 $2 \times 2 \times 2 = 8$ 个复合相似度计算函数：

$$\begin{cases} \text{Sim}_1(I_1, I_2) = w_{1,1}\text{Sim}_{\text{CAR}} + w_{1,2}\text{Sim}_{\text{CRO}} + w_{1,3}\text{Sim}_{\text{CAR}} \\ \text{Sim}_2(I_1, I_2) = w_{2,1}\text{Sim}_{\text{CAR}} + w_{2,2}\text{Sim}_{\text{CRO}} + w_{2,3}\text{Sim}_{\text{BAN}} \\ \text{Sim}_3(I_1, I_2) = w_{3,1}\text{Sim}_{\text{CAR}} + w_{3,2}\text{Sim}_{\text{MAL}} + w_{3,3}\text{Sim}_{\text{CAR}} \\ \text{Sim}_4(I_1, I_2) = w_{4,1}\text{Sim}_{\text{CAR}} + w_{4,2}\text{Sim}_{\text{MAL}} + w_{4,3}\text{Sim}_{\text{BAN}} \\ \text{Sim}_5(I_1, I_2) = w_{5,1}\text{Sim}_{\text{YEH}} + w_{5,2}\text{Sim}_{\text{CRO}} + w_{5,3}\text{Sim}_{\text{CAR}} \\ \text{Sim}_6(I_1, I_2) = w_{6,1}\text{Sim}_{\text{YEH}} + w_{6,2}\text{Sim}_{\text{CRO}} + w_{6,3}\text{Sim}_{\text{BAN}} \\ \text{Sim}_7(I_1, I_2) = w_{7,1}\text{Sim}_{\text{YEH}} + w_{7,2}\text{Sim}_{\text{MAL}} + w_{7,3}\text{Sim}_{\text{CAR}} \\ \text{Sim}_8(I_1, I_2) = w_{8,1}\text{Sim}_{\text{YEH}} + w_{8,2}\text{Sim}_{\text{MAL}} + w_{8,3}\text{Sim}_{\text{BAN}} \end{cases} \tag{10-27}$$

根据设计的算法，在第一组实验中，式（10-27）中的每一个复合函数及其三个局部函数的所有可能线性组合的权重，及 750 组文本对的计算相似度与人工评估相似度之间的皮尔森相关系数分别被计算出来，计算结果如表 10-6 所示。例如，第一组实验计算出了 $\text{Sim}_1(I_1, I_2)$ 中与 Sim_{CAR}、Sim_{CRO} 和 Sim_{CAP} 的所有可能线性组合中的权重（详见表 10-7），及 750 组文本对的由 $\text{Sim}_1(I_1, I_2)$ 或任一组合计算的相似度与人工评估相似度之间的相关系数（详见表 10-6）。

表10-6　8组实验的权重因子和皮尔森相关系数

实验	$\mathrm{Sim}_{k,u,v}$	$w_{k,u,v,1}$	$w_{k,u,v,2}$	$w_{k,u,v,3}$	$\mathrm{pcc}_{k,u,v}$
	$\mathrm{Sim}_{1,1,1}$	1.0000	—	—	0.6532
	$\mathrm{Sim}_{1,1,2}$	1.0000	—	—	0.8217
	$\mathrm{Sim}_{1,1,3}$	1.0000	—	—	0.7908
实验 1	$\mathrm{Sim}_{1,2,1}$	0.2093	0.7907	—	0.8258
	$\mathrm{Sim}_{1,2,2}$	0.1275	0.8725	—	0.7918
	$\mathrm{Sim}_{1,2,3}$	0.6515	0.3485	—	0.8335
	$\mathrm{Sim}_{1,3,1}$	0.0544	0.6301	0.3155	0.8337
	$\mathrm{Sim}_1(I_1, I_2)$	0.0544	0.6301	0.3155	0.8337
	$\mathrm{Sim}_{2,1,1}$	1.0000	—	—	0.6532
	$\mathrm{Sim}_{2,1,2}$	1.0000	—	—	0.8217
	$\mathrm{Sim}_{2,1,3}$	1.0000	—	—	0.8750
实验 2	$\mathrm{Sim}_{2,2,1}$	0.2093	0.7907	—	0.8258
	$\mathrm{Sim}_{2,2,2}$	0.0931	0.9069	—	0.8757
	$\mathrm{Sim}_{2,2,3}$	0.2459	0.7541	—	0.8803
	$\mathrm{Sim}_{2,3,1}$	0.0237	0.2367	0.7396	0.8803
	$\mathrm{Sim}_2(I_1, I_2)$	0.0237	0.2367	0.7396	**0.8803**
	$\mathrm{Sim}_{3,1,1}$	1.0000	—	—	0.6532
	$\mathrm{Sim}_{3,1,2}$	1.0000	—	—	0.7717
	$\mathrm{Sim}_{3,1,3}$	1.0000	—	—	0.7908
实验 3	$\mathrm{Sim}_{3,2,1}$	0.1724	0.8276	—	0.7740
	$\mathrm{Sim}_{3,2,2}$	0.1275	0.8725	—	0.7918
	$\mathrm{Sim}_{3,2,3}$	0.3981	0.6019	—	0.8015
	$\mathrm{Sim}_{3,3,1}$	0.0000	0.3981	0.6019	0.8015
	$\mathrm{Sim}_3(I_1, I_2)$	0.0000	0.3981	0.6019	**0.8015**
	$\mathrm{Sim}_{4,1,1}$	1.0000	—	—	0.6532
	$\mathrm{Sim}_{4,1,2}$	1.0000	—	—	0.7717
	$\mathrm{Sim}_{4,1,3}$	1.0000	—	—	0.8750
实验 4	$\mathrm{Sim}_{4,2,1}$	0.1724	0.8276	—	0.7740
	$\mathrm{Sim}_{4,2,2}$	0.0931	0.9069	—	0.8757
	$\mathrm{Sim}_{4,2,3}$	0.1285	0.8715	—	0.8765
	$\mathrm{Sim}_{4,3,1}$	0.0282	0.1137	0.8581	0.8766
	$\mathrm{Sim}_4(I_1, I_2)$	0.0282	0.1137	0.8581	**0.8766**
	$\mathrm{Sim}_{5,1,1}$	1.0000	—	—	0.7939
	$\mathrm{Sim}_{5,1,2}$	1.0000	—	—	0.8217
	$\mathrm{Sim}_{5,1,3}$	1.0000	—	—	0.7908
实验 5	$\mathrm{Sim}_{5,2,1}$	0.4015	0.5985	—	0.8437
	$\mathrm{Sim}_{5,2,2}$	0.5102	0.4898	—	0.8230
	$\mathrm{Sim}_{5,2,3}$	0.6515	0.3485	—	0.8335
	$\mathrm{Sim}_{5,3,1}$	0.3346	0.5002	0.1652	0.8460
	$\mathrm{Sim}_5(I_1, I_2)$	0.3346	0.5002	0.1652	**0.8460**

实验	$\text{Sim}_{k,u,v}$	$w_{k,u,v,1}$	$w_{k,u,v,2}$	$w_{k,u,v,3}$	$\text{pcc}_{k,u,v}$
实验6	$\text{Sim}_{6,1,1}$	1.0000	—	—	0.7939
	$\text{Sim}_{6,1,2}$	1.0000	—	—	0.8217
	$\text{Sim}_{6,1,3}$	1.0000	—	—	0.8750
	$\text{Sim}_{6,2,1}$	0.4015	0.5985	—	0.8437
	$\text{Sim}_{6,2,2}$	0.1800	0.8200	—	0.8784
	$\text{Sim}_{6,2,3}$	0.2459	0.7541	—	0.8803
	$\text{Sim}_{6,3,1}$	0.1186	0.2009	0.6805	0.8817
	$\text{Sim}_6(I_1, I_2)$	0.1186	0.2009	0.6805	**0.8817**
实验7	$\text{Sim}_{7,1,1}$	1.0000	—	—	0.7939
	$\text{Sim}_{7,1,2}$	1.0000	—	—	0.7717
	$\text{Sim}_{7,1,3}$	1.0000	—	—	0.7908
	$\text{Sim}_{7,2,1}$	0.5488	0.4512	—	0.8206
	$\text{Sim}_{7,2,2}$	0.5102	0.4898	—	0.8230
	$\text{Sim}_{7,2,3}$	0.3981	0.6019	—	0.8015
	$\text{Sim}_{7,3,1}$	0.4508	0.2424	0.3068	0.8270
	$\text{Sim}_7(I_1, I_2)$	0.4508	0.2424	0.3068	**0.8270**
实验8	$\text{Sim}_{8,1,1}$	1.0000	—	—	0.7939
	$\text{Sim}_{8,1,2}$	1.0000	—	—	0.7717
	$\text{Sim}_{8,1,3}$	1.0000	—	—	0.8750
	$\text{Sim}_{8,2,1}$	0.5488	0.4512	—	0.8206
	$\text{Sim}_{8,2,2}$	0.1800	0.8200	—	0.8784
	$\text{Sim}_{8,2,3}$	0.1285	0.8715	—	0.8765
	$\text{Sim}_{8,3,1}$	0.1546	0.0711	0.7743	0.8788
	$\text{Sim}_8(I_1, I_2)$	0.1546	0.0711	0.7743	**0.8788**

表10-7　$\text{Sim}_1(I_1, I_2)$中3种局部相似度计算的所有线性组合

组成	表达式
1	$\text{Sim}_{1,1,1}(I_1, I_2) = \text{Sim}_{\text{CAR}}$；$\text{Sim}_{1,1,2}(I_1, I_2) = \text{Sim}_{\text{CRO}}$；$\text{Sim}_{1,1,3}(I_1, I_2) = \text{Sim}_{\text{CAP}}$
2	$\text{Sim}_{1,2,1}(I_1, I_2) = w_{1,2,1,1}\text{Sim}_{\text{CAR}} + w_{1,2,1,2}\text{Sim}_{\text{CRO}}$；$\text{Sim}_{1,2,2}(I_1, I_2) = w_{1,2,2,1}\text{Sim}_{\text{CAR}} + w_{1,2,2,2}\text{Sim}_{\text{CAP}}$
	$\text{Sim}_{1,2,3}(I_1, I_2) = w_{1,2,3,1}\text{Sim}_{\text{CRO}} + w_{1,2,3,2}\text{Sim}_{\text{CAP}}$
3	$\text{Sim}_{1,3,1}(I_1, I_2) = w_{1,3,1,1}\text{Sim}_{\text{CAR}} + w_{1,3,1,2}\text{Sim}_{\text{CRO}} + w_{1,3,1,3}\text{Sim}_{\text{CAP}}$

如表 10-6 所示，实验 6 中 $\text{Sim}_6(I_1, I_2)$ 的一个线性组合的皮尔森相关系数最大。因此，应用于文本对的高准确率复合相似度计算方法构建如下，即

$$\text{Sim}(I_1, I_2) = 0.1186\text{Sim}_{\text{YEH}} + 0.2009\text{Sim}_{\text{CRO}} + 0.6805\text{Sim}_{\text{BAN}} \qquad (10\text{-}28)$$

由表 10-6 所示的 8 组实验结果可知，不等式 "$\text{pcc}(\boldsymbol{X}, \boldsymbol{J}) \geq \text{pcc}(\boldsymbol{Y}_k, \boldsymbol{J}) \geq \text{pcc}(\boldsymbol{Z}_{1,u,v}, \boldsymbol{J})$" 在每一组实验中都成立（比如，在实验 1 中，$0.8817 \geq \{0.8337, 0.8803, 0.8015, 0.8766, 0.8460, 0.8817, 0.8270, 0.8788\} \geq \{0.6532, 0.8217, 0.7908, 0.8258, 0.7918, 0.8335, 0.8337\}$）。实验验证了理论论证的准确性和设计算法的有效性。另外，在 $\text{pcc}(\boldsymbol{Y}_k, \boldsymbol{J})(k = 1, 2, \cdots, 8)$ 中存在细微的

差别，这是因为 pcc(Y_k, J)是通过同一方法最大化 8 种复合相似度计算的皮尔森相关系数获取的最优值，而这 8 种复合相似度计算方法最小的区别也就是选取了一种不同的局部相似度计算方法。如实验结果所示，具有更多贡献组成的线性组合的准确率高于较少贡献组成的线性组合。比如，在实验 1 中，$pcc_{1,3,1} > \{pcc_{1,2,1}, pcc_{1,2,2}, pcc_{1,2,3}\} > \{pcc_{1,1,1}, pcc_{1,1,2}, pcc_{1,1,3}\}$。这从另一个侧面表明算法中权重赋值的有效性。另外，从实验结果可知，关于基准数据集 MSRvid 所构建的复合相似计算方法的皮尔森相关系数（即 0.8817）高于 6 种局部相似度计算方法 Sim_{CAR}、Sim_{YEH}、Sim_{CRO}、Sim_{MAL}、Sim_{CAP} 和 Sim_{BAN} 的皮尔森相关系数（即 0.6532、0.7939、0.8217、0.7717、0.7908 和 0.8750）。这进一步表明本章提出的复合相似度计算构建方法在改善复合相似度计算上确实存在帮助。

综上所述，实验结果表明以下两点：

（1）本章通过理论论证和实验验证本章算法构建的复合相似度计算高于局部相似度方法的所有线性组合的准确率。

（2）算法中的权重赋值和局部相似度计算选取方法有助于提高复合相似度计算的准确率。

10.5　在线抱怨案例的检索方法

10.5.1　在线抱怨案例检索的问题

当前，抱怨处理的方法主要包括基于自动响应的方法、基于智能代理的方法、基于数据挖掘的方法、基于 Web 的方法和基于本体的方法。前 4 种方法分别借助自动响应技术、智能代理技术、数据挖掘技术和 Web 技术改善线下抱怨处理的速度，从而减少线下抱怨处理对企业员工的依赖。然而，这 4 种方法不能直接应用于在线抱怨的处理，因为它们都假定抱怨已经以某种结构化的形式存储在计算机中，而在线抱怨都是以非结构化的文本形式存储且不能直接被计算机识读和理解。为了实现在线抱怨的计算机识读和理解，引入了语义 Web 领域的本体技术（Horrocks, 2008），提出了一种本体与案例推理相结合的抱怨处理方法。在该方法中，抱怨及其解决方案都以案例的形式实例化在本体中，得益于本体具有显式地表示数据语义的优点，实例化的抱怨及其解决方案可直接被计算机识读和理解。当遇到新的顾客抱怨时，该方法要求企业员工分析当前顾客抱怨并从中概括出关键词，再通过关键词检索并找出与关键词匹配的案例以获取当前抱怨的解决方案。

Lee 等（2015）提出的方法为企业处理在线抱怨提供了一定的帮助，但其依然存在以下两个不容忽视的问题：一是该方法要求企业员工对当前抱怨和案例本体具有较深的了解，并能概括出恰当的关键词，若概括出的关键词不够恰当，则检索出的案例可能对处理当前抱怨毫无帮助；二是互联网平台上针对某企业的抱怨数量常常会在短时间内就成百上千，要处理好这些抱怨，该企业需要组建一个较为庞大的抱怨处理团队，这对于大多数企业而言往往是很难做到的。

10.5.2　在线抱怨案例相似度计算方法

不同于线下抱怨的口头传递方式，在线抱怨大都以短文本的形式存在。因此，在线抱怨案例相似度的计算问题与短文本相似度的计算问题有很多共同之处。对于短文本相似度的计算，现今主要有三大类方法可供选用（Gomaa et al., 2013）：第一大类方法是基于字符串的方法，如 N-Gram 法、最长公共子序列法、余弦法；第二大类方法是基于语料库的方法，如潜在语义分析法、多维空间类比法、逐点互信息法；第三大类方法是基于本体的方法，如路径长度法、特征法、信息内容法。这三大类方法在短文本相似度的计算上具有普适性，但若直接应用于计算在线抱怨案例的相似度，则会出现这样一个问题：这些方法只考虑不同在线抱怨案例所阐述内容间的相似度，而忽视了在线抱怨案例的独有特征（如抱怨产品及其特征、抱怨问题）间的相似度。

针对此问题，本小节首先构建一个综合考虑抱怨内容、抱怨产品（抱怨产品及其特征的统称）和抱怨问题的在线抱怨案例本体和语料库，然后在此本体和语料库的基础上，分别建立一个抱怨内容间相似度计算模型、一个抱怨产品间相似度计算模型和一个抱怨问题间相似度计算模型，最后再聚合此 3 个模型以获取一个在线抱怨案例相似度计算模型，其具体框架如图 10-6 所示。

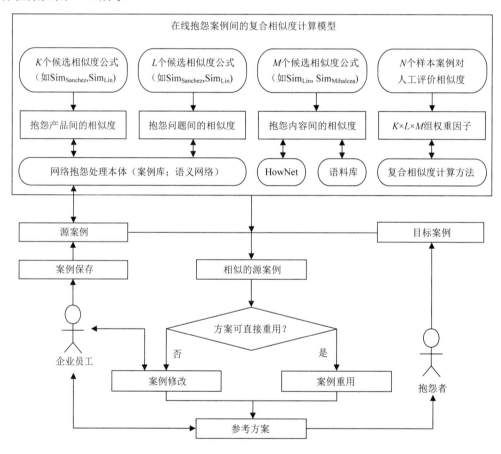

图 10-6　在线抱怨案例检索方法的框架

1. 领域本体和语料库

本体是共享概念化模型的明确形式化规范说明，它最突出的优点是能够显式地表示数据的语义，使数据能够直接被计算机识读和理解（Horrocks，2008）。为了显式地表示顾客抱怨数据的语义，少数学者已经将本体引入到抱怨处理的研究中，并构建了各自的抱怨处理领域本体。虽然这些本体可为本小节构建在线抱怨案例本体提供一定的参考，但由于不同的应用行业和应用目的，在线抱怨案例本体和这些本体还有诸多不同。因此，在已有抱怨处理领域本体的基础上，通过手动构建一个在线抱怨处理本体，该本体主要扮演了以下 3 个重要角色。

（1）CBR 的案例库。在在线抱怨处理本体中，每个在线抱怨案例都以概念实例和关系实例的形式表示。具体地在线抱怨案例定义如式（10-3）所示。案例定义的语义通过 OWL 描述逻辑语言明确表示（Amailef et al.，2013）为

$$OnlineComplaintCase \equiv Case \sqcap \exists hasNumber.string \sqcap \exists hasLastRevisedDate.date \sqcap$$
$$\exists hasComplainant.Complainant \sqcap \exists hasProducts.Products \sqcap$$
$$\exists hasProblems.Problems \sqcap \exists hasContent.Content \sqcap$$
$$\exists hasSolutions.Solutions$$

上述语义表示中的概念和关系可通过具体的在线抱怨及其解决方案进行实例化。在构建的 CBR 案例库中，概念和关系通过新浪微博收集的 1560 条与中国移动产品或服务相关的在线抱怨和网络上收集的与这些抱怨相应的处理方案进行实例化。实例化之后，案例库以计算机识读的 OWL 格式进行编码，并为后续的案例进行智能检索、重用、修改和保存奠定了基础。

（2）抱怨产品语义网络。语义网络是表示不同概念的语义关系的网络。它通常以有向图或无向图的形式存在，而图中的顶点和边分别表示概念和概念间的语义关系。英语和中文词汇语义网 WordNet（Fellbaum，1998）和 HowNet（Dong et al.，2006）就是语义网络的典型代表。尽管 HowNet 被用于抱怨内容相似度计算（图 10-6），但是因为抱怨产品不是泛化词汇而是领域特有词汇，所以 HowNet 不适用。因此，构建一个抱怨产品语义网络应用于抱怨产品相似度计算是有必要的。本章通过中国移动官网收集中国移动相关产品和产品间语义关系，构建抱怨产品语义网络。该语义网络包括 118 个概念和 383 种概念间的语义关系，并采用 OWL 进行编码。

（3）抱怨问题的语义网络。构建在线抱怨问题语义网络的目的是用于在线抱怨问题的相似度计算。在在线抱怨案例相似度计算中，中国移动产品或服务抱怨问题语义网络通过收集的 1560 条在线抱怨进行手工构建。该语义网络包括 1315 个概念和 912 种概念间的语义关系，并采用 OWL 进行编码。

除了在线抱怨本体外，包含在线抱怨的语料库也是需要构建的。在自然语言处理中，语料库是以电子计算机为载体的语言知识资源库，它具有规模巨大、结构化和可通过计算机存储和处理等特征。语料库通常应用于共线性检测、假设检验和语言对象的统计分析（如词语、句子）。大多基于语料库的相似度计算方法通过特定的语料库进行语言对象的共线性检测。因此，在抱怨案例相似度计算中，在线抱怨内容的相似度计算需要构建一个在线抱怨语料库。

本节主要通过以下步骤构建应用于在线抱怨处理的在线抱怨语料库。

步骤 1　从新浪微博中随机抓取 1560 条与中国移动产品或服务相关的在线抱怨。

步骤 2　对每个在线抱怨文本进行分词处理。

步骤 3　每个在线抱怨文本分词作为一条记录存储在一个文本中，形成一个大词集。

2. 抱怨产品间的相似度和抱怨问题间的相似度

在通常情况下，一个在线抱怨案例中有时不仅仅包含一个抱怨产品和问题，而是包含

多个抱怨产品和问题，因此，两个案例的抱怨产品（抱怨问题）间的相似度实质上就是两个案例中所有抱怨产品（抱怨问题）组成的集合间的相似度。假设 $C_1=(N_1, D_1, C_1, D_1, P_1, T_1, S_1)$，$C_2=(N_2, D_2, C_2, D_2, P_2, T_2, S_2)$，$D_1=\{D_{1,1}, D_{1,2}, \cdots, D_{1,m}\}$，$D_2=\{D_{2,1}, D_{2,2}, \cdots, D_{2,n}\}$，$P_1=\{P_{1,1}, P_{1,2}, \cdots, P_{1,u}\}$，$P_2=\{P_{2,1}, P_{2,2}, \cdots, P_{2,v}\}$，$S_1=\{S_{1,1}, S_{1,2}, \cdots, S_{1,x}\}$，$S_2=\{S_{2,1}, S_{2,2}, \cdots, S_{2,y}\}$。因此，抱怨案例 C_1 和 C_2 中的抱怨产品（抱怨问题）的相似度就是 D_1 和 D_2（P_1 和 P_2）的相似度。考虑到每一个抱怨产品（抱怨问题）都是上述在线抱怨处理本体的概念，因此抱怨产品（抱怨问题）的相似度计算可转化为本体概念间的相似度计算。

为不失一般性，本小节以在线抱怨产品 D_1 和 D_2 的相似度计算为例，说明作为本体概念的在线抱怨产品和问题相似度的具体计算方法，其主要包含以下 3 个步骤。

步骤 1 建立抱怨产品相似度矩阵。两个案例的抱怨产品组成的集合为 $D_1=\{D_{1,1}, D_{1,2}, \cdots, D_{1,m}\}$，$D_2=\{D_{2,1}, D_{2,2}, \cdots, D_{2,n}\}$，则可根据两个抱怨产品集合建立以下 $m \times n$ 抱怨产品相似度矩阵 $\boldsymbol{M}_D$：

$$\boldsymbol{M}_D = \begin{bmatrix} \mathrm{Sim}(D_{1,1}, D_{2,1}) & \mathrm{Sim}(D_{1,1}, D_{2,2}) & \cdots & \mathrm{Sim}(D_{1,1}, D_{2,n}) \\ \mathrm{Sim}(D_{1,2}, D_{2,1}) & \mathrm{Sim}(D_{1,2}, D_{2,2}) & \cdots & \mathrm{Sim}(D_{1,2}, D_{2,n}) \\ \vdots & \vdots & \ddots & \vdots \\ \mathrm{Sim}(D_{1,m}, D_{2,1}) & \mathrm{Sim}(D_{1,m}, D_{2,2}) & \cdots & \mathrm{Sim}(D_{1,m}, D_{2,n}) \end{bmatrix} \tag{10-29}$$

其中：$\mathrm{Sim}(D_{1,i}, D_{2,j})(i=1, 2, \cdots, m; j=1, 2, \cdots, n)$ 为集合 D_1 中抱怨产品 $D_{1,i}$ 和集合 D_2 中抱怨产品 $D_{2,j}$ 间相似度。

步骤 2 计算抱怨产品相似度矩阵中各元素的值。矩阵 $\boldsymbol{M}_D$ 的每一个元素表示两个概念间的相似度，它们可以通过文献任何一种概念层级（词语层级）方法进行计算（Harispe et al.，2014）。选取 Sánchez 等（2012）提出的基于特征的本体概念相似度计算方法和 Lin（1998）提出的基于信息内容的本体概念相似度计算方法作为矩阵 $\boldsymbol{M}_D$ 元素的计算方法，其计算公式具体为

$$\mathrm{Sim}_{\mathrm{Sanchez}}(D_{1,i}, D_{2,j}) = 1 - \log_2\left(1 + \frac{\left|\phi(D_{1,i}) \setminus \phi(D_{2,j})\right| + \left|\phi(D_{2,j}) \setminus \phi(D_{1,i})\right|}{\left|\phi(D_{1,i}) \cup \phi(D_{2,j})\right|}\right) \tag{10-30}$$

$$\mathrm{Sim}_{\mathrm{Lin}}\left(D_{1,i}, D_{2,j}\right) = \frac{2f_{\mathrm{IC}}(\mathrm{MICA}(D_{1,i}, D_{2,j}))}{f_{\mathrm{IC}}(D_{1,i}) + f_{\mathrm{IC}}(D_{2,j})} \tag{10-31}$$

其中：$\phi(D_{1,i}) = \{C \mid C \equiv D_{1,I} \text{ or } C \sqsupseteq D_{1,i}\}$，$\phi(D_{2,j}) = \{C \mid C \equiv D_{2,j} \text{ or } C \sqsupseteq D_{2,j}\}$，$\phi(D_{1,i}) \setminus \phi(D_{2,j})$ 是属于 $\phi(D_{1,i})$ 但不属于 $\phi(D_{2,j})$ 的概念集合(反之就是 $\phi(D_{2,j}) \setminus \phi(D_{1,i})$)，$\mathrm{MICA}(D_{1,i}, D_{2,j})$ 为概念 $D_{1,i}$ 和概念 $D_{2,j}$ 信息量最大的公共父概念，$f_{\mathrm{IC}}(C)(C \in \{\mathrm{MICA}(D_{1,i}, D_{2,j}), D_{1,i}, D_{2,j}\})$ 为信息量计算函数，该函数值随本体概念深度的增加而增加，换句话说，就是越抽象的概念信息量越小，越具体的概念信息量越大。$f_{\mathrm{IC}}(C)$ 的具体计算公式（Sánchez et al.，2011）为

$$f_{\mathrm{IC}}(C) = -\log\left(\frac{\left|\mathrm{leaves}(C)\right| / \left|\mathrm{subsumers}(C)\right| + 1}{\mathrm{num\_of\_all\_leaves} + 1}\right) \tag{10-32}$$

其中：$|\mathrm{leaves}(C)|$ 为概念 C 的所有叶子概念组成的集合的势，$|\mathrm{subsumers}(C)|$ 为概念 C 及其所有父概念组成的集合的势，$\mathrm{num\_of\_all\_leaves}$ 为在线抱怨案例本体中所有叶子概念的数目。

步骤 3 计算抱怨产品集间的相似度。计算完矩阵 $\boldsymbol{M}_D$ 中各元素的值后，选取其中值最大的元素 $\mathrm{Sim}_{\mathrm{Sanchez}}(D_{1,i}, D_{2,j})$ $(\mathrm{Sim}_{\mathrm{Lin}}(D_{1,i}, D_{2,j}))$，并将其添加到集合 $S_{\mathrm{Sanchez}}(S_{\mathrm{Lin}})$ 中，然后从 $\boldsymbol{M}_D$ 中去除第 i 行和第 j 列的所有元素。重复以上操作直至 $|S_{\mathrm{Sanchez}}|=\min(m, n)$ $(|S_{\mathrm{Lin}}|=\min(m,$

n)），假设 $S_{\text{Sanchez}} = \{\text{Sim}_{\text{Sanchez},1}(D_{1,i}, D_{2,j}), \text{Sim}_{\text{Sanchez},2}(D_{1,i}, D_{2,j}), \cdots, \text{Sim}_{\text{Sanchez},N}(D_{1,i}, D_{2,j})\}$ （$S_{\text{Lin}} = \{\text{Sim}_{\text{Lin},1}(D_{1,i}, D_{2,j}), \text{Sim}_{\text{Lin},2}(D_{1,i}, D_{2,j}), \cdots, \text{Sim}_{\text{Lin},N}(D_{1,i}, D_{2,j})\}$），最后抱怨产品集合 D_1 和 D_2 的相似度可通过式（10-32）和式（10-33）计算，即

$$\text{Sim}_{\text{Sanchez}}(D_1, D_2) = \frac{1}{m}\sum_{k=1}^{N}\text{Sim}_{\text{Sanchez},k}(D_{1,i}, D_{2,j}) \tag{10-33}$$

$$\text{Sim}_{\text{Lin}}(D_1, D_2) = \frac{1}{m}\sum_{k=1}^{N}\text{Sim}_{\text{Lin},k}(D_{1,i}, D_{2,j}) \tag{10-34}$$

类似地，抱怨问题集合 P_1 和 P_2 的计算可通过建立抱怨问题相似度矩阵 $\boldsymbol{M}_P$，采用任意一种概念层级（词语层级）方法[比如，$\text{Sim}_{\text{Sanchez}}(P_{1,p}, P_{2,q})$ 或 $\text{Sim}_{\text{Lin}}(P_{1,p}, P_{2,q})$（$p = 1, 2, \cdots, u$; $q = 1, 2, \cdots, v$）]进行计算，最后构造 P_1 和 P_2 相似度计算表达式[如 $\text{Sim}_{\text{Sanchez}}(P_1, P_2)$ 或 $\text{Sim}_{\text{Lin}}(P_1, P_2)$]。

3. 抱怨内容间的相似度

在线抱怨内容是一种抱怨如何产生及为什么产生的文字性描述，它大多以短文本的形式存在。两个在线抱怨案例的抱怨内容间的相似度实际上是两个短文本的相似度。在计算其相似度之前，抱怨内容文本需要进行预处理。经过去除停用词、数字、符号和特殊字符等噪声词和分词等预处理后，两个短文本转变为两个词集。因此，抱怨内容间的相似度可转变为这两个词集的相似度计算。

设 $C_1 = (N_1, D_1, C_1, D_1, P_1, T_1, S_1)$, $C_2 = (N_2, D_2, C_2, D_2, P_2, T_2, S_2)$, $W_1 = \{W_{1,1}, W_{1,2}, \cdots, W_{1,r}\}$ 为抱怨内容 T_1 经预处理后得到的词集，$W_2 = \{W_{2,1}, W_{2,2}, \cdots, W_{2,s}\}$ 为抱怨内容 T_2 经预处理后得到的词集；T_1 和 T_2 的相似度[即 $\text{Sim}(T_1, T_2)$]转变为词集 W_1 和 W_2 的相似度[即 $\text{Sim}(W_1, W_2)$]。

关于词集 W_1 和 W_2 的相似度计算，现有的方法主要分为两大类，即基于本体的计算方法和基于语料库的方法。如果选用基于本体的相似度计算方法，W_1 和 W_2 的相似度可通过以下 4 个步骤完成。

步骤 1　去除词集的交集。统计并去除词集 W_1 和 W_2 的交集，分别获取两个新的数据集 $\hat{W}_1 = \{\hat{W}_{1,1}, \hat{W}_{1,2}, \cdots, \hat{W}_{1,r-t}\}$ 和 $\hat{W}_2 = \{\hat{W}_{2,1}, \hat{W}_{2,2}, \cdots, \hat{W}_{2,s-t}\}$，设两个词集交集的势为 t。

步骤 2　构建词集的语义相似度矩阵。根据步骤 1 的词集 $\hat{W}_1$ 和 $\hat{W}_2$，构建一个 $(r-t)\times(s-t)$ 语义相似度矩阵 $\boldsymbol{M}_{\hat{W}}$。

$$\boldsymbol{M}_{\hat{W}} = \begin{bmatrix} \text{Sim}(\hat{W}_{1,1}, \hat{W}_{2,1}) & \text{Sim}(\hat{W}_{1,1}, \hat{W}_{2,2}) & \cdots & \text{Sim}(\hat{W}_{1,1}, \hat{W}_{2,s-t}) \\ \text{Sim}(\hat{W}_{1,2}, \hat{W}_{2,1}) & \text{Sim}(\hat{W}_{1,2}, \hat{W}_{2,2}) & \cdots & \text{Sim}(\hat{W}_{1,2}, \hat{W}_{2,s-t}) \\ \vdots & \vdots & & \vdots \\ \text{Sim}(\hat{W}_{1,r-t}, \hat{W}_{2,1}) & \text{Sim}(\hat{W}_{1,r-t}, \hat{W}_{2,2}) & \cdots & \text{Sim}(\hat{W}_{1,r-t}, \hat{W}_{2,s-t}) \end{bmatrix} \tag{10-35}$$

其中：$\text{Sim}(\hat{W}_{1,i}, \hat{W}_{2,j})$（$i = 1, 2, \cdots, r-t$; $j = 1, 2, \cdots, s-t$）是词集 $\hat{W}_1$ 中的词语 $\hat{W}_{1,i}$ 和词集 $\hat{W}_2$ 中的词语 $\hat{W}_{2,j}$ 的相似度。

步骤 3　计算相似度矩阵每一个元素的值。矩阵 $\boldsymbol{M}_{\hat{W}}$ 中的元素值可通过任何一种基于本体的相似度计算方法获取。本节通过基于 HowNet 的相似度计算方法（刘群、李素建，2002）获取矩阵元素的值，计算结果表示为 $\text{Sim}_{\text{Liu}}(\hat{W}_{1,i}, \hat{W}_{2,j})$（$=1, 2, \cdots, r-t$; $j=1, 2, \cdots, s-t$）。

步骤 4　计算两个词集的相似度。找出矩阵 $\boldsymbol{M}_{\hat{W}}$ 中最大元素 $\text{Sim}_{\text{Liu}}(\hat{W}_{1,i}, \hat{W}_{2,j})$ 并添至集合 S_{Liu} 中，然后去除 $\boldsymbol{M}_{\hat{W}}$ 第 i 行和第 j 列的元素。重复以上过程至 $|S_{\text{Liu}}| = \min(r, s) - t$。

以上过程完成后，假设 $S_{\text{Liu}} = \{\text{Sim}_{\text{Liu},1}(\hat{W}_{1,i}, \hat{W}_{2,j}), \text{Sim}_{\text{Liu},2}(\hat{W}_{1,i}, \hat{W}_{2,j}), \cdots, \text{Sim}_{\text{Liu},N}(\hat{W}_{1,i}, \hat{W}_{2,j})\}$ 抱怨内容间的相似度可通过以下公式计算，即

$$\text{Sim}_{\text{Liu}}(T_1, T_2) = \text{Sim}_{\text{Liu}}(\hat{W}_1, \hat{W}_2) = \frac{r+s}{2rs}\left(t + \sum_{k=1}^{N} \text{Sim}_{\text{Liu},k}(\hat{W}_{1,i}, \hat{W}_{2,j}) \right) \quad （10\text{-}36）$$

相应地，如果选用基于语料库的相似度计算方法，可通过以下步骤计算 W_1 和 W_2 的相似度。

步骤 1 和步骤 2　与上述基于本体的相似度计算方法的步骤 1 和步骤 2 相同。

步骤 3　计算相似度矩阵每一个元素的值。矩阵 $M_{\hat{W}}$ 中的元素值可通过任何一种基于语料库相似度计算方法获取。本节通过 Turney（2001）提出的方法获取矩阵元素的值，具体计算公式为

$$\text{Sim}(\hat{W}_{1,i}, \hat{W}_{2,j}) = \frac{\text{num\_of\_lines\_hit}(\hat{W}_{1,i} \,\&\, \hat{W}_{2,j})}{\text{num\_of\_lines\_hit}(\hat{W}_{2,j})} \quad （10\text{-}37）$$

其中：$\text{num\_of\_lines\_hit}(W)$ 表示在线抱怨语料库中包含词语 W 的记录数目。

步骤 4　计算两个词集的相似度。首先找出相似度矩阵 $M_{\hat{W}}$ 每一行的最大值，再找出相似度矩阵 $M_{\hat{W}}$ 每一列的最大值，最后应用 Mihalcea 等（2006）提出的方法完成词集 $\hat{W}_1$ 和 $\hat{W}_2$ 的相似度计算，即

$$\text{Sim}_{\text{Mihalcea}}(T_1, T_2) = \text{Sim}_{\text{Mihalcea}}(\hat{W}_1, \hat{W}_2)$$
$$= \frac{1}{2}\left[\frac{\sum_{i=1}^{r-t}\left(\max_i \text{idf}(W_i)\right)}{\sum_{i=1}^{r-t}\text{idf}(W_i)} + \frac{\sum_{j=1}^{s-t}\left(\max_j \text{idf}(W_j)\right)}{\sum_{j=1}^{s-t}\text{idf}(W_j)} \right] \quad （10\text{-}38）$$

其中：$\max_i$ 表示 $M_{\hat{W}}$ 中第 i 行的最大值；$\max_j$ 表示 $M_{\hat{W}}$ 中第 j 行的最大值，当 $\text{Sim}(\hat{W}_{1,i}, W_i)$ 表示第 i 行的最大值时，与 $\hat{W}_{1,i}$ 对应的 $W_i \in \hat{W}_2$；$\text{Sim}(W_j, \hat{W}_{2,j})$ 表示第 j 行的最大值时，$\hat{W}_{2,j}$ 对应的 $W_2 \in \hat{W}_1$，$\text{idf}(W)$ 表示词语 W 的逆文档频率，逆文档频率的值可通过在线抱怨语料库计算。

4. 抱怨案例间的相似度

案例的表示主要分为 3 类，即特征值表示法、结构化表示法以及序列和字符串表示法。本章节采用案例序号、最后修改时间、抱怨者、抱怨产品、抱怨问题、抱怨问题和抱怨解决参考等特征值进行案例表示。其中，案例表示特征的相似度将直接决定两个在线抱怨案例的相似度。因此，本节提出了一个基于局部相似度包括抱怨内容间的相似度、抱怨产品间的相似度及抱怨问题间的相似度的在线抱怨案例相似度计算方法。衡量在线抱怨案例整体相似度的在线抱怨案例复合相似度定义为 3 个局部相似度计算的加权和。

设 $C_1 = (N_1, D_1, C_1, D_1, P_1, T_1, S_1)$，$C_2 = (N_2, D_2, C_2, D_2, P_2, T_2, S_2)$，$\text{Sim}(D_1, D_2)$ 为在线抱怨案例 C_1 和 C_2 的抱怨产品间的相似度，$\text{Sim}(P_1, P_2)$ 为在线抱怨案例 C_1 和 C_2 的抱怨问题间的相似度，$\text{Sim}(T_1, T_2)$ 为在线抱怨案例 C_1 和 C_2 的抱怨内容间的相似度，则在线抱怨案例 C_1 和 C_2 间的整体相似度定义为

$$\text{Sim}(C_1, C_2) = w_1\text{Sim}(D_1, D_2) + w_2\text{Sim}(P_1, P_2) + w_3\text{Sim}(T_1, T_2) \quad （10\text{-}39）$$

其中：w_1、w_2 和 w_3 分别为 $\text{Sim}(D_1, D_2)$，$\text{Sim}(P_1, P_2)$ 和 $\text{Sim}(T_1, T_2)$ 的权重因子，它们满足

$0 \leqslant w_1$、w_2、$w_3 \leqslant 1$ 且 $w_1 + w_2 + w_3 = 1$。如式（10-38）所示，当 $\text{Sim}(D_1, D_2)$，$\text{Sim}(P_1, P_2)$ 和 $\text{Sim}(T_1, T_2)$ 确定后，w_1、w_2 和 w_3 的分配将直接影响到 $\text{Sim}(D_1, D_2)$ 的准确性。因此，本节将通过 10.4 节的复合相似度计算方法求解 w_1、w_2 和 w_3 和局部相似度计算方法并确定复合计算模型。

如果选用 $\text{Sim}_{\text{Sanchez}}(D_1, D_2)$［式（10-33）］和 $\text{Sim}_{\text{Lin}}(D_1, D_2)$）［式（10-34）］作为 $\text{Sim}(D_1, D_2)$ 的两个候选计算方法，$\text{Sim}_{\text{Sanchez}}(P_1, P_2)$ 和 $\text{Sim}_{\text{Lin}}(P_1, P_2)$ 作为 $\text{Sim}(P_1, P_2)$ 的两个候选计算方法，$\text{Sim}_{\text{Liu}}(T_1, T_2)$［式（10-36）］和 $\text{Sim}_{\text{Mihalcea}}(T_1, T_2)$）［式（10-38）］作为 $\text{Sim}(T_1, T_2)$ 的两个候选计算方法，将得到 8 种不同的应用于 $\text{Sim}(C_1, C_2)$ 计算的聚合方法，即

$$
\begin{cases}
\text{Sim}_1(C_1, C_2) = w_{1,1}\text{Sim}_{\text{Sanchez}}(D_1, D_2) + w_{1,2}\text{Sim}_{\text{Sanchez}}(P_1, P_2) + w_{1,3}\text{Sim}_{\text{Lin}}(T_1, T_2) \\
\text{Sim}_2(C_1, C_2) = w_{2,1}\text{Sim}_{\text{Sanchez}}(D_1, D_2) + w_{2,2}\text{Sim}_{\text{Sanchez}}(P_1, P_2) + w_{2,3}\text{Sim}_{\text{Mihalcea}}(T_1, T_2) \\
\text{Sim}_3(C_1, C_2) = w_{3,1}\text{Sim}_{\text{Sanchez}}(D_1, D_2) + w_{3,2}\text{Sim}_{\text{Lin}}(P_1, P_2) + w_{3,3}\text{Sim}_{\text{Lin}}(T_1, T_2) \\
\text{Sim}_4(C_1, C_2) = w_{4,1}\text{Sim}_{\text{Sanchez}}(D_1, D_2) + w_{4,2}\text{Sim}_{\text{Lin}}(P_1, P_2) + w_{4,3}\text{Sim}_{\text{Mihalcea}}(T_1, T_2) \\
\text{Sim}_5(C_1, C_2) = w_{5,1}\text{Sim}_{\text{Lin}}(D_1, D_2) + w_{5,2}\text{Sim}_{\text{Sanchez}}(P_1, P_2) + w_{5,3}\text{Sim}_{\text{Lin}}(T_1, T_2) \\
\text{Sim}_6(C_1, C_2) = w_{6,1}\text{Sim}_{\text{Lin}}(D_1, D_2) + w_{6,2}\text{Sim}_{\text{Sanchez}}(P_1, P_2) + w_{6,3}\text{Sim}_{\text{Mihalcea}}(T_1, T_2) \\
\text{Sim}_7(C_1, C_2) = w_{7,1}\text{Sim}_{\text{Lin}}(D_1, D_2) + w_{7,2}\text{Sim}_{\text{Lin}}(P_1, P_2) + w_{7,3}\text{Sim}_{\text{Lin}}(T_1, T_2) \\
\text{Sim}_8(C_1, C_2) = w_{8,1}\text{Sim}_{\text{Lin}}(D_1, D_2) + w_{8,2}\text{Sim}_{\text{Lin}}(P_1, P_2) + w_{8,3}\text{Sim}_{\text{Mihalcea}}(T_1, T_2)
\end{cases}
\tag{10-40}
$$

给定从抱怨案例库中随机选取的 N 个案例对 $(C_{i,1}, C_{i,2})$ $(i = 1, 2, \cdots, N)$ 和它们的人工评估相似度 $\text{Sim}_f(C_{i,1}, C_{i,2})$，权重 $w_{j,1}$、$w_{j,2}$ 和 $w_{j,3}$（$j = 1, 2, \cdots, 8$)，$\text{Sim}_j(C_{i,1}, C_{i,2})$ 和相关系数 $\text{corr}(\text{Sim}_j(C_{i,1}, C_{i,2}), \text{Sim}_f(C_{i,1}, C_{i,2}))$ 都可相继算出。最后，8 种聚合方法中皮尔森相关系数最大的聚合方法 $\text{Sim}_j(C_{i,1}, C_{i,2})$ 将作为最终应用于新目标案例和案例库中每个源案例相似度计算的方法。

10.5.3 基于相似度的在线抱怨案例检索算法

基于以上关于如何准确评估在线抱怨案例的总体相似度的论述，基于相似度的抱怨案例检索算法设计如下。

算法 10-4 在线抱怨案例检索算法

功能：找出准确率最高的在线抱怨案例计算方法

输入：在线抱怨处理本体包括 n 个源案例 $C_{S,k}$ $(k = 1, 2, \cdots, n)$ 的在线抱怨案例库；
抱怨产品的语义网络和抱怨问题的语义网络；HowNet；在线抱怨语料库；
N 对在线抱怨 $(C_{i,1}, C_{i,2})$ $(i = 1, 2, \cdots, N)$ 及其人工评估相似度 $\text{Sim}_f(C_{i,1}, C_{i,2})$

输出：与 $\text{Sim}_f(C_{i,1}, C_{i,2})$ 皮尔森相关系数最大的相似度计算 $\text{Sim}_j(C_1, C_2)$

Start

Step1 **for** integer $p \leftarrow 1$ **to** K **do**

    for integer $i \leftarrow 1$ **to** N **do**

      使用 $\text{Sim}_p(D_1, D_2)$ 计算案例对 $(C_{i,1}, C_{i,2})$ 抱怨产品的相似度

    end for

   end for

Step2 **for** integer $q \leftarrow 1$ **to** L **do**

    for integer $i \leftarrow 1$ **to** N **do**

使用 $\text{Sim}_q(P_1, P_2)$ 计算案例对$(C_{i,1}, C_{i,2})$抱怨问题的相似度

      end for

    end for

Step3 for integer $r \leftarrow 1$ **to** M **do**

    for integer $i \leftarrow 1$ **to** N **do**

      使用 $\text{Sim}_r(T_1, T_2)$ 计算案例对$(C_{i,1}, C_{i,2})$抱怨内容的相似度

    end for

  end for

Step4 for integer $j \leftarrow 1$ **to** $K \times L \times M$ **do**

    使用权重赋值方法求解权重因子 $w_{j,1}$、$w_{j,2}$ 和 $w_{j,3}$

    end for

Step5 for integer $j \leftarrow 1$ **to** $K \times L \times M$ **do**

    for integer $i \leftarrow 1$ **to** N **do**

      使用 $\text{Sim}_j(C_1, C_2)$ 计算案例对（$C_{i,1}, C_{i,2}$）的整体相似度

    end for

  end for

Step6 for integer $j \leftarrow 1$ **to** $K \times L \times M$ **do**

    计算皮尔森相关系数 corr（$\text{Sim}_j(C_{i,1}, C_{i,2})$, $\text{Sim}_J(C_{i,1}, C_{i,2})$）

    找出皮尔森相关系数最大的相似度计算方法 $\text{Sim}_j(C_1, C_2)$

  end for

End

函数： 检索相似的源案例

输入： 新的目标案例 C_T；皮尔森相关系数最大的相似度计算方法；相似度阈值 t；正整数 N_S

输出： 与 C_T 相似度以降序排列的 N_S 个源案例

Start

Step1 使用第 2 章的在线抱怨问题识别方法抽取 C_T 中的抱怨问题和抱怨产品

    for integer $k \leftarrow 1$ **to** n **do**

      使用具有最大皮尔森相关系数的方法计算 C_T 和 $C_{S,k}$ 的相似度

    end for

Step2 for integer $k \leftarrow 1$ **to** n **do**

    找出（n_t）所有与 C_T 的相似度大于或等于阈值 t 的源案例

    end for

Step3 将 n_t 个源案例以与 C_T 相似度降序排列

Step4 输出 n_t 个源案例的前 N_S 个案例

End

如算法 10-4 设计所示，基于相似度的抱怨案例检索算法包括两大函数。

（1）找出准确率高的相似度计算方法，应用于新目标案例与案例库中的每一个源案例的整体相似度计算。它以 N 个在线抱怨处理本体的案例库随机选取的样本案例对及其人工

评估相似度为输入，以在线抱怨案例整体相似度计算方法为输出，其中该方法计算所得在线抱怨案例整体相似度与人工评估相似度的皮尔森相关系数最大。对于同一个案例库，寻找准确率高的相似度计算方法只需要执行一次。

（2）从案例库中检索出相似源案例以帮助在线抱怨处理。它以新目标案例，具有最大皮尔森相关系数的在线抱怨案例整体相似度计算方法，相似度阈值和正整数为输入，以按照与新目标案例的相似度降序的特定数量源案例为输出。不同于第一个函数，只要有新目标案例输入该函数就执行一次。

算法 10-4 的复杂度分析如下。

在算法 10-4 的第一个函数中，Step1、Step2 和 Step3 计算量分别为 KN、LN 和 MN（每一种相似度计算都需要 N 次计算），Step4 计算量为 KLM，Step5 计算量为 KLMN（每一种相似度计算都需要 N 次计算），Step6 计算量为 2KLM（每一个相关系数或每一次比较都需要一次计算）。因此，第一个函数的总计算量为 KLMN+3KLM+KN+LN+MN。在算法 10-4 的第二个函数中 Step1 和 Step2 的计算量都是 n，Step3 计算量为 $n_t \log_2 n_t$（排序过程的计算量）。因此，第二个函数的计算总量为 $2n+n_t\log_2 n_t$，整个算法设计的计算总量为 $2n+n_t\log_2 n_t+\text{KLMN}+3\text{KLM}+\text{KN}+\text{LN}+\text{MN}$。由于 n_t、K、L、M 和 N 都远远小于 n 的值，因此算法 10-4 的计算复杂度为 $O(n)$，这意味着算法 10-4 的计算可在线性时间内完成。

10.5.4　实验与结果分析

1. 实验设计

本小节将采用斯坦福医学院开发的 Protégé 进行在线抱怨处理本体构建，它是一个以可视化的方式提供了一个 OWL 本体创建、编辑和保存的集成环境的自由开放的本体编辑工具。在线抱怨案例检索将通过 Protégé-OWL 应用程序接口（application program interface，API），基于 Java 的 HowNet API 和 Java 程序语言实现。

案例检索主要基于 3 个知识库，即在线抱怨处理本体、HowNet 和在线抱怨语料库。在实验中，以 156 对案例对和它们的人工评估相似度，一个与中国移动产品相关的新抱怨（即一个新的目标抱怨），相似度阈值为 0.8 和返回值限定为 10 等为输入，案例检索将返回 10 个与新的目标案例相似度以倒序排列的源案例。从输入到输出的具体过程主要包括以下 3 个步骤。

步骤 1　从案例库中随机提取 156 个中国移动的抱怨案例对。从顾客和企业视角的综合考虑，实验邀请 24 名领域专家（包括 12 名中国移动的一般顾客和 12 名中国移动的员工），根据每个案例对相似程度包括 0.2、0.4、0.6、0.8 和 1 进行估算，再从各个案例对的 14 个估算结果中剔除两个最大值和两个最小值，最后对各个案例对的剩余 10 个估算结果求平均值，从而求得所有案例对的最终人工估算相似度，其分布如图 10-7 所示。

步骤 2　找出案例整体相似度准确性最高的计算方法。首先根据 $\text{Sim}_{\text{Sanchez}}$ 和 Sim_{Lin} 计算 156 个抱怨案例对的抱怨产品和抱怨问题的相似度，根据 Sim_{Liu} 和 $\text{Sim}_{\text{Mihalcea}}$ 计算 156 个抱怨案例对的抱怨文本的相似度，再结合第 10.4.3 节的权重计算方法，式（10-39）的 8 种不同的聚合方法的权重以及 8 种聚合方法计算的 156 对在线抱怨案例相似度与人工评估相似度的相关系数 $\text{corr}(\text{Sim}_j(C_{i,1}, C_{i,2}), \text{Sim}_j(C_{i,1}, C_{i,2}))$ $(i = 1, 2, \cdots, 156; j = 1, 2, \cdots, 8)$ 可计算，计算结果如表 10-8 所示。

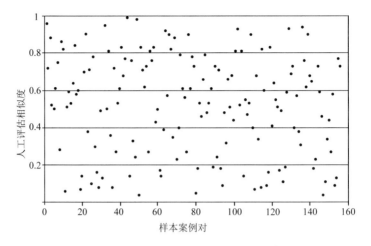

图 10-7　在线抱怨案例对的人工评估相似度的分布

表10-8　权重因子计算结果和准确性测试结果

w&corr	Sim_1	Sim_2	Sim_3	Sim_4	Sim_5	Sim_6	Sim_7	Sim_8
$w_{j,1}$	0.2879	0.2269	0.3538	0.2951	0.1833	0.1025	0.2817	0.1947
$w_{j,2}$	0.3404	0.3551	0.2288	0.2498	0.4671	0.4350	0.3184	0.3074
$w_{j,3}$	0.3717	0.4180	0.4174	0.4551	0.3496	0.4625	0.3999	0.4979
corr	0.8038	0.8271	0.7831	0.8101	0.7707	0.8082	0.7376	0.7831

由表 10-8 可知，案例对相似度计算方法 $Sim_2(C_{i,1}, C_{i,2})$ 和人工评估相似度 $Sim_f(C_{i,1}, C_{i,2})$ $(i = 1, 2, \cdots, 156)$ 的相关系数最大，因此，在线抱怨案例整体相似度计算准确率最高的方法确定为 $Sim(C_1,C_2)=0.2269Sim_{Sanchez}(D_1,D_2)+0.3551Sim_{Sanchez}(P_1,P_2)+0.4180Sim_{Mihalcea}(T_1,T_2)$。

步骤 3　为新的目标案例检索相似的源案例。首先根据本章提出的抱怨问题识别方法进行抱怨产品和抱怨问题的自动抽取。然后新目标案例与案例库中的 1560 个源案例的相似度可通过步骤 2 确定，相似度大于或等于设定阈值 0.8 的源案例将以相似度倒序形式输出，输出的源案例中的抱怨解决方案将为新的在线抱怨处理提供信息支持。

2. 实验结果及分析

在自然语言处理领域中，为评价方法的有效性所进行的对比实验通常会采用包含一定数量概念对、词对或文本对及其人工评价相似度的基准数据集。在过去的几十年中，学者们设计了很多公认并应用广泛的不同语言层级的基准数据集，包括概念、词语和文本层级。因为在线抱怨大多以短文本的形式存在，抱怨案例相似度计算的准确度评价需要一个文本层级的基准数据集。但是现存的文本层级的基准数据集是不限定应用领域的泛化数据集，不能满足本章应用需求，因此，设计了一个在线抱怨处理领域的特定的文本层级的数据集。

在实验中，从案例库中随机选取的 156 对案例对及其人工评估相似度将直接作为评价不同的在线抱怨案例相似度计算方法准确率的基准数据集。该基准数据集将应用于多类相似度计算方法，包括只考虑一个特征的方法、考虑两个特征的方法、考虑 3 个特征的方法和设计算法找出的案例相似度计算方法的准确率评价。其中，考虑 3 个特征的方法[式（10-39）]总共有 8 种，在这 8 种聚合方法中都已经选定抱怨产品、抱怨问题和抱怨文本的相似度计算方法。在给定三者的相似度计算方法的基础上，通过只选择抱怨产品、抱怨问题和抱怨文本任意一个或任意两个特征进行案例表示计算案例间的相似度。最后，根据它们与人工评估相似度间的皮尔森相关系数的大小评价这些方法的准确率。

例如，在第一个实验（E1）中，考虑一种特征、两种特征和 3 种特征的方法 $\mathrm{Sim}_{j,k}(C_1, C_2)$（$j$=1, 2,3; k = 1, 2, 3）分别如下：

$\mathrm{Sim}_{1,1}(C_1, C_2) = \mathrm{Sim}_{\mathrm{Sanchez}}(D_1, D_2)$

$\mathrm{Sim}_{1,2}(C_1, C_2) = \mathrm{Sim}_{\mathrm{Sanchez}}(P_1, P_2)$

$\mathrm{Sim}_{1,3}(C_1, C_2) = \mathrm{Sim}_{\mathrm{Liu}}(T_1, T_2)$

$\mathrm{Sim}_{2,1}(C_1, C_2) = w_{2,1,1}\, \mathrm{Sim}_{\mathrm{Sanchez}}(D_1, D_2) + w_{2,1,2}\, \mathrm{Sim}_{\mathrm{Sanchez}}(P_1, P_2)$

$\mathrm{Sim}_{2,2}(C_1, C_2) = w_{2,2,1}\, \mathrm{Sim}_{\mathrm{Sanchez}}(D_1, D_2) + w_{2,2,2}\, \mathrm{Sim}_{\mathrm{Liu}}(T_1, T_2)$

$\mathrm{Sim}_{2,3}(C_1, C_2) = w_{2,3,1}\, \mathrm{Sim}_{\mathrm{Sanchez}}(P_1, P_2) + w_{2,3,2}\, \mathrm{Sim}_{\mathrm{Liu}}(T_1, T_2)$

$\mathrm{Sim}_{3,1}(C_1, C_2) = w_{3,1,1}\, \mathrm{Sim}_{\mathrm{Sanchez}}(D_1, D_2) + w_{3,1,2}\, \mathrm{Sim}_{\mathrm{Sanchez}}(P_1, P_2) + w_{3,1,3}\, \mathrm{Sim}_{\mathrm{Liu}}(T_1, T_2)$

实验首先求解聚合方法 $\mathrm{Sim}_{2,1}(C_1, C_2)$、$\mathrm{Sim}_{2,2}(C_1, C_2)$、$\mathrm{Sim}_{2,3}(C_1, C_2)$ 和 $\mathrm{Sim}_{3,1}(C_1, C_2)$ 的中的权重值。再通过 $\mathrm{Sim}_{j,k}(C_1, C_2)$（$j$ = 1, 2,3; k = 1, 2, 3）计算基准数据集中的 156 个案例对的相似度，最后计算这些相似度与人工评估相似度的相关系数。每一组实验的所有方法权重和相关系数如表 10-9 所示。类似地，第二组至第八组实验（E2、E3、E4、E5、E6、E7 和 E8）的结果如表 10-9 所示。

表10-9　实验结果对比

实验	w&corr	$\mathrm{Sim}_{1,1}$	$\mathrm{Sim}_{1,2}$	$\mathrm{Sim}_{1,3}$	$\mathrm{Sim}_{2,1}$	$\mathrm{Sim}_{2,2}$	$\mathrm{Sim}_{2,3}$	$\mathrm{Sim}_{3,1}$
E1	$w_{j,k,1}$	—	—	—	0.4206	0.4923	0.6462	0.2879
	$w_{j,k,2}$	—	—	—	0.5794	0.5077	0.3538	0.3404
	$w_{j,k,3}$	—	—	—	—	—	—	0.3717
	$\mathrm{corr}_{j,k}$	0.7025	0.7431	0.2556	0.7891	0.7370	0.7533	**0.8038**
E2	$w_{j,k,1}$	—	—	—	0.4206	0.4603	0.4965	0.2269
	$w_{j,k,2}$	—	—	—	0.5794	0.5397	0.5035	0.3551
	$w_{j,k,3}$	—	—	—	—	—	—	0.4180
	$\mathrm{corr}_{j,k}$	0.7025	0.7431	0.6018	0.7891	0.7686	0.8035	**0.8271**
E3	$w_{j,k,1}$	—	—	—	0.5776	0.4923	0.5406	0.3538
	$w_{j,k,2}$	—	—	—	0.4224	0.5077	0.4594	0.2288
	$w_{j,k,3}$	—	—	—	—	—	—	0.4174
	$\mathrm{corr}_{j,k}$	0.7025	0.6562	0.2556	0.7620	0.7370	0.6753	**0.7831**
E4	$w_{j,k,1}$	—	—	—	0.5776	0.4603	0.3920	0.2951
	$w_{j,k,2}$	—	—	—	0.4224	0.5397	0.6080	0.2498
	$w_{j,k,3}$	—	—	—	—	—	—	0.4551
	$\mathrm{corr}_{j,k}$	0.7025	0.6562	0.6018	0.7620	0.7686	0.7613	**0.8101**
E5	$w_{j,k,1}$	—	—	—	0.2570	0.4702	0.6462	0.1833
	$w_{j,k,2}$	—	—	—	0.7430	0.5298	0.3538	0.4671
	$w_{j,k,3}$	—	—	—	—	—	—	0.3496
	$\mathrm{corr}_{j,k}$	0.5914	0.7431	0.2556	0.7585	0.6323	0.7533	**0.770 7**
E6	$w_{j,k,1}$	—	—	—	0.2570	0.3686	0.4965	0.1025
	$w_{j,k,2}$	—	—	—	0.7430	0.6314	0.5035	0.4350
	$w_{j,k,3}$	—	—	—	—	—	—	0.4625
	$\mathrm{corr}_{j,k}$	0.5914	0.7431	0.6018	0.7585	0.7045	0.8035	**0.8082**

续表

实验	w&corr	$Sim_{1,1}$	$Sim_{1,2}$	$Sim_{1,3}$	$Sim_{2,1}$	$Sim_{2,2}$	$Sim_{2,3}$	$Sim_{3,1}$
E7	$w_{j,k,1}$	—	—	—	0.4505	0.4702	0.5406	0.2817
	$w_{j,k,2}$	—	—	—	0.5495	0.5298	0.4594	0.3184
	$w_{j,k,3}$	—	—	—	—	—	—	0.3999
	$corr_{j,k}$	0.5914	0.6562	0.2556	0.7184	0.6323	0.6753	**0.7376**
E8	$w_{j,k,1}$	—	—	—	0.4505	0.3686	0.3920	0.1947
	$w_{j,k,2}$	—	—	—	0.5495	0.6314	0.6080	0.3074
	$w_{j,k,3}$	—	—	—	—	—	—	0.4979
	$corr_{j,k}$	0.5914	0.6562	0.6018	0.7184	0.7045	0.7613	**0.7831**

在 8 组相似度计算对比中，每组实验对 7 种可能的线性组合的方法都进行了准确率评价。实验数据表明，每组实验中同时考虑抱怨产品、抱怨问题和抱怨内容 3 个特征的聚合模型计算的案例相似度都是准确率最高的。通过对比发现，每组实验中只考虑单一特征的聚合方法的皮尔森相关系数皆低于考虑多特征的聚合方法，说明在线抱怨内容、抱怨产品和抱怨问题等多因素考虑才能充分表示在线抱怨案例，而只有同时考虑抱怨内容、抱怨产品和抱怨问题的抱怨案例才能使其相似度更接近人工判断。

在所有单一特征的聚合方法中，采用 Sanchez 方法计算抱怨问题的单一方法准确率最高。其中，在只考虑抱怨产品和只考虑抱怨问题的单一特征方法中，Sanchez 方法计算的案例相似度比 Liu 方法准确；在只考虑抱怨内容的单一特征方法中，Michalcea 方法计算的案例相似度比 Liu 方法准确。

Michalcea 方法准确性高于 Liu 方法，可能是因为 Michalcea 方法在计算抱怨问题相似度过程中基于在线抱怨处理领域的特定语料库而非 Liu 方法所采用的泛化知识库 HowNet，这表明本章所构建的特定在线抱怨语料库在抱怨问题相似度计算中具有明显的作用，构建的语料库越符合领域需求，则基于语料库进行相似度计算的方法准确率越高。再者，$Sim_{Sanchez}(D_1, D_2)$、$Sim_{Lin}(D_1, D_2)$）、$Sim_{Sanchez}(P_1, P_2)$ 和 $Sim_{Lin}(P_1, P_2)$）与人工评估相似度的相关系数相差并不大，说明在线抱怨处理本体中所构建的抱怨产品和抱怨问题语义网络也发挥了一定作用。

在所有两特征聚合方法中，分别采用 Sanchez 方法和 Michalcea 方法计算抱怨问题和抱怨内容相似度的两特征聚合方法准确率最高。8 组实验中准确率最高的两特征聚合方法中有 7 组都考虑抱怨问题这一抱怨案例特征，而第 5 组的准确率最高的两特征的聚合方法虽然没有考虑抱怨问题这一特征，但其准确率与其他两个特征方法准确率相差无几，说明抱怨问题在抱怨案例表示中具有显著的作用。另外，在选用 Liu 方法计算抱怨内容相似度计算的 4 组实验中，准确率最高的两特征聚合方法都考虑了抱怨产品和抱怨问题两个特征；而在选用 Michalcea 方法计算抱怨相似度的 4 组实验中，3 组考虑抱怨问题和抱怨内容的两特征聚合方法的准确率最高，还是除第 5 组外，再次证明 Michalcea 方法在计算抱怨内容间相似度时的准确性高于 Liu 方法。

从以上实验结果的分析中可以得出以下结论：

（1）已通过比较相关系数的方式验证了设计算法找出的案例相似度计算方法比其他线性组合更准确。

（2）特定知识库（即本章构建的本体和语料库）在计算在线抱怨案例相似度时发挥了重要作用。

（3）因为综合考虑了所有语言层级的特征并且选取了不同的局部相似度计算方法，复合相似度计算比那些只考虑一种特征或只选用一种局部相似度计算方法的相似度计算方法准确率高。

10.6　面向在线抱怨自动处理的推荐原型系统

在线抱怨处理是企业客户关系管理中防止顾客流失和建立顾客忠诚的一个行之有效的方法，因为及时、有效的服务补救可以在降低顾客流失率的同时提高顾客满意度。在线抱怨处理是企业管理活动中实用性较强的领域。近年来，在线抱怨的爆发式增长引起了企业界的关注，传统的抱怨处理系统和强烈依赖于企业员工的方式已经不能适应在线抱怨处理需求了。

在本章前几节关于在线抱怨问题识别和分析、面向语言对象的复合相似度计算以及在线抱怨案例检索理论模型和方法的基础上，通过将本章理论研究成果与企业实践工作相结合，本节设计了一个面向在线抱怨自动处理的推荐支持系统，通过在线抱怨实例展示了其工作机理，期望能为企业的抱怨处理实践提供指导和参考。

10.6.1　系统需求分析

在传统企业抱怨处理中，抱怨的采集、输入、处理和抱怨处理方案输出都是在企业内部系统实现的，并通过企业员工与抱怨者口口相传的方式进行抱怨数据收集和抱怨处理信息传递。根据在线抱怨传播形式、传播速度、数据量和负面影响等特征，结合核心利益相关者的在线抱怨处理需求及在线抱怨的实际处理环境，面向在线抱怨自动处理的推荐系统的具体需求主要包括以下几个方面：

（1）文本形式的在线抱怨检测。数据采集是数据处理的第一步，因为本章以文本形式的在线抱怨为研究对象，所以系统需要具备清洗非文本数据功能和识别所收集文本是否包含在线抱怨内容，即判断文本是否为在线抱怨的功能。

（2）系统实现的实时性要求。客户抱怨是否得到快速处理将影响顾客受企业重视感知的强烈程度，当客户的抱怨被快速响应和处理后，客户受企业重视的感知越是强烈，其负面情感和消极情绪的消除和缓和也越及时。考虑到新的抱怨数据随时都可能在社会化媒体中产生，系统需实现实时抱怨数据采集、抱怨问题识别和抱怨问题解决方案推荐，以缩短抱怨处理流程和提高在线抱怨响应速度。

（3）提供完善的功能模块。每一个功能模块都是系统的重要组成部分，任何一个功能的缺失都会造成系统不完整而无法实现，因此完善的功能模块是面向在线抱怨自动处理的推荐系统实现的前提条件。

（4）通过社会化媒体实现系统功能。作为用户产生内容及其传播的重要媒介，社会化媒体在加速企业在线抱怨传播和增加对企业负面影响的同时，也可在产品宣传和企业良好形象的树立方面扮演重要角色。再者，企业在客户抱怨处理活动中投入的资源有限，仅仅依靠企业自身力量已经远远不能满足海量的在线抱怨处理要求。因此，借助社会化媒体实现在线抱怨自动处理系统已势在必行，企业为系统提供抱怨处理资源，社会化媒体提供在线抱怨自动处理系统平台支持，通过这种战略合作实现互利共赢。

（5）可视化系统操作平台。系统通过在线抱怨的自动检测、分析和问题解决的相关信息的自动推荐实现客户在线抱怨自动处理的目的，因此抱怨者（也是企业客户）是系统服务对象。如果系统无可视化操作平台，在线抱怨的处理好似在黑箱子里完成，系统使用者在无法了解系统功能的同时也不能对系统做出准确的评价，系统的改进将无从谈起。因此，系统需要提供可视化系统操作平台，便于抱怨者进行自行操作和个性化设置，并对系统功能进行及时、正确地评价。

10.6.2 系统总体结构设计

1. 系统流程设计

面向在线抱怨自动处理的推荐系统的主要工作任务是通过抱怨问题解决案例推荐实现自动化在线抱怨处理，它的主要工作流程如图10-8所示，网络数据采集→在线抱怨检测→在线抱怨案例特征抽取→本体库的案例检索→案例重用和修正→抱怨解决方案生成→案例学习，其中面向在线抱怨自动处理的推荐系统所依赖的本体库是基于企业内部案例库构建的，它根据企业内部案例库提供抱怨案例相关知识，基于本体进行案例表示和存储，为在线抱怨文本理解提供更多语义信息。

（1）用户产生内容采集。即通过自动检测的方式获取网络文本信息，也可以通过使用人员根据相关内容输入抱怨内容。

（2）在线抱怨检测。根据在线抱怨内容的组成结构和依存结构等句法特征将所采集网络用户产生内容进行抱怨和非抱怨的检测和区分。

（3）在线抱怨特征抽取。通过先识别后抽取的方式，从第二步检测出的在线抱怨内容获取包括在线抱怨产品及其属性、抱怨问题和抱怨背景等抱怨表示的显著性特征。在线抱怨特征抽取属于关键过程之一，因为它为完整的在线抱怨本体语义网络的构建和在线抱怨的后续处理奠定了必要的基础。

（4）在线抱怨案例检索。将当前在线抱怨与本体库中的源案例进行相似度匹配，当源案例与当前抱怨案例的相似度大小符合设定的阈值时，则通过以相似度降序排列的方式向在线抱怨者推送指定数量的包含抱怨处理相关信息在内的源案例来进行案例重用；当源案例与当前抱怨案例的相似度都不符合阈值时，则通过企业抱怨处理的员工进行案例修正后再返回抱怨处理方案，为抱怨者的问题解决提供参考。

（5）在线抱怨案例学习。新生成的本体库中不存在的案例，可通过案例学习的方式将新案例及其对应的案例处理方案存入本体库中，以增加案例库的多样性，并为抱怨者提供更优质的抱怨处理方案。

2. 系统结构设计

面向在线抱怨自动处理的推荐支持系统以10.2.2节介绍的在线抱怨自动处理总体框架为指导，有效发挥企业信息资源的作用，运用信息抽取、自然语言处理、本体和CBR等技术，通过第三方社会化媒体为抱怨者提供抱怨问题处理提供信息支持。区别于传统的企业抱怨系统是在企业内部使用与管理，本章提出的面向在线抱怨自动处理的推荐系统的主要功能是在社会化媒体中实现的，并采用模块化设计，各个系统模块的实现代码和功能相互独立，便于扩展和重用。系统总体结构如图 10-9 所示。

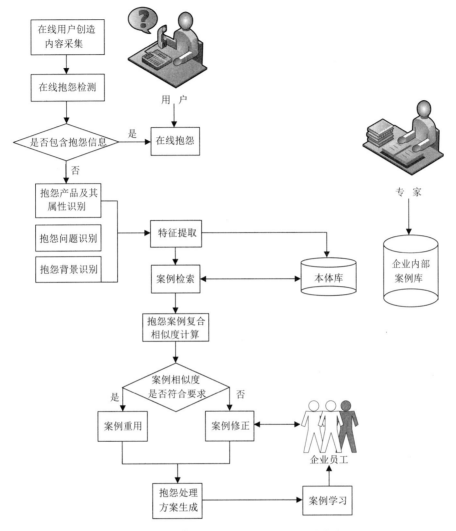

图 10-8　面向在线抱怨自动处理的推荐基本流程

　　面向在线抱怨自动处理的推荐支持系统包括 3 个组件、一个抱怨处理本体库和一个在线抱怨语料库，其中 3 个组件主要包括在线抱怨监控组件、在线抱怨特征抽取组件和在线抱怨问题解决方案推荐组件。该系统实现了从在线抱怨获取到最后抱怨处理方案生成的整个过程，系统的各个组成及其实现细节如下。

　　（1）在线抱怨监控组件。在线抱怨监控组件用于社会化媒体中在线抱怨的收集，也是面向在线抱怨自动处理的推荐支持系统的输入和抱怨处理的依据。在线抱怨监控组件主要包括在线用户创造内容获取器和在线抱怨检测器。在 Web 2.0 时代，抱怨者不再主动向企业抱怨，转而通过社会化媒体生产在线抱怨。社会化媒体的用户产生内容因其数据体量巨大、内容种类多、价值密度低等特征增加了在线抱怨内容辨别难度，因此以区分用户产生内容为目的的在线抱怨的收集和检测已成为在线抱怨处理活动获取在线抱怨内容的重要步骤。

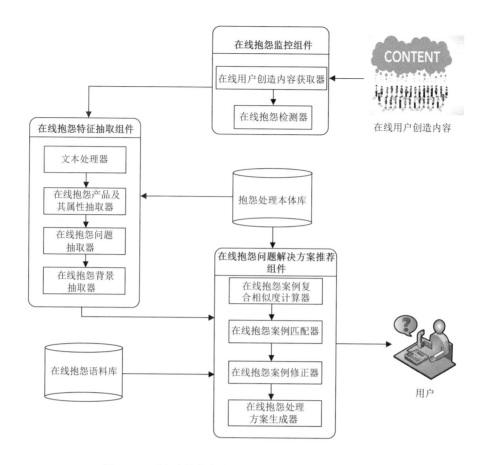

图 10-9 面向在线抱怨自动处理的推荐支持系统结构

社会化媒体的便捷性使网络用户可以随时随地在社会化媒体中生产内容，因此在线抱怨的产生也具有实时性。系统实现实时监测在线抱怨数据，可以及时进行在线抱怨处理，加速对抱怨者的响应，进而提升抱怨者的满意度。在线用户创造内容获取器主要通过社会化媒体 API 自动获取的方式进行网络数据采集，并对非文本数据进行清洗，处理后的文本数据才可以成为系统输入的源数据。在线抱怨检测器应用于判定系统输入的文本是否属于顾客抱怨内容，它将在线抱怨检测转为分类问题，并将抱怨内容的传统文本信息与语言特征相结合，从非抱怨内容中区分出抱怨内容（Coussement et al.，2008）。

（2）在线抱怨特征抽取组件。在线抱怨特征抽取组件是原型系统的重要组件，它承担在线抱怨内容分析和在线抱怨特征抽取的功能，主要包括文本处理器、在线抱怨产品及其属性抽取器、在线抱怨问题抽取器和在线抱怨背景抽取器。在在线抱怨特征抽取组件中，文本处理器主要负责将输入的原始在线抱怨文本进行预处理，实现包括去除散列标签、还原简写、去除重复符号和表情符号、分句等在内的文本预处理工作。由于抱怨文本数据存在相当多的噪声，在使用之前需要对其进行一定的预处理，以消除不必要的干扰。

在线抱怨产品及其属性抽取器根据 POS 词性标注获取名词性词语作为抱怨产品及其属性候选词（因为抱怨产品及其属性通常以名词性词语出现在抱怨内容中），再通过查询和匹配本体结构中的领域抱怨产品及其属性的网络结构词语获取在线抱怨产品及其属性。在线抱怨产品及其属性抽取器以其输出的抱怨产品及其属性和抱怨问题触发核心词的识别，以及基于组成结构和依存结构分析的抱怨问题路径抽取实现在线抱怨问题识别。其中，作为在线抱怨问题的一个重要部分，抱怨问题触发词是描述在线抱怨产品及其属性问题状态的名词、动词、形容词、名词短语或词组等。因为缺乏固定模式，抱怨问题触发词抽取难度较大。因此，在线抱怨产品及其属性抽取器通过基于 SVM 的抱怨问题触发核心词抽取，再以在线抱怨产品及其属性和抱怨问题触发核心词为核心，进行抱怨问题路径抽取，以实现抱怨问题的识别。在线抱怨背景抽取器主要用于抽取不愉快消费体验或在线抱怨问题发生的背景信息。考虑到背景信息的复杂性，本系统通过在线抱怨文本表示抱怨问题的背景信息。

（3）在线抱怨问题解决方案推荐组件。在线抱怨问题解决方案推荐组件是实现抱怨案例检索和当前目标抱怨处理方案生成功能的重要系统组件，主要包括在线抱怨案例复合相似度计算器、在线抱怨案例匹配器、在线抱怨案例修正器和在线抱怨处理方案生成器。在线抱怨案例复合相似度计算器以在线抱怨特征抽取组件输出的网络产品及其属性、在线抱怨问题和在线抱怨背景等在线抱怨特征为输入，计算目标在线抱怨与案例库中源案例的复合相似度。

在线抱怨案例匹配器以在线抱怨案例复合相似度计算器输出的案例复合相似度大小为评价指标，找出特定数量与目标在线抱怨案例相似度符合系统设定阈值要求的源案例，并以降序排列。随后，在线抱怨问题解决方案生成器就根据在线抱怨案例匹配器的输出，将特定数量源案例中与抱怨相对应的抱怨处理信息生成当前目标抱怨的处理方案。而当在线抱怨案例匹配器无输出或找不到特定数量符合系统阈值要求的源案例时，在线抱怨案例修正器被触发，当前目标案例将被发送至企业在线抱怨一线员工，最后企业在线抱怨一线员工将解决方案输出并通过在线抱怨问题解决方案生成器返回。

（4）抱怨处理本体库。抱怨处理本体库是领域知识形式化表示的网络结构，也是实现系统信息共享的主要知识库，它由 3 个部分组成，即 CBR 案例库、抱怨产品语义网络和抱怨问题语义网络。其中，CBR 案例库是在线抱怨问题解决方案推荐的主要知识来源，它主要通过应用领域企业的内部在线抱怨案例库构建。

抱怨产品语义网络和抱怨问题语义网络是具体领域企业抱怨产品和抱怨问题等本体概念及其关系的语义网络，它们不仅仅包含抱怨产品和抱怨问题分类以及父概念与子概念的上义和下义等语义关系的显性信息，还包含抱怨产品和抱怨问题语义关系网络外的概念与语义关系网络内关系概念的父类和子类间的隐性语义信息。本章通过通信服务应用领域的中国移动官网所提供的信息进行抱怨产品语义网络和抱怨问题语义网络的构建，采用本体OWL 进行编码。

（5）在线抱怨语料库。在线抱怨语料库是以自然语言为载体的在线抱怨文本分析研究的基础资源，也是基于统计学的语言研究方法的主要资源。在线抱怨语料库主要应用于在线抱怨案例相似度计算中的在线抱怨内容的相似度计算，并且通过领域在线抱怨收集和自然语言预处理获取。

在面向在线抱怨自动处理的推荐支持系统中，在线抱怨获取组件是系统实现的基础，它为在线抱怨特征抽取组件和在线抱怨问题解决方案推荐组件提供重要信息来源；作为在线抱怨获取组件的功能延伸，在线抱怨特征抽取组件是顾客抱怨处理需求分析的重要基础和抱怨服务恢复的开始；在线抱怨问题解决方案推荐组件是系统核心，也是顾客抱怨需求能否满足以及抱怨问题能否成功解决的重要步骤。这 3 个部分互为补充、层层递进，共同构成一个以在线抱怨自动处理为目的的知识推荐系统。

10.6.3   原型系统的构建

1. 原型系统的开发工具

Protégé 是当前著名的免费开源本体编辑工具之一，目前的最新版本是 2016 年 10 月 12 日发布的 Protégé 5.1.0 Release 版。Protégé 由斯坦福大学生物医学信息学研究中心采用 Java 语言开发，它提供了 Windows、Linux 和 Solaris 等多种平台的版本。Protégé 采用图形化界面，内置了 HermiT、FaCT++、Pellet、Racer 及 CLIPS 等多种推理机，支持 OWL 1 和 OWL 2（Protégé 4.0 及其之后的版本）本体各种构造子的编辑和推理操作。Protégé 还提供了齐全的 Java 语言 API，方便 Java 应用程序操作其开发的本体。本章构建的在线抱怨处理本体采用 Protégé 开发。

NetBeans IDE（integrated development environment）是当前著名的 Java 语言 IDE 之一，在 Sun 公司许可范围内免费下载使用。NetBeans IDE 提供了 Solaris、Windows、Linux 和 Macintosh OS X 等多种平台的版本，开发人员可以使用其快速地创建企业、Web、桌面及移动的应用程序。除支持 Java 语言外，NetBeans IDE 还支持包括 Groovy、Ruby、PHP、Grails 和 C/C++在内的多种开发语言。由于 Protégé 提供了齐全的 Java 语言 API，故在 NetBeans IDE 中可以很容易地用 Java 语言调用 Protégé 开发的在线抱怨处理本体。鉴于此，本节提出的在线抱怨问题识别方法、复合相似度计算方法及在线抱怨案例检索方法均在 NetBeans IDE 中采用 Java 语言编程实现。

2. 原型系统的工作机理

在前文的理论研究基础上，通过微博的在线抱怨实例说明并展示面向在线抱怨自动处理的推荐原型系统的工作机理。根据系统设计可知，原型系统的功能主要通过社会化媒体实现，系统图标将与点赞和评论等功能并行排列。

当社会化媒体用户发布新内容时，系统自动检测，如果该内容不是在线抱怨，则系统图标无任何异常；如果该内容是在线抱怨，则系统图标有提示，用户可手动点击进入，在系统内进行在线抱怨相关特征抽取、案例相似度阈值设置、返回案例数量设置、案例检索以及查看相似抱怨案例信息。另外，用户也可以通过设置让系统自动进行在线抱怨内容检测、在线抱怨相关特征抽取和案例检索，最终将抱怨处理相关信息以回复的方式推送给抱怨者。为了展示原型系统的功能，本节以新浪微博上针对中国移动的 3 个实例演示原型系统如何从输入到处理再到抱怨解决信息输出的全过程。

当社会化媒体的用户发布如实例 1（"无线网正常连着，手机充电，人去洗澡，什么后台软件都没开，4 分钟扣了我 4MB 多流量，这速度是飞的，实在不能理解什么情况，我需要合理的解释@中国移动@工信微报"）所示的抱怨内容后，抱怨处理的系统进行自动检测，系统图标提示用户单击进入。

当用户单击系统图标后，将转至图 10-10 所示的用户界面，该系统界面提供了抱怨内容相关信息抽取功能和抱怨案例检索功能。在抽取功能中，当用户单击"抽取（Extract）"按钮后，系统将自动抽取并显示抱怨内容（Complaint Content）、抱怨产品（Complaint Products）、抱怨问题（Complaint Problems）和抱怨者（Complainant）。在抱怨案例检索功能中，用户可以使用系统默认设置，也可以通过个性化设置改变案例相似度阈值（Similarity Threshold）和搜索案例的显示数目（Display Top），当案例相似度阈值和搜索案例显示数目分别设置为 0.8 和 10 且用户单击"检索（Retrieve）"按钮后，系统界面将按照与图 10-10 所示实例 1 的相似度从 0.9025～0.8561 降序排列显示 10 个满足条件并可供用户参考的案例。

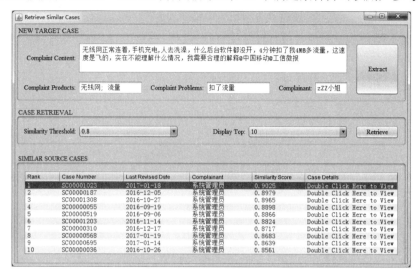

图 10-10　实例 1 对应的目标案例的前 10 个相似源案例

此时，用户可以根据需要选择浏览任一检索出的案例，以获取解决抱怨问题的参考方案（通常情况下按相似度值从大到小浏览）。当用户按照相似度值最大选择浏览第一个案例时，系统将跳转至图 10-11 所示的界面。该界面显示了用户所选择案例的详细内容，其中包括相似度大小排名（Rank）、与图 10-10 中的实例 1（即目标案例）的相似度（Similarity Score）、案例编号（Case Number）、最新修改日期（Last Revised Date）、抱怨者（Complainant）、抱怨产品（Complaint Products）、抱怨问题（Complaint Problems）、抱怨内容（Complaint Content）及其抱怨解决方案（Solutions）。用户可根据具体情况采用推荐的相关信息解决当前遭遇的问题。

类似地，当用户发布如实例 2（"这么多天了，短信功能被屏蔽了还没恢复正常使用，移动公司是想怎样？@中国移动"）和实例 3（"大过年的，中国移动让我很生气，每次都是乱扣费，每次人工服务都是说 48 小时回复，结果每次都是两个月都没有见到回复……总是乱扣费，好烦，再多的话费都不够扣啊！"）所示的抱怨内容时，用户同样可以单击系统图标进入系统进行信息抽取、案例检索和案例查看，以获取帮助抱怨问题解决的相关信息，其具体界面分别如图 10-12～图 10-15 所示。

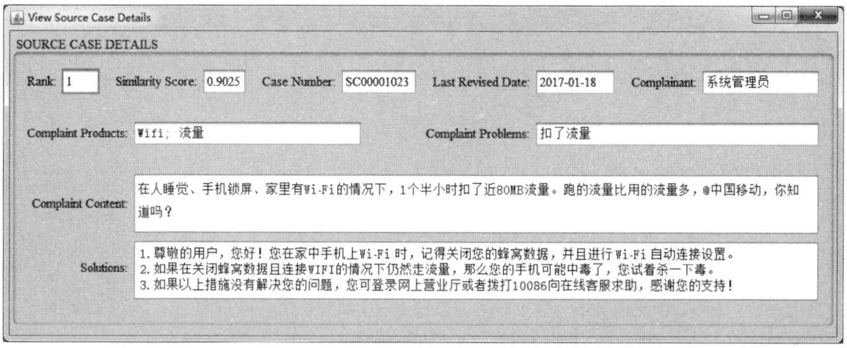

图 10-11　实例 1 检索出的第一个相似源案例的详细内容

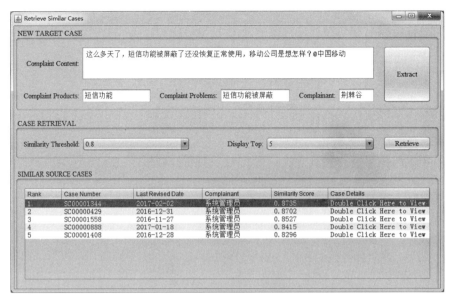

图 10-12　实例 2 对应的目标案例的前 5 个相似源案例

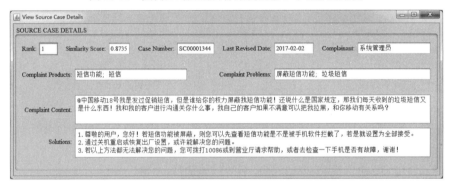

图 10-13　实例 2 检索出的第一个相似源案例的详细内容

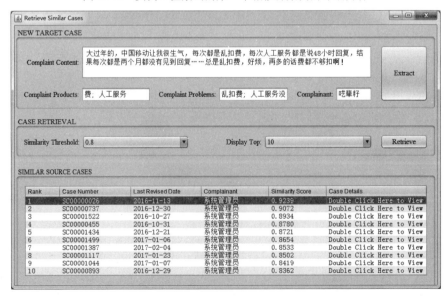

图 10-14　实例 3 对应的目标案例的前 10 个相似源案例

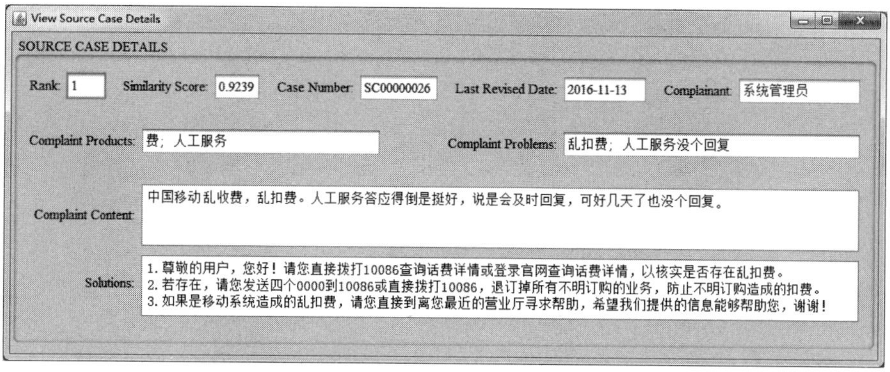

图 10-15　实例 3 检索出的第一个相似源案例的详细内容

参 考 文 献

蔡淑琴, 马玉涛, 王瑞, 2013. 在线口碑传播的意见领袖识别方法研究[J]. 中国管理科学, 21(2):185-192.

蔡淑琴, 胡慕海, 叶波, 等, 2011. 情境化推荐中基于超图模式的用户偏好漂移识别研究[J]. 情报学报, 30(8):802-811.

蔡淑琴, 马玉涛, 肖泉, 等, 2011. 基于超图设计模型的用户创造内容产品族设计映射研究[J]. 情报学报, 30(4):387-394.

蔡淑琴, 周鹏, 胡慕海, 等, 2016. 面向用户创造内容的大数据加工方法与技术[M]. 北京: 科学出版社.

蔡晓珍, 徐健, 吴思竹, 2014. 面向情感分析的用户评论过滤模型研究[J]. 现代图书情报技术, 30(4):58-64.

陈蓓蕾, 2008. 银行结构与经济发展的关系: 基于浙江银行业的实证分析[D]. 杭州: 浙江工商大学.

杜建刚, 范秀成, 2009. 服务消费中多次情绪感染对消费者负面情绪的动态影响机制[J]. 心理学报, 41(4):346-356.

冯芷艳, 郭迅华, 曾大军, 等, 2013. 大数据背景下商务管理研究若干前沿课题[J]. 管理科学学报, 16(1):1-9.

高传嵩, 2014. 基于 SVM 文本分类的问答系统的设计与实现[D]. 南京: 南京大学.

韩少春, 刘云, 张彦超, 等, 2011. 基于动态演化博弈论的舆论传播羊群效应[J]. 系统工程学报, 26(2):275-281.

郝清民, 魏凤霞, 2014. 消费者感知的在线评论有用性影响因素研究[J]. 天津大学学报: 社会科学版, 16(5):404-408.

郝媛媛, 叶强, 李一军, 2010. 基于影评数据的在线评论有用性影响因素研究[J]. 管理科学学报, 13(8):78-88.

何建民, 刘明星, 2010. 面向特定主题的客户抱怨文本分类识别方法[J]. 合肥工业大学学报 (自然科学版), 33(12):1884-1888.

黄敏学, 冯小亮, 王峰, 等, 2010. 不满意消费者的网络负面口碑机制研究[J]. 武汉大学学报 (哲学社会科学版), 63(3):440-445.

黄兴, 2013. 不同负面情绪强度下服务补救时机与策略匹配的效果评价研究[D]. 成都: 西南财经大学.

姜进章, 2012. 新媒体管理[M]. 上海: 上海交通大学出版社.

孔少华, 2013. 大型多人在线网络游戏虚拟社区用户信息行为研究: 以网易大型多人在线网络游戏梦幻西游为例[J]. 情报科学, 31(1):123-128.

蔺源, 2011. 基于用户行为的网格资源发现相关问题研究[D]. 北京: 北京交通大学.

刘明星, 2011. 网上客户抱怨文本识别及反馈处理方法研究[D]. 合肥: 合肥工业大学.

刘群, 李素建, 2002. 基于《知网》的词汇语义相似度计算[J]. 中文计算语言学, 7(2):59-76.

楼巍, 2013. 面向大数据的高维数据挖掘技术研究[D]. 上海: 上海大学.

马费成, 望俊成, 2010a. 信息生命周期研究述评 (Ⅰ): 价值视角[J]. 情报学报, 29(5):939-947.

马费成, 望俊成, 2010b. 信息生命周期研究述评 (Ⅱ): 管理视角[J]. 情报学报, 29(6):1080-1086.

彭岚, 周启海, 邱江涛, 2011. 消费者在线评论有用性影响因素模型研究[J]. 计算机科学, 38(8):205-207.

施寒潇, 2013. 细粒度情感分析研究[D]. 苏州: 苏州大学.

孙连英, 彭苏萍, 张德政, 2002. 基于超图模型的空间数据挖掘[J]. 计算机工程与应用, 38(11):30-32.

唐慧丰, 谭松波, 程学旗, 2007. 基于监督学习的中文情感分类技术比较研究[J]. 中文信息学报, 21(6):88-94.

陶晓波, 宋卓昭, 张欣瑞, 等, 2013. 网络负面口碑对消费者态度影响的实证研究: 兼论企业的应对策略[J]. 管理评论, 25(3):101-110.

王德胜, 王建金, 2013. 负面网络口碑对消费者品牌转换行为的影响机制研究: 基于虚拟社区涉入的视角[J]. 中国软科学, (11):112-122.

王娟, 2010. 微博客用户的使用动机与行为[D]. 济南: 山东大学.

王中卿, 王荣洋, 庞磊, 2011. Suda_SAM_OMS 情感倾向性分析技术报告[C]//第三届中文倾向性分析评测会议(COAE2011)论文集. 苏州: 中国中文信息学会信息检索专业委员会: 25-32.

吴颖敏, 2009. 市场机遇发现的超图支持方法研究[D]. 武汉: 华中科技大学.

夏承遗，马军海，陈增强，2010. 复杂网络上考虑感染媒介的 SIR 传播模型研究[J]. 系统工程学报，25(6):818-823.

徐琳宏，林鸿飞，潘宇，等，2008. 情感词汇本体的构造[J]. 情报学报，27(2):180-185.

徐琳宏，林鸿飞，杨志豪，2007. 基于语义理解的文本倾向性识别机制[J]. 中文信息学报，21(1):96-100.

闫强，孟跃，2013. 在线评论的感知有用性影响因素：基于在线影评的实证研究[J]. 中国管理科学，21(s1):126-131.

严建援，张丽，张蕾，2012. 电子商务中在线评论内容对评论有用性影响的实证研究[J]. 情报科学，30(5):713-716.

杨冠淳，卢向华，2009. 促进用户黏性的虚拟社区技术与管理设计创新：基于实证的研究[J]. 研究与发展管理，21(5):29-38.

杨经，林世平，2011. 基于 SVM 的文本词句情感分析[J]. 计算机应用与软件，28(9):225-228.

杨学成，郭国庆，汪晓凡，等，2009. 服务补救可控特征对顾客口碑传播意向的影响[J]. 管理评论，21(7):56-64.

银成钺，2011. 服务接触中的情绪感染对消费者感知服务质量的影响研究[J]. 软科学，25(11):128-131.

游攀利，2014. 基于集成 SVM 的文本分类方法研究[D]. 武汉：华中科技大学.

张富国，2012. 基于标签的个性化项目推荐系统研究综述[J]. 情报学报，31(9):963-972.

赵文兵，赵宇翔，朱庆华，等，2013. Web2.0 环境下社交网络信息传播仿真研究[J]. 情报学报，32(5):511-521.

赵欣，周密，于玲玲，等，2012. 基于情感依恋视角的虚拟社区持续使用模型构建：超越认知判断范式[J]. 预测，31(5):14-20.

赵宇翔，范哲，朱庆华，2012. 用户生成内容（UGC）概念解析及研究进展[J]. 中国图书馆学报，38(5):68-81.

郑丽娟，王洪伟，郭恺强，2014. 基于情感词模糊统计的网络评论情感强度的研究[J]. 系统管理学报，23(3):324-330.

周涛，鲁耀斌，2008. 基于社会资本理论的移动社区用户参与行为研究[J]. 管理科学，21(3):43-50.

朱国玮，周利，2012. 基于遗忘函数和领域最近邻的混合推荐研究[J]. 管理科学学报，15(5): 55-64.

朱庆华，2014. 新一代互联网环境下用户生成内容的研究与应用[M]. 北京：科学出版社.

朱嫣岚，闵锦，周雅倩，等，2006. 基于 HowNet 的词汇语义倾向计算[J]. 中文信息学报，20(1): 14-20.

朱郁筱，吕琳媛，2012. 推荐系统评价指标综述[J]. 电子科技大学学报，41(02):163-175.

Ackerman M S, 1990. Answer garden: a tool for growing organizational memory[D]. Cambridge, MA: Massachusetts Institute of Technology.

Adomavicius G, Tuzhilin A, 2005.Toward the next generation of recommender systems: a survey of the state-of-the-art and possible extensions[J]. IEEE Transactions on Knowledge and Data Engineering,17(6):734-749.

Agirre E, Diab M,Cer D, et al.,2012.SemEval-2012 task 6: a pilot on semantic textual similarity[C]//Joint Conference on Lexical and Computational Semantics.Montréal:Association for Computational Linguistics:385-393.

Ajzen I,1991.Benefits of leisure: a social psychological perspective[J]. Benefits of Leisure:411-417.

Akaike H, 1974. A new look at the statistical model identification[J]. IEEE Transactions on Automatic Control,19(6):716-723.

Akaka M A, Chandler J D, 2011. Roles as resources: a social roles perspective of change in value networks[J]. Marketing Theory, 11(3): 243-260.

Akamine S, Kawahara D, Kato Y, et al., 2010.Organizing information on the web to support user judgments on information credibility[C]//IEEE Xplore.Beijing:Universal Communication Symposium:123-130.

Alt R, Reinhold O,2012.Social customer relationship management (Social CRM) application and technology[J].Business and Information Systems Engineering,4(5):287-291.

Amailef K, Lu J,2013.Ontology-supported case-based reasoning approach for intelligent m-government emergency response services[J]. Decision Support Systems,55(1):79-97.

Anand S S, Griffiths N, 2011. A market-based approach to address the new item problem[C]//Proceedings of the fifth ACM Conference on Recommender Systems. Chicago:ACM:205-212.

Anderson E W, 1998. Customer satisfaction and word of mouth[J]. Journal of Service Research, 1(1):5-17.

Andreevskaia A, Bergler S, 2006. Sentiment tagging of adjectives at the meaning level[C]//Proceedings of the 19th International Conference on Advances in Artificial Intelligence. Berlin, Heidelberg: Springer: 336-346.

Aral S, Dellarocas C, Godes D, 2013. Introduction to the special issue-social media and business transformation: a framework for research[J]. Information Systems Research, 24 (1): 1-2.

Archak N, Ghose A, Ipeirotis P G, 2011. Deriving the pricing power of product features by mining consumer reviews[J]. Management

Science,57(8): 1485-1509.

Arndt J,1967. Role of product-related conversations in the diffusion of a new product[J]. Journal of Marketing Research,4(3): 291-295.

Ashforth B E, Harrison S H, Corley K G, 2008.Identification in organizations: an examination of four fundamental questions[J].Journal of Management,34(3):325-374.

Ba S, Stallaert J. Whinston A B, 2001.Optimal investment in knowledge within a firm using a market mechanism[J]. Management Science, 47(9):1203-1219.

Bagnoli M, Salant S W, Swierzbinski J E,1989.Durable-goods monopoly with discrete demand[J]. The Journal of Political Economy, 97(6): 1459-1478.

Bakshy E, Hofman J M, Mason W A, et al.,2011. Everyone's an influencer: quantifying influence on twitter[C]//ACM International Conference on Web Search and Data Mining.Hong Kong: ACM:65-74.

Balabanović M, Shoham Y,1997. Fab: content-based, collaborative recommendation[J].Communications of the ACM, 40(3):66-72.

Balconi M, Pozzali A, Viale R, 2007.The "Codification Debate" revisited: a conceptual framework to analyze the role of tacit knowledge in economics[J]. Industrial and Corporate Change,16(5):823-849.

Ballantyne D, Varey R J, 2006. Creating value-in-use through marketing interaction: the exchange logic of relating, communicating and knowing[J]. Marketing Theory, 6(3):335-348.

Balog K, Azzopardi L, Rijke M D, 2006. Formal models for expert finding in enterprise corpora[C]// Proceedings of the 29th Annual International ACM SIGIR Conference on Research and Development in Information Retrieval. Seattle:ACM, 43-50.

Balog K, Bogers T, Azzopardi L, et al., 2007. Broad expertise retrieval in sparse data environments[C]//Proceedings of the 30th Annual International ACM SIGIR Conference on Research and Development in Information Retrieval. Amsterdam:ACM:551-558.

Balog K, De Rijke M,2007. Determining expert profiles (with an application to expert finding)[C].San Francisco : Morgan Kaufmann Publishers Inc.

Balog K, Fang Y, De Rijke M, et al., 2012.Expertise retrieval[J]. Information Retrieval, 6(2-3):127-256.

Balog K, Rijke M D, Weerkamp W, 2008.Bloggers as experts: feed distillation using expert retrieval models[C]//International ACM SIGIR Conference on Research and Development in Information Retrieval. Singapore:ACM:753-754.

Baloglu S, Erdem M, Brewer P, et al., 2010.The relationship between consumer complaining behavior and service recovery: an integrative review[J]. International Journal of Contemporary Hospitality Management, 22(7):975-991.

Bandura A,1977.Self-efficacy: toward a unifying theory of behavioral change[J].Psychological Review, 84(2):191-215.

Banea C, Hassan S, Mohler M, et al., 2012.Unt: A supervised synergistic approach to semantic text similarity[C] //Proceedings of the 1st Joint Conference on Lexical and Computational Semantics. Montréal: Association for Computational Linguistics:635-642.

Bär D, Zesch T, Gurevych I, 2013.DKPro similarity: an open source framework for text similarity[C]//Meeting of the Association for Computational Linguistics: System Demonstrations. Sofia:The Association for Computational Linguistics:121-126.

Barabási A, Albert R,1999.Emergence of scaling in random networks[J]. Science,286(5439): 509-512.

Barnes S J and Boehringer M, 2011.Modeling use continuance behavior in micro-blogging services: the case of twitter [J]. Journal of Computer Information Systems,4(51): 1-10.

Bass F M,1969.A new product growth for model consumer durables[J]. Management Science,15(5):215-227.

Baumard P W S, 2000.Tacit knowledge in organizations[M]. Thousand Oaks.:Sage Publications, Inc.

Baumeister R F, Bratslavsky E, Finkenauer C,et al.,2015.Bad is stronger than good[J].Review of General Psychology,5(4):477-509.

Bearden W O,Rose R L,1990. Attention to social comparison information: an individual difference factor affecting consumer conformity.[J]. Journal of Consumer Research,16(4):461-471.

Bearden W O, Teel J E, 1983 Selected determinants of consumer satisfaction and complaint reports[J]. Journal of Marketing Research,20(1):21-28.

Beaudry A,Pinsonneault A,2010.The other side of acceptance: studying the direct and indirect effects of emotions on information technology use [J]. MIS Quarterly,34(4):689-710.

Bengio Y,Courville A, 2013.Deep learning of representations[M]. Berlin:Springer.

BenHarush, O, Carroll J A and Marsh B, 2012. Using mobile social media and GIS in health and place research [J]. Continuum-Journal of Media & Cultural Studies, 26(5):715-730.

Beretta E,Takeuchi Y, 1995. Global stability of an SIR epidemic model with time delays[J]. Journal of Mathematical Biology, 33(3):250-260.

Berger P D,Nasr N I,1998.Customer lifetime value: marketing models and applications[J]. Journal of Interactive Marketing,12(1):17-30.

Bitner M J,Booms B H, Tetreault M S, 1990. The service encounter: diagnosing favorable and unfavorable incidents[J].Journal of Marketing, 54(1):71-84.

Blazek P, Kolb M, Partl M, et al.,2012.The usage of social media applications in product configurators[J]. International Journal of Industrial Engineering and Management,4(3):179-183.

Blei D M, Ng A Y, Jordan M I, 2003. Latent Dirichlet allocation[J]. Journal of Machine Learning Research Archive,3:993-1022.

Bock G,Zmud R W, Kim Y, et al.,2005.Behavioral intention formation in knowledge sharing: examining the roles of extrinsic motivators, social-psychological forces, and organizational climate[J].MIS Quarterly,29(1):87-111.

Bourhis A, Dubé L, 2010. 'Structuring spontaneity': investigating the impact of management practices on the success of virtual communities of practice[J]. Journal of Information Science, 36(2):175-193.

Bradley J C, Waliczek T M, Zajicek J M, 1999.Relationship between environmental knowledge and environmental attitude of high school students[J]. Journal of Environmental Education, 30(3):17-21.

Bradley M M, Lang P J, 1999.Affective norms for english words (ANEW): instruction manual and affective ratings[J]. Journal Royal Microscopical Society, 88(1):630-634.

Breese J S, Heckerman D, Kadie C,1998.Empirical analysis of predictive algorithms for collaborative filtering[C]. San Francisco: Morgan Kaufmann Publishers Inc.

Brown J, Broderick A J, Lee N, 2007.Word of mouth communication within online communities: conceptualizing the online social network[J]. Journal of Interactive Marketing,21(3):2-20.

Bruggen E, Wetzels M, de Ruyter K, et al., 2011.Individual differences in motivation to participate in online panels the effect on response rate and response quality perceptions[J]. International Journal of Market Research,53(3):369-390.

Burk C F, Horton F W, 1988. Infomap: a complete guide to discovering corporate information resources[M]. Englewood Cliffs, NJ: Prentice Hall.

Burke R, 2007. Hybrid web recommender systems[M]. Berlin, Heidelberg: Springer.

Cantador I,Konstas I,Jose J M,2011.Categorising social tags to improve folksonomy-based recommendations[J]. Web Semantics: Science, Services and Agents on the World Wide Web,9(1):1-15.

Cao Q, Duan W, Gan Q, 2011. Exploring determinants of voting for the "helpfulness" of online user reviews: a text mining approach[J]. Decision Support Systems, 50(2): 511-521.

Caputo A, Basile P,Semeraro G,2012.UNIBA: distributional semantics for textual similarity[C]//Joint Conference on Lexical and Computational Semantics. Montréal:Association for Computational Linguistics:591-596.

Carrillo M, Vilarino D, Pinto D, et al, 2012. Buap: three approaches for semantic textual similarity[C]//Proceedings of the First Joint Conference on Lexical and Computational Semantics. Montreal, Canada: Association for Computational Linguistics: 631-634.

Cha M,Haddadi H,Benevenuto F,et al.,2010.Measuring user influence in twitter: the million follower fallacy[C]// International Conference on Weblogs and Social Media, Washington:Association for the Advancement of Artificial Intelligence.

Chae M, Kim J, Kim H, et al., 2002.Information quality for mobile internet services: a theoretical model with empirical validation[J]. Electronic Markets,12(1):38-46.

Chang H H, Chuang S S,2011.Social capital and individual motivations on knowledge sharing: Participant involvement as a moderator[J]. Information & Management, 48(1):9-18.

Che W, Li Z, Liu T, 2010. LTP: a chinese language technology platform[C]//International Conference on Computational Linguistics: Demonstrations. Beijing:Association for Computational Linguistics:13-16.

Chebat J, Slusarczyk W, 2005. How emotions mediate the effects of perceived justice on loyalty in service recovery situations: an empirical study[J]. Journal of Business Research,58(5):664-673.

Chelcea S, Gallais G, Trousse B, 2004. A personalized recommender system for travel information[C]//Proceedings of the 1st French-speaking Conference on Mobility and Ubiquity Computing. Nice, France: ACM: 143-150.

Chen C C, Tseng Y, 2011. Quality evaluation of product reviews using an information quality framework[J].Decision Support Systems, 50(4):755-768.

Chen Y B, Xie J H, 2008. Online consumer review: word-of-mouth as a news element of marketing communication mix[J].Management Science, 54(3): 477-491.

Chen Y, Pete Chong P, Tong Y, 1993. Theoretical foundation of the 80/20 rule[J]. Scientometrics, 28(2):183-204.

Cheng C, Chen Y, 2009. Classifying the segmentation of customer value via RFM model and RS theory[J]. Expert systems with applications, 36(3):4176-4184.

Cheung C, Lee M, 2012. What drives consumers to spread electronic word of mouth in online consumer-opinion platforms[J]. Decision Support Systems, 53(1): 218-225.

Cho Y, Im I, Hiltz R, et al., 2002.An analysis of online customer complaints: implications for web complaint management[M]. Hawaii:DBLP.

Choi S M, Han Y S,2010.A content recommendation system based on category correlations[M]. Washington:IEEE Computer Society.

Clements M P, Hendry D F, 1993. On the limitations of comparing mean square forecast errors[J]. Journal of Forecasting,12(8):617-637.

Coussement K,Poel D V D, 2008. Improving customer complaint management by automatic email classification using linguistic style features as predictors[J]. Decision Support Systems, 44(4):870-882.

Croce D, Annesi P, Storch V, et al., 2012. UNITOR: combining semantic text similarity functions through SV regression[C]// Joint Conference on Lexical and Computational Semantics.Montréal:Association for Computational Linguistics:597-602.

Daley D J, Kendall D G,1964.Epidemics and rumours[J]. Nature, 204(4963): 1118.

Dao T H, Jeong S R, Ahn H,2012.A novel recommendation model of location-based advertising: context-aware collaborative filtering using GA approach[J]. Expert Systems with Applications, 39(3): 3731-3739.

De Saeger S, Torisawa K, Kazama J,2008.Looking for trouble[C].Stroudsburg: Association for Computational Linguistics.

Decker R, Trusov M,2010.Estimating aggregate consumer preferences from online product reviews[J]. International Journal of Research in Marketing, 27(4): 293-307.

Deerwester S,1990.Indexing by latent semantic analysis[J]. Journal of the American Society for Information Science, 41(6):391-407.

Dellarocas C,2006.Strategic manipulation of Internet opinion forums: implications for consumers and firms[J]. Management Science, 52(10): 1577-1593.

DeWitt T, Nguyen D T, Marshall R,2008.Exploring customer loyalty following service recovery-The mediating effects of trust and emotions[J]. Journal of Service Research,10(3):269-281.

Dhar R, Nowlis S M, Sherman S J,1999.Comparison effects on preference construction[J]. Journal of Consumer Research, 26(3): 293-306.

Dholakia U M, Bagozzi R P, Pearo L K,2004.A social influence model of consumer participation in network and small-group-based virtual communities[J]. International Journal of Research in Marketing,21(3):241-263.

Di Gangi P M, Wasko M,2009.Steal my idea! Organizational adoption of user innovations from a user innovation community: a case study of Dell ideastorm[J]. Decision Support Systems, 48(1): 303-312.

Ding Y, Li X, 2005. Time weight collaborative filtering[C]//Proceedings of the 14th ACM International Conference on Information and Knowledge Management. Bremen, Germany: ACM: 485-492.

Doherty R W, Orimoto L, Singelis T M, et al. ,1995.Emotional contagion gender and occupational differences[J].Psychology of Women Quarterly,19(3):355-371.

Dong Z, Dong Q,2006.Hownet and the computation of meaning[M].New Jersey: World Scientific Publishing Co. Inc.

Dou Y, Niculescu M F, Wu D J,2013.Engineering optimal network effects via social media features and seeding in markets for digital goods and services[J]. Information Systems Research, 24 (1): 146-163.

Edmundson H P,1969.New methods in automatic extracting[J]. Journal of the ACM,16(2):264-285.

Edvardsson B, Kristensson P, Magnusson P, et al.,2012.Customer integration within service development:a review of methods and an analysis of insitu and exsitu contributions[J]. Technovation, 32(7-8): 419-429.

Edvardsson B, Tronvoll B, Gruber T,2011.Expanding understanding of service exchange and value co-creation: a social construction approach[J]. Journal of the Academy of Marketing, 39(2): 327-339.

Elrod T,1988.Choice map: inferring a product-market map from panel data[J]. Marketing Science,7(1):21-40.

Erkan G, Radev D R, 2004. LexRank: graph-based lexical centrality as salience in text summarization[J]. Journal of Artificial Intelligence Research, 22 (1):457-479.

Esparza S G, 2011. O'Mahony M P, Smyth B. Effective product recommendation using the real-time web[M]. London:Springer.

Esparza S G, 2012.O'Mahony M P, Smyth B. Mining the real-time web: a novel approach to product recommendation[J]. Knowledge-Based Systems,29(3):3-11.

Etzion D,2013.Diffusion as classification[J]. Organization Science, 25(2): 420-437.

Fang E,2008.Customer participation and the trade-off between new product innovativeness and speed to market[J]. Journal of Marketing,72(4):90-104.

Fellbaum C,1998.WordNet: an electronic database[M]. Boston: MIT Press.

Festinger L,1954.A theory of social comparison processes[J]. Human relations,7(2): 117-140.

Finkelstein L, Gabrilovich E, Matias Y, et al., 2001.Placing search in context: the concept revisited[C]//New York: ACM.

Fischer E, Reuber A R, 2011. Social interaction via new social media:(how) can interactions on twitter affect effectual thinking and behavior?[J]. Journal of Business Venturing, 26(1):1-18.

Fishbein M, Ajzen I,1980.Belief, attitude, intention and behaviour: an introduction to theory and research[J]. Philosophy & Rhetoric, 41(4):842-844.

Folkes V S,1984.Consumer reactions to product failure: an attributional approach[J]. Journal of Consumer Research,10(4):398-409.

Forman C, Ghose A，Wiesenfeld B,2008.Examining the relationship between reviews and sales: the role of reviewer identity disclosure in electronic markets[J]. Information Systems Research, 19(3): 291-313.

Freeman R E,2010.Stakeholder management: framework and philosophy[M]. Cambridge: Cambridge University Press.

Galitsky B A,González M P,Chesñevar C I,2009.A novel approach for classifying customer complaints through graphs similarities in argumentative dialogues[J]. Decision Support Systems,46(3):717-729.

Ghose A,Ipeirotis P G,2011.Estimating the helpfulness and economic impact of product reviews: mining text and reviewer characteristics[J]. IEEE Transactions on Knowledge and Data Engineering,23(10): 1498-1512.

Goldberg D, Nichols D, Oki B M, et al., 1992.Using collaborative filtering to weave an information tapestry[J]. Communications of the ACM, 35(12):61-70.

Gomaa W H, Fahmy A A, 2013.A survey of text similarity approaches[J]. International Journal of Computer Applications, 68(13): 13-18.

Gorsuch R L, 1983.Three methods for analyzing limited time-series (N of 1) data[J]. Behavioral Assessment, 7(2):141-154.

Granovetter M, 1978.Threshold models of collective behavior[J]. American Journal of Sociology, 83(6):1420-1443.

Green P E, Srinivasan V, 1978.Conjoint analysis in consumer research: issues and outlook[J]. Journal of Consumer Research, 5(2):103-123.

Grégoire Y, Laufer D, Tripp T M, 2010.A comprehensive model of customer direct and indirect revenge: understanding the effects of perceived greed and customer power[J]. Journal of the Academy of Marketing Science, 38(6):738-758.

Grönroos C, 2011.Value co-creation in service logic: a critical analysis[J]. Marketing Theory, 11(3):279-301.

Gu B, Konana P, Rajagopalan B, et al., 2007.Competition among virtual communities and user valuation: the case of investing-related communities[J]. Information Systems Research, 18(1):68-85.

Guan Y, Wang X L, Kong X Y, et al., 2002.Quantifying semantic similarity of chinese words from HowNet[C].Beijing: IEEE.

Gummesson E, Mele C, Polese F, et al., 2010a.Co-creating value innovation through resource integration[J]. International Journal of Quality and Service Sciences, 2(1):60-78.

Gummesson E, Mele C, 2010b.Marketing as value co-creation through network interaction and resource integration[J]. Journal of Business Market Management, 4(4):181-198.

Gummesson E, 2008.Extending the service-dominant logic: from customer centricity to balanced centricity[J].Journal of the Academy of Marketing Science, 36(1):15-17.

Gupta N K, 2013.Extracting phrases describing problems with products and services from twitter messages[J].Computers and Systems, 17(2): 197-206.

Haenlein M, Libai B, 2013.Targeting revenue leaders for a new product[J]. Journal of Marketing, 77(3): 65-80.

Hahn U, Mani I, 2000.The challenges of automatic summarization[J]. Computer, 33(11):29-36.

Halkidi M, Vazirgiannis M, Batistakis Y, 2000.Quality scheme assessment in the clustering process[M]. Berlin: Springer.

Haque M E, Sudhakar K V, 2002.ANN back-propagation prediction model for fracture toughness in microalloy steel[J]. International Journal of Fatigue, 24(9):1003-1010.

Harispe S, Sánchez D, Ranwez S, et al., 2014.A framework for unifying ontology-based semantic similarity measures: a study in the biomedical domain[J]. Journal of Biomedical Informatics, 48(4):38-53.

Hart C W, Heskett J L, Jr S W, 1989.The profitable art of service recovery[J]. Harvard Business Review, 68(4):148-156.

Hashimoto C, Torisawa K, De Saeger S, et al., 2012.Excitatory or inhibitory: a new semantic orientation extracts contradiction and causality from the web[C]//Joint Conference on Empirical Methods in Natural Language Processing and Computational Natural Language Learning. Jeju Island:Association for Computational Linguistics:619-630.

Hatfield E, Cacioppo J T, Rapson R L, 1994.Emotional contagion[M]. Cambridge:Cambridge University Press.

Hatzivassiloglou V, Mckeown K R, 1997.Predicting the semantic orientation of adjectives[J]. Proceedings of the Acl:174-181.

Hayne S C, Pollard C E, Rice R E, 2003.Identification of comment authorship in anonymous group support systems[J].Journal of Management Information Systems, 20(1):301-329.

He Z, Xu X, Deng S, 2005.A cluster ensemble method for clustering categorical data[J]. Information Fusion, 6(2):143-151.

Heinrich G, 2008.Parameter estimation for text analysis[J]. Technical Report:1-31.

Hennig-Thurau T, Groth M, Paul M, et al., 2006.Are all smiles created equal? How emotional contagion and emotional labor affect service relationships[J]. Journal of Marketing, 70(3):58-73.

Hennig-Thurau T, Groth M, Paul M, et al., 2015.Not all smiles are created equal: how employee-customer emotional contagion impacts service relationships[M]. Chicago:Springer.

Hennig-Thurau T, Gwinner KP, Walsh G, et al., 2004.Electronic word-of-mouth via consumer-opinion platforms: what motivates consumers to articulate themselves on the Internet?[J]. Journal of Interactive Marketing, 18(1): 38-52.

Hennig-Thurau T, Walsh G, Walsh G, 2003.Electronic word-of-mouth: motives for and consequences of reading customer articulations on the Internet[J]. International Journal of Electronic Commerce, 8(2):51-74.

Hevner A R, March S T, Park J, et al., 2004.Design science in information systems research[J]. MIS Quarterly, 28(1):75-105.

Hofmann T, 2017. Probabilistic latent semantic indexing[J]. ACM SIGIR Forum, 51(2): 211-218.

Horrocks I, 2008.Ontologies and the semantic web[J]. Communications of the ACM, 51(12): 58-67.

Hosanagar K, Han P, Tan Y, 2010.Diffusion models for peer-to-peer (P2P) media distribution: on the impact of decentralized, constrained supply[J]. Information Systems Research, 21(2):271-287.

Hosmer D W, Lemesbow S, 1980.A goodness of fit tests for the multiple logistic regression model[J]. Communications in Statistics-Theory and Methods, 9(10):1043-1069.

Hu M, Liu B, 2004a.Mining and summarizing customer reviews[C]// Tenth ACM SIGKDD International Conference on Knowledge Discovery and Data Mining.Seattle: DBLP:168-177.

Hu M, Liu B, 2004. Mining opinion features in customer reviews[C]//Proceedings of the 19th National Conference on Artificial Intelligence. San Jose: AAAI Press: 755-760.

Hu R, 2010.Design and user issues in personality-based recommender systems[C]//ACM Conference on Recommender Systems, Barcelona:DBLP:357-360.

Huang Z, Chen H, Zeng D, 2004.Applying associative retrieval techniques to alleviate the sparsity problem in collaborative filtering[J]. ACM Transactions on Information Systems (TOIS), 22(1):116-142.

Islam A, Inkpen D, 2008.Semantic text similarity using corpus-based word similarity and string similarity[J]. ACM Transactions on Knowledge Discovery from Data, 2(2):1-25.

Ivanov V, Tutubalina E, 2014. Clause-based approach to extracting problem phrases from user reviews of products[C]// Proceedings of the International Conference on Analysis of Images, Social Networks and Texts. Cham, Switzerland: Springer: 229-236.

Jäschke R, Marinho L, Hotho A, et al., 2007.Tag recommendations in folksonomies[M].Berlin:Springer.

Java A, 2008.Mining social media communities and content[D]. Baltimore County:University of Maryland.

Jia Z, Yang Y, Gao W, et al., 2015.User-based collaborative filtering for tourist attraction recommendations[C]//IEEE International Conference on Computational Intelligence & Communication Technology.Ghaziabad: IEEE:22-25.

Jiang J, Gretzel U, Law R, 2010.Do negative experiences always lead to dissatisfaction?—testing attribution theory in the context of online travel reviews[C].New York: Springer.

Jiang W, Zhang L, Liao X, et al., 2014.A novel clustered MongoDB-based storage system for unstructured data with high availability[J]. Computing, 96(6):455-478.

Joiner T E, Pettit J W, Perez M, et al., 2015.Can positive emotion influence problem-solving attitudes among suicidal adults?[J]. Professional Psychology Research & Practice, 32(5):507-512.

Jussila J J, Kärkkäinen H, Aramo-Immonen H, 2014.Social media utilization in business-to-business relationships of technology industry firms[J]. Computers in Human Behavior, 30(4):606-613.

Kahneman D, Tversky A, 1979.Prospect theory: an analysis of decision under risk[J]. Econometrica, 47(2):263-291.

Kaiser C, Kroeckel J, Bodendorf F, 2013.Simulating the spread of opinions in online social networks when targeting opinion leaders[J]. Information Systems and E-Business Management, 11(4):597-621.

Kaiser C, Schlick S, Bodendorf F,2011.Warning system for online market research-identifying critical situations in online opinion formation [J]. Knowledge-Based Systems, (24): 824-836.

Kamps J, Rijke D, et al., 2004. Length normalization in XML retrieval[C]//Proceedings of the 27th Annual International ACM SIGIR Conference on Research and Development in Information Retrieval. ACM, 8:80-87.

Kankanhalli A, Tan B C Y, Wei K, 2005.Contributing knowledge to electronic knowledge repositories: an empirical investigation[J].MIS Quarterly, 29(1):113-143.

Kao W C, Liu D R, Wang S W, 2010. Expert finding in question-answering websites: a novel hybrid approach[C]//Proceedings of the 2010 ACM Symposium on Applied Computing. Sierre, Switzerland: ACM: 867-871.

Karjaluoto P U H, Huotari L, Ulkuniemi P, et al., 2015.Analysis of content creation in social media by B2B companies[J]. Journal of Business & Industrial Marketing, 30(6):761-770.

Katz E, Blumler J G, 1974.The uses of mass communications: current perspectives on gratifications research[M].London: Sage Publications.

Katz M L, Shapiro C, 1994.Systems competition and network effects[J]. Journal of Economic Perspectives, 8(2):93-115.

Kelley H H, Michela J L, 1980.Attribution theory and research[J]. Annual Review of Psychology, 31(1):457-501.

Kempe D, Kleinberg J, Tardos É, 2003. Maximizing the spread of influence through a social network[C]//Proceedings of the ninth ACM SIGKDD International Conference on Knowledge Discovery and Data Mining. Washington DC: ACM: 137-146.

Kietzmann J H, Hermkens K, Mccarthy I P, et al., 2011.Social media? Get serious! Understanding the functional building blocks of social media[J]. Business Horizons, 54(3): 241-251.

Kilgarriff A, 2001.English lexical sample task description[C]//The Proceedings of the Second International Workshop on Evaluating Word Sense Disambiguation Systems. Toulouse:Association for Computational Linguistics:17-20.

Kim H K, Song T S, Choy Y C, et al., 2005.Guided navigation techniques for 3D virtual environment based on topic map[M]. Berlin: Springer-Verlag.

Kim S M, Hovy E, 2004.Determining the sentiment of opinions[C]// Conference on Computational Linguistics. Geneva:Association for Computational Linguistics:1367.

Kim S, Oh J S, Oh S, 2008.Best-answer selection criteria in a social Q&A site from the user-oriented relevance perspective[J]. Proceedings of the American Society for Information Science & Technology, 44(1):1-15.

Kimura M, Saito K, Motoda H, 2009.Blocking links to minimize contamination spread in a social network[J]. ACM Transactions on Knowledge Discovery from Data (TKDD), 3(2): 1-22.

Klein L R, 1998.Evaluating the potential of interactive media through a new lens: search versus experience goods[J]. Journal of Business Research, 41(3): 195-203.

Kleinberg J, 2007.Cascading behavior in networks: algorithmic and economic issues[J]. Algorithmic Game Theory, 24:613-632.

Konstan J A, Miller B N, Maltz D, et al., 1997.GroupLens: applying collaborative filtering to usenet news[J]. Communications of the ACM, 40(3):77-87.

Korfiatis N, Garcia-Bariocanal E，Sánchez-Alonso S, 2012. Evaluating content quality and helpfulness of online product reviews: the interplay of review helpfulness vs. review content[J]. Electronic Commerce Research and Applications, 11(3):205-217.

Kotler P, 2011.Reinventing marketing to manage the environmental imperative[J]. Journal of Marketing, 75(4):132-135.

Krulwich B, Burkey C, Consulting A, 1996. The ContactFinder agent: answering bulletin board questions with referrals[C]// Proceeding of the National Conference on Artificial Intelligence. Portland: AAAI: 10-15.

Ku L W, Liang Y T, Chen H H, 2006.Opinion extraction, summarization and tracking in news and blog corpora[J].AAAI-CAAW: 100-107.

Kullback S, Leibler R A, 1951.On information and sufficiency[J]. Annals of Mathematical Statistics, 22(1):79-86.

Kurihara K, Shimada K, 2015.Trouble information extraction based on a bootstrap approach from Twitter[C]//Proceedings of the 29th Pacific Asia Conference on Language, Information and Computation. Shanghai: Association for Computational Linguistics:471-479.

Kwak H, Lee C, Park H, et al., 2010.What is Twitter, a social network or news media?[C]//Proceedings of the 19th International World Wide Web (WWW) Conference.Raleigh:ACM:591-600.

Lakhani K R, von Hippel E, 2003.How open source software works: "Free" user-to-user assistance [J]. Research Policy, 32(6):923-943.

Lakshmanan G T, Oberhofer M A, 2010.Knowledge discovery in the blogosphere: approaches and challenges[J]. Internet Computing, IEEE, 14(2): 24-32.

Lankton N K, Speier C, Wilson E V, 2012.Internet-based knowledge acquisition: task complexity and performance[J]. Decision Support Systems, 53(1): 55-65.

Lawrence R D, Almasi G S, Kotlyar V, et al., 2001.Personalization of supermarket product recommendations[M].Netherlands:Springer.

Lee C H, Wang Y H, Trappey A J C, 2015.Ontology-based reasoning for the intelligent handling of customer complaints[J].Computers & Industrial Engineering, 84(C):144-155.

Lee D,Kim H S,Kim J K,2007.The role of self-construal in consumers' electronic word of mouth (eWOM) in social networking sites: a social cognitive approach[J]. Computers in Human Behavior, 23(5):1054-1062.

Lee D,Kim H S, Kim J K,2012.The relationship between retailer-hosted and third-party hosted WOM sources and their influence on retailer sales[J]. Electronic Commerce Research & Applications, 11(3):253-261.

Lee J, Park D H, Han I, 2009.The effect of negative online consumer reviews on product attitude: an information processing view[J]. Electronic Commerce Research & Applications, 7(3):341-352.

Lee S K, Cho Y H, Kim S H, 2010.Collaborative filtering with ordinal scale-based implicit ratings for mobile music recommendations[J]. Information Sciences, 180(11):2142-2155.

Lee S，Choeh J Y, 2014.Predicting the helpfulness of online reviews using multilayer perceptron neural networks[J]. Expert Systems with Applications, 41(6):3041-3046.

Lee S J, Lee Z, 2006.An experimental study of online complaint management in the online feedback forum[J].Journal of Organizational Computing and Electronic Commerce, 16(1):65-85.

Lee J, Park D, Han I, 2008.The effect of negative online consumer reviews on product attitude: an information processing view [J]. Electronic Commerce Research and Applications, 7(3):341-352.

Lee Y L, Song S, 2010.An empirical investigation of electronic word-of-mouth: informational motive and corporate response strategy[J]. Computers in Human Behavior, 26(5):1073-1080.

Li Y, McLean D, Bandar ZA, et al., 2006.Sentence similarity based on semantic nets and corpus statistics[J]. IEEE Transactions on Knowledge and Data Engineering, 18(8):1138-1150.

Liao H, 2007.Do it right this time: the role of employee service recovery performance in customer-perceived justice and customer loyalty after service failures[J]. Journal of Applied Psychology, 92(2):475.

Libai B, Bolton R, Bugel M S, et al., 2010.Customer-to-customer interactions: broadening the scope of word of mouth research[J]. Journal of Service Research, 13(3):267-282.

Lin D, 1998.An information-theoretic definition of similarity[C].San Francisco: Morgan Kauf- mann Publishers, Inc.

Lin T Y, Chiang I J, 2005.A simplicial complex, a hypergraph, structure in the latent semantic space of document clustering[J]. International Journal of Approximate Reasoning, 39(1):55-80.

Linden G, Smith B, York J, 2003. Amazon. com recommendations: item-to-item collaborative filtering[J]. Internet Computing, IEEE, 7(1):76-80.

Litvin S W, Goldsmith R E, Pan B, 2008.Electronic word-of-mouth in hospitality and tourism management[J]. Tourism Management, 29(3):458-468.

Liu F K, Lee H J, 2010.Use of social network information to enhance collaborative filtering performance[J]. Expert Systems with Applications, 37(7): 4772-4778.

Liu J, Cao Y, Lin C Y, et al., 2007.Low-quality product review detection in opinion summarization[C]//Proceedings of the 2007 Joint Conference on Empirical Methods in Natural Language Processing and Computational Natural Language Learning.Prague:ACL: 334-342.

Liu K, Xu L, Zhao J, 2015.Co-extracting opinion targets and opinion words from online reviews based on the word alignment model[J]. IEEE Transactions on Knowledge and Data Engineering, 27(3):636-650.

Liu X, Croft W B, Koll M, 2005. Finding experts in community-based question-answering services[C]//Proceedings of the 14th ACM International Conference on Information and Knowledge Management. Bremen, Germany: ACM: 315-316.

Liu Y, Huang X, An A, et al, 2008. Modeling and predicting the helpfulness of online reviews[C]// Proceedings of the eighth IEEE International Conference on Data Mining. Pisa, Italy: IEEE: 443-452.

Lu Z, Zhang W, Wu W, et al, 2011. Approximation and inapproximation for the influence maximization problem in social networks under deterministic linear threshold model[C]//Proceedings of the 31st International Conference on Distributed Computing Systems Workshops. Minneapolis: IEEE: 160-165.

Luo X M, 2009.Quantifying the long-term impact of negative word of mouth on cash flows and stock prices[J]. Marketing Science: 28(1):148-165.

Malandrakis N, Iosif E, Potamianos A, 2012.DeepPurple: estimating sentence semantic similarity using n-gram regression models and web snippets[C]//Joint Conference on Lexical and Computational Semantics. Montréal:Association for Computational Linguistics: 565-570.

Malash G F, El-Khaiary M I, 2010.Piecewise linear regression: a statistical method for the analysis of experimental adsorption data by the intraparticle-diffusion models[J]. Chemical Engineering Journal, 163(3):256-263.

Mantel S P, Kardes F R, 1999.The role of direction of comparison, attribute-based processing, and attitude-based processing in consumer preference[J]. Journal of Consumer Research, 25(4):335-352.

Marchand D A, Horton F W, Wilson T, 1988.Infotrends: profiting from your information resources[J]. R&D Management, 18(3): 290.

Martini A, Massa S, Testa S, 2012.The role of social software for customer co-creation: does it change the practice for innovation[J]. International Journal of Engineering Business Management, 4(40):1-10.

Mattila A S, Andreau L, Hanks L, et al., 2013.The impact of cyber ostracism on online complaint handling: is "automatic reply" any better than "no reply"?[J].International Journal of Retail and Distribution Management, 41(1):45-60.

McAfee A, Brynjolfsson E, 2012. Strategy & competition big data: the management revolution[J]. Harvard Business Review, 90(10): 60.

McCargar V, 2004.Statistical approaches to automatic text summarization[J]. Bulletin of the American Society for Information Science and Technology, 30(4):21-25.

McCarty J A, Hastak M, 2007. Segmentation approaches in data-mining: a comparison of RFM, CHAID, and logistic regression[J]. Journal of Business Research, 60(6):656-662.

McColl-Kennedy J R, Vargo S L, Dagger T S, et al., 2012.Health care customer value co-creation practice styles[J]. Journal of Service Research, 15(4): 370-389.

Mcpherson M, Smith-Lovin L, Cook J M, 2001.Birds of a feather: homophily in social networks[J]. Annual Review of Sociology: 415-444.

Mele C, 2009.Value logic in networks: resource integration by stakeholders[J]. Sinergie: 217-241.

Meyer J P, Becker T E, Dick R V, 2006.Social identities and commitments at work: toward an integrative model[J]. Journal of Organizational Behavior, 27(5):665-683.

Michalski R, Kajdanowicz T, Bródka P, et al., 2014. Seed selection for spread of influence in social networks: temporal vs. static approach[J]. New Generation Computing, 32(3-4):213-235.

Mihalcea R, Corley C, Strapparava C, et al., 2006.Corpus-based and knowledge-based measures of text semantic similarity[C]//The 21st National Conference on Artificial Intelligence. Palo Alto: AAAI Press:775-780.

Min H J, Park J C, 2012.Identifying helpful reviews based on customer's mentions about experiences[J]. Expert Systems with Applications, 39(15):11830-11838.

Minka T, Lafferty J, 2002. Expectation-propagation for the generative aspect model[C]//Proceedings of the eighteenth Conference on Uncertainty in Artificial Intelligence. Alberta, Canada: Morgan Kaufmann Publishers: 352-359.

Mittal V, Huppertz J W, Khare A, 2008.Customer complaining: the role of tie strength and information control[J]. Journal of Retailing, 84(2):195-204.

Moghaddam S, Ester M, 2012. Aspect-based opinion mining from product reviews[C]//Proceedings of the 35th International ACM SIGIR Conference on Research and Development in Information Retrieval. Portland: ACM: 1184.

Mudambi S M，Schuff D, 2010.What makes a helpful online review: a study of customer reviews on Amazon.com[J]. Management Information Systems, 34(1):11-20.

Nagelkerke N J, 1991.A note on a general definition of the coefficient of determination[J]. Biometrika, 78(3):691-692.

Nahapiet J, Ghoshal S, 1998.Social capital, intellectual capital, and the organizational advantage[J]. Academy of Management Review, 23(2):242-266.

Nam K K, Ackerman M S, Adamic L A, 2009. Questions in, knowledge in?: A study of naver's question answering community[C]//Proceedings of the SIGCHI Conference on Human Factors in Computing Systems. Boston: ACM: 779-788.

Nambisan S, Baron R A, 2009.Virtual customer environments: testing a model of voluntary participation in value co-creation activities[J]. Journal of Product Innovation Management, 26(4):388-406.

Netter J, Kutner M, Nachtsheim C, et al., 2005. Applied linear statistical models[J]. Publications of the American Statistical Association, 103(482):880.

Netzer O, Feldman R, Goldenberg J, et al., 2012.Mine your own business: market-structure surveillance through text mining[J]. Marketing Science, 31(3):521-543.

Ngo-Ye T L, Sinha A P, 2014.The influence of reviewer engagement characteristics on online review helpfulness: a text regression model [J]. Decision Support Systems, 61(4):47-58.

Nisbett R E, Ross L, 1980.Human inference: strategies and shortcomings of social judgment[M]. Englewood:Prentice Hall.

Novelli N, Cicchetti R. 2001. Functional and embedded dependency inference: a data mining point of view [J]. Information Systems, 26(7):477-506.

Nyer P U, 1997.A study of the relationships between cognitive appraisals and consumption emotions[J]. Journal of the Academy of Marketing Science, 25(4):296-304.

Ohtake F, Yamada K, 2013.Appraising the unhappiness due to the great east Japan earthquake: evidence from weekly panel data on subjective Well-Being[J]. Iser Discussion Paper, 876:1-27.

Orsingher C, Valentini S, Angelis M D, 2010.A meta-analysis of satisfaction with complaint handling in services[J]. Journal of the Academy of Marketing Science, 38(2):169-186.

Pang B, Lee L, 2008.Opinion mining and sentiment analysis[J]. Foundations and Trends in Information Retrieval, 2(1-2):1-135.

Paniagua J, Sapena J, 2014.Business performance and social media: love or hate?[J]. Business Horizons, 57(6):719-728.

Park J H, Gu B, Lee H Y, 2012. The relationship between retailer-hosted and third-party hosted WOM sources and their influence on retailer sales[J]. Electronic Commerce Research and Applications, 11(3): 253-261.

Parra-López E, Bulchand-Gidumal J, Gutiérrez-Taño D, et al., 2011. Intentions to use social media in organizing and taking vacation trips[J]. Computers in Human Behavior, 27(2):640-654.

Pashler H, 1994.Dual-task interference in simple tasks: data and theory[J]. Psychological Bulletin, 116(2): 220.

Payne A, Frow P, 2005.A strategic framework for customer relationship management[J]. Journal of Marketing, 69(4):167-176.

Payne A, Storbacka K, Frow P, 2008.Managing the co-creation of value[J]. Journal of the Academy of Marketing Science, 36(1):83-96.

Pennebaker J W, Francis M E, Booth R J, 2001. Linguistic inquiry and word count: LIWC 2001[M]. Mahwah, NJ: Erlbaum Publishers.

Perry-Smith J E, 2006.Social yet creative: the role of social relationships in facilitating Individual creativity[J]. Academy of Management Journal, 49(1):85-101.

Peteraf M A, 1993.The cornerstones of competitive advantage: a resource-based view[J]. Strategic Management Journal, 14(3):179-191.

Peters K, Chen Y, Kaplan A M, et al., 2013.Social media metrics:a framework and guidelines for managing social media[J]. Journal of Interactive Marketing, 27(4):281-298.

Pfeffer J, Zorbach T, Carley K M, 2014.Understanding online firestorms: negative word-of-mouth dynamics in social media networks[J]. Journal of Marketing Communications, 20(1-2):117-128.

Piller F, Vossen A, Ihl C, 2012.From social media to social product development: the impact of social media on co-creation of innovation[J]. Swiss Journal of Business Research & Practice, 66(1):7-27.

Prahalad C K, Ramaswamy V, 2004.Co-creation experiences: the next practice in value creation[J]. Journal of Interactive Marketing, 18(3):5-14.

Pugh S D, 2001.Service with a smile: emotional contagion in the service encounter[J]. Academy of Management Journal, 44(5):1018-1027.

Qiu L Y, Pang J, Lim K H, 2012.Effects of conflicting aggregated rating on eWOM review credibility and diagnosticity: the moderating role of review valence[J]. Decision Support Systems, 54(1):631-643.

Rafaeli S, Raban D, Ravid G, 2007.How social motivation enhances economic activity and incentives in the Google answers knowledge sharing market [J]. Social Science Electronic Publishing, 3(1):1-11.

Raghunathan R，Pham M T, 1999. All negative moods are not equal: motivational influences of anxiety and sadness on decision making[J]. Organizational Behavior and Human Decision Processes, 79(1):56-77.

Raju P S, Lonial S C, Glynn Mangold W, 1995.Differential effects of subjective knowledge, objective knowledge, and usage experience on decision making: an exploratory investigation[J]. Journal of Consumer Psychology, 4(2): 153-180.

Ramirez R, 1999.Value co-production: intellectual origins and implications for practice and research[J]. Strategic Management Journal,

20(1): 49-65.

Ransbotham S, Kane G C, Lurie N H, 2012.Network characteristics and the value of collaborative user-generated content[J]. Marketing Science, 31(3):387-405.

Rao D, Ravichandran D, 2009.Semi-supervised polarity lexicon induction.[C]// The 12th Conference of the European Chapter of the Association for Computational Linguistics. Athens:ACL: 675-682.

Ray G, Muhanna W A, Barney J B, 2005.Information technology and the performance of the customer service process: a Resource-Based analysis[J]. MIS Quarterly, 29(4):625-652.

Razmerita L, Kirchner K, Nabeth T, 2014.Social media in organizations: leveraging personal and collective knowledge processes[J]. Journal of Organizational Computing and Electronic Commerce, 24(1):74-93.

Reeve J, 1992. Understanding motivation and emotion[M]. Boston:Harcourt Brace Jovanovich College Publishers.

Reichling T, Schubert K, Wulf V, 2005. Matching human actors based on their texts: design and evaluation of an instance of the ExpertFinding framework[C]//Proceedings of the 2005 International ACM SIGGROUP Conference on Supporting Group Work. Sanibel Island, Florida: ACM: 61-70.

Resnick P, Iacovou N, Suchak M, et al, 1994. GroupLens: an open architecture for collaborative filtering of netnews[C]//Proceedings of the 1994 ACM Conference on Computer Supported Cooperative Work. Chapel Hill, North Carolina: ACM: 175-186.

Resnick P, Varian H R, 1997. Recommender systems[J]. Communications of the ACM, 40(3):56-58.

Riahi F, Zolaktaf Z, Shafiei M, et al, 2012. Finding expert users in community question answering[C]//Proceedings of the 21st International Conference on World Wide Web. Lyon, France: ACM: 791-798.

Richins M L, 1984. Word of mouth communication as negative information[J]. Advances in Consumer Research, 11(1):697-702.

Rishika R, Kumar A, Janakiraman R, et al., 2013.The effect of customers' social media participation on customer visit frequency and profitability: an empirical investigation[J]. Information Systems Research, 24 (1): 88-107.

Rodríguez M A, Egenhofer M J, 2003.Determining semantic similarity among entity classes from different ontologies[J]. IEEE Transactions on Knowledge and Data Engineering, 15(2):442−456.

Rogers D, Sexton D, 2012.Marketing ROI in the era of big data[M]. Boston:Harvard Business School Press.

Roggeveen A L, Tsiros M, Grewal D, 2012.Understanding the co-creation effect: when does collaborating with customers provide a lift to service recovery? [J]. Journal of the Academy of Marketing Science, 40(6):771-790.

Rui H, Whinston A, 2012. Information or attention? An empirical study of user contribution on Twitter [J]. Information Systems and E-Business Management, 10(3):309-324.

Ruizmafe C, Aldasmanzano J, Veloutsou C, 2015.The effect of negative electronic word of mouth on switching intentions: a social interaction utility approach[J]. British Medical Journal, 1(1207):312-312.

Ryan R M, Deci E L, 2000.Self-determination theory and the facilitation of intrinsic motivation, social development, and well-being[J]. American Psychologist, 55(1):68-78.

Salton G, Wong A, Yang C S, 1975.A vector space model for automatic indexing[J]. Communication ACM, 18(11):613-620.

Sánchez D, Batet M, Isern D, et al., 2012.Ontology-based semantic similarity: a new feature-based approach[J]. Expert Systems with Applications, 39(9):7718-7728.

Sawhney M, Verona G, Prandelli E, 2005.Collaborating to create: the Internet as a platform for customer engagement in product innovation[J]. Journal of Interactive Marketing, 19(4):4-17.

Schafer J B, Konstan J A, Riedl J, 2001. E-commerce recommendation applications[J]. Data Mining & Knowledge Discovery, 5(1-2):115-153.

Schindler R M, Bickart B, 2012.Perceived helpfulness of online consumer reviews: the role of message content and style[J]. Journal of Consumer Behaviour, 11(3):234-243.

Scholz M, Dorner V, 2013.The recipe for the perfect review? An investigation into the determinants of review helpfulness[J]. Business & Information Systems Engineering, 5(3):141-151.

Schubert P，Ginsburg M, 2000.Virtual communities of transaction: the role of personalization in electronic commerce[J]. Electronic Markets, 10(1): 45-55.

Schwarz N, Ernst A, 2009.Agent-based modeling of the diffusion of environmental innovations-an empirical approach[J]. Technological Forecasting and Social Change, 76(4):497-511.

Sedding J, Kazakov D, 2004. WordNet-based text document clustering[C]//The Workshop on Robust Methods in Analysis of Natural

Language Data. Geneva:Association for Computational Linguistics, 104-113.

Sen S，Lerman D, 2007.Why are you telling me this? An examination into negative consumer reviews on the web[J]. Journal of InteractiveMarketing, 21(4):76-94.

Shang M S, Zhang Z K, Zhou T, et al., 2010. Collaborative filtering with diffusion-based similarity on tripartite graphs[J]. Physica A: Statistical Mechanics and its Applications, 389(6):1259-1264.

Sheth J N, Sisodia R S, Sharma A, 2000.The antecedents and consequences of customer-centric marketing[J]. Journal of the Academy of Marketing Science, 28(1):55-66.

Sicilia M, García-Barriocanal E, Sánchez-Alonso S, et al., 2010. Exploring user-based recommender results in large learning object repositories: the case of MERLOT[J]. Procedia Computer Science, 1(2):2859-2864.

Sinha R, Swearingen K, 2001.Comparing recommendations made by online systems and friends[J]. Proceedings of the DELOS-NSF Workshop on Personalization and Recommender Systems in Digital Libraries: 1-6.

Smith A K, Bolton R N, Wagner J, 1999.A model of customer satisfaction with service encounters involving failure and recovery[J]. Journal of Marketing Research, 36(3):356-372.

Smith A K, Bolton R N, 2002.The effect of customers' emotional responses to service failures on their recovery effort evaluations and satisfaction judgments[J]. Journal of the Academy of Marketing Science, 30(1):5-23.

Smyth B, Cotter P, 2000.A personalised TV listings service for the digital TV age[J]. Knowledge-Based Systems, 13(2):53-59.

Solovyev V, Ivanov V, 2014.Dictionary-based problem phrase extraction from user reviews[C].Cham: Springer.

Somasundaran S, Namata G, Wiebe J, et al., 2009.Supervised and unsupervised methods in employing discourse relations for improving opinion polarity classification[C]//The 2009 Conference on Empirical Methods in Natural Language Processing.Singapore:ACL: 170-179.

Somprasertsri G, Lalitrojwong P, 2010.Mining feature-opinion in online customer reviews for opinion summarization[J]. Journal of Universal Computer Science, 16(6):938-955.

Sorathia K, Joshi A, 2009. My world:social networking through mobile computing and context aware application[J]. Communications in Computer & Information Science, 53:179-188.

Stankovski V, Swain M, Kravtsov V, et al., 2008.Grid-enabling data mining applications with DataMiningGrid: an architectural perspective[J]. Future Generation Computer Systems, 24(4):259-279.

Stone P J, 1966.The general inquirer : a computer approach to content analysis[M]. Boston:M.I.T. Press.

Streeter L A, Lochbaum K E, 1988. An expert/expert-locating system based on automatic representation of semantic structure[C]//Proceedings of the fourth Conference on Artificial Intelligence Applications. San Diego: IEEE: 345-350.

Szymczak S, Zelik D J, Elm W, 2014. Support for big data's limiting resource: human attention[C]//Proceedings of the 2014 Workshop on Human Centered Big Data Research. Raleigh, NC: ACM: 45.

Takamura H, Inui T, Okumura M, 2005.Extracting semantic orientation of words using spin model[J]. Ipsj Sig Notes, (22):79-86.

Tan L K, Na J, Theng Y, 2011.Influence detection between blog posts through blog features, content analysis, and community identity[J]. Online Information Review, 35(3):1009.

Terveen L, Hill W, Amento B, et al., 1997.PHOAKS: a system for sharing recommendations[J]. Communications of the ACM, 40(3):59-62.

Thelwall M, Buckley K, Paltoglou G, 2011.Sentiment in twitter events[J]. Journal of the American Society for Information Science and Technology, 62(2):406-418.

Thøgersen J, Juhl H J, Poulsen C S, 2009.Complaining: a function of attitude, personality, and situation[J]. Psychology & Marketing, 26(8):760-777.

Thomas J B, Peters C O, Howell E G, et al., 2012.Social media and negative word of mouth: strategies for handing unexpecting comments [J]. Atlantic Marketing Journal, 1(2):87-108.

Tsai C, Wu J, 2008.Using neural network ensembles for bankruptcy prediction and credit scoring[J]. Expert Systems with Applications, 34(4):2639-2649.

Tsai H T, Bagozzi R P, 2014.Contribution behavior in virtual communities: cognitive, emotional, and social influences[J]. MIS Quarterly, 38(1):143.

Turney P D, Littman M L, 2003.Learning analogies and semantic relations[J]. Psychological Review: 1-28.

Turney P D, 2002.Thumbs up or thumbs down?: semantic orientation applied to unsupervised classification of reviews[J]. Proceedings of Annual Meeting of the Association for Computational Linguistics: 417-424.

Turney P, 2001.Mining the web for synonyms: PMI-IR versus LSA on TOEFL[C]. Heidelberg: Springer.

Tutubalina E, Ivanov V, 2014.Unsupervised approach to extracting problem phrases from user reviews of products[C]//The AHA! Workshop on Information Discovery in Text.Stroudsburg:Association for Computational Linguistics: 48-53.

Tutubalina E, 2015.Dependency-based problem phrase extraction from user reviews of products[C]//The 18th International Conference on Text, Speech, and Dialogue. Cham: Springer International Publishing: 199-206.

Tversky A, Kahneman D, 1974.Judgment under uncertainty: heuristics and biases[J]. Science, 185(4157):1124-1131.

Varga I, Sano M, Torisawa K, et al, 2013. Aid is out there: looking for help from tweets during a large scale disaster[C]//Proceedings of the 51st Annual Meeting of the Association for Computational Linguistics. Sofia, Bulgaria: Association for Computational Linguistics: 1619-1629.

Vargo S L, Lusch R F, 2004. Evolving to a new dominant logic for marketing[J]. Journal of Marketing, 68(1):1-17.

Vargo S L, Maglio P P, Akaka M A, 2008a.On value and value co-creation: a service systems and service logic perspective[J]. European Management Journal, 26(3):145-152.

Vargo S L, 2008b.Customer integration and value creation paradigmatic traps and perspectives[J]. Journal of Service Research, 11(2):211-215.

Vermunt J K, Magidson J, 2003.Latent class models for classification[J]. Computational Statistics & Data Analysis, 41(3-4):531-537.

Vernette E, Hamdi-Kidar L, 2013. Co-creation with consumers: who has the competence and wants to cooperate[J]. International Journal of Market Research, 55(4):539-561.

Vickery G, Wunsch-Vincent S, 2007.Participative web and user-created content: web 2.0 wikis and social networking[M]. Paris:Organization for Economic Cooperation and Development (OECD).

Waldman M, 2003.Durable goods theory for real world markets[J]. Journal of Economic Perspectives:131-154.

Wang M, Au K, Ailamaki A, et al., 2004.Storage device performance prediction with CART models[C]//The IEEE Computer Society's, International Symposium on Modeling, Analysis, and Simulation of Computer and Telecommunications Systems.Volendam:IEEE Computer Society: 588-595.

Wang R, Ju J, Li S, et al., 2012.Feature engineering for CRFs based opinion target extraction[J]. Journal of Chinese Information Processing, 26(2):56-61.

Wang S, Noe R A, 2010.Knowledge sharing: a review and directions for future research[J]. Human Resource Management Review, 20(2):115-131.

Wang Y, Fesenmaier D R, 2004.Towards understanding members' general participation in and active contribution to an online travel community[J]. Tourism Management, 25(6):709-722.

Wasko M M, Faraj S, 2005.Why should I share? Examining social capital and knowledge contribution in electronic networks of practice[J]. MIS Quarterly, 29(1):35-57.

Watts D J, Dodds P S, 2007.Influentials, networks, and public opinion formation[J]. Journal of Consumer Research, 34(4):441-458.

Watts D J, Strogatz S H, 1998.Collective dynamics of 'small-world' networks[J]. Nature, 393(6684):440-442.

Watts D J, 2002.A simple model of global cascades on random networks[J]. Proceedings of the National Academy of Sciences, 99(9):5766-5771.

Wei C, Chen Y, Yang C, et al., 2010.Understanding what concerns consumers: a semantic approach to product feature extraction from consumer reviews[J]. Information Systems and E-Business Management, 8(2):149-167.

Weischedel R, Palmer M, Marcus M, et al. 2013-10-16. OntoNotes Release 5.0 LDC2013T19[EB/OL]. https://catalog.ldc.upenn.edu/LDC2013T19.

Westbrook R A, 1987. Product/consumption-based affective responses and post purchase processes[J]. Journal of Marketing Research, 24(3):258-270.

Wilson T, Wiebe J, Hoffmann P, 2005.Recognizing contextual polarity in phrase-level sentiment analysis[C]//HLT-EMNLP. Vancouver: Association for Computational Linguistics: 347-354.

Wirtz J, Mattila A S, 2004.Consumer responses to compensation, speed of recovery and apology after a service failure[J]. International Journal of Service Industry Management, 15(2):150-166.

Woodruff R, 1997.Customer value: the next source for competitive advantage[J]. Journal of the Academy of Marketing Science, 25(2):139-153.

Xiao Z, Ye S, Zhong B, et al., 2009. BP neural network with rough set for short term load forecasting[J]. Expert Systems with Applications, 36(1):273-279.

Xu B, Li D, Shao B, 2012.Knowledge sharing in virtual communities: A study of citizenship behavior and its social-relational antecedents[J]. International Journal of Human Computer Interaction, 28(5):347-359.

Yang C, Ma J, Silva T, et al., 2015.A multilevel information mining approach for expert recommendation in online scientific communities[J].The Computer Journal, 58(9):1921-1936.

Yang D, Powers D M, 2006.Verb similarity on the taxonomy of wordnet[C]//The 3rd International Wordnet Conference.Jeju Island:ACL: 121-128.

Yang X, Guo Y, Liu Y, 2013. Bayesian-inference-based recommendation in online social networks[J]. IEEE Transactions on Parallel & Distributed Systems, 24(4):642-651.

Yang Y, Jin F, Kamel M, 2008.Survey of clustering validity evaluation[J]. Application Research of Computers, 25(6):1630-1632, 1638.

Yeh E, Agirre E, 2013.SRIUBC: Simple similarity features for semantic textual similarity[C]//International Workshop on First Joint Conference on Lexical & Computational Semantics. Montreal: Association for Computational Linguistics: 617-623.

Yildirim H, Krishnamoorthy M S, 2008.A random walk method for alleviating the sparsity problem in collaborative filtering[C]//ACM Conference on Recommender Systems. Lausanne: ACM:131-138.

Yin D, Bond S, Zhang H, 2014.Anxious or angry? Effects of discrete emotions on the perceived helpfulness of online reviews[J]. Mis Quarterly, 38(2): 539-560.

Yu J, Jiang Z, Chan H C, 2007.Knowledge contribution in problem solving virtual communities:the mediating role of individual motivations[C]// ACM Sigmis Cpr Conference on Computer Personnel Research. Missouri: DBLP:144-152.

Yuan Q, Cai S, Zhou P, 2014.A resource mapping framework for value co-creation in social media[J]. International Journal of Networking and Virtual Organisations, 14(1): 25-39.

Zablah A R, Bellenger D N, Johnston W J, 2004.An evaluation of divergent perspectives on customer relationship management: towards a common understanding of an emerging phenomenon[J]. Industrial Marketing Management, 33(6): 475-489.

Zeng X, Wei L, 2013.Social ties and user content generation: evidence from Flickr[J]. Information Systems Research, 24 (1):52-70.

Zerfass A, Tench R, Verčič D, et al., 2014.European communication monitor 2014: excellence in strategic communication-key issues, leadership, gender and mobile media: results of a survey in 42 countries[M]. Amsterdam: EACD/EUPRERA, Helios Media.

Zhang K, Evgeniou T, Padmanabhan V, et al., 2012.Content contributor management and network effects in a UGC environment[J]. Marketing Science, 31(3SI):433-447.

Zhang R, Tran T, 2010.Helpful Or Unhelpful: a linear approach for ranking product[J]. Journal of Electronic Commerce Research, 11(3):220-230.

Zhang X, Shen H, Yang M, 2012.A research on the index of internal control disclosure quality based on entropy testing model[J]. Journal of Xi'an Jiaotong University (Social Sciences), 32(1):29-34.

Zhang Z K, Zhou T, Zhang Y C, 2009.Personalized recommendation via integrated diffusion on user-item-tag tripartite graphs[J]. Physica A: Statistical Mechanics & Its Applications, 389(1):179-186.

Zhao Z D, Shang M S, 2010.User-based collaborative-filtering recommendation algorithms on hadoop[C]//International Conference on Knowledge Discovery and Data Mining. Washington: IEEE: 478-481.

Zhongzhi S, 1992.Automated reasoning[C]//3 International Workshop on Automated Reasoning, Beijing: The IFIP TC12/WG12: 23-42.

Zhou G, Lai S, Liu K, et al., 2012.Topic-sensitive probabilistic model for expert finding in question answer communities[C]//ACM International Conference on Information and Knowledge Management. Hawaii:ACM: 1662-1666.

Zhou T, 2008. Explaining virtual community user knowledge sharing based on social cognitive theory[C]//Proceedings of the 4th International Conference on Wireless Communications, Networking and Mobile Computing. Dalian, China: IEEE: 1-4.

Zhou W, Li X J, 2010.A comprehensive evaluation method based on information entropy[J]. Science Technology and Engineering, 23:59.

Zhu H, Zhou Y, Huang M, 2008.Do consumes always keep silence in the internet era when dissatisfied?[C]//International Conference on Wireless Communications, Networking and Mobile Computing. Dalian:IEEE: 1-4.